예술론 개요

그·네도쉬윈 著
최 철 준 譯

한국문화사

Г. НЕДОШИВИН

ОЧЕРКИ
ТЕОРИИ
ИСКУССТВА

—☆—

ГОСУДАРСТВЕННОЕ ИЗДАТЕЛЬСТВО

ИСКУССТВО

МОСКВА

1953

그 · 네 도 쉬 윈

예술론 개요

최 철 준 역

국 립 출 판 사
평양 · 1956

목 차

저자로부터

독자들에게 내놓는 이 『예술론 개요』는 어느 면으로 보나 맑스—레닌주의 미학에 대한 체계적인 교정(敎程)은 아니다. 맑스주의 미학에 대한 체계적인 교정은 이 분야의 전체·성원·의 노력에 의하여서만 창작될 수 있는 것이다. 이 서적은 간단한 개요로서 미학에 관한 몇가지 문제만을 특징지어 브려는 아주 겸손한 목적을 가지고 있다.

최근에 맑스—레닌주의 미학에 관한 문제들을 취급한 일련의 저작들이 나왔다. 이러한 저작들은 본 저자의 과업을 한결 손쉽게 하여 주었다. 그러나 역시 예술에 관한 수많은 리론적인 문제들이 아직 진혀 또는 거의 연구되지 않은채 남아 있다. 이로 말미암아 미학을 체계적으로 서술(敍述)함에 있어 심대한 곤난이 조성되는바 이와 같은 곤난은 이 부문의 연구에 노력을 경주해 본 사람들이면 누구나 다 주지하고 있는 사실이다.

오늘날까지도 우리의 미학은 사회주의적 예술 문화 실천을 리론적으로 해명할 데 대한 날로 장성하는 요구에 비하여 아주 뒤떨어지고 있다.

이러한 락후한 사태에 대하여서는 미학 제 문제를 연구하는 철학가, 예술 리론가들인 오직 우리들 자신에게 그 책임이 있다. 우리는 예술 리론을 성과적으로 발전시킬 수 있는 온갖 전제를 가지고 있는 것이다.

맑스—레닌주의 끌라씨크들의 불멸의 로작들에는 쏘베트 미학의 확고부동한 기초를 이루는, 예술에 관한 견해의 정연한 체계가 서술되여 있다. 칼 맑스, 에프•엥겔쓰, 브•이•레닌 및 이•브•쓰딸린의 저작들은 우리들에게 있어 예술에 대한 가장 중요한 여러가지 문제들에 관한 가장 심오한 리론적 명제의 고귀한 보물고로 된다.

공산당의 문헌들은 예술 리론에 관한 문제들을 연구함에 있어서 거대한 의의를 가지는바, 당은 쏘베트 국가의 전력사 과정을 통해서 유일하게 옳바른 립장인 맑스—레닌주의의 과학적 립장에 의하여 규정된 길을 따라 예술의 발전을 령도하며 향도하고 있다. 우리들은 당의 탁월한 활동가들인 므•이•깔리닌, 아•아•쥬다노브, 그•므•말렌꼬브, 브•므•몰로또브 및 기타의 로작들에서 예술 문화의 원칙적 문제들에 대한 심오한 리론적 분석의 모범을 본다.

아•므•고리끼의 로작들에는 훌륭한 리론적 자료들이 포함되여 있는바 그의 미학적 유산은 주로 문예 학자들에 의하여 연구되고 있기는 하나 최근 진행된 토론들이 보여 준 바와 같이 언제나 정확한 리론적 립장에서 연구되고 있다고는 할 수 없다.

맑스주의의 저명한 선전자들, 우선 그•브•쁠레하노브의 저작들이 가지는 의의도 또한 강조할 필요가 있는바 그는 예술에 관한 자기의 론문들에서 일련의 오유를 범하였음에도 불구하고 맑스주의적 미학을 연구함에 있어서 적지않은 긍정적인 역할을 놀았다.

맑스주의는 미학 분야에 있어서도 과거의 선진적 사상 발전의 모든 긍정적 경험에 의거하고 있다. 우리들은 일방으로는 고대에, 타방으로는 동방 특히는 중국에 있었던 유물론적인 예술관의 전통을 아직 불충분하게 연구하고 있다. 심지어 맑스전 시기의 유물론적인 미학 사상 발전에서 최고 단계로 되는 로씨야의 혁명적 민주주의자들의 미학도 결코 완전히 연구 또는 파악되여 있지는 못하다。 그런떼 벨린쓰끼、체르늬쉡쓰끼 및 도브로류보브의 정연한 유물론적 예술론은 맑스전 시기의 모든 미학 사상사에 있어서 가장 중요하고도 절실한 우리의 유산으로 되고 있다。

오늘날 쏘베트 예술의 급격한 장성과 그리고 그의 사상적 내용 및 형식의 새로운 풍부화에 의하여 조건지어진 과학으로서의 쏘베트 미학 발전의 새 단계가 시작되고 있다。 맑스―레닌주의 클라찌크들의 로작들과 공산당의 문헌들은 우리들이 예술에 관한 제 문제들을 심오하고 구체적으로 설정하도록 가르치고 있다。 맑스―레닌주의 리론으로 무장된 우리들은 예술의 특성、예술의 개별적 형태들 및 예술적 기교 등에 관한 문제들과 또 사회주의로부터 공산주의에로의 이행을 준비하는 시기에 있어서의 쏘베트 예술의 실천에 관한 일련의 문제들을 반드시 연구 분석하여야 한다。

지난 년간은 우리의 미학론 발전에 있어서 가장 일반적인 문제들과、일반적이며 기초적인 명제들을 정식화하는 시기였다。 이 저작은 최근 년간에 걸어온 행로를 일정한 범위에서 총화하려는 하나의 시도이다。

문제의 선택에서와 특히는 실례의 선택에서 이 저작이 일정한 일면성을 가지는 것은 저자의 전문에 의하여 설명된다。 조형 예술 분야의 전문가로서 저자는 그가 아는 자료들에 의거하였으며 엔찌크로빼지스트가 되려고는 애쓰지 않았다。

생각컨대 오늘날 미학의 가장 중요한 과제의 하나는 우리들 미학. 연구가들 사이에 패 광범히 전파되여였던 추상적인 론리화를 결정적으로 근절하는、것일 것이다。 이와같은 (스폴라)적 론리화에 있어서는 예술의 구체적인 문제의 분석이 사상의 독경주의적 『자기 발전』으로

술쩍 바꾸어졌었다。저자는 미학 문제에 관한 이미 발표된 자기 저서의 몇몇 부분에 의하한 결함들이 있음을 절실히 느끼는 동시에 이 『개요』에서는 텍스트를 최종적으로 완성하면서 문제의 그러한 취급 방법의 흔적을 극복하려고 애썼다。

이 책은 一九四六년부터 수도의 여러 과학 및 교육 기관들에서 저자가 강의한 일련의 강의록에 근거하여 서술된 것이다。그러나 그 강의들에 서술되였던 모든 문제들이 다 이 『개요』에 포함된 것은 결코 아니며 또 반대로 강의한 것보다 좀 더 새로운 것이 이 텍스트에 표현되여 있다。

저자는 이 책을 저작함에 있어 쏘련 공산당 중앙 위원회 직속 사회 과학 아까데미야의 과학 일군들 및 연구생들의 많은 방조를 받았으며 또한 모쓰크바 국립 종합 대학 예술학부의 교원, 연구생 및 대학생들에게서도 많은 방조를 받았다。전문적인 동지들의 충고와 비판이 없었더라면 본 저서는 완성되지 못하였을 것이다。저자는 이 『개요』를 준비하면서 벌써 수년간이나 공동 연구 과정에서 저자에게 커다란 창작적 환희를 가져다 주는 연구원, 대학생 특히는 모쓰크바 종합 대학 예술학부 학생들에게 이 책이 도움으로 돼야 할 것을 항상 생각하였다。

지식에 대한 그들의 열렬한 갈망과 진정한 맑스—레닌주의 예술 리론에 대한 그들의 요구는 저자가 이 책을 집필하려는 시도를 고무하였다。만일 이 시도가 불충분한 성과를 거둘진대 이에 대한 책임은 오로지 이 글을 쓰는 저자에게 있다。그러나 모름지기 우리 문학에 있어서 첫번째로 되는 시도의 하나일 이 저서는 쏘베트 미학의 제 문제를 앞으로 연구하게 될 동무들, 특히는 예술학을 지향하는 청년들에게 방조로 될 것이다。만약 조금이라도 이와 같이만 된다면 저자는 자기의 노력이 헛된 결과가 아니였다고 간주할 의향이다。

현실의 반영 형식으로서의 예술

1

어떤 대상에 대한 리론은 그 대상 자체의 본질의 규정으로부터 시작하는 것이 적절하다.

그러므로 예술이란 무엇인가에 대한 문제에 일반적인 대답을 줌으로써만 미학 리론의 중요 측면들을 연구함에 있어서 앞으로 전진할 수 있는 것이다. 때문에 이 개요는 예술의 본질에 대한 문제를 기본적인 륜곽에서 특징짓는 시도로부터 출발하는 것이 타당할 것이다.

예술의 본질이 무엇인가를 규정한다는 것은 우선 예술의 특수성, 즉 예술이 물론 의식 일반에 고유한 공통적인 특징들을 다른 사회적 의식 형태들과 같이 나눔에도 불구하고 그것이 다른 사회적 의식 형태들과 구별되는 특성들을 의미한다. 모든 사회적 현상은 그 어떤 공통적인 것을 가지고 있다. 그러나 이·브·쓰딸린이 교시한 바와 같이 사회적 현상들은 이러한 공통적인 것 외에 호상 구별되며 과학을 위해 무엇보다도 중요한 것으로 되는 자기의 특징적 특성들을 가지고 있다. 바로 이렇기 때문에 예술이 다른 사회적 의식 형태와 구별되는 점, 바로 예술만이 가지고 있는 그러한 특성들을 우선 명시할 것이 요구된다.

그렇다고 우리는 미학 사상사를 얼룩덜룩하게 만들고 있는 예술에 대한 그 무수한 각종 정의들을 렬거할 필요는 없다. 우리는 여기서 그 방대한 미학 문헌을 개관함에 깊이 파고들 그런 목적을 세우고 있지는 않다. 그러나 우리가 이러한 수많은 다양한 정식들을 한번 분석 하여 본다면 그것들이 대체로 두개의 극단중 어느 하나로 쏠리우고 있음을 보게 될 것이다.

즉 하나는 예술을 객관적으로 존재하는 현실의 인간에 의한 인식 형태의 하나로 간주하거

나, 혹은 예술을 『정신적 근원』 즉 신, 『리념』, 『주관』 등등의 반영(또는 표현)으로 보며

있다. 바꾸어 말해서 전자는 세계, 현실 생활을 제一차적인 것으로, 예술을 제二차적인 것

으로 인정하나, 후자는 예술을 생활로부터 떠난 독자적인 것으로 내세운다.

예술의 본질을 규정하는 이 두 그루빠가 철학상의 두 조류들인 유물론 및 관념과 련

관되여 있다는 것을 밝히는 것은 그리 어려운 일이 아니다. 예술을 그 본질에 있어 객관적

현실의 반영으로 보는 첫째 경우에 있어서는 우리는 존재의 一차성과 의식의 二차성에 대한

유물론적인 주장과 관계하게 된다. 관념론적 미학은 물질에 대한 정신의 一차성, 현실에 대한

예술의 독립성에 관한 자기의 환상적 개념을 예술 본질의 객관적이며 과학적인 해석에 대치

시키려고 시도하고 있다.

상술한 바에 의하여 이미 명백해지는 바와 같이 규정된 일반적—철학적 전제에 의거함으

로써만 예술의 본질에 대한 규정에 접근할 수 있다.

철학자들을 두개의 진영으로 분렬시킨 기본 문제가 존재에 대한 사유의 관계 문제이라면

과학으로서의 미학의 기본 문제도 현실에 대한 예술의 관계 문제로 정식화될 수 있을 것이

다. 미학의 기타의 모든 문제들도 결국은 이 문제에 대한 해답 여하에 따라 해결된다. 그러

므로 이것은 미학적 개념의 모든 건물이 그 우에 서게 되는 기초이며 토대이다. 헤겔이 예술

을 『절대 정신』의 자기 발전의 형식, 그의 자기 발전 단계의 하나로 보았을 때 그것은 뿌로써

야 왕국 철학가의 관념론적 미학이 가지는 모든 결함의 출발점으로 되였었다. 로써야의 위대

한 민주주의자 〔체르늬쉡쓰끼〕는 헤겔의 관념론적 미학을 분석할 것을 기도하고 현실에 대한

예술의 미학적 관계의 문제 설정으로부터 시작하여 예술 창작을 생활의 반영으로 보았으며 이 기초 우에서 전체 맑스주의 철학에 있어서 가장 선진적이며 가장 완전 무결한, 유물론적 미학 재념을 창조하였다.

우리는 맑스—레닌주의적 립장에서 미학의 기본 문제에 해답을 줌에 있어서 반드시 현실에 대한 예술의 판계 문제에 있어서 엄격히 파학적인 유물론적 견해를 확립하는 것부터 시작하여야 한다.

✽

예술—이것은 사회적 의식 형태의 하나이며 정신 생활의 특수한 분야의 하나이다. 그러한 것으로서 예술은 사회적 인간의 의식이 일반적으로 복종하는 그 동일한 일반적 법칙에 복종한다.

차후에 가서 예술이 사회에서 차지하는 위치를 보다 상세히 설명하게 될 것이며 특히는 일련의 상부 구조에서 예술이 차지하는 위치를 지적하게 될 것이나 그러나 여기서 지금 당장에 강조해야 할 것은 원시 공동체 제도의 첫 걸음으로부터 시작하여 우리 시대에 이르기까지 인류 발전의 전 단계에 걸처 예술은 항상 사회적 인간의 의식에 의한 현실의 반영 형식의 하나였다는 것이다. 실제적 현실은 항상 사회에서 발생하는 임의의 사상의 원천으로 되여 있다. 암벽(岩壁)에 그린 동물의 원시적인 모사도 벌써 세계를 인식하며, 현실에서 관찰된 현상들을 재현하려는 첫 시도이였다. 예술의 그 모든 다양한 세계는 수많은 세기에 결치는 각기 력사의 전 파정을 통하여 객관적 실재, 인간 의식에 의한 존재의 반영, 즉 예술적 형상들 속에 고착되고 정착된 반영의 화폭을 우리에게 보여주고 있다. 그러나 물론 이런 반영이 실체에 있어서 언제나 현실에 대한 객관적 반영이였다고는 말할 수 없는바, 일례로 중세기 예술은 사물과 현상의 구체적인, 실제적 면모와는 거리가 먼 상징적 묘사들을 흔히 창조하였던 것이다. 중세기의 예술 리론은 생활로부터의 예술의 이러한 유리를, 예술가는 현실을 모방하는 것이 아니라『신』적『원형(原型)』을 모방하는 것이라는 주장으로 론증하며 시도하였었다. 그러나 리론적으로 예술을 현실에 대치시키려는 시도는 실천상으로 중세기 예술이 현실에 의존하지 않고 있었다는 것을 의미하는 것은 아니였다. 사실인즉 어떠한 가상적인 예술도 그것이 비록 환상적인, 와곡된 형식을 띠고 있다고 하더라도 역시 세계에 대한 자각인 것이다. 희랍의 신비적인 환상적 예술은 괴이하게 전치(轉置)된 그 어떤 공간에 존재하는 유령같은 인간상(像)들을 만들어내였다. 이 예술에는 봉건적 반동의 긴장되고 복잡한 시기가 물방울에 빗가듯 반영되여 있다. 구체적인 분석은 우리로 하여금 사실주의와 아무리 거리가 먼 예술이라도 그의 지상의 기초를 발로시킬 수 있게 하는 바, 그 기형적인『……의식은 물질적 생활의 모순으로부터 설명해야 한다……』。(주)

이와 관련하여 다음과 같은 것에 주의를 돌려야 한다. 즉 온갖 의식은 존재의 반영이라는 테제를, 온갖 의식이 마치 존재의 정확한 반영인듯이 말하는 다른 태제로 바꿀진대 그것은 아주 엄중한 파오를 초래한다. 외국의 몇몇 진보적 문예 평론가들은 형식주의적 예술이 가지는 기형성을 설명하면서, 그것이 마치도 기형적이며, 무형적이며, 혼란된 자본주의 세계를 반영한다는 것으로 정당화하며 하였다. 물론 형식주의적 예술에서 표현되는 사회적 의식의 붕괴가 사회의 퇴폐, 그 사회의 가혹한·적대 판계의 첨예화를 반영한다는 것은 정당하다. 그러

(주) 칼 맑스,『정치 경제학 비판에 대하여』, 국립 정치 서적 출판자, 一九四九년판, 八페지.

나 그 어떤 초현실주의적인 그림의 환상적 형상들이 제아무리 『확실성』을 구비하고 있다 해도 거기에는 현실의 객관적 반영이 조금도 없음은 두말할 것도 없는 것이다. 형식주의는 세계의 퇴폐적인 자본주의 제도에 의하여 산생된 것이며 또 바로 그렇기 때문에 그 속에는 세계의 객관적 반영이 내포될 수 없는 것이다.

상술한 바와 같이 현실에 대한 예술적 반영의 그런 전도된 형태가 존재할 수 있는 원천은 물질적 생활의 모순에 있는 것이지 예술 자체의 특성에 그 근원이 있는 것은 아니다. 모든 문제는 현실의 무한히 복잡한 인식의 그 어떤 측면을 비대시키며, 전도시키며, 외곡하는 반동 계급의 리해 관계에 좌우되며, 예술의 본질과 과업을 기형적으로 외곡하는 구체적인 력사적 제 조건 속에 있는 것이다.

맑스—레닌주의는 객관적 현실은 인식될 수 있는 것이며, 인간 의식은 우리 밖에서, 우리와 별개로 존재하는 물질을, 그 심도에 있어 다소간 차이는 있으나, 반영할 수 있음을 가르치고 있다. 『그런즉 인간 사유는 그 본성으로 보아 상대적 진리의 총화로 형성되는 절대적 진리를 우리에게 줄 수 있으며 또 주고 있다.』(주) 라고—브·이·레닌은 변증법적 유물론의 인식론의 이 기본 명제를 강조하였는바, 이 일반적 명제는 예술에도 또한 적용된다. 과학과 마찬가지로 예술도 또한 현실의 반영인바, 그 현실에는 원칙적으로 그와 같이 반영될 수 없는 그런 것이 아무 것도 없다.

전 세계는 예술의 대상으로 된다. 사회 생활과 자연, 임의의 사건과 현상 및 인간의 가

(주) 브·이·레닌 전집 제一四권, 一三三페지.

장 복잡한 주관적 체험들은 예술 작품의 실제적인 내용을 이룬다.

의식 밖에, 의식과는 별개로 존재하는 현실은 예술에게 있어서는 그의 형상의 원천으로 되면, 예술이 그것 없이는 존재할 수 없는 소재로 된다. 인간 의식은 경험의 도움하에 현실 세계와의 접촉하지 않는 동안은 공허하며 내용이 없다. 예술은 현실과 유리되자마자 곧 온갖 내용을 상실하게 된다. 형식주의는 이에 대한 가장 뚜렷한 실례이다. 립체과적으로나 슈쁘레마찌즘적으로 형식을 추상적으로 배합하는 것은 추호도 실제적 현실의 객관적 재현으로는 될 수 없으며, 그리하여 이것은 비록, 상술한 바와 같이, 그 기형적인 의식이 알 정한 사회적 지반에서 발생한 것일망정, 이것들은 아무런 가치도 없는 전혀 공허하고 무의미한 것으로 된다.

달리 말하면 우리 밖에서, 우리와는 별개로 존재하는 현실은 예술에 있어 제一차적인 것이며, 현실의 예술적 인식은 제二차적인 것이다. 예술은 현실의 반영이며, 현실 자체의 본질, 내용, 성질 및 속성을 많건 적건 객관적으로 그리고 또 완전히 재현하는 반영이다.

이러한 일반적 전제들은 우리가 관심을 갖는 인간 의식 형태인 예술을 특정짓는 출발점으로 된다.

2

예술에 대한 규정은 다른 사회적 의식 형태들과의 그의 상호 관계를 분석함으로써 보다 혈하게 할 수 있다.

인간은 여러가지 방법으로 현실을 인식할 수 있는바 예술과 과학은 이러한 두개의 방법이다. 예술도 과학도 객관적 실재를 인식하는 것이 자기들의 과제이며, 목적과 대상이 동일함에 있어서 그것들은 서로 접근한다. 이러한 의미에서 과학과 예술은 사회적 인간에 의한 주위 세계 인식의 각이한 형식일 따름이다. 집단화는 력사가들의 연구 대상으로 될 수 있음과 동시에 예술적 인식의 객체로도 될 수 있다. 첫째 경우의 결과로서는 우리는 과학적 연구를 언게 되며, 둘째 경우의 결과로서는 례컨대 므·숄로호브의 『개간된 처녀지』와 같은 소설을 언게 된다. 이 두 경우에 있어서 인식의 대상과 목적은 일반적 형식으로 말해서 서로 동일한 것으로 될 것인바(물론 객관적이며 정당한 인식 방법이 존재하는 조건 하에서) 즉 그것들은 二〇년대 말과 三〇년대 초에 걸쳐 쏘베트 농촌에서 진행된 사건의 본질을 천명하는 데 있다. 그러나 우리가 차후에 가서 보게 되는 것이지만, 인식 형태들은 각이할 것이며, 어떤 경우에 있어서는 예술가와 학자가 착안하는 현상의 측면들이 서로 각이할 것이다.

세계에 대한 과학적 연구와 예술적 인식은, 간혹 현실 인식의 이 두개 형식들간에 존재하는 뚜렷한 한계를 포착하기조차 어려울만치 상호 밀접히 관련될 수 있다. 문예 부흥기에 이태리에서는 인체에 대한 과학적 연구인 해부학이 회화와 호상 밀접히 작용하면서 손을 맞잡고 나아갔다. 레오나르드 다 윈찌는 학자로서 인체의 구조를 연구하였는바, 그의 과학적 연구가 회화 창작을 위한 방조로 되였는지, 또는 반대로 그의 예술가적 연구가 과학적 결론을 위한 예비적 계기로 되였는지는 말하기 어렵다.

一八세기와 一九세기 초의 로씨야 풍경화 사상(史上)에 있어서, 당시 여러 지리 탐사대들에서 일한 예술가들의 사업은 적지 않은 역할을 놀았었다. 『지형을 촬영』하는 과학적 임무는 자연을 예술적으로 관찰하는 것과 한덩어리가 되였었다.

이려고 본즉 과학과 예술은 인식의 대상과 목적의 동일성에 의하여 결합된다. 그러나 그

럼에도 불구하고 이것들은 서로 각이한 인식 형식이다. 그러면 그들간의 차이는 무엇인가?

우리는 예술의 본질을 구명함에 있어서 벨린쓰끼의 다음과 같은 규정 즉 『예술은……

형상들을 통한 사유』(주) 라는 말로부터 출발할 수 있을 것이다. 벨린쓰끼에 의하면 예술과

과학은 동일하게 현실을 인식하는 것이나, 그 차이는 과학이 개념을 통하여 현실을 인식한다

면, 예술은 형상을 통하여 그것을 인식하는 것이다.

이 문제를 좀 더 상세히 분석해 보기로 하자.

과학은 현실의 개별적 사실들을 관찰하는 것부터 시작하여, 그 개개의 관찰들을 일반화

하며, 이려저러한 현상들을 지배하는 법칙들을 발견하며, 그런 후에 이 법칙들을 개개의 현

상들의 우연적인 특수성과는 관계없이 모든 구체적인 경우들을 남김없이 포괄하는 개념으로

정식화한다. 구체적으로 기록되는 자료는, 과학에서 제一차적인 의의를 가지며 일반화의

필수적인 토대를 이루는바, 그것 없이는 과학적 개념은 공허한 추상화로 전락된다. 이·쁘·

빠블로브가 말한 바 『학자의 공기』로 되는 그 수많은 개개의 사실들이 없다면 어떠한 객관

적 결론도 있을 수 없다. 그러나 구체적 사실의 기록 자체는 아직 과학의 종국적인 목적으로

는 되지 않는다. 어떤 불명확한, 충분히 연구되지 못한 과거 시기를 연구하는 력사가는, 이

런 연구 방법으로써 결국에 가서는 력사 발전의 합법칙성을 규정할 수 있는 앞으로의 일반화

(주) 브·그·벨린쓰끼, 드런으로 된 선집 제 二 권 六七페지, 모쓰크바 국립 문예 서적 출판사, 一九四八년.

룰 위한 구체적인 자료들을 수집한다。고도(古都)를 발굴하는 고고학자는、말하자면 최초의 과학적 진리를 이루는 구체적인 개개의 사실들을 확정하는바、즉 그는 생산의 성격、생활 양식、가장 집물、무기、의장、거처(居處) 등등의 형태들을 해명한다。그리고 이러한 진리들은― 우리는 그것들을 사실이라고 부른다―일반화하기 위한、일반적 결론을 짓기 위한 자료로 편다。

물론 과학은 이를 위하여 귀납적 방법 뿐만이 아니라、연역적 방법도 사용한다。그러나 지금 우리에게 있어 중요한 것은 개개의 사실들과 그것들을 일반화하기 위한 과학적 방법의 호상 관계를 해명하는 것이다。

과학의 임무는 현상들을 지배하는 객관적 법칙들을 발견하며、그것들을 일반적 형태에서 정식화하는 것이다。이러한 법칙들에 대한 지식은 그 후에 가서 인간들의 실천적 활동의 출발 점으로 되며、한편 인간의 실천적 활동은 이번에는 다시 지식의 원천으로 된다。례컨대 유적 법칙에 대한 지식은 자연에 대한 실천적 작용에 있어서 쏘베트 농촌 경리의 수중에 강력한 무기를 주며、한편 농촌 경리의 실천은 농업―생물학의 가일층의 발전을 약속한다。

이번에는 예술에 관하여 론해 보기로 하자。예술에 있어서는 인식 결과는 항상 개념의 추 상적 형식으로서가 아니라 형상의 구체적인 감성적 형식으로 나타난다。그 어떤 일반화들이 예술 작품에 내포되여 있다 해도、그것들은 언제나 개개의 사실、현상、개인의 면모로서 체현 된다。문학 작품들에서는 구체적인 인간들이 활동하며、그들과 함께 일정한 사건들이 진행된 다。예브게니 오네긴은 一九세기 초엽의 지주적 로씨야의 가장 전형적인 형상이며、뿌쉬낀은 생활의 실제적 사실들을 심오하게 일반화한 결과로 이 형상을 그려냈다。그러나 오네긴은 세대의 특징을 이루는 것이기는 하나, 동시에 바로 이 인간의 전기의 제 사실로 되는 그러한 사전들을 체험하는 자기의 개인적 운명을 지닌 일정한 인간이다. 레삔의 『부를라끼』도 역시 생활을 심오하게 인식한 열매인바, 그 화폭의 기초에는 중요한 일반화가 놓여 있다. 그러나 화가의 그림에서는 까닌이나 라리까라는 퇴역 병사같은 구체적인 사람들이 살고 활동하고 있으며, 이들은 무더운 여름날, 일정한 시간에 불가강 가의 일정한 장소로 가고 있다.

이와같이 현실의 일반화는 과학과 예술에서 각이한 형태로 나타난다. 예술가는 자기 작품을 통하여 법칙들을 정식화하지 않는다. 그것은 사실이다. 그 례로 가령 회화에서는 아·이봐노브의 『민중 속에 나타난 그리스또』를 들며, 조각에서는 미께랑제로의 『다비드』를 들며, 문학 작품에서는 아·므·고리끼의 『어머니』와 같은 것을 들더라도 우리는 이 모든 것에서 구체적인 개개의 형상, 즉 인간, 동작, 사건, 사실들의 묘사를 본다. 물론 예술가는 온갖 사실주의적 작품에서 이 모든 개개의 형상들을 그것들의 내적 사상, 그것들의 본질에 일치하게 묘사한다. 사실주의적 예술가는 전형적인 사건들과 성격들을 볼 줄 알며 또 표시할 줄 안다. 학자에게 있어서는 개별적 현상들은 그가 현상들을 지배하는 법칙들을 발견할 때 의거하는 자료로 된다. 그러나 예술가에게 있어서 그 현상은 오직 그것으로써만 그가 본질을 표시할 수 있는 그러한 살로 된다. 이와같이 하여 예술 작품은 현실의 제 법칙들이 직접 정식화되지 않고, 합법칙적인 현상들을 묘사하는바, 따라서 예술은 현실의 제 법칙에 대한 인식을 전제로 한다.

물론 과학적 사유와 예술적 사유간의 한계는 절대적인 것은 아니다. 레브 똘쓰또이의 『전쟁과 평화』에서는 작가의 철학적 력사관이 수십 페지에 걸쳐 서술되여 있는바 그것들은 비록 천재적인 예술 작품의 한 부문을 이루는 것이라 할지라도 엄격한 의미에서는 과학―철학 분야에 속하는 것이다。 『공산당 선언』의 그 유명한 서두는 박력있는 예술적 형상으로 된다。 이렇게 학자들은 흔히 예술―형상적인 표현 방법을 리용하며、 예술가 특히는 작가들은 그보다 못지 않게 빈번히 순전한 과학적 일반화를 리용한다。

관념론적 미학은 예술과 과학을 단절시키며、 형식에 있어서가 아니라 본질에 있어서 그 것들을 서로 대립시키려고 루차 시도하였었다。 관념론적 미학자들은 과학적 개념이 마치도 형상의 『표면』만을 포괄하는 것처럼 말하면서、 예술적 『직관』에서 진리의 보다 심오한 『지식』을 보려 하였다。 일례로、 반동적 상징주의 『리론』은 과학이 마치 진실로 심오한 지식을 줄 수 없는듯이 말하면서, 인간은 오로지 예술적 『상정』의 도움으로써만 물 자체의 『비밀』로 뚫고 들어갈 수 있다는 사상을 끌어 내왔다。 그러나 이 『리론』은 과학적인거나 예술적인거나를 막론하고 객관적 현실에 대한 온갖 인식을 비방하려는 목적을 추구하고 있었다。 사실 과학과 예술의 차아는 상대적인 것인바、 그것은 객관적 현실을 인식하는 형식의 차이이다。

예술을 이데올로기야의 기타 형태들과 분리시키며 그것들에다 예술을 원칙적으로 대립시키려는 지향은 부르죠아 미학이 갖는 가장 특징적인 특성의 하나이다。 일찌기 칸트는 미의 본질을、 아무 개념도 없이 우리의 마음에 드는 그 점에서 보았으며、미적 판단은 어떠한 『물질적 리해 관계』의 개입과는 상관이 없다고 주장하였다。 『순수 미』의 고립은 一九세기 말엽부터 시작된 부르죠아 미학 사상의 퇴폐 시기에 특히 완강하여졌다。 몇몇 예술사가 (藝術史家)들은 고유한 예술적 사유는 루넷쌍스 시기로부터야 겨우 나타났으며 고대와 중세기의 예술은 종교、 과학、 륜리 등등과 혼합되였었으며、 『순수한 미적 판단』은 예술이 미에 대한 인간의 철저하게 특수화된 수요를 충족시키는 데서 시작된다는 것을 증명하며 애썼다。 실지로 이는 극히 괴상한 론증에로 이끌어 갔다。 반동적인 부르죠아 『과학』은, 예술이 그 자체에 아무러한 인식적 계기도 가지지 않으며, 아무러한 도덕적 규범과도 결부되지 않음을 때에라야만 예술은 『말의 진정한 의미』에서의 예술로 된다는듯이 증명하며 시도하였다。 문예 부흥기의 이태리 예술의 창시자인 드쫏또는, 마치도 그의 창작에서는 진리와 선의 판점에서 볼때 그 어떠한 다른 판단도 요구되지 않는 그 자체에게만 들어맞는 **미학적** 체계가 있다는 것으로써 찬미되였었다。 그러나 기본적인 것들, 즉 드쫏또가 세계의 진정한 립체화를 개척한 첫 사람들 중의 일인이며, 반역 행위를 비난하는 심오한 륜리적 형상들(『유다의 키쓰』)을 그렸다는 것은 무시되였었다。 고전들을 《재 검토》할 것이 반동적인 관념론적 예술학에 요구된 것은, 오로지 사실에 있어 진리와, 온갖 진보적, 륜리적 기준으로부터 『독립된』 퇴폐적인 형식주의를 예술의 절정이라고 선언하기 위해서였다。

형식주의적 예술은 세계의 현실적 정경에 대한 진실성의 결여를 자기의 선행으로 선포하였으며 부르죠아 형식주의 예술학자들은 이 예술적 허위를 『신성화』하려고 서둘면서 예술에서의 진실에 대한 규범, 유일하게 심오한 파학적인 규범을 결정적으로 거부하였다。 **형식주의적 예술은 『선과 악의 피안(彼岸)』이란 원칙을 선언함으로써 실제적으로는 사회적 불공평의 변호자로 되였다**。 왜냐하면 이 예술은 세계에 대한 정당한 판단을 내리는 것을 거부하며, 사활적 투쟁에 대하여 무관심하라는 요구를 들고 나서기 때문이다。 반동적인 부르죠아 예술학은 륜리적인 규범과 미학적인 규범을 무조건적으로 분리하라는 절대적인 요구를 내세우고 있다。 이와같이 하여 현대 부르죠아 예술에서는 무도덕성의 설교가 대두하고 있으며, 미는 비

　도덕적인 것으로 선언되고 있으며 『범죄의 미』니 『선행의 친부성』이니 하는 따위의 말들이 선포되고 있다。 형식주의적 예술은 모든 추악하고 범죄적이며 비렬한 것이 미적으로 가치 있는 것이라고 론증하려 시도함으로써 부르죠아 사회에서의 생활 법칙으로 되는 모든 것들을 정당화하려고 절망적으로 날뛰고 있다。

　예술의 『미적 자렵』이란 론제가 깊이 뿌리박고 있는 근원은 이러하다。 잠재 의식적이며 인간 정신의 암흑적이고 야수적인 측면에 대한 『쁘에지야』를 호소하는 미국의 초현실주의는 종국적으로는 진리와 선의 규범들과 유리된 『예술』의 뚜렷한 실례이다。 초현실주의자들의 이 추악한 환상은 생활의 진리에 대한 파렴치한 부정인 동시에 인간을 타락시키는 가장 비렬한 수단의 하나이다。

　맑스—레닌주의적 미학은 세계의 가인식성에 대한 유물 변증법적 인식론의 기본 테제로부터 출발하고 있다。 현실은 인간에 의하여 그의 각이한 측면에서、그의 다양한 질을 통하여 인식될 수 있다。 그러나 물론 이것은 결코 상대주의에로나 또는 객관적 진리의 존재에 대한 의혹에로 이끌어가는 것은 아니다。 과학과 예술과 륜리의 내적 통일의 기초는 인식 대상의 통일에 그 근원을 두고 있다。 이 세개의 이데올로기 형태들은 모두 객관적 현실의 일정한 측면들을 반영하고 인식하는데 그 목적이 있다。 때로 도덕적인 것에 대한 개념은 그 어떤 주관적인 것에 불과한 것으로 간주되고 있으나 그러나 우리의 견해에 의한다면 이와같은 견해는 심히 그릇된 것이다。 도덕적 판단의 상대성은 두말할 것 없이 계급적 리해 관계들의 상위 혹은 그 대립까지도 반영하고 있는 것이다。 그러나 프로레타리아트의 견해에서 보는 『선』과 부르죠아의 견해에서 보는 『선』은 사물에 대한 단순한 두개의 주관적인 『견해』는 아니다。 첫째 것은 자본주의로부터 공산주의에로의 사회의 발전에 대한 객관적으로 필연적인 행정에 적응하는 반영과 사색이며 둘째 것은 이 진보적인 운동에 근본적으로 적대적인 것이다。부르죠아지들이 『인간은 인간에 대하여 승냥이다』라는 『도덕적』 원칙을 선포한 것은 륜리적 규범의 주관성을 증명하는 것이 아니라 부르죠아적 관계의 무도덕성을 『영원한』 도덕적 도구마로 전환시키며는 시도를 증명하고 있는 것이다。

여기서 예술과 도덕、미학적 평가와 륜리학적 평가의 상호 관계에 대한 문제를 제기하는 것은 적절한 일일 것이다。례컨대 一九세기 로씨야 예술과 그의 가장 진보적인 대표자들이 선의 개념을 미의 개념으로부터、또 이 두 개념을 진리의 개념으로부터 유리시킨 적이 없었다는 것은 주지의 사실이다。예술가들의 사회적 사명 자체가 인민들에 대한 도덕적 의무로 간주되였었다。『래성적이고 선량하고 영원한 것을 뿌리라』라고 말한 네크라쏘브의 이 유언은 로씨야의 예술가—민주주의자들의 독특한 도덕적 신조이였다。

그러나 이러한 것은 一九세기 하반기의 로씨야 예술만이 갖는 독특한 특성으로 되는 것일지 모르므로 우리는 이로부터 예술과 도덕의 보다 일반적인 련관에 대한 결론을 끄집어내서는 안될 것이다。사실인즉 아·베누아는 전체 예술의 세계파(一九세기 후반 로씨야의 퇴폐적 예술을 대표하는 자들)들과 함께 당시의 『사회적 제 리상』을 뻬레드위쥬니크(로씨야의 진보적 예술단체인 이동전람회 협회에 속하는 화가 및 조각가)들의 죄악이라고 내세우지 않았던가。이 데까단파들은 자기의 창작물의 도덕적 무관심성을 선언하였었다。그들은 현대 실존주의와 비슷하게 도덕에 대한 자기의 적대성과 패덕성을 감히 파렬치하게 선언하지는 않았었으나 자기들의 초도덕성과 무도덕성을 자만하였다。

그러나 여기서 언급된 것은 예술의 퇴폐적인 기형적 현상에 대해서였다。 이제 예술의 선진적인 고귀한 현상들을 들어 본다면, 그것들은 언제나 직접 혹은 간접으로 그 세대의 선진적인 도덕과 긴밀히 결부되여 있었다。 부르죠아 예술 학자들은 문예 부흥기의 예술과 같은 이런 위대한 예술을 패덕적인 예술이라고 불렀었다。 레오나르드는 랭정한 찌니즘과로 묘사되였으며, 여하한 도덕적 원칙도 가지지 않은 개인인 고용병 대장이 루넷쌍스 시기 인간의 리상이라고 선언되였다。 물론 라파엘에게는 렘브란뜨가 가지고 있은 바와 같은 인간에 대한 도덕적 평가의 자각된 강령은 없었으나, 그러나 웰라스케스 예술의 현명한 인간성은 드쁄드죠네와 찌찌아나의 웨네찌아파 게도이즘(快樂主義)보다는 무한히 도덕적으로 자각된 것이다。 그러나 여기서 보는 차이는 도덕적인 것과 비도덕적인 것과의 차이인 것이 아니라, 예술과 도덕성과의 련계의 두개 형태들간의 차이이다。 一七세기는 인간들과 사전들에 대하여 직접적이고 공개적으로 되는 도덕적인 평가를 내렸었다。 례컨대 웰라스케스는 자기의 작품「녀방직공들」에서 인민들 속에서 나온 사람의 정신적 미를 찬양하였다。 문예 부흥기에 있어서는 인간의 자체미를 선행과 인간의 고귀성의 표현으로 보았다。 루넷쌍스 시기의 주인공들의 감성적 미는 진지한 미였으며 이러한 의미에서 이 미는 고대의 그것과 류사하다。

이 기회에 말해 둘 것은 로씨야의 민주주의적 사상도 이러한 도덕성, 즉 진실하게 아름다운 것이 가지는 도덕성을 심오하게 해득하였다는 것이다。 그。우쓰뻰쓰끼의 유명한 단편소설「브의쁘랴밀라」에 나오는 웨네라 밀로 쓰까야는 교원 짬뿌슈낀을 고상하게 만들며 그의 도덕을 높인다。 미, 심지어는 희랍 조각의 순전히 육체적인 미까지도 사람들을「단정하게 하며」그에게 자존심을 고취하여 주며, 그 정서을 고상하게 깨끗하게 하여 준다。 바로 여기에

도덕적인 것과 미학적인 것과의 유기적인 련계의 원천이 있다。일찌기 아리쓰또텔레스는 예술의 파업은 인간에게 「옳바로 즐기는 것」을 가르치는 데 있다고 말하였다。예술은 그가 착취계급들의 잔인한 사욕의 희생물로 되였음을 그러한 시기에 있어서만이 훌륭한, 더 정확히 말해서 자연적인 련계를 상실하고 말았었다。제국주의 시기의 부르죠아 예술이 바로 이러하였다。그러나 예술이 자체내에 진보적인 경향들을 내포하고 있던 모든 경우들에 있어서는 그는 의식적이전 혹은 일련의 경우에 있어서 무의식적이였던간에 항상 자기 속에 세계에 대한 도덕적 판단을 내포하고 있었다。

이와같이 우리는 과학, 예술 및 도덕성의 내적 통일성을 강조해야 한다。선진적인 예술은 도덕을 경원하지 않을 뿐더러 그와 불가분리적으로 련관되여 있다。도덕적 제 요구로부터의 온갖 리탈은 예술 작품에서 객관적 진리를 반영할 데 관한 요구로부터 리탈하는 것과 마찬가지로 그것은 예술을 위해서는 파멸적이다。쏘베트 예술의 힘은 그가 공산주의 도덕의 원칙에 의거하고 있는데 있다。이는 또한 다른 말로 말한다면 즉 쏘베트 예술은 공산주의 건설의 견지에서 본 선한 것을 아름다운 것으로 묘사한다고 표현할 수 있다。「……이전에는 치욕적이고 무거운 짐으로 간주되던 것으로부터, 명예로운 일, 영광스러운 일, 용감하고 영웅적인 일로」(주) 전변된 선진적 쏘베트 사람들의 로동은 쏘베트 사회의 기본적 선행의 하나이다。선진적 예술가들은 쏘베트 로동자, 꼴호즈원, 인테리겐챠들의 영웅적인 로동을 우리 생활의 아름다운 내용으로 묘사하고 있다。

(주) 이•브•쓰딸린 전집 제二권, 三一五페지。

환언하면 룬리학이 선으로 평가하는 것을 예술은 아름다운 것으로 묘사한다고 말할 수 있다.

이제는 다시 과학과 예술의 호상 판계를 분석하는 데로 되돌아가자.

이상에서 본 바와 같이 예술은 과학과 마찬가지로 세계를 인식하며, 합법척적인 것 또는 전형적인 것(전형성에 관한 문제는 사실주의의 문제와 관련하여 제三장에서 상세히 언급될 것이다.)을 탐구하고 일반화하나, 일반적인 개념, 사상은 예술 작품에 있어서는 구체적이고 감성적인, 직접적이고 개별적인 형식을 통하여 체현된다. 만일 과학에서는 개별적인 것이 일반적인 형식을 통하여 나타난다면, 예술에서는 일반적인 것이 개별적인 형식 즉 감각 기관에 의하여 비반복적인 현상으로서 지각되는 그러한 형식을 통하여 나타난다.

감각은 현실의 온갖 인식의 출발점이다. 감각은 또한 세계에 대한 예술적 인식의 원천이기도 하다. 그러나 이와 동시에 주관주의에 빠지지 않기 위하여 반드시 념두에 두어야 할 것은 감각은 우리의 의식 밖에 우리의 의식과는 별개로 존재하는 외적 세계의 물체의 형상이라는 것이다. 그러나 만일 우리가 예술의 본질을 감성적인, 시각적, 청각적, 감각, 세계에 대한 제一차적인 감성적 지각의 확정으로만 귀착시킨다면 다시금 오유를 범하게 될 것이다. 예술과 과학의 차이가, 전자는 감각과 감정 세계를 그의 내용으로 하며, 후자는 사상과 리성 세계를 그 내용으로 함에 있다는 주장은 전혀 그릇된 것이다. 반동적인 형식주의적 비평은, 수차 예술에서는 있을 필요가 없다는 따라서 사상성도 없어야 한다는 론제에 돌아갔었다. 예술의 순수 감성적 본질에 관한 설교의 목적은 자명한 것이다. 이 목적은 예술 창작에서 인식적 의의를 박탈하며 그것을 초보적인 감성적 감각의 재현에로만 귀착시키려는 데 있다. 형식주의적 실천 자체가 이 길로 나갔는바 이미 인상주의는 예술에서의 사유를 거부하고 예술을 감각의 확정으로 귀결시키려고 시도하였다。인상파들의 견해에서 볼때 회화─이는 『눈일 따름이다』라는 것을 회상해도 충분하다。(형식주의적 이데올로그의 주관주의적 아류이럽께쓰

예술가의 창작 과정에 있어서나 예술 작품 자체에 있어서 감성이 극히 큰 의의를 갖고 있다는 것은 큰쟁할 여지도 없다。이것은 예술의 본질 자체에 의하여 조건지어져 있다。온갖 진실한 예술은 의계의 뚜렷한 감각과 감성적 확실성의 재현 밖에서는 존재할 수 없는 것이

당。웰라스케스나 레삔의 힘은 이 위대한 예술가들이 현실을 힘찬 감성적 확신성으로써 묘사 할 줄 안 데 많은 점이 달려 있다。대상의 세계는 그들의 작품에서、직접적 감각의 모든 확실 성을 통하여 나타난다。그러나 그렇다고 해서 감각의 재현이 예술의 파업이며、예술적 사유

는 감성적 지각의 확정에서 더 넘어서지 않는다는 결론을 내려서는 안된다。앞으로 보게 되 겠지만 예술의 본질은 다른 데 있다。사실인즉 예술의 범위를 감성으로써 국한시켜 버리는 관념론적 미학과 비평의 시도는 항상 예술적 사유의 기본 자체를 파괴하는 결과를 초래한다。

자연에 대한 직접적 감각을 전달하는 것이 자체 목적으로 되여 있는 인상파들、례컨대 대가 (불란서 인상파 화가 一八三四─一九二七─역자 주)에게 있어서는 정서 자체는 제一차적인 성격을 띠게 된다。이리하여 경마용 말들이나 녀 무용가들은 예술가에게 있어서 미적 정서의

동일한 원천으로 된다。예술에 있어서 감성적인 것이 자기의 진정한 의의를 가지기 위해서는 그는 반드시 소박한 감각 이상의 것으로 되여야 한다。맑스의 표현에 의하면 감성은 반드시

인간적인 감성으로 되여야 한다。

이는 무엇을 의미하는가?

과학이나 예술에 있어서 감각은 인간이 경험을 통해서 현실과의 접촉에 들어서는 인식의 첫 계단이다。 인간의 인식 과정에 관하여 브•이•••레닌이 내린 그 유명한 공식은 다음과 같다。 《산 직관으로부터 추상적 사유에로、 그리고 이로부터 실천에로——이와 같은 것이 진리를 인식하는、 객관적 실제를 인식하는 변증법적인 과정이다。》(주) 외계에 대한 온갖 인식은 비록 『산 직판으로부터 시작된다 할지라도』 그것에 머물러 있지는 않는다。 『산 직판』 그 자체는 아직 심오한 것이 못되며 따라서 그것은 현실의 객관적인 완전한 반영이 아니다。 그리고 감각으로부터 『추상적 사유』에로의 이행은 풍부한 생활 현상으로부터 건조하고 공허한 추상화의 령역에로 물러서는 것으로 리해해서는 안된다。 이 이행은 일반적인 것으로부터 특수적인 것으로、 또 특수적인 것으로부터 일반적인 것으로 넘어가는 이행인 것이다。 이에 있어서 일반적인 것은 그것이 만일 특수하며 개체적이며 개별적인 것의 풍부성을 그 자체내에 구현하고만 있다면 그것은 결코 개개의 것보다 빈약하지 않은 것이다。

어떠한 인식 형태에 있어서나 인간은 산 직판으로부터 일반적인 것에로、 우리가 예술에서 일반화라고 부르는 것에로 전진한다。 일반화는 예술에서 거대한 역할을 노는바、 『산 직판』과 마찬가지로 그것 없이는 예술은 존재할 수 없다。 리성의 활동은 외계를 예술적으로 인식하는 필수적인 고리이다。 감각으로부터 리념、 사유에로의 이행은 예술적 인식의 둘째고리인바、 따라서 현실의 제 현상에 대한 일반화이며、 실천적 활동의 출발점으로 되는 리념

(주) 브•이•레닌、 철학 노트、 국립 정치 서적 출판사、 一九三八년、 一六六페지。

없이는 참으로 의의깊은 예술 작품은 있을 수 없다고 말할 수 있다.

쑤리꼬브는 백설 우에 앉은 검은 까마귀를 보고 그림 『귀족부인 모로조와』를 그릴 생각이 떠올랐다는 전설이 있다. 그러나 바로 이러하였다 하더라도 그것에 빙자하여 이 훌륭한 작품이 『순수한 감성적』 성격을 띠고 있다는 결론을 내려서는 안된다. 우연적인 시각적 인상은 촉발의 동기, 시초적인 감각으로 될 따름인바 그 뒤에서는 사유와 감성의 거대한 활동이 뒤따르는 것이다. 뿐만 아니라 시초적인 시각적 감각은 결국에 가서 화폭의 사상과 형상 속에서 사라지고 마는 것이다. 눈우에 앉은 검은 새에 대한 『찬 직관』은 사유를 자극하였으며 수많은 련상을 일으키게 하였는바 이와 동시에 그 련상들 속에서는 예술가가 관심을 가졌던, 까마귀와는 아무런 관계도 없는 관찰과 『경험』의 막대한 축적이 일반화되였던 것이다.

로써야 인민의 운명과 그의 주인공들에 대한 『전반적인』 크낙한 사상과 표상 없이는 『귀족부인 모로조와』는 없었을 것이며 또 있을 수도 없었을 것이다. 이러한 실례에서 볼때 예술가의 창작 사업에서는 외계를 인식하는 각기 고유한 예술적 및 과학적 고리들이 서로 엉킬 수 있다는 것을 명백하게 볼 수 있다. 쑤리꼬브는 로써야 정교 분파의 력사를 연구하고 문헌들을 잘 알게 됨으로써 엄격한 의미에서 과학적 연구를 진행한 것이라고 알 수 있으나 그러나 그것은 그에게 있어 언제나 진행되고 있는 것에 대한 직접적인 표상과 결부되여 있었다. 이와같이 예술 작품에서의 철학적 사상은 반드시 구체적인 감성적 표현 형식으로 발현되는 것이다.

3

다음으로 우리는 여기서 예술의 본질에 관한 리론에서 중심적 개념의 하나로 되는 형상의 개념을 해명하는 데로 넘어가기로 하자.

우에서 언급한 명제를 다시 한번 정식화한다면, 예술은 현실을 인식한 결과들을 과학이 일삼는 것처럼 개념의 형식으로가 아니라 형상적 형식으로 즉 현실을 구체적인, 감성적, 비반복적인 개체를 재현하는 형식을 통하여 구현한다.

예술적 형상은 일정한 개별적 현상이나 또는 대상이 감성적으로 지각된 면모를 단순히 고착시키는 것이 아니다. 예술가가 그 어떤 현상, 말하자면 책상 우에 놓인 칼을 관찰할 때 그의 눈의 망막에는 이 칼의 『묘사』가 고착된다. 그러나 가장 초보적인 묘사의 파게도 외부적 자극의 결과로서 망막에 의하여 지각되는 그것의 재현으로 귀착된다고 생각해서는 안 된다. 뿐만 아니라 이것은 실천적으로도 불가능한 것이다. 사실인즉 인간의 모든 『산 직관』은 자기의 전제로써 해당 개체 뿐만 아니라 간접적으로 온 세대들의 전체 선행한 경험과 지식을 가지고 있는 것이다. 인간의 감성은 타블라 라싸(白紙)가 아니다. 화가가 정물화(靜物畵)를 그리며 자기 앞에 일련의 대상들을 놓을 때 그는 자기 망막에 고착되는 것만을 칸바스에 재현할 목적을 갖는듯 하다. 그러나 실제에 있어서 이것은 그렇지 않다. 대상의 면모를 아주 정확하게 전달하고 애쓴 정물화파들은 자기들의 작품을 통하여 사물에 대한 것뿐만 아니라 더 나아가서는 인간 생활에 대한 전일적인 『철학적』 사색도 표현하였었는바, 이럼 결과를 낳기 위하여서는 화가는 반드시 외계를 자각·하여야 한다. 심지어 세네가지의 단순한

대상물로 구성되는 교재용 정물화까지도 초보적인 예술가가 사물의 구조, 그의 공간적 및 색

·조·적 관계 등등을 쉽게 연구할 수 있게 하는 목적을 가지고 있는바 이것은 자기들의 감각의

자각을 말하는 것이다. 망막이 외적 자극을 받자매자 그 외적 자극은 의식의 재산으로 되며,

그리하여 곧 선행 경험, 련상, 추상화의 기능 및 최초의 감각을 일반화로 전환시키는 이러

저러한 지식과 같은 일련의 계기가 일어나게 된다. 대상은 비록 어떤 일정한 견지에서만 인

식된다 할지라도 하여간 인간에 의하여 인식된다.

이와같이 하여 형상적 인식의 특성은 복잡한 일반화의 결과가 개개의 대상과 현상의 면

모에서 체현되며 고착된다는 데 귀착된다. 알렉싼드르 이와노브는 자기의 저명한 작품 「나무

가지」에서 생생한 관찰과 일반화의 거대한 부를 전달할 수 있었는바, 여기에는 조락을 모

르는 생활의 장엄한 승리와 위대한 자연 부문의 가장 심오한 비밀에 대한 통찰력이

체현되여 있다. 그러나 「나무 가지」는 일정한 가지의 세밀하고 정확한 재현

이당. 나무의 형상을 그려내며 할때 화가는 언제나 그 나무 즉 나무 가지와 잎이 일정하게

배렬되여 있는 일정한 나무를 묘사한다. 그리하여 그것은 흔히 현실의 수많은 개개의 현상들

을 하나의 구체적인, 비반복적인 개별적 현상의 형태로서 리해하며 일반화하는 결과를 표시

한다. 그리고 이때에 사실주의 예술가가 묘사하는 현상은 그 속에서 본질이 가장 완전하게

발현되는 그러한 현상이다.

모택동지는 자기의 로작 「실천론」에서 현실을 인식하는 과정에서의 「직접적」 경험

「간접적」 경험의 호상 관계를 심오하게 분석하면서 다음과 같이 썼다. ……인간의 지식은

온 두개의 부분 즉 직접적 경험의 자료와 간접적 경험의 자료에 의하여 형성된다. 나에게 있

어서 간접적인 경험으로 되는 것은 동시에 타인에게 있어서는 직접적인 경험으로 된다。 따라

서 만약 지식 전반을 물어본다면 어떠한 지식이전 직접적인 경험에서 유리될 수 없다。 모든 지식의 원천은 인간의 감각 기관이 객관적으로 존재하는 외부 세계에서 받은 제 감

각에 있는 것이다。 ……』(주) 현실을 인식한 총화를 개념의 형식으로 우리에게 제공하는 어떠한 과학을 연구할 때 우리

는 『간접적』 경험을 얻게 된다。 지식을 검열하거나 혹은 그것을 공고화하며 할 때 우리는 직접적인 경험에 의존할 수도 있으나、 그러나 그것은 방조적 의의 밖에는 더 가지지 못하게 되

는 것이다。 인간은 과학적 진리를 지각함에 있어서 학자들이 우리에게 이미 일반화하여 준 그 개별적 현상들의 모든 총체와 감성—직관적으로 접촉할 필요는 없다。 우리는 간접적인 경

험을、 말하자면 연구되고 자각되었으며 일반화된 것인 동시에 이러저러한 결론으로서 지각하는 것이다。

이와같이 하여 간접적 경험에 있어서는 원칙적으로 말해서 모택동 동지가 말한 바『감성적 인식』의 단계를 면하게 된다。 과학적 사유의 성격 자체가 일반적 개념을 추상할 수 있는

리성의 능력을 전제로 하는 것이다。 때문에 인간은 과학의 도움으로 간접적 경험을 획득함으로써 말하자면、 이미 준비된 결과들을 파악하게 되는 것이다。 물론 여기에는 현실에서 그

무엇을 알려고 하는 사람이라면 아무도 그것 없이는 살아 나갈 수 없는 것이나、 그러나 만일 그것이 실천에서 얻어진 생동적이며 직접적인 경험으로 피와 살이 붙지 않는다면 한낱 인간

(주) 모 택동 선집 일권、 외국문 서적 출판사、 모쓰크바、 一九五二년、 五一四페지。

의 두뇌를 『리론적』으로 풍부케 함에 지나지 않는 이른 바 『책상 물림』 지식의 위험성도 있음은 사실이다. 실천 밖에 선 과학은 죽은 과학이며, 실천과 떨어진 학자는 『책벌레』에 지나지 않으며 잘되는 경우에라야 기성 진리를 소유한 『산 사전』에 지나지 않으며, 그렇지 못한 경우에는 독경쟁이나 스콜라 철학자로 된다.

이와같이 우리가 과학적 로작에서 자기를 위해 그 어떤 새로운 진리를 섭취할 때 우리는 인식의 감성적 단계를 거쳐가게 된다. 리론적 인식은 그것이 비록 직접적인 현실의 자격을 가지지 않는다 해도, 보편성이라는 의심할 바 없는 자격을 가지는 것이다. 리론 력학은 두말할 것없이 구체적인 대상들을 대하는 자기의 직접적인 경험에서만 섭취될 수 있는 지식 보다 훨씬 더 심오한 물리적 법칙의 지식을 인간에게 주나, 그러나 수학적 공식의 과학적 추상화에서는 개개의 현상들의 직접적인 감성적 감각은 몽롱하게 된다.

형상적으로 현실을 일반화하는 형식은 개념을 통한 과학적 일반화와 비해 아주 특수하다. 감각이나 직접적인 경험에서 인간은 항상 실제적인 현실 자체의 개개의 현상들과만 접촉한다. 사과 일반, 사과의 개념을 감성적으로 지각할 수는 없는바, 사과에 대한 개념은 개별적인 사과에 대한 일련의 구체적인 지각에서 이끌어낼 수 있는 것이다.

예술은 형상을 창조함으로써, 즉 다시 말해서 인식의 제 결과를 구체적인 감성적 형식에서 체현함으로써 직접적인 감성적 지각의 대상으로 될 수 있는 개개의 것의 일반적 형태를 보여준다. 예술 작품에 대한 지각은 언제나 인식의 감성적인 단계를 전제로 한다. 인식된 것은 인식의 대상의 면모를 띠며, 일반화된 것은 개별적 현상의 형태를 띤다.

우리는 과학의 제 결과는 이 과학을 연구하는 사람에게 간접적 경험으로써 섭취된다는 것을 지적하였다。 물론 이 과학적·개념도 감각에 의하여서만 지각될 수 있는 것이다。 기하학적 정리(定理)는 반드시 눈으로 읽거나 적어도 귀로 들어야 한다。 그러나 이 경우에 있어서 눈이나 귀는 수학적 일반화의 원천인 개개의 현상들을 지각하는 것이 아니라 이미 어구로 표현된 그 과학적 일반화를 지각한다。

선과 면 및 기하학적 도형들을 사용하는 기하학은 개개의 현상들로부터 추상하는 것이며 그것은 『구체적인 대상을 추상하여버리고 대상을 구체성을 가지지 않는 물체로서 고찰하며, 그것들 사이의 관계를 어떤 구체적 대상들의 구체적인 관계로서가 아니라 아무런 구체성도 가지지 않는 물체 일반의 관계로서 규정하면서 자기의 법칙들을 내여 놓는다』。 (주)

과학과는 달리 예술은 결코 구체적인 대상들을 추상해버리지 않으며 반대로 모든 것을 개개의 현상들의 형태 속에 체현시킨다。 즉 다시 말해서 예술은 실제적 대상의 피와 살속에 사상을 문자 그대로 『체현』시킨다。 예술가는 이러저러한 구체적 현상들을 묘사함으로써만 가장 추상적이며 보편적인 사상을 구현할 수 있다。 라파엘의 썩 쓰쩐 마돈나의 형상 속에는 모성애의 사상이 내포되여 있으며 호라치우스 삼형제의 면모(다비드의 그림)에는 애국적 헌신성의 사상이 내포되여 있으며, 두손에 어린애를 귀중히 안고 있는 쏘베트 전사의 자태(부채쩨츠의 조각)에는 쏘베트 인도주의 사상이 내포되여 있는 등등이다。 예술 작품은 언제나 직접적이고 정서적이며 감성적인 지각의 대상으로서 나타난다。 이렇듯 예술가는 일반화를 객관적 현실에 실제적으로 존재하는 대상과 현상의 세계에로 되돌아가게 하는 것과 같다。

(주) 이·브·쓰딸린, 맑스주의와 언어학의 제 문제, 국립 정치 서적 출판사, 一九五二년, 二四페지。

그러나 예술 작품도 또한 실제에 있어서는 그를 지각하는 모든 사람들을 위한 간접적 경험의 대상이라는 것은 두말할 것 없다。예술은 그 본질상으로는 이러하나 형식상으로는 직접적이며 감성적으로 지각되는 현상 형태에서 인식 결과를 보여 준다。이와같은 것은 인식과 일반화의 결과가 소여의 대상、소여의 현상의 구체적인 묘사를 거쳐서 표현되는 영화、연극 및 조형 예술에서 가장 뚜렷하다。회화는 비록 변형된 형태에서이기는 하나 하여간 우리가 현실 자체에서도 볼 수 있는 그러한 광경을 우리에게 보여 준다。우리는 옛날 모쓰크바의 좁은 길을 따라 귀족 부인 모로조와가 마차를 타고 가는 것을 보며、상인의 가정이 신랑인 소좌를 맞이할 준비를 하는 것을 보며、아직 겨울철 그대로 벌거벗은 나무 우에서 갈가마귀들이 분주히 날아다니는 것 등등을 본다。

여기서 우리의 지각은 개개의 현상(비록 화가의 기교에 의하여 재현된 것이기는 하나)에 대한 지각이며 이는 생활에서 대상의 감성적 인식으로부터 시작하는 직접적 경험의 대상으로 되는 것에 대한 지각이다。예술적 형상은 바꾸어 말해서 직접적이라는 우점을 가지고 있다。사실주의적 예술에서는 생생한 내용으로 충만되지 않은 무미 건조한 추상화에로 전락할 위험성이 없는바、왜냐하면 사실주의적 형상은 일반적인 것과 개별적인 것의 구체적인 통일이며 인간 리성의 추상력과 개별적인 것의 직접적인 감성적 지각의 동시적인 결과이기 때문이다。바로 여기에 기교의 문제를 해명하는 한개 출발점이 있는 것이다。예술가의 사상은 그 사상의 형상적인 형태、다시 말해서 개별적인 것에 구현되는 그의 체험과의 불가분리적인 련계에서 발생하며 실현된다。

그러나 이에 대하여서는 차후에 언급하기로 하고 여기서는 우리가 관심을 갖고 있는 문제를 계속 분석하기로 하자.

브·이오간쏜의 『공산주의자들에 대한 심문』에서는 모든 것이 철저하게 개성화되여 있다. 그러나 그림의 매개 인물들은 주어진 일정한 개인일 뿐만 아니라 자체 속에 수많은 인간들에게 특정적인 특성을 『구현』하고 있는 것이다. 예술 작품에서의 일반화의 힘과 깊이는 비단 개성화에 대립되지 않을 뿐만 아니라 반대로 형상의 진실한 풍부성과 심도는 개별적인 것의 확실성이 가장 선명하게 나타날 때에라야만 획득할 수 있는 것이다.

二〇년대 말과 三〇년대 초에 라쁘(로씨야 프로레타리아 예술가 협회)의 『리론가』들은 『회화에서의 변증법적 방법을 위하여』라는 투쟁의 기치하에서, 관찰된 모델의 모든 비반복적인 개별적 특징들을 추상화할 것을 예술가들에게 요구하였다. 이것은 실천에서 조잡한 도식주의를 초래하였으며 예술가들로 하여금 참으로 심오하고 정당한 생활 반영으로부터 리탈케 하였다.

예술에 있어서 일반적인 것은 그것이 특정적인 개개의 사실의 면모에서 직접 표현될 때 진실로 확실성있는 것으로 된다. 일정한 전형적인 정신적 지향은 해당한 개인이 가지는 성신상태의 묘사에 의하여 드러난다. 일례로 레삔은 로씨야 혁명가들에게 있어 특정적인 용감성과 인민의 사업에 대한 헌신성을 사형 언도를 받은 혁명가가 승려의 『위안』을 분노에 찬 멸시로 거부하는 묘사에서 구현하였다.

전형적 형상은 일반화의 대상으로 되는 현상들의 일반적 특징들을 자체내에 구현하는 동시에 개성적 성격의 모든 비반복성을 보존한다. 현실 자체에 있어서 일반적인 것은 다만 개별적인 것을 통하여서만 존재한다. 그리하여 만일 과학이 개별적인 것을 추상하여 일반적인 개념(그러나 이것은 항상 매개 개별적인 것을 불충분하게 포괄한다.)을 제공한다면 예술은 이 일반적인 것을 개별적인 것의 면모에서 표시한다. 개성적인 것의 무한한 다양성은 결코 전형성에 대립하지 않는다. 레삔의 『쁘로또지야꾼』은 놀랄만한 개성적 특징을 소유하고 있다. 그의 외적 및 내적 면모의 모든 선명한 특징들은 이 사람이 가지고 있는 것들이다. 그러나 이와 동시에 또는 더 정확히 말해서 바로 이를 통해서 로써야 승며 계급의 전형적인 특징들이 우리 앞에 천명되여 있는 것이다.

이와같이 일반화 즉 철학에서 추상이라고 하는 그것은 현실을 예술적으로 인식하는 불가결의 고리이다. 그리고 이 인식 분야에서도 구체적이며 개별적인 것으로부터 일반적인 것에로, 다음에는 다시금 구체적인 것에로 라는 맑스—레닌주의 인식론의 일반적 법칙이 작용한다. 그러나 예술에서의 일반화는 특수하고 고유한 성격을 띠고 있다.

일반적인 것이 구체적이며 개별적인 것을 불충분하게 포섭한다 하여 이로부터 과학적 인식이 예술적 인식보다 빈약하다는 결론을 내며서는 결코 안된다. 매개 개별적인 현상에는 우연적인 요소가 있으며 그 요소는 본질을 몽롱하게 한다. 이러한 점에서 과학은 예술에 비하여 일정한 우점들을 가지고 있는바, 과학은 자기의 개념을 통하여 현상의 본질을 직접 천명하기 때문이다. 과학에서 『……우리는 일련의 정표들을 우연적인 것으로서 떼버리고 현상 속에서 본질적인 것을 갈라내여 그것들을 호상 대립시킨다』(주) 그러나 예술적 형상에서는 이와는 반대로 본질은 개별적인 것의 내부에만 포함되며 말하자면 이 개별적인 것을 거쳐서 『밝혀』져야 한다.

____

(주) 브•이•레닌, 철학 노트, 국립 정치 서적 출판사, 一九三八년, 三二七 페지.

철학 사가는 쏘크라테스의 못난 외모에는 상관하지 않는다. 그 못난 외모는 철학가의 사상 과정과는 아무러한 련관도 없는 것이다. 그러나 쏘크라테스를 그리려고 하는 화가는 그의 외적 기형성을 무시할 수 없는 것이다. 이와같이 예술가는 학자가 단순히 무시해버리는 그 이러한 외적 특징들에 상시적으로 부닥치게 되는 것이다. 그리고 여기서도 모든 문제는 사물, 현상, 과정들의 본질을 천명하는 필연성에 모든 우연성을 복종시켜야 한다는 데 귀착된다. 인상주의가 갖는 결함을 천명하는 그들의 그림 속에서 우연적인 것이 비록 그것이 개별적인 것에 존재한다 하여도 본질의 천명을 방해하는 바로 거기에 있다. 사람의 얼굴에는 반사가 필연코 존재한다. 그러나 이런 물리학적 현상의 결과인 즉 햇빛과 광선을 반영할 수 있는 사물의 기능의 결과인 반사들은 인간의 형상이 갖는 본질에 대하여서는 실질적 의의를 갖지 않는다. 그러나 예술가는 이러한 것들을 단순히 포기할 수 없는바 그것들은 생활 속에 존재하고 있기 때문이다. 그러나 모든 것은 예술가가 이 반사를 어떻게 묘사하며 무엇을 위해 묘사하는가에 달려 있다. 브•쎄롭의 『복숭아를 쥔 처녀』의 초상화에서는 반사가 아주 훌륭히 묘사되여 있다. 그러나 이 반사는 목적 자체인 것이 아니라 인간의 순결한 청춘의 쩨에지야를 감동적으로 발로시키기 위한 한개 수단일 따름이다. 형상에서의 온갖 우연적인 것은 본질적인 것을 표현함에 직접 또는 간접으로 반드시 복종되거나 또는 적어도 그것에 방해가 되지 말아야 한다. 므•흐멜리쯔는 자기의 그림 『승리한 조국의 개선』에서 사실과 부합되는 축축한 날씨를 묘사하고 있다. 이를 보는 모든 사람들에게는 화가가 비에 씻긴 신선한 공기의 상쾌하고 발랄한 감촉을 창조하려고 해당한 효과를 리용하였다는 것이 명료하다.

그림과 립상(立像)의 어떠한 디테일도 반드시 일반적인 사상을 표현함에 직접 복무하여야 한다고 간주함은 두말할 것없이 지나친 리고리즘일 것이다. 구체적인 분석에 있어서 이러한 관념은 형식의 요소들이 알레고리야(풍유)적으로 해석된다는 데 이르게 된다. 만일 이렇다면 어떤 그림에서의 붉은 색은 무엇을 표현하며 작품 분석은 복잡한 레뷰스(그림 수수께끼)를 판정하는 인공적인 과학으로 전변되게 된다. 그러나 어떠한 예술 작품이건 많은 구체적인 더테일들은 하나의 목적을 추구하고 있는 바, 그것은 형상의 감성적인 확실성의 감각을 창조하는 것이다. 그림 「기다리지 않았다」에서 보는 창밖의 햇빛에는 아무런 상정도 없으며, 이 빛은 화면의 정서적 구성을 형성함과 동시에 생생한 진실감을 창조하고 있다.

우리는 여기서 예술적 형상의 리론을 상세히 분석하는 데 관심을 돌리며 하지는 않는다. 형상에 관한 문제의 해명은 우리가 예술의 본질과, 현실에 대한 그의 관계를 정확히 리해하는 데 요구되리만큼 필요한 것이다.

다시 또 과학과 예술을 비교하는 데로 돌아가자. 우리가 이미 본 바와 같이 과학과 예술은 각기 본질적인 특징을 가지고 있기는 하나 그것들 사이의 차이는 절대적인 것이 아니다. 예술가에게 있어 과학적인 연구는 흔히 예술적 형상을 창조함에 있어서 방조자로 될 수 있으며 또 예술 작품이 어떤 현상을 과학적으로 인식함에 있어서 방조를 줄 수도 있다.

주지하는 바와 같이 맑스는 발자끄를 「사회 과학의 박사」라고 칭하였는바, 그것은 그의 소설 즉 다시 말해서 그의 부르죠아 사회에 대한 예술적 묘사가 그 당시의 부르죠아 경제학자들이 할 수 있은 것보다 더 객관적이고 심오한 묘사이기 때문이였다. 발자끄는 자본주의하에서 조성된 인간들간의 관계의 본질을 천명하면서 구체적이며 또 전형적인 사전의 긴

련쇄에서 부르죠아 사회를 묘사하였다。그가 창조한 예술적 형상들은 제 현상의 본질을 천명함에 있어서 일반화의 거대한 힘을 소유하고 있다。

예술적 형상 그 자체가 벌써 예술가가 현실에서 관찰한 일련의 비전형적인 측면과 특징들로부터의 어떤 추상이다。

현실을 일반화한 결과인 사상은 예술의 근본 내용을 이룬다。예술 작품에서의 사상의 명확성과 심도는 현실을 참으로 객관적으로 인식한 결실이다。명확한 사상의 결여는 흔히 외계에 대한 예술적 인식의 피상성의 결과인 것이다。우리가 우리 예술가들에게 제기하는 사상성의 요구는 이 관점에서 볼 때 실제적 현실의 본질에 아주 완전히 깊이 침투하라는 요구인 것이다。

그러나 예술에서의 사상은 형상의 형식 속에 존재한다。레삔은 혁명가의 용감성과 불굴성의 사상을, 전제를 반대하여 싸우다가 사형 선고를 받은 투사가 그를 참회시키며 온 승려와 대화하는 장면의 묘사에서 표현하였다。(『참회의 거절』) 브·무힌의 그림 『로동자와 녀 꼴호즈원』에서 묘사된 역세고 감동적인 걸음으로 전진하는 형상들 속에는 쏘련에서의 로농 동맹의 사상、쏘베트 인간들의 미래에 대한 지향이 구현되여 있다。

바꾸어 말해서 예술적 형상은 예술에서의 현실의 반영 형식이다。작품에서의 사상은 형상 속에서 또한 형상을 통해 존재한다。어떤 사상이건 그것이 예술에서 자기의 체현을 보기 위하여서는 반드시 그에 해당하는 형상적 형식을 떠여야 한다。형식주의 예술가들은 쏘베트 예술의 초기에 자기들의 황당무계한 궤변을 이른 바 각자가 본 심오하게 진실한 사상을 『구성』함에 착수했다는 것으로써 엄폐하려고 기도하였다。그러나 이 사상들은 그 방법의 형식성으로 말미암아 그와 같은 『작품』들에서 제대로 표현되지 못하였을 뿐만 아니라 란포하게 외곡되였었다. 이와 같은 결과가 일어나게 된 원인은 일반적 형식에서 취해진 사상이 시각적 형상에 구체적으로 체현됨에 있어서 기형화되거나 반대물로 전환되기 때문이다.

사실인즉 예술에서의 사상은 형상으로서만 즉 개별적인 것의 면모를 통하여서만 존재한다. 아·곤챠로브가 『샬로따 코르데에 의한 마라의 살해』를 묘사하려고 했을 때 그는 분명히 주관적으로는 자기의 작품 속에 혁명적 사상을 체현시키려는 지향을 가졌었다. 그러나 이 화가에 의하여 창조된 형상은 그 사상을 표현하지 않았을 뿐만 아니라 오히려 그 것을 외곡하고 전도시켰으며 파괴하였다.

때로 예술가는 자기의 사상을 형상적 형식에서 직접 표현할 수 없을 때 사상을 인공적으로 천명하는 수법에 의존하는 일이 있다. 이런 결과 예술가의 주관적 구상과 예술 작품의 객관적 내용 사이에 그 특유한 『협상(鋏狀)』이 생긴다.

그·고벨로브는 쓰따하노브 운동자들의 초상을 그린 그림 『낫과 마치』에서 바로 선진 로동자들의 면모를 통하여 그들의 정신적 부와 그들의 로력적 열정을 천명함에 뚜렷이 성공하였다. 때문에 예술가는 자기 사상의 천명을 위해서 그 어떤 외적 속성에도 의존하지 않았던 것이다. 이 그림은 그와 같이 선명한 것이였다. 그러나 이 화가가 평화 투쟁을 주제로 하여 그렸을 때 그는 책상 앞에 지리하게 나란이 서 있는 사람들이 그의 사상을 조금도 표현하고 있지 않음을 예술가의 모든 직감으로 깨달았다. 그리하여 고벨로브는 이 사태에서 벗어나기 위해서 반드시 슈제트를 설명해 줄 수 있으리라고 생각한 구호를 우에다 표시하였다. 그러나 화면의 날카로운 수평선은 자태의 수직선들의 지리한 반복을 보다 강조함으로써 그림을 더욱 손상시키고 말았다.

이와같이 예술에서 사상은 형상의 형식을 통하여 존재한다. 그렇다고 이것은 례컨대 과학이 그러한 것처럼 개념 속에 체현된 일련의 개별적 사상들이 문학 작품에 있을 수 없다는 것을 의미하는 것은 전혀 아니다. 그것들은 주인공들의 대화에 포함될 수도 있으며 작가 자신에 의하여 부수적으로 표명될 수도 있다. 그러나 현실에 대한 일반화의 본질적인 측면을 표현하는 작품의 기본적인 주요 사상은 개념의 도움만으로써는 표현될 수 없는바, 이러한 것들은 반드시 작품의 형상적 구성 자체 속에 포함되여야 한다. 똘쓰또이는 『전쟁과 평화』의 기본 사상을 그 자신이 리해하고 있는 그대로 소설의 마지막 부분에서 과학―정론적 형식을 통해 표현하였다. 그러나 첫째로 작품 자체의 내용을 통하여 표현된 똘쓰또이의 천재적 창조로 되는 사상은 작가 자신이 정식화해 놓은 것보다 훨씬 더 풍부하고 심오하며 그리고 또 둘째로 그가 정식화해 놓은 것일지라도, 삐예르 베즈우호브의 몇개의 에피소드를 묘사한데 있어서나 쁠라똔 까라따예브의 형상 속에 있는 바와 같이, 이따금 생활의 진리를 거역한 것이 있기는 하나, 여하튼 소설의 제 형상 속에 포함되여 있다. 그러나 여하튼 똘쓰또이에게는 소설 제二부의 二八장에서 전쟁에 대한 자기의 그 일정한 판단을 내릴 것이 요구되였을 뿐만 아니라 一八一二년 조국 전쟁의 사건 자체를 그러한 판단의 쁠란 속에서 묘사할 것이 요구되였었다.

이와 관련하여 이른 바 『경향성』에 관한 문제를 언급할 필요가 있다. 엥겔쓰가 루차 예술, 특히는 지난 세기 말의 사회주의적 소설에서의 『경향성』을 반대하여 나섰다는 것은 주지의 사실이다. 그는 할크네쓰에게 다음과 같이 썼다. 『나는 당신이 작가의 사회적 및 정치

격 견해를 강조하기 위한 순수한 사회주의적 이야기, 우리 독일 사람들이 「경향적인 소설」이라고 부르는 그러한 이야기를 쓰지 않았다 하여 당신을 비난할 의도는 조금도 없습니다。 나는 결코 그것을 념두에 두고 말하는 것이 아닙니다。 필자의 견해가 숨겨져 있으면 있을수록 그것은 예술 작품을 위해 더 좋은 것입니다」(주一) 엥겔쓰는 므·까우쯔까야가 이러한 「경향적소설」을 쓴 데 대하여 그를 비난하면서 이렇게 강조하였다。『……경향은 이에 대하여 특별히 지적함이 없이 럽장과 행동에서 그 저절로 흘러 나오도록 해야 한다……』(주二)

엥겔쓰의 이러한 말과 관련하여 우리의 리론 및 평론 문학에서는 一五년전에 일련의 토론들이 격렬하게 진행되었다。 몇몇 동지들은 예술 작품에서의 온갖 경향이 마치 유해한 것인 듯 말하면서 예술가의 임무는 실제적 현실을 단순히 객관적으로 중립적, 럽장에서 묘사하는 것이라는 결론을 내렸다。 그리하여 경향성을 객관성과 대립시켰다。 그리고 경향성은 때로 마치 작품의 예술적 내용을 파괴하는 『정론』으로 랭대되었다。

이와같은 문제 설정은 심히 옳지 않다고 우리는 생각한다。 누구보다도 우선 맑스와 엥겔쓰는 이러저러한 예술가들의 전투적 경향성에 대하여 루차 강조한 바 있었다。 엥겔쓰는 곡해자들이 있을 수 있음을 예감이나 한듯 다음과 같이 썼다。『나는 어느 한때도 이와같은 경향적인 시의 반대자가 아니였다。 비극의 창시자 아이스큐로스와 희극의 창시자 아리쓰또화네스는 두사람이 다 단테나 쎄르반테스와 꼭 마찬가지로 경향성이 뚜렷이 표현된 시인들이였다。 그리고 쉴러의 『간교와 사랑』이 갖는 주요한 가치는 이것이 독일의 첫 정치적이며 경향적인

(주一) 칼 맑스 에프·엥겔쓰 전집 二八권, 二七페지。
(주二) 칼 맑스 에프·엥겔쓰 전집 二八권, 五○五페지。

드라마라는 데 있다。오늘날 우수한 소설들을 쓰고 있는 로씨야와 노르웨이의 작가들은 모두 가 빠짐없이 경향적이다。」(주)

맑스는 단테의 시가 갖는 억센 전투적 정신에 감탄하였다。맑스주의 창시자들에게 있어 서 자기의 리념을 위한 예술가의 공공연한 투쟁이 결함으로 될 수 없음은 밝은 불을 보는 것 과 같이 자명한 일이다。선진적 사상의 선전과 그 사상의 용감한 옹호는 그 후에 레닌과 쓰딸 린에게 있어서 볼 수 있는 바와 마찬가지로 맑스와 엥겔쓰에게 있어서도 또한 항상 예술 작 품의 가장 중요한 가치로 되여 있었다。

엥겔쓰는 사회주의적 소설의 소위 「경향성」을 반대하여 나서면서 우선 경향성의 일정한 내용、즉 一九세기 말 영국과 독일의 개량주의적 문학에 넘쳐 흐르던 사회주의의 탈을 쓴 부 르죠아적 환상을 반대하여 나섰는바、엥겔쓰는 변절적 행위의 온갖 발현에 대하여서와 마찬 가지로 그와의 비타협적인 투쟁을 자기의 의무로 간주하고 있었다。

그러나 문제는 이점에만 있는 것이 아니다。라쌀과의 사이에 벌어졌던 그 유명한 론쟁에 서 맑스와 엥겔쓰는 쉐스피어를 셜러와 대치시키고 전자의 편에 섰다。맑스와 엥겔쓰의 견해 에 의하면 셜러의 작품에서의 사상은 많은 경우에 적당하게 알맞는 형상적인 ≪개별적≫ 표현 형식을 떠고 있지 못하다는 것이다。추악한 「경향성」을 반대하여 나섰을 때 맑스와 엥겔쓰는 이를 당성과 결코 동일시하지 않았을 뿐더러 예술에서의 무당파적 객관주의에 대하여서는 언 급조차 하지 않았음은 물론이다。맑스는 라쌀식 주인공의 추상성에 대하여 불만을 표시하면

(주) 칼 맑스 에프·엥겔쓰 전집 二七권、五〇五페지。

서『……성격 묘사에서 바로 성격적인 특정들이 부족하다。』고 갇주하였으며 또 엥겔쓰는 까우쯔까야가 자기 소설의 한 주인공의 개성을 원칙 속에 해소시켜버렸다고 그를 힐난하였 당。이와같이 맑스주의 창시자들은 예술에서 일반적이며 본질적인 것이 개별적인 형식을 통하여 발현될 것을 요구하였다。맑스와 엥겔쓰는 사상,『경향성』이 형상에의 첨가물과 같이 형상 밖에 존재하는 것을 반대하였다。그런즉 보다 더 확정적으로 말한다면 바로 그것으로 맑스와 엥겔쓰는 예술적 형상 자체의 경향성을 주장하였으며, 그 속에서 명확하고 완전 무결하게 표현된 사상이 천명될 것을 주장하였다。다시 말해서 사실주의적 작품에서의 색상은 형상의 성격과 내용과 의미를 내부로부터 규정하는 것이지 개개의 사물의 구체적 묘사에 대한 그 어떤 보통적인 것과 같이 외부로부터 첨가되는 것은 아니다.

이로부터 예술적 형상을 단순히 현상이나 개별적 사실의 무감각한 거울로서 인식하거나, 현실의 수동적인 반영으로서만 인식함이 옳지 않다는 것이 명백하다。우리는 얼마 안가서 곧 이 문제에 언급하게 될 것이다。그러나 여기서 반드시 강조해야 할 것은 예술적 형상을『목전의 존재』의 단순한 재현으로 귀착시킨다는 것은 외계를 형상적으로 인식하는 가장 중요한 측면이며 현실 발전의 합법칙성을 천명하는 것이 그 목적으로 되는 일반화를 망각함을 의미한다。그런즉 형상 자체가 사상의 유기적인 표현으로 되지 않는, 즉 다시 말해서 그것이『경향적인 것』으로 되지 않는 바로 그러한 경우에 사상은 엥겔쓰가 항의한 바 있은 외적 경향성의 형식으로 기계적으로『첨가』되게 되는 것이다。예술적 형상에 있어서 현상의 법칙과 그의 본질은 예술가에 의하여 묘사되는 사실, 사건, 사물 자체 속에서 발현된다。여기서 경향성은 해당 사실, 사건을 현재 진행되고 있는 것에 대한 의미의 전시, 즉 전형적 형상의 창조

를 통하여 묘사함으로써 천명된다。브•이오간쏜의 『우랄의 낡은 공장에서』는 심오한 경향

적인 작품이다。더우기나 이 작품의 경향성은 형상을 유기적으로 관통하고 있는바 그 경향

성은 인간들의 성격과 구체적인 정황 속에서 발현되고 있는 것이다。그러나 쁘•꾼촬롭쓰끼는

그림 『붉은 군대 기마병의 목욕』에서 붉은 군대들의 형상의 내적 세계에 대해서 무관심하

였는바, 기마병의 머리에 씌운 기병모와 같은 외적 경향성의 표징은 이 사태를 구원하지 못

하고 있다。

4

우리는 현실의 반영 형식으로서의 예술적 형상의 구성을 앞으로 계속 분석하면서 문제의

또 하나의 중요한 측면에 주의를 돌려야 할 것이다。

우리는 예술이 인간을 충동시켜야 한다는 점을 예술 작품이 갖는 가장 본질적인 가치의

하나로 보면서 그가 우리를 그와같이 격동시킬 것을 정당히 요구한다。그리고 이 방면에 있어

서도 의계에 대한 과학적 인식 방법과 예술적 인식 방법의 특성을 구분할 수 있다。천재적

인 과학적 저작이 예술 작품에 못지 않게 우리의 마음을 사로잡으며 충동시킨다는 것은 물론

이당。우리는 가끔 사상의 힘과 깊이, 현실의 복잡한 제 현상의 본질 자체로 뚫고 들어가는

인간 지혜의 대담성、그리고 끝으로 우리앞에 활짝 열려지는 진리의 『광경』에 깊이 감동되

군 한다。천재적인 과학적 로작의 연구는 우리의 사상을 풍부하게 할 뿐더러 우리의 감정과

의지도 또한 풍부케 하여 준다。그러나 이럼에도 불구하고 우리가 예술 작품을 대할 때 느끼

　는 그 감흥은 과학 로작의 연구가 동반하는 정서와는 질적으로 구별된다.

　어떠한 과학적 결론이나 어떠한 리론적인 일반적 개념이나 그것이 만일 객관적 현실을 옳게 반영만 한다면 그것은 자체내에 진리를 내포하고 있으며 따라서 그것은 우리 마음에 들건 안들건간에 그 객관적 내용에 있어서 독립적으로 존재한다. 객관적인 과학적 진리는 이·브·쓰딸린의 표현을 빌어 말한다면 『계급에 대해서 무차별하며』 사람들의 주관적 욕망이나 지향에 무차별하다. 그러나 사회적 계급들이 과학적 진리에 대해서 결코 무차별적이 아니라는 것은 딴 문제이다. 현대 외국의 반동 과학들은 이에 대한 가장 기형적인 수많은 실례들을 보여주고 있다.

　진리가 그 속에 직접 체현되여 있는 그러한 것으로서의 개념은 그에 대하여 반드시 정서적으로 대할 것을 요구하지는 않는다. 우리에게 있어 간접적 경험의 대상으로 되는 개념은 외식의 정서적 분야를 직접 건드리지는 않는다. 과학적 진리의 파악 과정에서의 정서는 제二차적인 것이다.

　그러나 예술에 있어서는 이렇지 않다. 예술가 자신이 반드시 강한 정서를 소유하여야 하며 이는 예술가적 재능의 특성이 갖는 본질적 측면의 하나이다. 이·쁘·빠블로브가 예술가를 가리켜 『정서적으로 사유하는』 사람이라고 부른 것을 여기서 지적함은 중요하다. 사실인즉 일반화의 방법이나, 창작 과정의 특성이나, 인간에 대한 예술의 작용 과정 등은 외계물을 예술적으로 파악하는 정서적 측면의 문제를 극히 중요한 것으로 만들고 있다. 예술가에 의하여 인식된 현실이 우리 앞에 형상적 형태, 즉 개개의 현상을 묘사하는 형식으로 표현되니만치 예술 작품에 대한 지각은 형상 속에 들어있는 진리를 습득하는 과정의 하나의 필수적 과

리로서 반드시 의식의 정서적 단계를 예상한다。

우리는 예술 작품에 대한 지각이 예술가에 의하여 묘사된 개개의 현상들과 대상들을 관중이 지각하는 것부터 시작한다는 것을 다른 문제와 관련하여 이미 지적한바 있었다。그림에 대한『첫 관찰』은 대개 그림의 외적 측면만을 우리의 의식에 전달해 준다。페도또브의『소좌의 구혼(求婚)』을 볼 때 우리는 우선 몸서리치는듯한 동작을 취하는 처녀의 형상(形像)과 수염을 피고 있는 장교의 옆모습과 기타 인물들의 자태와 몸짓과 그리고 악쎄쑤알(添景)을 분별하고 그 다음에 가서야 사물들의 련계를 인식하기 시작하며 줄거리(фабула)를 포착하며 페도또브의 그림이 갖는 풍부한 내용을 해득하게 된다。

예술가는 자료의 관찰과 연구、사색과 체험에 기초하여 예술적 형상을 창조하면서 자기의 의식 속에서 레닌이 말한 바 현실의『영상』、『모형(模型)』을 구성한다。외계 인식의 형상적 형태는 인식의 객체로서의 실제적 대상과 인간 의식에서의 그의 주관적 반영 사이에 존재하는 그 근사한 합치를 아주 명료하게 문자 그대로 여실하게 우리 앞에 증시한다。

그러나 형상이 예술가의 머리 속에 남아 있는 동안은 그 형상은 아직 완성되지 못한 것이며 따라서 예술도 또한 아직 존재하지 않는 것이다。예술은 예술 작품이 창조되였을 때에야 비로소 시작된다。례컨대 그림을 구상하고 있기는 하나 아직 이를 실제적으로 창조하지 못한 화가가 자기의 미래의 작품에 대해서 이야기할 수는 있다。그는 자기 사상을 형성하며、형상을 묘사하며、자기가 어떤 수법을 사용하게 될 것인가를 지적할 수 있다。그러나 그런 이야기가 아무리 상세하고 정확하다 할지라도 그것은 작품 자체를 대치하지는 못하며 또 대치할 수도 없는 것이다。

예술적 형상은 반드시 이러저러한 물질적 체현을 가져야 하며 객관화되여야 한다。여러
가지 예술 형태에서의 이러한 체현의 형식은 극히 다양하다。조각가는 자기의 형상을 실제적
물체로서 존재하는 립상의 물질적이고 유형적인 형식으로 체현시키며, 음악가는 자기의 악기
로 일련의 음을 내며, 화가는 색조로써 시각적으로 지각되는 현실의 평면적인 일류지야를 창
조하며, 작가는 자기의 형상들을 언어로써 문학적으로 확정한다。

어떠한 사상도 벌거벗은채로는 존재할 수 없는바 그것들은 항상 자기 표현 형식으로서
일정한 자연적 물질을 갖고 있다。이와 마찬가지로 어떤 예술적 사상도 일정한 물질적 외피
속에서만 존재한다。

문학에서 이러한 물질로 되는 것은 언어이다。그러나 언어를 사용하지 않는 예술, 례
컨대 회화, 조각, 기악과 같은 그런 예술에서의 사상과 이데아는 인간이 객관적 현실과의 실
천적 접촉에서 얻어내는 형상, 지각 및 표상에 기초하여서만 존재할 수 있으며 그것들은 매개
예술 형태에 따라 각이한 『자연적인 물질』 (음악에서는 음의 총체로, 미술에서는 시각에의
하여 지각되는 제 요소—색조 등등—의 체계로) 속에서 체현된다。

그러나 이 모든 체현 형식들이 아무리 다양하다 할지라도 그것들은 예술가의 의식에서
주관적으로 성숙되는 그 매개 형상, 지각, 표상들이 실재적 작품의 물질적 형식에서 객관화
된다는 점으로 통합된다。물론 이로 말미암아 예술 작품이 의식, 이데올로기야의 현상임을
조금도 포기하는 것은 아니나 그러나 형상을 사람들이 리해하기 쉽게 하기 위하여서는 예술
가는 반드시 작품을 창작해야 한다는 것은 리해하기 어렵지 않다。더우기나 외계를 예술적으
로 파악함에 있어서 작품을 창작 과정 그 자체는 아주 중요한 고리인 것이다。

물론 학자도 과학적 저술을 창작한다。 연구자의 두뇌에 존재하기는 하나 아직 구두로나 출판을 통하여 다른 사람의 소유로 되지 않은 지식도 역시 과학의 사실이 아니다。 그려나 여기에서 차이점을 이루는 것은 학자는 자기의 일반화의 결과를 언어로 직접 기술하나 예술에서는 이 일반화가 반드시 개별적 형식을 갖추어야 하는 데 있다。 예술가는 그가 인식한 사물의 본질이 뚜렷이 내포되는 현상을 그럴듯하게 재현한다。 그는 자기의 사상을 위한 『물체』를 창조해야 하며 문자 그대로 작품 속에다 자기의 구상을 체현시켜야 한다。 페도또브가 그림 『소좌의 구혼』에 필요한 『자기 주인공다운』 상인을 구하기에 얼마나 애썼으며, 쑤리꼬브가 『총살의 아침』에 그릴 형상들에 대하여 얼마나 오랫동안 면밀하게 노력하였으며, 레삔이 『기다리지 않았다』의 구상을 가장 명료하게 나타낼 수 있는 조형적 표현을 찾기에 얼마나 완강한 노력을 경주하였는가를 상기해 보자。

이미 『예술』이란 말 자체 속에는 개념 자체의 실제적 내용에 상응하는 어떤 이중성이 내포되여 있다。 『예술』이란 단어는 오늘날 우리가 예술 창작과는 거리가 극히 머나 인간 활동의 다종 다양한 형태에 종사하는 그 수많은 사람들에게 적용하는 『능난한』이란 말과 동일한 어근을 가지고 있다。 사실 우리는 『능난한 예술가』라고 말하는데, 동시에 『능난한 의사』, 『능난한 야장』 등등이라고도 말한다。 어떠한 직업에 종사하는 사람이건 그는 자기 사업의 『능난한 사람』으로 될 수 있는 것이다。 사실 그렇다！ 이것은 전혀 각이한 현상들을 하나의 술어로써 통합시킨 언어의 변덕이 아니다。 그리고 또 이것은 로써야어만이 갖는 우연적인 것도 아니다。 불란서어, 독일어, 영어 및 기타 많은 언어들도 역시 『예술』이라는 뜻을 표시하는 해당 술어들을 아주 광범히 사용하고 있는 것이다.

가장 일반적으로 말해서 우리는 자기 사업과 자기 직업의 실무를 완전한 정도에서 자유로이 소유함으로써 자기 사업을 예술적으로 훌륭하게 처리할 줄 아는 그런 사람을 가리켜 「능난한 사람」,「명수」라고 말할 수 있다.

예술 자체에 대해서 말한다면 이는 예술 작품을 창작해 낼 수 있는 완전성을 의미한다. 높은 기교를 떠나서는 참으로 완성된 예술이란 없으며 또 있을 수도 없다. 바로 이렇기 때문에 기교를 완성할 과제는 쏘베트 예술가들의 가장 긴요한 과제의 하나이다.

예술 발전의 이른 시기, 례컨대 중세기에 있어서는 수공업과 예술의 근사성은 자본주의 시기에 있어서보다 현저히 더 컸다. 야장, 도자공, 목수는 일정한 물질적 생산의 명수이면서 동시에 예술가 즉 정신적 생산의 능수이기도 하였다.

공예 분야에서의 예술과 수공업, 예술과 기술과의 호상 접촉의 실례는 허다하다. 비교적 후세에 와서야 분업은 이전에는 직포공 자신이 예술가로서 고안하던 직물의 문양을 예술가가 만들어내게 하였다. 교회문을 만들던 중세기 야장은, 도구를 쥐고 장인복을 입은 자기를 조각한 조각상을 노브고로드 쏘피야의 그 유명한 팔쏜쓰크 대문에다 남겨 놓은 노브고로드의 명장(名匠) 아브라므처럼 조각가였다.

그러나 「순수한」(실용적인 것과 구별하여) 것이라고 불리우는 것 중에서 오늘날까지도(아마 미래에도 여기에는 아무 변화가 없을 것이다.) 물질적 및 정신적 생산의 유기적인 통일을 우리에게 보여 주는 한때의 예술이 있는바, 이는 건축술이다. 건축가인 기술자는 예술가인 동시에 건설자이며 그의 작품인 건물은 물질 문화의 사실인 동시에 정신 문화의 사실이기도

하다。 건축가의 기교속에는 기사—건축가의 숙련성과 예술가의 예술성이 밀접하게 융합되여 있다。

일정한 사용 가치를 창조하는 구체적 로동은 기교、숙련성의 기준이다。

그런 까닭에 『기교』의 개념과 『창작』의 개념과의 사이의 련계를 지적하는 것은 어려운 일이 아니다。 세계를 변혁하며 개조하는 온갖 로동은 인간의 모든 물질적 및 정신적 부의 원천인 창조이다。 이러저러한 대상과 현상 또는 과정을 필요한 방향으로 변경시킴에 있어서 완전한 능숙성—생산력과 지식과 경험의 소여의 수준에서—을 갖고 있는 자는 자기 사업의 명수이다。 기교의 개념 속에는 자기의 대상을 정통한다는 요소가 필수적으로 들어간다。 째흐에 가입하는 능수가 모범적인 『걸작』을 창조할 것을 요구한 중세기의 규칙은 수공업자가 자기 사업에 정통하고 있는 그 숙련성을 시험하는 목적을 가지고 있었다。 정신적 로동과 육체적 로동을 분리시킨 그 장구한 과정과 근로 계급에 대한 수탈은 세월이 경과함에 따라 육체적 로동、물질적 가치물의 창조가 근로자들의 안전에서 자기의 창조적 성격을 더욱 더 사라지게 하였다。 이러한 것은 특히 자본주의 시기의 도래와 더불어 극심하게 나타났다。

물론 능난한 수공업자들은 오랫동안 완강하게 예술주의(결국은 세계의 창조적 개조에 대한)에 대한 당당한 권리를 고수할 것이나 자본주의 제도의 걷잡을 수 없는 력사 과정은 그들에게서 이러한 권리를 사정없이 박탈한다。 자본주의적 공장에서의 로동자의 로동은 종국적으로 그의 창조적 성격을 상실케 한다。 다만 사회주의 제도만이 사회의 매개 성원으로 하여금 자기의 기능과 솜씨를 끝까지 발전시키게 함으로써 온갖 로동이 자기의 창조적 성격을 회복하게 한다。

예술 작품의 창조는 생기없는 행위가 아니며 형식에 대해서 무차별한 주관적 형상의 「체험」

도 아니다. 오직 이러한 창조 과정을 통해서만 형상이 종국적으로 형성된다. 최초에 작품을 구

상하고 그 것을 자기의 의식 속에서 끝까지 체험해 보고 그리고나서 그림을 그리는데 착수하는

그러한 예술가를 좀처럼 상상할 수 없을 것이다. 형상은 그것이 제아무리 미리 숙고해진 것

이라 할지라도 대다수 경우에 있어서는 작품을 창작하는 과정에서 최종적으로 명확해지는 것

이다. 쑤리꼬브는 「귀족부인 모로조와」에 대한 구상의 체험을 탐구하는 한편 전형들의 선택

과, 에스키스와 스켓취를 그리는 과정에서 작품의 형상을 최종적으로 형성하였다. 보다 선명

한 특징들을 띰으로써 개별적인 등장 인물들이 변경되였으며 그림의 전체 구조가 변하였다.

형상의 객관화—형상의 예술 작품에로의 전환—는 크낙한 창조적 사업이며 그 사업 과정에서

주관적 이데야는 자기의 종국적인 실현, 물질적인 형체를 획득한다. 화가는 손에 화펜을 들

고 생각하며, 조각가는 찰흙이나 밀탑 덩어리를 놓고 생각한다.

례컨대 쑤리꼬브는 자기의 그림에서 모로조와의 썰매가 반드시 「움직여야」 한다는 것을

「알고」 있긴 하였으나, 화면의 구도를 각이하게 변경시키다가 그림을 밑으로 확대시킴으로

써만 썰매가 「움직여 나간」는 것을 묘사할 수 있었다.

예술가는 작품을 창작하면서 자기의 형상을 일정한 소재를 통하여 체험한다. 명수들은

자기의 소재를 개조하면서 최초의 상태나 최초의 형태를 변경시키며 그것을 자기 사상에 종속

시키며 자기 목적에 복무케 한다. 형식주의적 리론은 한때 온갖 진실한 예술 작품은 「소재를

드러내면」 그를 보존한다는 사상을 내세웠는바, 조각은 돌덩어리를, 벽화는 벽의 평면을,

회화 일반은 색조적인 표면을 보존하고 있다는 것이다. 이 사상은 일반론적인 관점에서 이미

결함을 가지고 있다. 예술의 소재는 예술가가 사상과 감정의 일정한 총체를 체현함에 봉사한다. 페도또브가 자기의 세태적 장면을 회화에서가 아니라 례컨대 기념비적 조형 미술에서 실현하는 것을 기대하는 것보다 더 우스운 일은 없을 것이다. 주지하는 바와 같이 예술의 소재는 내용에 무관심한 것이 아니며 그것들 사이의 판계는 형식주의적 려론이 주장하는 것과는 전혀 판이하다.

소재는 창작 파정에서, 더 정확히는 예술 작품의 창조 파정에서 반드시 개조돼야 하며 명수의 손에 복종돼야 한다. 예술가는 그가 자기 소재에 비굴하게 복종하는 것이 아니라 그 소재를 확신을 가지고 자유로이 처리하며 그것이 자기의 구상에 가장 훌륭하게 복무하도록 만들며 그것을 이겨내는 때에라야만 명수라고 불리워지는 것이다.

이는 물질적인 사물의 형태를 취하고 있는 조각에서 특히 명백히 볼 수 있다. 미께란제로가 다비드를 조각했던 자기의 돌덩어리를 내던진 것은 어떤 명수이건 그것을 가지고 립상을 만들 수 없었기 때문이였다는 것은 만인이 다 아는 사실이다. 위대한 예술가는 자태의 움직임이 대리석 덩어리의 불편스러운 형태에 의하여 어느 정도로 규정되였다는 것을 추호도 느낄 수 없는 그러한 자태를 창조하였다. 미께란제로는 석재를 형상적 표현의 파업에다 전적으로 복종시킬 줄 알았다.

그러나 예술 작품에서, 특히 예술가 자체에게 있어서 『원래의』 소재를 개조하는 문제가 제아무리 중요하다 할지라도 이 문제는 어쨌든 본질적인 것이 못되는바, 왜냐 하면 예술가의 창작적 행위는 부수적인 모멘트로 될 따름인 소재와의 투쟁에 있는 것이 아니기 때문이다. 주되는 것은 다른 데 있다.

사실주의 예술가는 현실에 대한 자기의 인식 결과를 개별적이며 구체적인 감성적 형태

즉 다시 말해서 형상적 형태에서 재현하려 애쓴다. 그는 생활과 현실을 재생시켜야 하며 우

리의 감각, 기관들이 그를 지각하는 그대로 즉 생활과 현실을 그 모든 다양한 특징들의 부속

에서 묘사하여야 한다.

이러한 점에서 각이한 예술 형태들 간에는 일정한 한계가 존재한다. 례를 들어 일정한

사건을 묘사하는 이 사건의 참가자들이 무엇을 입었는가를 반드시 말해야 하는 것

은 아니나 화가에게 있어서는 이것이 아주 필요하며, 조각가는 많은 경우에 있어서 자기의

주인공이 어떤 색의 벽타이를 매고 있는가를 표시할 필요가 없으며 또 그는 주인공의 태도가

어떤 표현을 띠는가를 문자 그대로 묘사할 수는 없는 등등이다. 이 한계는 절대적인 것이 아

니며 그것은 많은 경우에서 넘어설 수 있는 것이나 그러나 온갖 경우에, 또 언제나 예술에서

는 학자들이 아주 헐하게 추상하는 그 모든 정형들을 고려하며 재현하며 재생시켜야 한다.

만약 력사가가 一八一二년의 전쟁과, 특히는 보로지노 전투에서 나뿔레온군이 괴멸한 력

사를 연구한다면 그는 그 전투가 어떻게 진행되였으며, 쌍방의 력량 관계가 어떠하였으며,

일방으로는 꾸뚜죠브, 타방으로는 나뿔레온의 작전 계획이 어떠하였는가를 서술할 것이다.

뿐만 아니라 력사가는 이 작전 계획들을 천명함에 있어서 문헌을 리용할 수도 있으며 극단한

경우에는 추측을 리용할 권리를 갖고 있으나 그러나 후자의 경우에서는 그는 이것이 추측

이며 가정이라는 것을 알 수 있도록 똑바로 말한다. 따라서 력사가는 이 사건을 서술하면서

그것을 첫째로는 크나 적으나 확설하게 알고 있으며, 둘째로는 그것이 어떤 공통적인

계기를 끌어내며, 본질과 력사적 발전 경향 등등을 천명하기 위해 필요할만한 그러한 정

도에서 그 사건을 우리에게 알며 준다。 이때 력사가는 사건의 총체적인 행정에 대해서 중요
하며 본질적인 의의를 갖지 않는 일련의 말초적인 것들은 사상해 버린다。

그러나 만약 예술가가 一八一二년의 사건들을 연구하며 예술적으로 일반화하며 그는 같은
일이지만 전형화하며 자기가 인식한 제 사실을 예술적 형상 속에 체현하며 한며 또는 학자
가리용하는 그러한 모멘트나 자료만으로써 국한될 수 없다。

학자에게 있어서는 보로지노 전투일에 나뽈레온이 감기에 걸렸었거나, 전투 전야에 북을
타고 앉아 있었거나, 또는 조립식 의자에 앉아 있었거나 이것은 아무런 관심사로도 되지 않는
다。그러나 동일한 사건을 우리에게 보여주며고 하는 예술가는, 뽈쓰또이가 『전쟁과 평화』에
서 한 것처럼 비록 그가 어떤 디테일한 점들을 확실히 모른다 해도 그것들이 진실에 완전히
가깝도록 허구하며 상상해야 한다。뿐만 아니라 예술가는 력사적 사건에 대해서 말할 때에도
그러한 것을 허구한다。그리고 일반적으로 예술가의 환상에서 창조된 인간에 대하여 언급될
때에도 그 환상이 만일 진실에 적응하게 되면 그것은 진실하며 실제적인 것으로 된다。그리
고 또 작가는 인간의 일정한 면모와 그의 성격과 그 인간의 참가밑에서 진행되는 구체적인
사건 등등을 우리에게 보여줄 의무가 있다。

우리는 이미 예술가가 자기의 인식 결과를 마치도 직접적 경험의 대상처럼 형식에
담아야 한다는 것을 말한 바 있다。그림을 보는 사람은 그 자신이 그림에 묘사되여 있는 것
에 목격자처럼 느낀다。그리고 바로 여기에 예술적 형상의 극히 중요한 특성의 하나가 있다。
그러나 형상 속에는 본질적인 것이거나 우연적인 것이거나 할 것없이, 감성으로 느낄수 있는
모든 것을 많으나 적으나 균등하게 고착시키는 시초적인 감각이 체현되는 것은 아니니만큼

자기의 일반화를 개체적인 것의 형식을 통하여, 그 모든 비반복적인 생생한 명확성에서 묘사할 것이 또한 예술가의 과업으로 된다. 소설에서는 일정한 성격을 가진 수많은 사람들의 운명이 사건의 전 체계 속으로 융합된다. 이와 같은 운명은 비록 그것이 현실에 존재하지 않는, 생활에 준하여 창조된다 할지라도 대다수 경우에 있어서는 그것이 현실에 존재하지 않는 만큼 예술가의 지혜와 상상과 감성에 의하여 창조되는 것이다.

일찌기 아리쓰또텔레스는 과학과 예술의 차이에 대하여 지적하면서, 전자는 있는 그것을 말하며 후자는 그 개연성과 가능성에 의하여 있을 수 있는 그것을 말한다고 하였다. 사실인즉 력사가는 보로지노 전투날에 꾸뚜조브가 무엇을 생각하였는가를 알지 못한다면 이에 대해서 전혀 침묵하거나 혹은 적당한 가설을 표명할 뿐이다. 력사가에게 있어 어떤 사사로운 사실을 모른다는 것이 일반화를 함에 있어서의 장애로는 되지 않는다. 그러나 예술가에게 있어서는 이러한 것이 허용되지 않는다. 예술가는 그가 아는 실제적 지식에서 부족되는 것을 반드시 창조해야 한다. 그러나 그 창조가 「개연성과 가능성」에 적응하도록 해야 한다는 것은 두말할 필요도 없다.

뽀뜨르 일세가 뻬쩨르고프에서 자기의 아들을 심문하였다는 것은 주지의 사실이나, 어떻게 또 어떤 환경에서 그가 알렉쎄이와 담화를 진행하였는가 하는 것은 아무도 모른다. 그들이 서 있었는지 앉아 있었는지, 어떤 의복을 입었었으며, 그들의 낯색이 어떠하였는지는 알 수 없는 것이다. 력사가에게 있어서는 이것은 물론 중요치 않다. 그에게는 담화 내용과 그 결과가 중요하다. 그러나 예술가는 사태의 모든 환경을 「알아야」 하는바 두 인물이 어떤 옷을 입었으며 한사람은 앉아 있었고 다른 한사람은 책상 곁에 서 있었으며, 또 바로 그 날이 맑은 날씨였던지 흐린 날씨였던지를 『알아야』 한다. 예술가느·그는 이러한 모든 것을 『알므로써』만 자기의 유명한 그림을 그릴 수 있었다. 력사적 사실과 현실적으로 존재하였던 인간들과의 문제는 이러하다. 그러나 절대 다수 경우에 있어서 예술 작품의 형상은 전적으로 예술가가 수많은 개별적 관찰시의 자료에 기초하여 창조하는 것이나, 그렇어고 해서 그 자료가 현실의 그 어떤 일정한 사실들에 반드시 직접 상응해야 한다는 것은 아니다.

학자는 자기의 인식 결과에 도달할 때 일반적인 명제와 결론과 개념을 구사한다. 일정한 심리학적 법칙은 일련의 례증(이 례증은 반드시 현실에서 취해진 것이여야 하며 사실과 최대한도로 근사하게 서술된 것이여야 한다)으로써 연구자들에 의하여 확정될 수 있는 것이나, 그러나 그 법칙은 일반적인 형식으로 정식화된다. 예술가는 그 동일한 심리적 법칙을 이 법칙에 적응하여 활동하는 인간의 구체적인 형상을 묘사함으로써 그것이 능히 인식될 수 있는 것으로 만든다. 학자는 목전의 현실을 확정하며 이로부터 자기의 결론을 내리나 예술가는 반드시 자기의 주인공들에다 생활을 부여하여야 한다. 하이네의 말을 빌어 말한다면 학자는 현상의 실체에서 그의 본질을 끌어내며 예술가는 이 본질에다 실체를 부여하여야 한다고 말할 수 있다. 예술가는 자기 주인공들을 『만들어』낸다. 주지하는 바와 같이 예술가는 현실의 소재에 의거하여 자기의 형상들을 『만들어』낸다. 예술가가 창조한 개개의 현상의 총체에 의거하고 있음에도 불구하고 그것은 전적으로 예술가의 환상의 열매일 수도 있다. 예술가는 현실에 존재하지 않을 수도 있으며 또 사실주의적 작품에서는 환상이 언제나 실제적 현실가 창조한 세계는 생활을 일반화한 반영이나, 이 세계는 현존하는 구체적인 인간, 세계, 현상 및 사전의 면모를 떤다.

몇몇 예술에서는 이 모멘트가 특히 뚜렷하게 문자 그대로 감득될 수 있다。 조각가는 대리석이나 또는 금속덩어리로 인간 육체의 모형을 창조한다。 지어는 감성적으로 지각되는 상의 모형을 화판에다 그리는 화가도 또한 실물에 의거하며 대상들이 시각적으로 『존재』하게끔 하면서 자기 묘사의 모든 요소를 창조, 더 정확히는 재생시키는 것이다。 오래전에 죽은 사람이라도 그 초상화는 오늘날까지 그의 감성적 면모를 보존하고 있는바 그 초상화에는 예술가가 어느 한때 그를 본 것이 실체적으로 물질적으로 고착되여 있는 것이다。 일찌기 고대 애급인들도 조잡한 원시적인 형식으로나마 이 진리를 자각하였었다。 애급 왕들은 순전히 기 육체의 영원성을 확보하려고 념원하면서 조각상을 만들게 하였는바, 이 조각상들은 왕의 미이라마저 부패하여버린 오늘에 와서도 『살고』 있다。

이와같이 예술가는 작품을 창조함으로써 일정한 의미에서 자기 형상의 창조자로 된다。 그렇다고 이로부터 주관적인 관념론적 결론을 내리면서 일찌기 랑만주의적 미학이 주장한 바와같이 예술가는 그가 묘사하는 실재를 최초로 창조한다고 간주하는 것은 물론 어리석은 일이다。 예술가가 창조하는 형상들은 만일 그것들이 진실로 가치있고 뜻깊은 것들이라면 언제나 현실에 대하여 제二차적인 것이며 그의 반영인 것이다。 예술은 객관적 실재의 자각이나 그 자각 과정은 구체적인 감성적 형식으로 고착될 것을 요구한다。

이와같이 예술가는 자기의 일반화를 일련의 형상들을 통하여 구현하며 이 형상들에다 이러저러한 물질적 체현을 부여한다。 우리가 이미 본 바와 같이 여기에서는 예술가의 환상이 커다란 역할을 논다。

환상은 과학이전 예술이전 그 어느 것에 대해서 언급하건간에 세계를 인식하는 인간 의식의 불가분의 속성이다. 그러나 예술적 사색에 있어서 환상은 특별한 위치를 차지한다. 왜냐하면 바로 이 기능이야말로 예술가로 하여금 생활 연구의 풍부하고도 다양한 경험에 근거하여 전혀 존재하지 않았거나 또는 다른 현상 형태로서 존재한 사실들과 인간들의 총체를 재현하게 하며, 그 사실과 인간들을 통하여 현실에 대한 자기 인식의 결과를 체현하도록 하게 하기 때문이다. (레삔은 왕자 이완을 그리기 전에 그 기초로 되는 직접적인 산 관찰들 (멘꼬와 가르쉰을 묘사한 습작들을 상기해 보자。)을 갖고 있었다 해도 왕자 이완의 진면모는 바로 그 창조적 환상만이 그에게 암시를 주었던 것이다. 렘브란뜨가 그 경탄할만한 신화적인 정서적 장면을 창조할 수 있게끔 한 것도 역시 강력한 창조적 환상의 작용이였는바 그 장면들 속에는 실제적 인간들과 실제적 생활에 대한 심오한 지식의 현명성이 론쟁할 바 없는 큰 힘으로 체현되여 있다。예술에서의 환상은 비록 그 속에 생활로부터 리탈하며 일정한 력사적 조건으로 말미암아 일어날 수 있는(례컨대 랑만주의에서 그랬던 바와 같이) 특수한 예술적 주관주의의 위험성이 내포되여 있다 할지라도 작품에서의 직접적이며 정서적인 힘의 크낙한 원천으로 된다。브·이·레닌이 『공허한 공상』과 대치시킨 사실주의적 환상은 심오하고 생동적인 형상들—생활에 기초하여 창조되는 것이기는 하나 아무튼 전혀 새로이 창조되는 형상들—을 창조한다。

예브게니 오네긴은 뿌쉬낀이 一九세기 초엽의 귀족 사회에 대한 관찰에서 전적으로 끄집어낸 것이기는 하나 그 형상은 뿌쉬낀 이전에는 없었다。『자뽀로쥬쯔이(자뽀로쥐예의 까자고둘)』는 력사적 현실과、동시대에 대한 심오한 연구의 열매라고는 할지라도 그 놀랄만한 생활상의 확실성을 갖고 있는 바로 그러한 『자뽀로쥬쯔이』를 우리는 레삔 이전에는 알지 못했

당·브·브·이오간쏜의 지도하에 예술가 그루빠가 그린 그림『제三차 공청 대회에서의 브·

이·레닌』에서의 울라지미르 일리이치를 둘러싸고 있는 꽁청원들의 형상은 사실에 있어 대회

의 대표자였던 실제 인물들의 초상화는 아니다。이런 의미에서 이 인물들은 력사적 및 생활

적 진리에 적응하게 그 형상들을 창조해야 했던 예술가들에 의하여 구상된 것이다。이 그림

을 그리는 데는 지식도、경험도、기억도、환상도、관찰도、또한 기타 많은 것들이 리용되

였다。

이와같이 예술가는 아주 빈번히 자기에게 필요되는 개개의 사실들을『창조』한다。

여기서 또 하나의 결론이 나온다。그러면 과학에는 이러한 모멘트가 있는가? 없다。과

학은 만일·그가 관념론적 립장에 설 때 허위적인 결론을 내리며 사실을 외곡하게 된다。그

려나 과학이 만약 그 명칭에 알맞게 존재하는 것을 발견하며 인식하는 주체 밖에 독립적으로

존재하는 제 현상의 법칙을 확정하려고 할진대、그는『환상』을 허용할 수 없으며 어느 한개

의 사실이나 어느 한개의 개별적 현상들도 허구할 수 없는 것이다。(그러나 예술은 이것을

전면적으로 하며 또 해야 한다。)

학자는 일련의 개별적인 사실들을 관찰하면서 우선 그 사실들의 객관적 존재를 확인함에

류의한다。력사가는 우선 무엇이 있었는가? 하는 것을 확인하여야 한다。실제적 현상에 대

한 규정은 과학적 연구의 제일차적인 행위인바 훌륭한·학자라면 어느 누구도 자기에게 적

당한 사실들을『환상해』내려고는 생각하지 않는 것이다。학자의 환상은 이러저러한 현상

의 존재에 대한 추·측을 방조하며 그 다음에 가서는 현상으로부터 본질에로 접근하며、추상

하며、일반화할 수 있는 가능성을 준다。그러나 실제적 제 사실의 총체는 학자에게 있어 신

성한 것이다. 만약 삐에르 베즈우호브와 안드레이 불꼰쓰끼가 세상에 없었을진대 一八一二

년의 조국 전쟁을 연구하는 그들을 그 시대의 영웅들의 대렬에 내세우지 않을 것이

다. 그러나 예술가는 달리 활동한다. 그는 전형적 성격들과 전형적 환경들을 창조한다.

예술적 형상은 직접적인 정서적 지각의 대상이다. 예술 작품은 관객, 청중, 독자들로 하

여금 작품 속에 묘사된 소여의 구체적인 일련의 사건들에다 직접 『참여』시킴으로써 그들을

감동케 한다. 예술 작품은 리성에만 작용하는 것이 아니라 인간의 감정과 의지에도 작용한다.

여기에서 한가지 더 중요하게 지적해야 할 점이 있는바, 예술적 형상은 과학적 개념이 가지는

그러한 정도의 무게로 보편성을 갖고 있지 않다는 것이다. 리론적 명제는 본질을 명확히 드러

내면서 해당한 개개의 사실들을 모두 포섭한다. 예술적 형상은 부분적인 것과 개별적인 것을

거쳐 이 본질이 『꿰뚫어 보이게』 한다.

온갖 회화 작품들(임의의 다른 예술 형태와 마찬가지로)이 물론 약간의 공통적인 범위 내

에서이긴 하나 여하튼 각종 해석을 내릴 수 있는 일정한 여지를 준다는 그 일반적으로 알며

진 사정은 바로 여기에 그 근원이 있는 것이다.

일반적 명제(파학적 진리)는 그 자체가 말하자면 자기의 내용과 한게를 규정—그것도 정

확히 규정한다. 어떤 자연 법칙에 관한 공식이건, 그 공식은 항상 단일한 내용을 표시하는

바 그것은 이 공식이 우연적 현상의 총체에서 본질을 추상한 것이기 때문이다. 실험가는 어

떤 결과가 자기의 체험에서 불때 기정 법칙에 적응한 예정 효과에 상응하지 않으면 해당 원

인을 탐구하며 흔히 새로운 법칙을 발견한다. 그 무엇을 묘사하는 예술가는 그 묘사 속에다

현상의 아주 다양한 면, 선, 특징들을 포괄한다. 우리가 레오나르드의 『죠꼰드』가 갖는 일

반적 특성을 말할 때 그 천재적인 초상화에는 부흥기 인간의 리상이 체현되여 있다고 지적해

도 오유를 범하지 않을 것이다. 그러나 우리는 그 다음에 레오나르드의 초상화에서 상세한

점들을 통해 형상을 각이하게 해석케 하는 수많은 소선(小線)과 디테일들을 보게 된다. 어떤

사람은 관조적인 평온성을 보다 강조하면, 또 어떤 사람은 모나 리자의 입술에다 겨우 느낄

수 있는 가벼운 미소를 떠게 하는 주인공의 내적 생활을, 그리고 세째 사람은 형상에다 서정

적인 유난성을 부여하는 스프마또를 강조하는 등등이다. 이 모든 것들은 정당하다. 왜냐하면

회화가 묘사하는 실제적 현상의 시각적 면모의 그 다양한 재현은 다종 다양한 특성과 질의

다양성을 떠지 않을 수 없기 때문이다. 사실 작품 속에는 이것이나 저것이나 또 다른 것이 다

들어 있다. 예술가는 직접적인 현실을 가능한 정도에서 재현하며 형상을 창조함으로써 개개의

현상의 총체에 융합되는 수많은 면들과 선들을 묘사한다.

비록 형상이 인간 의식의 추상 작용의 결과라 할지라도 인간들이 그 속에서 살며 활동하

고 있는 실제적 현실 자체와 근사한 아주 다양한 속성과 특징물을 갖고 있는 그 어떤 것으로

나타난다. 때문에 우리가 천재적인 예술 작품들에 다시금 돌아설 때마다 비단 그것들 속에 더

욱 더 깊이 침투할 뿐만 아니라 그때마다 거기에서 새로운 측면들을 발견하며 그것들을 다시

금 새로이 읽고 본다는 것은 리해할만한 일인 것이다. 예술가들은 세계의 무한한 다양성에

서 많은 것을 섭취함으로써만 인간의 심금을 깊이 울리게 할 수 있는 것이다.

5

이로부터 세계의 예술적 인식이 가지는 실천과의 련계의 특수 형태를 천명할 수 있는 가능성이 나온다. 인간에게 있어 현실의 인식은 세계를 실천적으로 개조하는 출발점으로 된다. 과학이나 예술은 인간들의 의식을 객관적 현실과 그의 법칙에 대한 지식으로 풍부히 함으로써 행동의 지침으로 된다. 주지하는 바와 같이 선진적 사상은 사회에서 기대한 개혁적인 역할을 수행하는 것이다. 선진적 사상은 대중을 파악함으로써 세계를 개조하는 물질적 력량으로 된다.

그러나 과학적 사상 또는 예술적 사상이 세계를 실천적으로 개조하는 사업에 참가하는 형식들은 각각 특수하다. 이 차이는 사회적 의식의 각이한 형태들의 위치와 사회적 역할에 의하여 규정된다. 과학에 대해서 말한다면 실천과의 그의 련계는 아주 뚜렷하다. 세계에 대한 과학적 인식은 첫째로 인간의 생산적 및 기타 온갖 사회적 활동들이 의거하여 실현되는 그 현실의 반영 형식이다.

사회적 실천이 보다 광범해지면 해질수록 세계에 대한 과학적 지식은 실천의 제 요구에 상응하여 보다 더 풍부하여지며, 인간의 리론적 지식이 보다 심오해지면 해질수록 인간이 자연력을 실제적으로 지배할 수 있는 가능성이 보다 더 현저하게 된다.

곡초의 속성을 연구하는 생물 학자는 농업 실천에 의거함으로써 일정한 새로운 발견을 하게 되는바 이 발견 자체는 다음에 가서 농업 실천에 적용되여 생산 발전을 촉진시킴에 리용된다. 경제 학자와 력사가는 사회 발전을 연구함으로써 그의 법칙을 해명하는바 만일 그들이 진정한 과학적 리론을 지침으로 삼을진대 정확히 리해된 사회 발전 법칙은 실천적 사회 건설과, 정치에서의 행동 지침으로 된다.

바꾸어 말해서 일정한 리론은 행동에 대한 지침으로 된다. 세계에 대한 리론적이며 과학적인 인식은 실천과 불가분리적으로 유기적으로 결부되여 있는바 이것은 과학이 현상의 제 법칙을 발견하고 정식화함으로써 현실에 작용할 수 있는 가능성을 인간의 수중에다 부여하기 때문이다.

그러면 예술에서는 문제가 어떻게 서는가?

의심할 바 없이 세계에 대한 예술적 인식도 또한 실천적 활동을 위하여 인간들을 무장시켜주는바 예술가가 성취한 진리는 흔히 실천에서 직접 리용되는 것이다. 이것을 리해하기 위하여서는 숄로호브의 『개간된 처녀지』가 인민 민주주의 국가들의 농촌 일군들을 위해서 얼마나 큰 역할을 놀았으며 또 놀고 있는가를 상기해 보아도 충분하다. 그런즉 이 문제에 있어서 세계를 파악하는 과학적 방법과, 예술적 방법의 사회적 기능간에는 만리장성같은 계선은 없는 것이다.

그러나 인류는 왜 자기 력사 행정에서 현실 인식의 각이한 두개의 방법인 과학과 예술을 만들어냈는가 하는 문제를 제기하여 보자. 예술이 현실 인식의 리론적 형태인 과학과 나란이 존재하게 된 력사적 필연성은 무엇인가? 맑스—레닌주의 클라씨크들이 인식론, 특히는 인식론의 근본 문제인 인식과 실천과의 관계에 관한 문제를 연구하면서 항상 리론적 사유의 자료에 의거하였다는 사실에 주의를 돌려보자. 이것은 칼 맑스의 『포이에르바하에 관한 테제』나, 에프·엥겔쓰의 『자연 변증법』이나, 브·이·레닌의 『유물론과 경험 비판론』이나,

이•브•쓰딸린의 『변증법적 유물론과 력사적 유물론에 관하여』 등에 모두 해당된다. 이것이

우연적인 것일가? 아마도 그렇지는 않을 것이다. 이 문제에 해답을 주기 위하여서는 예술이

갖는 직접적이며 기본적인 사회적 기능이 무엇이며 예술이 어떤 방법으로 사회적 실천에 참

여하는가를 해명함이 필요하다.

실천적인 면에서 예술은 우선 사회적 인간의 의식을 개조하는 강력한 무기로서 출현하는

바 쏘베트 작가들의 역할을 『인간•정신의 기사』라고 규정한 이•브•쓰딸린의 말을 상기하여

보자. 작가는 사람들의, 인민들의 교양자이다. 당은 예술의 제 문제에 관한 자기의 모든 결

정들에서 사람들의 의식을 꽁산주의 정신으로 개조하는 사업에 있어서 예술이 갖는 거대한

의의를 항상 강조하였으며 또 강조하고 있다. ①

예술의 기본 임무의 하나는 그것이 인간 교양을 위한 강력한 무기로 된다는 데 있다. 위

대한 로씨야 문학, 로씨야 사실주의 예술가들의 창작이 지난 세기의 선진적 로씨야 사람들을

위해 얼마나 큰 교양적 의의를 가졌으며, 이 예술이 갖고 있은 긍정적 모범의 힘이 얼마나 강

대하였으며, 그 세찬 폭로자적 열정이 얼마나 역센 것이였던가 하는 것만을 상기해도 충분

하다!

인간에 대한 크낙한 사상적 및 정서적 영향력을 소유하는 예술은 인간을 이려저러한 방

향에서 교양하는 사업을 통해 물질적인 실천과 결부되여 있다.

현실 인식의 하나의 형태인 예술은 자기 작품으로써 인간의 의식을 개조하면서 직접 우

리들에게 작용한다. 바로 이것이 우리가 예술의 교양적 기능이라고 칭하는 그것이다. 물론

과학, 특히는 철학도 인간 의식을 교양한다. 그러므로 과학과 예술간의 한계논 여기서도 또

다시 상대적인 것으로 되나, 그러나 과학에 있어서는 이것은 역시 부수적인 모멘트인 것이며

예술에 있어서는 기본적인, 중심적인 모멘트인 것이다.

이리하여 우리는 예술의 본질이 갖는 가장 중요한 두번째 측면에 도달하였는바 우리는

그 측면을 가리켜 예술의 당성 문제라고 칭할 수 있을 것이다.

예술의 당성 문제—이는 쏘베트 미학의 기본적이며 중추적인 문제이다. 공산주의적 사상

성은 우리 예술의 생활 창조적인 기초를 이룬다. 작품의 힘과 중요성이 공산주의 사상과 공

산당의 사상으로 작품이 일관되였다는 그점과 결부되지 않는 그러한 쏘베트 예술 문화의 걸

작은 하나도 없는 것이다. 공산주의적이며 사상적인 지향성이 작품속에서 보다 심오하고 풍

부하게 천명되면 될수록 그 작품은 더욱 중요한 것으로 된다.

예술의 사상성은 예술 창작의 본질과 불가분리적이다. 통례로 예술의 사상성 문제를 아

예 제거해버리려고 날뛰는 반동적 부르죠아 미학론은 흔히 예술이란 그 본질에 있어 불편

부당한 것이므로 그것은 아무런 실천적 목적도 추구하지 않으며, 아무러한 물질적 관심도 내

포하지 않는다는 이런 종류의 판단에 달려들군 한다. 칸트에 의하면 미적 판단은 원칙적으로

『무관심』한 것이나, 그러나 때로 예술은 『외적』 환경의 영향하에 사회적 투쟁에 참가할 것

이 『강요』되며 일정한 당의 립장에 서게 된다고 운운하였다. 형식주의자 웰리플린은 당해

사회 사상이 예술에 반영됨을 찬동하긴 하였으나 그는 이 사상이 예술과 또한 그의 『내적 본

질』과는 아무런 공통성도 가지지 않는다고 주장하였다.

베누아, 브란겔리, 쟈길레브 및 기타와 같은 자들이 그 대표자로 되여 있는 二〇세기 초

엽의 반동적 미학 평론은 바로 이러한 립장에서 뻬테드위즈니크파의 예술을 비방하려고 시도

하였는바 이, 반동적 미학 평론은 그 예술의 주요한 힘을 이루고 있은 선진적인 민주주의적 사상을 바로 비난하였었다。 베누아는 뻬로브가 예술가임을 거부하려 하였으며 『순수 화가』인 쓰리쁘브가 자기 시대의 선진적 사상의 『고삐에 매여』 갔음을 통란하였었다。

반동적 부르죠아 예술학에 있어서 예술의 사상성을 반대하는 투쟁은 자기 자신의 반혁명적 사상성을 고수하려는 수단이였다。 뻬레드위즈니크파를 반대하여 나선 베누아는 동시에 로써야 문화의 민주주의적 기초를 반대하였으며 부르죠아—전제 로써야의 『발판』을 옹호하여 나섰던 것이다。 현실에 대해서、 인민의 사활적인 초미의 요구에 대해서 예술 창작이 무관심하다는 예술의 세계파의 설교는 바로 새 생활과 실제적인 계급 투쟁으로부터 예술을 분리시키려는 기도로써 설명되는 것이다。

이러한 부르죠아적 개념은 예술의 특성을 그의 사상성 밖에서 보려는, 얼마전까지만 해도 있었던 시도들을 통하여 쏘베트 예술학에다 그 해독적인 영향을 주었었다。 물론 쏘베트 예술가들은 공산주의적 당성이 쏘베트 예술의 참다운 본질을 『외곡』한다고는 결코 생각할 수 없다。 그러나 어떤 자들은 떼로 예술의 사상성에 관한 문제를 그의 특성에 관한 기본 문제로부터 유리시킬 수 있으며 사상성 문제를 첨가된 보충적 문제로 볼 수 있다는 그릇된 생각을 품으며 한다。

그러므로 우리는 여기서 반드시 예술의 당성에 관한 문제 설정 자체에 대하여 몇가지 정확성을 기해야 할 것이다。

사회주의 사회가 발전하고 있는 우리 시대의 제 조건하에서 예술의 당성이란 무엇인가? 이는 우선 공산당에 의하여 가장 심오하고 완전하게 표현되는 인민의 리해 관계를 적극적이

머 철저하게 고수하는 것이다。 선진적 쏘베트 예술가ー이는 공산주의 사회의 고상한 라상의
구현자이며 인민과 당의 사업을 위한、 공산주의를 위한 투사이다。

그러나 이로부터 한때 라쁘 맹원들과、 모든 신 라쁘의 아류들이 주장한 것처럼 쏘베트 예
술의 당성 문제가 당적인 정치적 개념 자체에 귀착된다는 결론을 내려서는 결코 안된다。 쏘
베트 예술가가 당적인 것은 그가 당의 성원으로 되여 있기 때문인 것이 아닌바 조직적인 쏘
모멘트는 여기서 아무러한 원칙적인 역할도 놀지 않는 것이다。 선진적 쏘베트 예술의 많은
대가들은 당원이 아니면서도 자기의 창작을 통하여 공산주의 사상을 철저하게 체현하였으며、
또 체현하고 있는 것이다。 그것은 마야꼽쓰끼를 회상해도 충분하다。

이·브·쓰딸린은 당적ー정치적 개념 자체를 예술 분야에다 옮기는 것을 반대하여 경고하
였었다。 『오늘 우리 나라에서 「우익」이니 「좌익」이니 하는 개념은 당적인 개념、 바로 말하
면 당 내부에 관한 개념이다。 「우익」 또는 「좌익」ー이는 순전히 당적인 로선에서 리탈하
여 좌우 어느 한쪽으로 기울어진 자들을 말하는 것이다。 때문에 이 두 개념을 문예、 연구 등
등과 같은 비당적인 비할 수 없이 광범한 그런 부면에다 적용한다는 것은 기괴한 일일 것이
다。』(주) 라쁘나 신 라쁘의 온갖 분자들은 사회적 활동 형식으로서의 예술의 내용에 관한
문제를 예술가 단체의 조직 형식에 관한 문제로 슬쩍 바꾸어 놓음으로써 실지에 있어서는 예
술 전선에서 력량을 분렬시키는 반당적인 정책을 실시하였으며、 순전한 정치적 투쟁의 개념
과 범주를 예술 분야에다 기계적으로 적용하였었다。

(주) 이·브·쓰딸린 전집 一二권、 三二六페지。

바로 이렇기 때문에 예술 분야에서의 당성에 관한 문제는 반드시 첫째로 이러저러한 예술가의 창작의 사상적 내용에 관한 문제, 그의 예술이 결국 「누구에게 유익한가」에 관한 문제로 반드시 제기되여야 한다。 쏘베트 예술가들이 인민의 복리를 위한 사업을 자기의 최고 목적으로 알므로써 자기의 창작으로 공산주의 건설과 위대한 우리 조국의 공고화를 방조하는 것은 이 때문이며 이러저러한 예술가들의 예술이 갖는 사상적 지향성은 여기서 결정된다。 예술의 사상적 본질에 관한 문제를 모호하게 하며, 이 문제를 조직―정치적인 문제로 바꾸며, 예술가들을 『당원』과 『비당원』으로 구별하는 등은 예술의 역할을 저하시키며, 쏘베트 사회에서의 그의 참다운 개조적 역할에 대한 몰리해를 폭로하는 것 이외에 아무 것도 아니다。

쏘베트 예술가가 자기의 창작에서 공산당의 사상을 객관적으로 구현하는 그때에라야만 그가 당적이라는 그 기본적인 사실에 대한 몰리해는 항상 자체내에 죄악적인 혼란에 빠질 위험성을 내포하고 있는 것이다。

쏘베트 예술은 물론이어니와 온갖 예술 일반의 사상성에 관한 문제는 현실 인식의 예술적 형식의 본질과 그의 사회적 기능에 관한 문제와 긴밀한 련계 속에서 설정되여야 한다。 예술의 사상성 문제를, 그것이 미학의 본질적인 문제임에도 불구하고 한낱 부속적인 문제로 관찰하는 것은 그것이 의식적이전 무의식적이전 예술을 실제적인 사회적 투쟁으로부터 분리시킨 관념론적 개념의 결과이라고 말할 수 있는 것이 바로 이러한 리유에서이다。

이데올로기야 일반의 당성에 관한 리론의 한 부문으로서의 예술의 당성에 관한 학설을 창조한 사람은 다름아닌 위대한 레닌이였다。 레닌은 온갖 종류의 반동 분자들을 무자비하게 폭로하면서, 예술이 실생활과는 상관없다는 선언 뒤에는 착취 계급의 리해 관계에 대한 옹

호가 은 페되여 있음을 지적하였다. 레닌은 『예술을 위한 예술』 리론이나, 기타의 온갖 반동

대표자들을 반대하는 투쟁에서 예술의 당성에 관한 자기의 천재적 리론을 발전시켰다.

브•이•레닌은 一九〇五년의 혁명의 불길속에서 자기의 저명한 론문 『당 조직과 당 문

학』을 썼는바 그 론문에서는 예술의 당성 원칙이 충분하고 상세하게 정식화되였었다. 레닌

은 부르죠아 예술의 허위적인 『자유』에다, 자기의 운명을 로동 계급의 해방 운동과 결부시

키는 예술의 파업을 대치시키면서 그 론문에서 다음과 같이 썼다. 『부르죠아적 도덕파는 반

대로, 부르죠아적인 투기업자적, 간상배적 출판물파는 반대로, 사회주의적 프로레타리아

의와 개인주의, 『귀족적 무정부주의』나, 리윤의 추구와는 반대로 사회주의적 문학, 출세주

트는 당적 문학의 원칙을 제기해야 하며 이 원칙을 발전시키며 되도록 보다 충분하고 완전한

형태에서 이 원칙을 실천해야 한다.』(주一)

예술의 당성에 관한 레닌적 학설은 사회주의 사회에서와 또한 사회주의가 발생하기 이전

인 사회주의적 혁명 운동의 제 조건하에서의 예술 발전 리론의 기본으로 된다. 레닌은 예술

의 당성과 생활을 혁명적으로 개조하는 실천적인 제 파업과의 예술의 불가분적인 련계의 본

질을, 『문학 사업이 전체 프로레타리아 사업의 일부분으로 되여야 한다. ……』(주二)는 점

에서 보았다. 레닌은 예술이 인민과, 그의 긴급한 실천적인 리해 관계와 공공연하게 련결될

것을 요구하였다.

(주一) 브•이•레닌 전집 一〇권, 二七페지.

(주二) 브•이•레닌 전집 一〇권, 二七페지.

쏘베트 예술의 당성의 성격에 관한 문제는 제四장에서 언급될 것이므로 여기에서는 이

문제를 상세히 언급하려 하지 않는다. 그러나 한가지 지적해 둘 것은 사회주의가 승리한 조

건하에서의 예술의 공산주의적 당성은 적대 계급 사회에서 예술이 가졌던 당성의 형식과 비

해 아주 특정적인 성격을 띤다는 것이다. 우리는 예술적 이데올로기야가 사회주의 하에서처

럼 그와 같이 철저하고도 명료하게 또 주요하게, 자각적으로 생활과 사회의 투쟁과, 혁명적 계

급과 련결된 것을 지금까지의 어느 한 시대에서도 볼 수 없었던 것이다. 먼 과거의 혁명적 시

기에 출현한 예술적 조류도 그 안에 포함된 인민적인 민주주의적 사상의 기초는 각종 환상과,

세계관의 제한된 측면과, 괴이하게 엉켜져 있었던 것이다. 례를 들어 니델란드의 혁명 시기

에 자라난 브레이겔리의 창작을 대할 때 우리는 이 예술가의 각종 쟌르와 종교적인 신화적 구

상에서 혁명의 숨결을 감촉하게 되는 것이나 그는 자기의 회화속에다 플라만드의 평민들

의 력사적 위업을 직접 대담하게 체현시킬 수는 없었던 것이다.

사회에 대한 예술적 견해는 언제나 일정한 사회적 리해 관계를 반영하는 것이며 또 그.

예술적 견해는 상부 구조의 구성에 속하는 것이니만큼(이에 대하여서는 제二장에서 상세히

언급된다.) 이러한 견해를 표현하는 예술은 상부 구조의 발전을 지배하는 일반적인 법칙에 복

종한다. 이와같이 하여 예술의 내용을 이루는 예술적 사상은 일정한 사회적 요구와 리해. 관계

의 반영으로 되며 또 이런 까닭으로해서 예술 그 자체는 이 적대적인 계급 사회에서 제

계급에 대하여 동일한 태도를 취할 수 없는 것이다. 사회적 투쟁의 온갖 형태, 특히는 당해

시기의 주도적인 사회적 투쟁 형태와의 예술의 련계는 예술사의 본질적이며 특정적인 특성이

당. 예술의 당성은 복잡한 형식을 통하여 표현될 수 있다. 예술의 당성은 결코 작품의 사상

―정치적 강령에서만 전적으로 표시되는 것이 아닌바 우리가 이러한 강령을 직접 발견할 수 없는 경우도 드물지 않다。 그렇다고 이것은 물론 우리의 예술이 『비당적인』 것이라고 말하는 것은 아니다。 력사가의 파업은 임의의 예술 현상속에서 사회 발전의 실천적 요구와 예술과의 실제적 련계를 밝혀내는 데 있는 것이다。 일찌기 고대에 있어서도 예술적 창작과 실생활의 실천파의 이러한 련계는 일목 료연하였었다。 이러한 련계는 쁠리끌레쯔의 모범적인 스파르따 전사인 리상적인 위인의 태연자약성에서도 표현되며 빼르가모쓰의 제단에서 하인들의 반항을 제압하는 격노한 빠포스에서도 표현되고 있다。 중세기에 와서는 가령 례를 들어 一七―一八세기의 조형 미술에서 있은 신의 형상의 위인화(僞人化)는、 봉건주의에 의하여 온순과 굴종의 운명속에 처하게 된 모든 사람들의 인간적 권리를 위한 투쟁에 그 원천을 두고 있었던 때인 로마네스크 예술이 고직크 예술로 교체된 시기에 와서 그 련계가 종교적인 제 개념의 충돌 형태에서 발현되였었다。

바꾸어 말해서 예술은 언제나 자기의 형상을 통하여 이러저러한 계급、이러저러한 사회적 그루빠들의 사상과 지향과 사유 및 감정을 표현하는 것이다。

6

그러면 이 명제는 우리가 앞서 언급한 테제 즉 예술은 현실의 반영이며 그것은 세계를 인식하는 하나의 형태이다 라는 테제와 모순되지 않는가 하는 의문이 제기된다。

물론 아니다。

예술의 당성에 관한 레닌적 학설은 변증법적 유물론의 인식론에 튼튼히 기초하고 있는 것이다. 그러므로 예술의 당성 문제를 그 어떤 부차적인 문제, 예술의 본질 문제에 대하여서는 관계없는 문제로 보는 것은 옳지 않는 것이다.

사실인즉 예술의 당성에 관한 학설의 기초를 천명하는 것은 우리로 하여금 반영론의 기본적인 제 원칙을 파악케 하는 것인바 이는 우리가 우에서 언급한 예술과 실천과의 련계 문제에 비추어 보아도 명백하다.

레닌은 당성을 인식론의 기본에 포함시켰다. 그런즉 예술학의 과업은 다름아닌 예술의 당성을 그의 본질의 가장 중요한 측면으로서 관찰하는 데 있다.

맑쓰—레닌주의는 사회적 의식이 일정한 물질적 생활 조건하에서 산생된 후에는 그것이 물론 직접 그 자체에 의하여서는 아니나 물질적 실천을 통하여 강력한 변혁적인 력량으로 된다는 것을 가르치고 있다.

레닌은 의식이 세계를 반영할 뿐만 아니라 그를 창조한다고 교시하였다. 존재와 의식 간의 변증법을 천명하는 맑스—레닌주의적 인식론의 이 근본적 명제는 예술의 사상성에 관한 문제와, 그의 적극적이며 혁신적인 역할을 인식하는 기초로 되여야 한다. 현실에 대하여 실천적으로 작용하기 위하여서는 인간은 이러저러한 자기 활동이 어떤 결과를 낳게 되는가 하는 것을 반드시 알아야 한다. 의식은 현실을 반영하며, 세계 발전의 객관적 법칙을 인식함으로써 현실속에 실천적으로 침투할 수 있는 전제를 조성한다. 원시인들은 불의 특성을 인식함으로써 불을 실제적으로 사용할 수 있는 가능성을 체득하였으며 또 돌(石)의 특성을 인식함으로써 돌을 자기들의 수요에 적응시킬 목적으로 그의 형태를 변화시킬 수 있는 가능성을 얻었다.

인간의 활동은 합목적적인 활동인바 인간은 실천적인 활동을 시작하기 전에 우선 그가 지침으로 삼을 활동 계획을 의식속에 가진다.

「거미는 직포공의 작업과 류사한 각종 작업을 하며 벌은 그 벌집의 구조로써 일부 건축가들을 부끄럽게 한다. 그러나 가장 졸렬한 건축가일지라도 가장 능숙한 벌도 할 수 없는 본래부터 가지는 특색이 있는바 그것은 벌집을 만들기 전에 먼저 머리속에서 그것을 세운다는 것이다. 이리하여 로동 과정의 결과로써 나타나는 것은 그 시초에 이미 로동자의 머리속에 있었던 것 즉 미리 관념적으로 존재하던 그것이다. 로동자가 벌과 구별되는 것은 비단 그가 자연물의 형태를 변경시키는 데만 있는 것이 아니라 그는 동시에 자기가 의식하고 있으며 법칙으로써 그의 행동의 방법과 성격을 규정하며 또한 그것에다 자기의 의사를 종속시켜야 하는 그 목적을 자연물에다 실현시키는 데에도 있는 것이다.」(주一)

바로 이러한 의미에서 인간 의식은 현실을 창조할 수 있는 것이다. 그러나 이를 관념론적으로 리해해서는 물론 안된다. 「사상은 그 자체로는 아무것도 수행할 수 없다. ―하고 맑스와 엥겔쓰는 일찌기 「신성 가족」에서 썼다. ―사상을 실현하기 위하여서는 실천적인 힘을 행사해야 할 인간이 요구된다」(주二) 그러나 세계의 변혁을 지향하는 인간의 실천적 활동, 즉 그의 로동은 실천과 경험에서 얻어진 현실에 대한 선행한 지식의 결과인 「리상적인」 목적을

(주一) 칼 맑스, 자본론 一권, 국립 정치 서적 출판사, 一九五〇년, 一八五페지.
(주二) 칼 맑스 에프·엥겔쓰 전집 三권, 一四七페지.

그 전제로 한다。 우에서 인용한 레닌의 공식에로 되돌아가자。 추상적 사유로부터 실천에로

의 이행은 인간 의식 과정의 제三의 고리로 인정해야 한다。 인간은 자기 『계획』을 현실에

실현함으로써 새 경험과 새 지식과 관습으로 풍부하여진다。 이리하여 실천적 활동이 인간의

의식을 풍부케 하는 변증법적 과정이 수행되는바 이 풍부화된 의식은 다시 새로운 실천적

목적을 내세운다。 신석기 시대 최초의 토기들은 조잡스럽고 모양없는 것들이였다。 그러나

도자술을 련습하는 과정에서 인간 의식은 점차 풍부하게 되였으며 그 결과 인간은 자기 앞에

보다 복잡한 새로운 목적을 제기하였다。 그리하여 그 토기들은 모양에 있어 점차 완성되여

갔으며 드디여는 장식술이 나타나 그것도 더욱 정확하고 풍부하게 되여갔다。

그런즉 창조를 하기 위하여서는 인간은 그 창조의 결과가 어떻게 될 것인가 하는 것을

알고, 적어도 예상하고 있어야 한다。 인간의 활동은 목적 의식적이다。 이러한 지식은 실천에

서 획득되며, 이는 다시 새로운 의도, 새로운 계획, 새로운 지향을 창조하면서 실천을 풍부

화시킨다。 그러나 여기에서 인간의 활동과 동물의 『활동』 간에는 원칙적인 차이가 있다。 동

물은 그 본능에 순응하여 오직 일정한 종류의 요구에 적응하는 정도란큼 주위 환경에 작용

하는 것이며 세계에 대한 그의 관계는 이 직접적인 요구로써 제한된다。 동물은 현실을 인식

하지 못하며 사물과 현상이 만일 직접적으로 동화될 수 없는 것이기만 하면, 그 사물과 현상

의 객관적으로 존재하는 속성과 특성들을 자기 목적에 리용하지 못하는 것이다。 그리고 또

동물은 소여의 동작의 결과가 자기 자신의 몸뚱이에 미치지 않는 것일 때는 그 결과가 어떤

것인가 하는 것을 알지 못한다。 주위 세계가 동물의 주의를 이끌게 되는 것은 오직

그것이 직접 체득될 수 있거나 혹은 또 그것이 자기를 위협하고 있을 때에라야만 그렇게 될

수 있는 것이며 동물은 모든 현상파 사물을 『자기 척도로써』 측정해 보는 것이다. 그러나 인간은 그와 반대로 자기의 실천적 창조에서 현상의 객관적 속성파 질에 대한 지식에 의거하는 것인바 인간은 자기 발전의 최초 단계부터 벌써 그것들을 졸렬하게나, 혹은 훌륭하게 자체에 리롭게 구사할 수 있었던 것이다. 맑스는 지적하기를, 인간은 매개 종류에 알맞게 『창조』를 하며 합당한 척도로 대상에 접근할 줄 안다고 하였다. 불은 모든 야생 동물에게 있어서는 공포물로 되나 인간에게 있어서는 생산에서와, 음식물을 준비함에 있어서 보호 및 방조물로 된다. 단지 포획물의 대상으로서 흥미를 끄는 들짐승인 야생 말은 일정한 모멘트에 와서는 인간이 그의 종류에 따라 그 힘파 속력파 견인력을 리용하는 가축으로 된다.

엥겔쓰는 다음파 같이 썼다. 『간단히 말해서 동물은 다만 외부적인 자연을 리용하며 단순히 자기의 생존을 위하여 자연에다 변화를 가져오게 할 뿐이나 인간은 그와 반대로 자기가 일으켜 놓은 변화로써 자연을 자기 목적에 복무케 하며, 자연을 지배한다.』(주)

인간은 로동을 통해서 사물파 현상의 객관적 질을 인식하며 이를 자기 목적에 리용하는 것을 배우게 된다. 인간의 손으로 가공되는 돌은 그것이 소멸되는 것이 아니라 새로운 질을 며게 되는 것이며 더 정확히 말한다면 돌의 객관적 속성이 발로되는 것이다. 사회적 인간의 활동이 보다 광범하고 풍부하고 복잡할수록 그의 의식은 사물의 본질애 보다 깊이 파고 들어가며 인간에 의한 세계 인식은 보다 풍부하여진다. 그리고 이 인식 자체가 보다 완전하면

(주) 에프·엥겔쓰, 자연 변증법, 국립 정치 서적 출판사, 一九五二년, 一四〇페지.

완전해질수록 인간의 창조력과 실천적 활동의 가능성은 더욱 더 많아진다.

인간에 의한 세계의 변혁은 그 자신의 실천에서 발견되는 현실의 객관적 법칙에 대한 지식에 근거하고 있다. 그러므로 이런 견지에서 볼때 인간의 창조적 활동은 객관적으로 존재하는 사물에 대한 파괴가 아니라 오히려 그와는 반대로 그를 생활에 인입하는 것이라고 말할 수 있는 것이다. 자연적인 형태 그대로 발견된 광택없고 모양없는 보석은 보석공의 능난한 손으로 가공될때 휘황한 빛을 내게 된다. 광석 그 자체는 부서지기 쉽고 아무데도 쓸모 없는 것이나 일단 용광로에서 용해되여 나오면 신축성있고 견고한 유용물로 되는바, 인민들의 옛 이야기에서 『요술쟁이』로 뜻없이 불리워진 것이 아닌 초기 시기의 야장들은 이것을 가지고 많은 신기한 물건들을 만들었었다.

사물의 속성과 자연을 지배하는 법칙에 대한 지식, 이를 리용할 줄 아는 숙련, 아직은 발휘하지 않고 있는 현실의 제 힘을 생활에 인입하며, 그것을 자기에게 복종시킬 줄 아는 능력, 한마디로 말해서 자기 활동의 대상물을 관리하며 그 대상물을 지배할 줄 아는 능력—이와같은 것이 인간 활동의 임의의 령역에서 인간의 창조적 활동이 전개되는 그 기초이다.

● 간단히 말해서 인간의 의식은 그 지식이 인간의 실천적 활동 자체를 계획하며, 향도하며, 조성하며, 완성시키는 한 환경과의 투쟁에 있어서 인간의 강력한 무기로 되며, 현실을 『창조』하는 수단으로 된다.

우리는 인류의 초기 력사 분야에서 례들을 들었으나 하여간 의식은 전 세기를 통하여 실천을 거쳐 현실에 작용하며 그 현실을 개조하는 적극적인 힘을 소유한다. 이는 우리 시대, 사회주의 사회에서 뚜렷이 표현되고 있는바 우리 사회주의 사회에서는 인간은 자기가 인식한 사회 발전의 객관적 법칙에 기초하여 활동하고 있으며 이런 법칙에 대한 지식에 근거하여 작성된 계획으로 우리 사회는 지도되고 있다。

이·브·쓰딸린은 다음과 같이 교시하였다。『사회가 법칙 앞에서 무능하지 않으며、사회는 경제 법칙을 인식하고 그에 의거함으로써、경제 법칙의 작용 범위를 제한하여 사회의 리익을 위하여 그를 리용할 수 있으며、그 법칙에다 「안장을 앉힐」수 있다는 것이 증명되었다……』

(중)그러나 이것은 물론 이·브·쓰딸린이 자기의 로작 『쏘련에서의 사회주의 경제 제 문제』에서 지적한 바와 같이 사회가 자의로 현실의 객관적 법칙을 변경하거나 『개조』할 수 있음을 의미하는 것은 아니다。공산당은 이 객관적 과정을 과학적으로 인식함으로써 사회 발전에 대한 지도를 실현하고 있다。당은 자기의 리론과 실천에서 맑스―레닌주의의 가장 선진적인 과학적 리론에 근거한 력사 법칙의 심오한 연구를 그의 가장 대담하고 혁명적인 리용과 결합시키고 있다。

이와같이 의식은 세계를 개조할 수 있다는 확인은、우에서 지적한 바와 같이 관념적 개념과의 그 어떤 타협을 의미하는 것이 전혀 아니다。이 명제는 결코 의식의 일차성과 존재의 二차성을 인증하는 데로 이끌어 가는 것이 아니라 존재와 의식 간의 변증법적인 상호 관계를 지적할 따름이다。의식은 존재엔 의하여 산생되는 것이나 그러나 그 다음에 가서는 이 의식은 실천을 통하여 현실에 작용하는 것이다。유물론의 제 원칙의 부단한 발전 그 자체가 이 가장 중요한 테제의 론증을 요구하고 있다。그리고 여기에 변증법적 유물론과 맑스 이전의 유물론의 모든 형태와의 분계선이 있는 것이다。『모든 선행 유물론이 가지는 주요 결

(주) 이·브·쓰딸린、쏘련에서의 사회주의 경제 제 문제、국립 정치 서적 출판사、一九五二년、六페지。

함은(포•이에르바하의 유물론도 포함하여) 대상、현실、감성을 객체 혹은 직관의 형식으로서만 취하고 감성적인 인간 활동、실천으로서는 취하지 않은 데 즉 주체적으로는 취하지 않은 데 있다。」(주) 의식은 그 자체로써나 사유의 내재적 법칙으로써、현실을 창조하는 것은 아니나、그러나 인간은 세계를 변혁시키며 그것을 개조하느니만큼 그 의식은 현실에 대하여 작용할 수 있는 것이다。그리고 이것은 로동과 창조로 세계를 실제적으로 변혁하는 물질적인 실천에 의하여 실현된다。환경을 자기의 수요에 적응시키기 위해서 그 환경과 투쟁하며、전진 운동을 방해하는 것들을 제거하며、생활에다 새롭고 유익한 것을 끌어 들이는 것—이러한 것이 인간 의식에 의하여 지도되는 인간 실천의 혁명적 본질이다。

오직 실천에서、세계의 실제적 개조에서만 인간 감정과 인간 사유는 풍부화되고 완성되며 또 실천을 통하여서만 현실에 대한 인간 인식의 진실성이 검열된다。주관적인 지향을 객관적으로 존재하는 실제적인 사실로 전변시키며、현실을 인간의 수요와 알맞게 개조하며、새로운 완성을 위한 새 사상과 새 힘을 승리적으로 얻어내기 위한 투쟁에서 승리하는 것—이러한 것이 인간의 고상한 미이다。

인간 기능의 발전 자체는 력사 행정에서 사회가 계급으로 분화되고、근로자들이 예속됨으로 말미암아 모순되게 수행되였다。"사람들의 창조적인 개조적 활동은 착취의 원천으로 전변되였었다。따라서 생활의 제일차적인 요구로 돼야 하며 또 공산주의 사회에서는 응당 그렇게 되는 로동은 고통스러운 부담으로 전환되였었다。이는 력사적으로 불가피한 것이였으나

(주) 칼 맑스 에프•엥겔쓰 전집 제四권、五八九페지。

그렇다고 이 력사적 불가피성이 사회 발전의 적대적 모순이 근로자들의 창조적 활동을 불구로 만들었으며, 흔히 그들을 자기 사업의 창조자로부터 노예로 전변시킴으로써 근로자들을 억눌렀다는 사실을 우리로부터 은폐케 하여서는 안된다.

바로 이렇기 때문에 인민의 해방, 로동의 자유, 사회적 진보를 위한 투쟁은 선진적 사회 활동의 주요하고도 주도적인 형태의 하나를 이룬다. 사회의 혁명적 개조는 언제나 지난 시기의 사회 발전의 유일한 형식이였으며 『대중의 력사적 창조』는 직접 생산에 있어서나, 사회적 관계의 모든 구성을 개조함에 있어서 진정한 인류 력사의 기본 내용으로 된다.

자연력에 대한 인간의 실제적인 지배의 새로운 수준에 적응하며 선천적인 사회적 력량과 락후한 사회적 력량간의 투쟁에서 실현되는 새로운 생활 형식의 확립은 세계 변혁의 구체적인 표현으로 된다. 계급적 이데올로기야는 생활에서 일정한 사회적 리해 관계를 확립하기 위한 투쟁에서의 강력한 무기이다.

매개 이데올로기야는, 사회적 분업이 발전하는 행정에서 그것들이 호상 분리된 후로부터, 자연과의 투쟁과 사회적 투쟁의 무기로서 인간 사회에 복무하여 왔으며 실천의 출발점으로되는 동시에 실천의 자각으로 되여 왔다. 예술도 또한 자기 존재의 첫날부터 이러하였으며 또 오늘날까지 이러하다. 예술은 지난날에 있어서나 오늘에 있어서나, 선진적 계급들의 수중에서는 의식을 혁명화하는 강력한 수단으로 되고 있으며, 반동 계급들은 그것을 사회 발전을 저해하는 수단으로 리용하여 왔으며 또 리용하고 있다. 후자의 경우에 있어서는 예술은 기형적인 내용으로 충만되며, 생활과의 련계를 상실하며 때로는 현대의 반동적 부르죠아 『예술 창작』에서 그러한 바와 같아 도대체 예술이기를 그만두기까지 한다. 예술은 례컨대 一九세기

로써야에서 그러하였던 바와 같이 사회를 혁명화하는 력량으로서의 자기 사명을 완수한 그때에 있어서만 진정으로 높은 수준에 도달하였었다。문학、회화、음악、연극 등에 걸친 사실주의 예술의 찬란한 개화는 당시 해방 운동의 거센 파도에 의하여 이루어졌던 것이다。그리고 이 위대한 예술은 이번에는 다시 사회 의식을 혁명화하는 거대한 력량으로 되였었다。

훌륭한 예술은 언제나 선진적 사상으로 충만되여 있는 것이다。고대의 비극과 조형 예술은 높은 사상을 가진 예술이였으며 단떼와 미께란제로、쉑스피어와 렘브란트、베또벤과 유고、뿌쉬낀과 글린까、알렉싼드르 이와노브와 고골리、쓰딴다르와 도미에、레핀과 무쏠쓰끼、뚤쓰또이와 고리끼의 "예술도 이러한 예술은 앞으로도 결코 그러할 것인바 예술의 전투적인 혁명적 성격은 전 세계에서 공산주의가 승리한 후에도 결코 희미해지지 않고 다만 그의 사상성의 형태만이 개변될 따름일 것이다。두개의 진영으로 세계가 분렬되여 있는 현시기에 있어서、투쟁의 중점은 사회주의의 선진적 력량과 제국주의적 반동의 력량간의 충돌에 놓여 있다。그러므로 예술은 우선 이 투쟁의 리해 관계를 표현하여야 한다。전 세계 진보적 예술 력량이 그의 뒤를 따라 나아가고 있는 쏘베트 예술에서는 선진적 사상、인민적 사상은 공개적으로 또 직접적으로 표현되고 있는바 그것은 쏘베트 예술이 진보와、인민들의 리익과 그리고 가장 높고 아름다운 리상을 옹호하고 있기 때문이다。반동적인 부르죠아 "예술"은 가장 반동적인 사상을 체현하고 있으며 그것도 자기의 진상을 "순수 예술"의 가면으로 가장 하면서 비굴하게 체현하고 있는바、그것은 부르죠아 "예술"이 몽매주의와 사회적 악을 옹호하고 있기 때문이다。

서로 적대되는 예술적 견해의 이러한 편극(偏極)은 전 세계에서 공산주의가 승리하는 시

기에 가서 소멸된다° 그러나 그렇다고 하여 그때에 가면 순전한 예술적 조화가 군림하게 되

며 투쟁、 열정、 줄기찬 지향은 예술과 리별한다고 주장하는 것은 관념론에 대한 양보로 될

것이다° 아니다 공산주의 하에서도 인간 의식은 인간 발전의 무한한 가능성을 제공하는 인간

의 실천과 창조의 지도자로 될 것이다° 인류는 적대적인 사회적 모순을 알지 못하게 될 것이

다° 그러나 투쟁과 발전은 무한할 것이며 인간이 존재하는 한 창조적 사유는 세계를 개조하는

더욱 웅장한 실천적 활동을 지도하게 될 것이며 따라서 예술도 포함하는 의식은 세계를

개조하며 개선하는 혁명적 사상들로 일관될 것이다° 의식의 변증법적 본질은 불변해다°

이미 우리가 이상에서 언급한 바와 같이 이데올로기야의 각이한 형태들은 사회에서의 자

기의 적극적인 혁신적 역할을 각이하게 실현한다° 현실의 반영 형태로서의 예술은 우선 인간

을 교양하며 그들을 활동에로 고무 추동하는 강력한 수단으로 됨으로써 자기의 사회적 기능

을 수행한다° 예술은 인간에게 주위 세계를 해명하여 줌으로써、 그들에게 생활 방법과 생활에

대한 판단을 가르친다° 일찌기 체르늬쉡쓰끼는 예술의 대상은 온갖 생활이며、 예술의 사명은

생활의 교과서로 되며、 생활 현상에 대한 판결을 내리는 것이라고 말하였다° 사실주의적 예

술가에 의하여 묘사된 현실의 화폭은 존재하는 것에 대한 분별없는 묘사를 제공하는 일이 결

코 없는 것이며 예술적 형상 자체에는 작품 창작자가 묘사하는 인간과、 사실과、 사건에 대한

그의 관계가 내포되여 있는 것이다° 예술가는 인간들에게 생활에 대하여 이야기해 줄 뿐만 아

니라 그 생활을 통하여 사람들을 방향지어준다° 그리고 이때 예술가가 자기의 청강자들에게

고 취하는 사상은 결국에 가서 예술가의 사회적 립장을 규정한다°

예술가는 현실을 인식하며 자기의 인식 결과를 작품속에다 체현한다° 이와같이 체현된

작품은 인간들의 리지와 감정과 의지에 작용함으로써 그들의 의식을 형성할 뿐더러、이를 일정한 상향으로 형성한다。

예술가는 세계에 대한 자기의 인식 결과를 형상을 통하여 체현함으로써ー바로 자기의 대상물에 대한 인식의 척도에 따라ー현실에 대한 자기의 판단도 또한 작품속에다 주입시킨다。

일찌기 체르늬쉡쓰끼는 자기의 유명한 제一七페제에서 이 사상을 아주 뚜렷이 표현하였는바 그는 다음과 같이 말하였다。『생활의 재현은 예술의 본질을 이루는 그의 일반적인 특징 표징이다。예술 작품은 혼히 생활을 해명하는 다른 의의도 가지며 또 혼히 생활 현상에 대하여 심판을 내리는、의의도 가진다。』(주一)

예술은 인간들에게 생활에 대하여 이야기해 주는 동시에 생활을 설명하며 그를 판단한다。이리함으로써 예술은 체르늬쉡쓰끼의 동일한 표현에 의하면 인간들에게 생활 방법을 가르친다。위대한 혁명가ー민주주의자인 그는 다음과 같은 것을 훌륭히 리해하였었다。『예술은 인간의 복리를 위하여 복무할 때 그에게 있어 (인간에게 있어ー저자 주) 고귀하다。그런데 예술은 인간에게 많은 복리를 가져다 주고 있는바、그것은 예술가、특히는 예술가란 이름을 마땅히 향유할 수 있는 시인의 작품이 「생활의 교과서」인 까닭이다。……예술은 인간에 대한 이러한 고상하고 아름답고 훌륭한 의의로써 응당 자랑해 야 할 것이다。』(주二)

다음 제三장에 가서 우리는 사실주의적 예술에서의 묘사의 진실과 사상성의 통일에 관

(주一) 느·그·체르늬쉡쓰끼、현실에 대한 예술의 미학적 관계、국립 정치서적 출판사、一九四八년、一三一페지。

(주二) 동상서 一六四페지。

한 문제를 상세히 분석하게 된다。 그리므로 여기서는 단지 예술적 형상의 본질 자체에는 실

재를 피동적으로 반영한 뿐만 아니라 실재에 대한 평가가 명료하도록 그 실체를 반영하는 그

의 특성이 내포되여 있음을 강조해 둘 따름이다。레삔의 그림『섭자가 행진』은 생활의 재현

일 뿐만 아니라 인민에게 보내는 찬가이며 통치 계급들의 압제와 야수성에 대한 격노한 비난

이다。학자는 일정한 개념을 정식화함으로써 이로부터 일정한 활동의 방향과 방법의 규정과

같은 해당한 결론을 내린다。그러나 예술 작품—두말할 것도 없이 사실주의적 작품—에서는

결론은 개별적 현상의 묘사 방법 자체속에、그것들의 선택속에 개별적 현상들이 어떻게 묘사

되여 있는가 하는 것속에 벌써 포함되여 있는 것이다。

완성된 예술적 형상은 외부에서 끌어넣는 주석이나 도덕화가 요구되지 않는다。사상、결

론은 묘사 자체속에 내속되여 있는 것이다。『섭자가 행진』에는 무엇이 선이며 무엇이 악인

가가 아주 뚜렷이 표현되여 있으며、그러므로 이 그림은 사회적 의식을 혁명화하는 정서적—

형상적 작용의 강력한 힘을 소유하고 있는 것이다。

예술은 일정한 사상과 생활에 대한 일정한 견해를 선전하며、일정한 사회적 력량의 진영

에서며、또 그리함으로써 계급들의 투쟁에서의 무기 즉 다시 말해서 의식적이건 무의식적

이전 당적인 것으로 되면서 사람들을 교양한다。예술이 당적인 것으로 되여 사람들을 교양하

게 되는 것은、이러나 저러나 간에 현실을 일정한 진보적 방향에서 개변시키기 위해 노력하

거나、혹은 그와 반대로 현실의 변혁을 저애하기 위해 노력하게 되기 때문이다。

예술의『두개의 기능』—현실 인식과 인간교양을 대립시키는 것은 옳지 않을 것이다。후

자는 전자 없이는 불가능한 것이다。레컨대 예술이 만일 서방의 현대 형식주의 예술이 그러

한 것처럼 진보의 리익에 근본적으로 대치되는 패덕적인 사상들을 끌어 들이려고 시도한다면 그는 불피코 현실의 객관적 반영을 거부하게 되는 것이다. 그리고 또 반대로 생활을 외곡되게 반영하는 예술가는 바로 그렇게 함으로써 진보의 정신에 의한 인간 교양을 불피코 거부하게 되는 것이다. 『잡지 「별」과 「레닌그라드」에 대한』 전 련맹 공산당(볼쉐위크) 중앙 위원회의 결정에는 쏘베트 예술에서의 이러한 현상에 대한 비판이 전개되여 있다.

조쎈꼬의 글은 쏘베트 현실을 란포하게 비방하였으며 또 그때문에 그것은 자기의 교양적 역할을 수행하지 못하였을 뿐더러 본질적인 해독을 끼쳤었다.

인민들을 그에게 필요되는 선진적인 창조적 활동에로 향도할 수 있는 그러한 사상, 감정 및 지향으로 사람들을 교양하려면 현실을 심오히 인식하며 정당하게 묘사할 때야만 가능하다. 왜냐하면 생활의 가장 본질적 측면, 그의 선진적인 경향을 통하여 리해된 생활 그 자체는 인간을 위해 훌륭한 교사로 되기 때문이다. 앞으로 다시 언급되게 될 것이지만 바로 여기에 사회주의적 레알리즘 예술이 갖는 하나의 기본이 있는 것이다.

예술이 인간들을 교양한다는 것을 어떻게 리해해야 할 것인가? 이는 예술이 내용과 성격에 있어서 일정한 활동을 위해 인간들을 무장시킴을 의미한다. 그러나 이상의 서술에서 명백한 바와 같이 인간은 실천을 위해서 반드시 현실의 참된 지식으로 무장되여야 하는바 그렇지 못한 경우에는 그의 활동은 결국 실패의 운명에 처하게 되는 것이다. 사실주의적 예술이 아주 큰 혁명적 힘을 갖는 리유도 바로 여기에 있는 것이다. 엥겔쓰는 한때 사실주의적 문학에 의한 현실의 정당한 묘사가 가지는 혁명적 의의를 강조하면서 이 점에 대하여 다음과 같이 지적하였었다. 『……사회주의적인 경향 소설은―하고 엥겔쓰는 까우쯔까야에게 쎘다.

나의 견해에 의하면 실제적 관계를 정당하게 묘사하며, 이 관계의 본질에 대한 지배적인 가상적 환상을 분쇄하며, 부르죠아 세계의 락관주의를 뒤흔들어 놓으며 현존 질서의 기초가 불변하다는데 대한 의혹을 고취함으로써 자기의 사명을 전적으로 수행한다. ……」(주)

▲례를 들어 똘쓰또이의 『부활』이나 발자고의 『곱쎄끄」와 같은 그러한 작품들이 가지는 위대한 힘도 그것들을 현실을 정당하게 묘사한 데 있는 것이다.

쏘베트 예술은 생활을 다양하고 충분하게 반영함으로써 사회주의 사회의 강력한 개혁적인 힘으로 된다. 쏘베트 예술은 선진적 인간들의 사업과 나날의 생활을 찬양하면서 그들의 영웅주의와 정신적 고결성의 고무적인 모범을 정당하게 보여주고 있으며 우리 생활에 아직 남아있는 위선적인 인간들을 무자비하게 폭로하고 있다. 긍정적 모범의 힘이나 풍자적 폭로의 힘이나 그 모두가 생활을 심오하게 인식하는 예술인 사실주의 예술에게 고유한 특징인 것이다. 사실주의 예술이 가장 진보적이며 선진적인 내용을 가지는 리유는 바로 여기에 있다. 이것을 뒤집어 말한다면 예술은 그의 교양적 목적이 보다 높고 고상할수록 결국은 브다 심오하게 현실 인식의 객관적인 사실주의적 수법을 소유하게 되는 것이다.

그러나 예술사에서는 인식의 심도나, 예술의 교양적 역할이 모순된 형태에서 존재하는 그러한 경우도 있다. 례컨대 예술에서의 생활 반영의 심도는 흔히 일면적으로 발전할 수 있는 것이다. 부르죠아 사회의 『생활의 주인들」을 비판함에 있어서 비상한 힘을 가진 도미에 (一九세기 불란서의 특출한 만화가—역자 주)의 예술은 긍정적 리상을 찾음에 있어서 환상

(주) 칼 맑스 에프•엥겔쓰 전집 二七권、五〇五페지.

으로 충만되여 있었다。고결하고 섬세하며 내적으로 완전 무결한 인간의 훌륭한 형상들을 보여준 一八세기 후반기의 로써야 인물화는 자기의 신분적인 제한성으로 말미암아 시대의 력사적인 생활의 복잡한 모순에 대하여서는 침묵하고 있었다。온갖 예술은 생활의 내용을 객관적으로 천명할 그때에라야만 또 그만큼 사실주의적인 것으로 되며 또 그 정도로 인간에게 참으로 고상한 정신과 지향을 교양하는 목적에 복무한다。

이와같이 예술의 당성은 그가 생활에 대한 일정한 립장과 일정한 견해를 고수하며 인간정신을 교양하는 데서 구체적으로 표현된다。예술은 이러한 방법으로써 자기의 사회적 기능을 직접 수행함으로써 결국 현실을 실천적으로 개혁하는 도구로 된다。

우리는 여기서 사회주의 레알리즘 예술인 쏘베트 예술의 사상성이 가지는 그 특정적 특성들에 대하여서는 지금 언급하며 하지 않는다。지난 시기의 예술의 선전적이며 민주주의적인 사상성의 가장 훌륭한 전통을 발전시키고 있는 쏘베트 예술의 당성은 선전적 사상성의 새로운 력사적인 표현 형식으로 된다。이 새로운 형식이 어떠한 것인가에 대하여서는 우리는 제四장에 가서 해명하게 될 것이므로 여기서는 그냥 쏘베트 예술의 공산주의적 사상성이、공산당이 철저하고도 완전하게 표현하고 있는 우리 인민의 리해 관계와 쏘베트 예술과의 불가분리적 련결의 직접적인 표현이라는 것만을 강조함에 그친다。

선진적 사상의 역할에 관한 맑스ー레닌주의 학설은、사회주의 사회에서의 예술의 의의에 대한 평가에도 직접적으로 관계된다。이 학설은 당이 쏘베트 예술 발전의 제 문제에 대해서 일상적으로 끊임없이 배려를 돌리고 있는 그 관심도 또한 규정한다。

이와같이 예술의 사상성에 관한 학설의 기초에는 그의 거대한 혁신적 힘에 대한 인식이 놓여 있는 것이다。

인간 교양의 진실한 무기로 될 수 있는 예술에서의 현실의 창조적인 재현은 형상의 특정화、함축성 및 박력의 최대한의 집중화를 요구한다。이 모멘트는 극히 중요하다。예술 작품에다 생활을 재현한다는 것은 그 생활의 의면적으로 흡사한 정확한 복사를 제공함을 의미하는 것은 아니다。뿐만 아니라 현실의 기계적인 복사는 더 페일화와 결코 동일한 것이 아니다。화가들은 때표 미세한 것을 아주 세밀하게 복사하며고 하였는바 그것으로 해서 그들의 그림이 리득을 본 것이란 다만 특정화에 지나지 않았었다。그러나 일례로 페도또브의 「소좌의 구혼」을 회상하여 본다면 이 그림의 더테일의 풍부성은 형상 표현의 집중화를 방해하지 않았을 뿐만 아니라 반대로 이 경우에 있어서 그가 거둔 성과의 기본적인 수법의 하나로 되여 있는 것이다。

예술이 인간 의식에 반작용하는 수단으로 되게 하는 방도를 확정한다는 것은 중요한 일이다。브•이•레닌은 자기의 「철학 노트」에서 포이에르바하의 사상을 지적하며 다음과 같이 말하였다。「예술은 자기 작품을 현실로 인정해 줄 것을 요구하지 않는다」(주)

한때 레테는 말하기를 자기가 만일 실물과 꼭같은 삽삽개의 그림을 보게 된다면 그는 제二의 개가 출현했다고 기뻐하게 됨지언정 세로운 예술 작품이 출현했다고 기뻐할 근거는 없노라고 하였다。역설적으로 표현된 이 사상은 그 자체에 심오한 내용을 내포하고 있다。

──────

(주) 브•이•레닌、철학 노트、국립 정치 서적 출판사、一九三八년、六六페지。

현실 인식의 형식으로서의 예술은 그 어떤 새로운 것ー그것이 새로운 사실、일반화、결론、

판단、새로운 사상이나 감정에 포함되건간에ー을 자기 대중에게 브여 줄 책임이 있는 것이다.

달리 더 훌륭히 말해서 예술가는 그가 생활에서 자각한 것을 아마도 최초로 형성하는 것이라

고 말할 수 있다.

『시대의 사조』를 해득하고 그것을 뚜렷한 형식에 담아 넣는 것ー이것은 예술가의 가장

고상한 사명의 하나인 것이다. 모든 위대한 예술가들은 예술적으로 아직 자각되지 않은 채

로 남아있는 그 무엇을 자기 작품속에 체현하는 것이다. 그러나 이에 있어서 중요한 것은 예

술가의 발견이 진리와 일치되여야 하는바 그렇지 못한 경우에는 그의 『혁신』은 자기 자체의

내적인、공허한 『자아』를 광고하려는 가련한 시도로밖에는 되지 않을 것이다. 참된 예술가

는 자기의 판중들의 심장속에 잠겨있는 것을 자기의 작품속에다 표현하며、그는 자기 인민의

눈과 심장과 지혜로 된다. 크람쓰꼬이와 뻬로브、네크라쏘브와 쌀띄꼬브-쉐드린은 一九세기

六〇ー七〇년대의 가장 심오한 민주주의적인 지향과 인민의 가장 근본적인 요구를 자기들의

작품속에서 표현하였었다.

예술가는 색조로써 그릴 줄 알며 쓸 줄 안다는 것으로써만 비예술가와 구별되는 것이 아

니다. 예술가는 비예술가인 『보통』사람보다 현실을 더 훌륭하게 보며 더 예리하게 감촉하며

더 심오하게 파악하는 것이다. 그리고 예술가는 자기의 영상과 감촉과 사색에 있어서 인민과

보다 가까우며、그 예술적 인식의 폭이 보다 넓을수록 천재적인 것이다. 예술가의 예술적 일

반화가 갖는 힘의 비결은 여기에 숨어있는 것이다.

로써야 인민의 위대한 화가인 레삔이 바로 이러하였는바 그의 생활 파악은 심오하고도

다양하였으며 그의 세계 감수는 참으로 농민적인 역센 박력을 갖고 있었으며, 생활에 대한 그

의 신심은 불패의 것이였으며 인민의 압제자에 대한 그의 증오는 격렬하였었다.

진실로 고상한 사실주의 예술은 의식을 교양하며 혁명화하는 이러한 적극적인 힘을 반드

시 소유하고 있는 것이다.

이러한 모멘트는 사실주의 창작에서 일정한 미학적 규범이라고 부를 수 있는 것이다. 이

모멘트는 예술의 혁신적 의의를 천명함에 있어서 아주 중요한 의의를 가진다. 그러나 여기서

말하려는 것은 고전 리론처럼 예술에다 규범과 법칙을 구술하려고 참망하는 그런 추상적인

관념론적 개념의 공담에 대해서가 아니라 예술에서의 실제적인 것과 리상적인 것의 호상 관

계를 말하려고 하는 바 이 두개의 모멘트는 무한히 풍부한 인간 의식에 고유한 것이다. 그러

나 리상적이란 것은 결코 생활과 유리된 것으로, 생활을 가식하며 생활의 모순을 모호화하는

것으로 리해해서는 안된다. 여기서 말하는 리상적이란 것은, 미래의 실천적 행동의 강령으로

서 인간 두뇌에 형성되는 그것을 말하는 것이다. 이는 미래의 실제적 사실의 『원형』이며,

인간이 생활에다 인입하려고 투쟁하는 그것이다.

그런즉 사실주의적 예술가의 작품에서 리상적인 것은, 예술가가 그를 위해 투쟁하며, 생

활 관찰에서 추출한 것이나, 생활에 보다 광범하고 심오하게 도입되여야 하는 그것이다. 쓰

따쏘브, 뻬로고브, 쓰뜨레삐또바야와 같은 선진적인 로써야 사람들을 그린 레삔의 초상화들

에는 이 형상들로 하여금 본받을 모범으로 하게 하는 그 『리상적 모멘트』가 항상 강하게 표

현되여 있는 것이다. 이러한 모범성은 쏘베트 예술가들의 우수한 창작물에도 존재한다. 이오

간쏜의 그림 『공산당원들에 대한 심문』에 나오는 공산당원들의 형상은 이러한 의미에서의

리상적인 형상들이다.

사실주의 예술에서의 형상의 이러한 『리상성』은 현실을 『리상화』하거나 도식화하거나

허식하는 것과는 아무러한 공통성도 없는 것이다. 진실로 사실주의적인 온갖 긍정적 형상은

언제나 자체내에 생활에서의 훌륭하고 아름답고 고상한 것을 강조하는 요소를 내포하고 있는

것이다. 문예 부흥기의 예술가들의 형상들이 이러하였고, 웰라스케스와 렘브란뜨, 끼쁘렌쓰끼

와 알렉싼드르 이와노브, 레삔과 쑤리피브의 작품들이 이러하였다.

우리는 이상에서 예술의 본질을 정당히 리해하기 위하여서는 예술과 그 시대의 도덕적

개념의 련계가 극히 중요한 위치를 차지한다는 것을 이미 강조한 바 있었다. 그러나 도덕

성의 규범이란 실제적인 사회적 관계의 반영이며 현실의 제 사실을 일정하게 일반화한 것이

다. 그와 동시에 도덕성에는 『해야 하는 것』이라고 일컬을 수 있는 모멘트, 즉 다시 말해서

매개 사람과 인간들, 또는 인간들의 공동 생활 일반에 제기하는 요구의 모멘트가 있다. 도덕

성은 결코 확인만으로 제한해서는 안되는 것이며 또 할 수도 없는 것이다.

우리의 공산주의적 도덕성은 사회주의하에서 조성된 인간 관계를 확인하며, 또 그렇게

함으로써 쏘베트 인간의 행동의 리상적 규범으로 되는 요구도 또한 규정한다. 우리는 사회주

의적 공동 생활을 위해 반드시 필요한 행동의 규범으로서의 쏘베트 인간에게 고유한 그 훌륭

한 품성들, 즉 사회주의 조국에 대한 사랑의 감정, 당에 대한 헌신성, 프로레타리아 국제주의

의 감정, 창조적 로동에 대한 열망 등등에 대해서 말한다.

예술에는 미학ー도덕적 규범의 모멘트들이 이러저러한 형식으로 항상 존재하는바, 그것

들은 때로 공공연히 직접적으로 나타나기도 하고, 때로 은폐되여 나타나기도 하나, 항상 모

사의 일정한 형식을 지시하는 것이다.

선진적인 예술은 도덕—미학적 평가의 이러한 요소를 그 자체에 반드시 내포하고 있다. 이 도덕적 평가는 현존 실천보다 더 멀리 나아가며 다음에 가서 현존 실천에 구현되기 위해 그것을 앞서 나아가는 그 주관적 사상의 알맹이를 이루는 것이다. 현실을 혁명화하는 적극적인 력량으로서의 그 의식은 그 자체내에 공상의 모멘트를 내포해야 한다. 이는 실제 생활에 구현되기를 지향하며, 또 구현될 수 있는 혁명적인 공상이다. 레닌은 『사실』 앞에 굴종하는 멘쉐위크적 비굴성을 반대하면서 이 모멘트를 아주 열렬하게 강조하였었다.

예술에서도 우리는 이와 류사한 것을 관찰하게 된다. 예술가는 훌륭한 긍정적 형상을 창조하며, 그 형상에서 본질적인 것을 강조함으로써 자기의 작품속에다 직접, 또는 간접으로 모범을 일정한 표본을 제공한다. 사실주의 예술가는 가장 선진적인 것을 일반화하며 강조함으로써 아름다운 것에 대한 자기의 리해를 정식화한다. 문예 부흥기의 예술가들이 세계의 괴악성에 대한 중세기적 개념을 반대하는 투쟁에서, 실제적 인간과, 그의 지상에서의 지향과 환희를 찬양하였을 때, 그들은 자기들의 작품속에서 이러한 모든 것을 생활의 아름다운 내용으로 내세웠었다. 쓰베트 인간들이 가지는 훌륭하고도 선진적인 풍모의 제 특징들을 우리 생활의 아름다운 내용으로서 내세우며, 락후하고 허위적이며 적대적인 것을 추악한 것으로 규탄하는 것은 우리 예술가들의 가장 중요한 파제이다.

◉ 이와같이 예술에서의 리상적인 것은 그 자체가 공상으로 제기되는바, 이 공상은 때로 세속적인 생활 현상을 약간 앞서 나아가면서 그 속에서 기본적이며 주되는, 자라나는 것을 포착하며, 또 그렇게 함으로써 인간들을 앞으로 호소하며, 그들을 생활 개혁에로, 투쟁에로

추동하며, 사실주의 예술가가 투철하게 통찰한 그것을 실제적인 현실 자체에다 확립하는 데

로 인간을 떠밀고 나간다.

결국 예술가의 창작이란 체르늬쉡쓰끼의 말을 빌어 말한다면 생활이 우리의 개념대로 되

여 있는 그러한 경우에 이를 아름다운 것으로 보는 데 있는바 이것을 반대로 말한다면 이

개념에 모순되는 생활 현상을 격렬하게 비난하는 데 있다.

예술가가 자기 작품에다 현실을 묘사함에 있어서 만일 객관성과 멀리 동떨어진 옳지 않

은 수법을 리용한다면 그는 모범받을 표본을 창조하게 되는 것이 아니라(이러한 것을 창조하

려는 자기의 모든 욕망이 있음에도 불구하고) 다만 생활과 그의 루쟁으로부터 멀어져 나가는

자기의 주관적 자의에 사로잡힌 것을 창조하게 되는 것이다. 一六세기의 만내리즘 예술가들

이 바로 이러하였었다. 그러나 여기에서는 이러한 예술가들의 예술이 보다 미약하게 당적인

것으로 되며, 세계 변혁에 대해서 보다 미약하게 지향적인 것으로 되는 것이 아니라 그는

벌써 사회적 퇴보의 측면에 서는 것이다. 문제는 이 당성의 내용이 어떤 것인가에 있을 따름

이당. 이 경우에 있어서 그러한 당성의 내용은 예술이 나가야 할 유일한 대로, 즉 세계를 진

보적으로 변혁하며, 인간의 힘과 능력을 발전시킴에 있어서 기본적인 계동기로 되는, 인간에

의한 인간의 착취를 실제적으로 청산하는 것으로 완성되는 위력한 루쟁 수단을 인류에게 주

는 그러한 대로에서 예술을 떠나게 하는 것이다.

사회주의 레알리즘 예술에 있어서 그의 당성의 생활 창조적인 힘은, 쏘베트 인민이 공산

당의 령도밑에 실시하고 있는 공산주의 건설을 위한 루쟁과의 그의 긴밀한 련계에 기초하여

실현되는 예술 문화의 개화의 토대로 되여 있다.

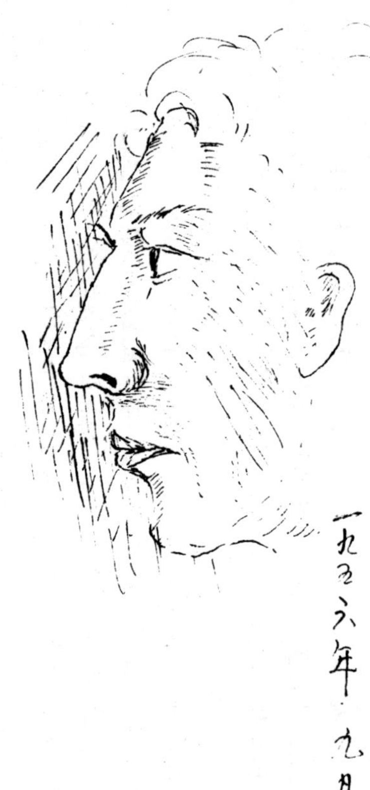

一九五六年 九月十四日

예술과 사회 생활

1

예술과 사회 생활! 이 쩨마는 엄격히 말하여 예술론과 예술사에 관한 제 문제의 온전한 총체를 포괄한다. 이는 맑스—레닌주의 예술론과 관련되는 전체 포괄적인 쩨마의 하나라고 말할 수 있다. 왜냐하면 예술과 사회 생활과의 련관에 관한 문제를 떠나서는, 또 사회의 물질적 기초와 사회 구성 및 계급 투쟁에 대한 예술의 의존성을 고려함이 없이는, 아마 미학에 관한 또 하나의 문제도 정확히 해결될 수 없으며, 심지어 정확히 제기될 수도 없기 때문이다.

이러한 문제 제기의 일반적 원칙은 력사적 유물론에 의하여 규정된다. 예술은 이데올로기의 모든 기타 형태들과 마찬가지로 사회의 사회—경제 생활의 발전을 반영한다.

사회에 대한 예술적 견해는 사회의 물질적 생활의 반영이다. 물질적 실천은 일정한 예술적 관념들이 형성되기 위한 전제들을 조성하는바, 이 형성된 관념들은 이번에는 다시 이러저러한 사회적 그루빠나 또는 적대적인 경제적 및 사회적 리해 관계가 없는 사회를 두고 말한다면 전체 인민들의 리해 관계와 지향을 표시함으로써, 인간 의식과 또한 그 의식을 통하여 사회적 실천 자체에 작용하는 강력한 정신적 력량으로 된다.

예술적 견해들도 포함한 사회적 사상과 견해들은 일단 발생하자마자 사회 생활에서 거대한 의의를 가진다. 이는 예술 발전의 어느 시기에나 다 해당된다. 특히 례를 들어 쏘베트 예술가들의 실천을 통하여 표현된 사회주의 사회의 예술적 견해는 사회주의 사회의 물질적 생활 발전의 요구들을 반영한다. 그러나 사회주의 레알리즘 예술은 자기의 토대를 수동적으로 반영하는 것이 아니라, 강력한 사회—개혁적인 힘을 가진다. 왜냐하면 이·브·쓰딸린이 강조한 바와 같이 새로운 선진적인 사회 사상은 그것이 발생한 이후에는 『……사회의 물질적 생활 발전에 의하여 제기되는 새로운 과업들의 해결을 쉽게 하여주며 사회의 전진 운동을 쉽게 하는 가장 중요한 력량으로 되기』(주) 때문이다.

실례로, 『三〇년대의 영화를 들 수 있다. 『상봉』, 막씸에 대한 삼부작, 『위대한 공민』, 『발찌고의 대의원』, 『一九一八년의 레닌』과 같은 필림들은 그 내용과 형식에서 사회주의가 승리한 시기를 반영하고 있다.

그와 동시에 이 필림들은 우리 인민들에게 있어서 사회주의의 승리를 위한 새로운 력사적 위업에로 광범한 대중들의 사상과 의지와 감정을 동원하는 훌륭한 수단으로 된다.

사회의 점진적 발전에 있어서 선진적인 예술적 견해들이 노는 역할은 거대한 것인바, 그것은 이러한 견해들이 현실의 개혁을 촉진시키기 때문이다. 그러나 낡고·반동적인 미학 사상도 사회 발전을 백방으로 저애시킴을 자기 사명으로 하느니만치 생활에 적극적으로 간섭하려고 시도한다. 현대 반동적 부르죠아 예술을 이러한 실례로서 들 수 있다. 즉 미국의 슈르레알리즘의 지도자인 에쓰·달리가 완미(頑迷)한 확신을 가지고 불건전한 리성이 가지는 황당무계한 환상들이 재현되여 있는 그림들을 그릴 때 이러한 『예술』은 인간 정신을 타락시

(주) 《쏘련 공산당(볼쉐위크) 력사 간략 독본》, 국립 정치 서적 출판사, 一九五〇년, 一二一페지.

키며 사람들의 모든 건전하고 용감한 행동들을 마비시킴을 그의 사명으로 한다. 그러나 이는 제국주의 부르죠아지의 리익을 위하여 진행되는, 소박한 사람들의 『정신적 개조』에 있어서 적지않게 중요한 고리로 된다.

이와 같이 예술의 임의의 현상을 옳바르게 취급한다는 것은, 예술을 사회 발전의 력사적 제 조건과 밀접히 결부시켜 인식하며, 인류 사회의 실제적 력사가 사회—경제적 구조와 정치 및 국가 제도의 극히 풍부하고 복잡한·변증법적 호상 관계를 통하여 어떻게 예술적으로 자각되는가를 인식함을 의미한다.

그러나 무엇보다도 먼저 시도해야 할 것은 일련의 사회적 현상들 속에서 사회적 의식 형태로서의 예술이 차지하는 위치를 규정하며, 따라서 사회 생활에서 예술이 가지는 역할과 위치와 의의를 규정하는 것이다.

문제는 다음과 같이 제기되는바, 즉 예술이 상부 구조 계렬의 현상에 속하는가, 그렇지 않으면 토대에도 상부 구조에도 속할 수 없는 그러한 사회적 현상인가 하는 것이다. 우리의 문헌들에서 우리 과학의 전진을 적지않게 촉진시킨 이 문제에 관한 광범한 토론들이 전개되였음을 지적해야 하겠다. 필자는 이 저술에서 이러한 토론들의 일부분만을 취급하여 정확하다고 생각되는 일정한 관점을 정식화하려 한다.

첫째로 사회적 현상으로서의 예술이 상부 구조적인 성격을 가지는가 그렇지 않으면 비상부 구조적 성격을 가지는가를 규정한다는 것은 무엇을 의미하는가.

예술적 실천, 특히 예술의 개별적 형태들에 있어서는 상부 구조에 들어가지 않는 일련의 요소들과 측면들이 있다는 것은 론쟁할 여지가 없다. 건축술과 같은 그러한 예술을 실례

로 들어 보자。 건축술은 그 자체 속에 물질적 생산과 정신적 생산 즉 기술과 그에게 고유한

사상―예술적 측면을 불가분적으로 결합시키고 있다。 물질적 생산, 기술, 공학적 사업은

상부 구조에 속하지 않으며 따라서 사회적 실천 형태인 건축술에 있어서는 그의 전반이

상부 구조적 성격을 가지지 않는다는 것은 당연하다。 그러나 이뿐만이 아니다。 우리는 건축

술이 가지는 일련의 예술적 요소 자체도 상부 구조적인 것이라고 볼 수 없다。 례를 들어 노

예 소유자적 희랍 사회 시기에는 모리야, 이오니야, 코린트 등의 양식이라고 부르는 일정한

건축술의 체계들이 만들어졌었다。 이 양식들은 때로는 거의 불변한 형태로 노예 소유자 제도

와 봉건 제도와 자본주의 제도를 겪어왔으며 또 사회주의 시기의 건축술의 유기적 구성 부분

으로 되였다。 따라서 고대 건축 양식은 어떠한 의미에 있어서나 토대와 함께 사멸하지 않았

다。 시가에 있는 호메이, 얌브, 닥찔리, 아나빼쓰뜨 등등의 운률 형태들에 대하여서도 이

와같이 말할 수 있다。 이 모든 작시 형식들은 노예 소유자 사회에서 작성되였으나, 이는 사

회주의 사회의 시가에도 존재한다。

회화에 있어서 집합 중심점을 가진 직접 원근법(遠近法)은 봉건 제도가 지배하던 시기에

이미 작성되였으나 자본주의적 토대를 거쳐 사회주의 시기의 예술에서도 사용되고 있다。

예술의 각이한 형태들에서 이러한 요소들을 수많이 찾아볼 수 있다。

끝으로 예술의 많은 부문은 언어에 의하여 구현되며 언어 밖에서는 존재하지 않는다。 언

어 밖에서나, 언어를 떠나서는 문학도, 연극도, 유성 영화도 없으며, 음악도―성악에 관해서

언급한다면―사실을 말해서 그 많은 부분이 있을 수 없다。 이러한 모든 예술에 사용되는 언

어가 상부 구조적 현상이 아니라는 것은 아주 명백하다。 따라서 예술에서 비상부구조적 요소

의 역할은 아주 중요하다.

그러나 이는 원칙적인 문제 제기의 필요성을 제거하지는 않는바 이 원칙적인 문제란 인간의 예술적 활동에 비상부구조적 계렬의 이러저러한 특정들이 존재함에 대해서가 아니라 전일적인 사회적 현상으로서의 예술은 무엇인가 하는 데 대하여 말하는 것이다. 바꾸어 말하면 우리는 예술의 특성을 반드시 규정하여야 한다는 것이다. 예술은 그 자체의 내용과 기능 및 본질에 있어서 어떠한 것인가? 비상부구조적 요소는 어떠한 상부구조 분야에나 존재한다. 철학적 견해는 론쟁할 바 없이 상부구조에 들어가는 것이여서 이는 의심할 바 없는 것이다. 그런데 이 철학 역시 언어 즉 비상부구조적 요소를 쓰고 있다.

지금은 왜 사회가 예술을 창조하며 예술은 무슨 목적으로 사회에 복무하며 예술의 사회적 기능은 어떠한 것인가 하는 것을 해명하기로 하자.

이·브·쓰딸린은 다음과 같이 토대와 상부구조의 본질에 대한 고전적인 정식화를 내렸다. 『토대는 일정한 발전 단계에 있어서의 사회의 경제적 제도이다. 상부구조—이것은 사회의 정치적, 법률적, 종교적, 예술적, 철학적 제 견해 및 이들에 상응하는 정치적 법률적 및 기타의 기관들이다.』(주)

이·브·쓰딸린은 그 로작의 다른 개소에서 다음과 같이 이와 류사한 정식화를 내리고 있다. 『상부 구조의 독특한 특성은 그것이 정치적, 법률적, 미학적 및 기타의 사상들로써 사회에 복무하고 있으며, 사회를 위하여 그에 상응하는 정치적, 법률적 및 기타의 기관들을 창

―――――
(주) 이·브·쓰딸린, 맑스주의와 언어학의 제 문제, 국립 정치 서적 출판사, 一九五二년판, 五페지.

설하는 점에 있습니다。』(주)

이와같이 상부 구조의 구성 속에는 사회의 예술적 견해들과 그의 미적 사상들과 그것들에 상응한 기관들이 들어간다。 그런데 이것은 온갖 예술의 근본적인 내용이 상부 구조에 들어감을 의미한다。 왜냐하면 예술가는 자기 작품을 통하여 현실을 반영함으로써 현실에 대한 자기의 태도를 표현하고 현실에 대하여 일정한 해석을 부여하며, 작품에다 이러저러한 사상을 접어넣기 때문이다。 소포크레스의 비극에서와 폴리크레이토스의 조상(彫像)들에서는 노예 소유자 사회의 예술적 견해들이 아주 완전히 표현되여 있다。 봉건 사회의 예술적 견해들은 종교극(宗敎劇)들과 로마 교회의 대 건물들과 중세기적 성상화(聖像畵)의 추상적 형상들에서 명확히 표시되여 있다。

그런데 『미적 사상』에 대한 개념을 예술에 대한 철학—리론적 개념에다 귀착시키는 것이 정당하다고는 좀처럼 말할 수 없는 것이다。 하물며 이 후자가 예술적 실천 자체를 일반화하며, 리해하는 것에 지나지 않는 데 있어서랴。 이 밖에도 강조해야 할 것은 예술적 견해를 가지고 사회에 복무하는 자는 물론 철학가—미학자들이 아니라 바로 예술적 사상을 생산함이 자기의 사회적 기능으로 되여 있는 예술가 자신들이라는 그것이다。

실지로 우리 쏘베트 사회를 실례로 들어 보자。 그 누가, 무엇이 예술적 사상들로써 우리 쏘베트 사회에 복무하는가? 그것은 물론 영화, 문학, 연극, 회화 및 기타의 예술들이다。 당은 예술 작품들로써 인민들에게 훌륭한 취미와 선진적인 예술적 관념들을 길러준다。 그 예술

(주) 이•브•쓰딸린、 맑스주의와 언어학의 제 문제、 국립 정치 서적 출판사、 一九五三년판、 三六페지。

작품들 속에는 사회주의 사회의 예술적 견해들의 체계가 내포되여 있다. 당이 진행하는 우리 예술의 높은 사상성을 위한 투쟁은 우리의 예술가들이 창조하는 예술 작품들이 발전하는 사회주의적 토대 및 전체 사회주의 사회의 제 요구에 호응하는 그러한 사상들과 그러한 예술적 견해들을 내포하도록 하기 위한 투쟁이다. 평화와 공산주의의 사상, 조국에 대한 애국주의적 복무 및 제 인민들 간의 친선의 사상—이러한 것들이 우리 선진적 쏘베트 예술이 체현하고 있는 견해와 사상들이다. 이와 함께 지적해야 할 것은 쏘베트 예술이 인민 앞에서 지니고 있는 그 의무의 수행은 역시 사상부 구조에 들어가는 예술적 기관들인 학교들과 창작 동맹 등등에 의하여도 많이 보장된다는 것이다.

주지하는 바와 같이 사회의 예술적 견해들은 토대의 변화에 뒤따라 변화된다.

우선 주의를 돌릴 점은 예술적 현상은 언어보다 훨씬 급속하게 변경된다는 그것이다.

이·브·쓰딸린은 다음과 같이 지적하였다. 『……현대 로써야어는 그 구조에 있어서 뿌쉬낀의 언어와 별로 구별되지 않는다.』(주) 그리고 로써야 문학은 뿌쉬낀의 시대로부터 레르몬또브, 고꼴리, 뚜르게네브, 네크라쏘브, 똘쓰또이, 체호브, 고리끼 등……기나긴 시대를 지나왔다. 그런즉 예술이 언어보다 훨씬 더 급속하게 변화될 뿐만 아니라 훨씬 더 결정적으로 변화됨은 의심할 바 없다.

조형 예술 분야에 대해서도 문제는 동일하다. 회화 예술은 근본적인 자기 원칙에 변화를 가져오면서 끼쁘렌쓰끼의 시대로부터 쏘베트 화가들에 이르는 장구하고도 복잡한 길을 걸

(주) 이·브·스딸린, 맑스주의와 언어학의 제 문제, 九페지.

어왔다。 일찌기 뻬레드위즈니크파의 예술이 벌써 알렉싼드르 이와노브 시기까지를 포함하는 一九세기 상반기의 예술과 차이나는 다른 원칙에 기초하였었다。

예술 분야에서 일어나는 근본적인 교체가 사회 경제 제도에서 일어나는 근본적인 변경과 일치하고 있음을 알아보기는 그리 힘든 것이 아니다。 루넷싼스 예술의 발생은 一四—一五세기에 이태리 도시들에서 일어난 상품 화폐 관계의 발견과 결부되여 있음을 뚜렷이 표시하고 있다。 一九세기 六○년대 자본주의 발전의 제 요구에의 로씨야 경제의 순응은 예술도 포함한 로씨야 사회의 모든 상부 구조에서 다소간의 차이는 있으나 급속히 발로된 변혁을 가져왔다。 력사 무대로의 크람쓰끼와 그의 알쩰리의 출현 및 그 뒤를 이은 이동 예술 전람화파 동료들의 출현은 이를 여실히 증명하여 준다。 바꾸어 말하면 토대에서 일어나는 예술적 상부 구조에 있어서도 근본적인 질적 변화를 동반한다。 실로 매개의 경제적 사회 구성태에는 다른 사회—경제적 제 조건하에서는 유기적으로 재현될 수 없는 그러한 예술적 견해들의 체계가 상응한다。

맑스는 일정한 사회 제도에 상응하는 일정한 예술적 형식은, 다른 사회—경제적 체제 조건하에서는 재현시킬 수 없다고 교시하였다。 그는 『정치 경제학 비판에 대하여』와 그 다음에는 『잉여 가치론』에서 솔직한 인공적이 아닌 서사시는 자본주의적 관계가 「발전된 조건하에서」는 불가능하다고 강조하였다。 맑스의 의견에 의하면 이 시기의 예술에서는 모든 생활 양식과 유기적으로 련결된 진정한 서사적 예술 대신에 서사시에 대한 무미 건조하고 인공적인 흥내만이 나타날 수 있는 것이다。

그리고 매개 토대에는 그 자체의 예술적 견해, 자체의 미적 사상, 자체의 예술 기관들,

즉 자기의 토대와 함께 사멸하는 예술의 모든 체계가 상응하느니만치 이것은 당연하다.

사실에 있어 엥겔르로부터 모로와 삐끌리나를 거쳐 마르와 덴에 이르는 一九세기 회화에

서 고대 희랍 세계를 「재생」시키려던 갖은 시도들이 과연 철두철미 부자연하고 어색하지

않단 말인가?

노예 소유자 사회에는 그에 상응한 예술이 있었으며, 이 예술은 자본주의 사회의 조건하

에서도, 사회주의 사회의 조건하에서도 재생될 수 없는 것이다. 봉건 제도에도 역시 그 다음

시대들에서는 재생될 수 없는 그에게만 상응하는 예술 체계가 있었다.

상부 구조의 다른 기본적 특성도 이와 결부되어 있다. 상부 구조는 — 이•브•쓰딸린 동

지는 교시하였다. — 일정한 경제적 토대가 생존하고 작용하는 한 시대의 산물이다. 때문에

상부 구조는 생존하는 것이 오래지 않으며 소여의 토대의 청산, 소멸과 함께 그도 청산 소멸

된다. (주)

그런데 상술한 이것은 예술을 상부 구조의 구성 요소로 인정함으로써 우리는 유산을 거부

하게 되며 예술의 력사적 계승성의 주장을 거부하게 될 것이라는 것을 의미하지나 않는가,

그리고 이것은 고전 예술에 대하여 허무주의에 빠지게 될 것이라는 것을 의미하지나 않는가.

물론 결코 그러한 것을 의미하지는 않는다. 지난 시기의 위대한 예술 작품들은 진정한

의미에서 영구불멸하다. 고대 희랍의 예술가들, 레오나르드 다 빈치, 찌찌안, 웰라스케스,

렘브란뜨, 러위적까 로꼬또브, 끼쁘렌쓰끼, 알렉싼드르 이와노브, 꾸르베, 크람쓰꼬이 및에

(주) 이•브•쓰딸린, 맑스주의와 언어학의 제 문제, 九페지.

펜의 창작들이 우리에게 흥미 있고 중요하다는 것은 결코, 그 것들이 비단 세기의 력사적 문헌이라는 데만 있는 것이 아니다. 이 예술적 걸작들은 그 것들의 발생 조건이였던 그 제도의 토대를 거쳐서, 말하자면 생생한 것으로서 오늘날까지 살고 있다. 이 걸작들은 비단 쏘베트 예술 문화 건설에 섭취되고 리용될 뿐만 아니라, 그 자체가 또한 현대 우리 문화의 생동적인 요소를 이룬다. 비록 어느 정도나마 진보를 위하여 이바지하였고, 인민의 사상과 감정을 반영하였으며, 인류의 긍정적이며 예술적인 경험이 이러저러하게 고착되여 있는 것이라면 지난 세기의 예술에서의 모든 것은 이에 해당한다.

그런데 이것은 우에서 지적한 바, 한 세기의 산물이며, 자기의 토대와 함께 소멸하는 상부 구조의 독특한 특성에 모순되는 것이나 아닌가?

두말할 것 없이 모순되지 않는다. 예술적, 철학적 및 기타의 어떠한 사회 견해일망정 사회적 의식 반견이 갖는 하나의 가장 중요한 특성을 오직 옳게 리해하며 또 항상 념두에 두고 있어야 한다.

물론 인류 사상의 력사에서는 토대의 교체와 함께 모든 선행한 경험이 기계적으로 근절하는 일이 결코 일어나지 않는다. 매개 토대가 혁명적으로 교체됨에 있어서 낡은 반동적 사상은 폐기되고 청산된다 할지라도 제도의 교체와 함께 사회는 사상적 상부 구조에 포함되는 그 총체를 린 터에서 창조하기 시작하는 것은 아니다. 도리여 이때에 있어서 선행 시기에 창조되였고 우선 문화의 인민적 기초와 련결된 긍정적인 가치물들은 섭취되고 보존되며 발전되는 것이다. 실례로 의심할 바 없는 상부 구조의 구성 요소인 철학적 견해의 발전을 례로 들어 보자. 데모크리토스와 아리쓰토텔레스 및 루끄레씨의 철학은 노예 소유자 제도의 혈육적인

소산물이였으며 돈·쏘콧트와 에프·베꾼의 철학은 봉건 제도의, 홉프쓰와 쓰페노자 및 더드

로의 철학은 부르죠아 사회가 형성되던 시기의 혈육적인 소산물이였다는 것은 전적으로 명백하다。 그렇다고 이것은 과연 토대가 교체될 때마다 모든 선행한 철학 사상의 발전이 단순히 말살되고 폐지되여, 인류는 모든 것을 말하자면 『령에서』 부터 시작했음을 의미하는가? 물론 아니다。

실로 맑스—레닌주의의 철학적 견해는 인류 사상의 모든 선행 력사를 통하여 철학도 포함한 과학에 의하여 창조된 모든 진보적인 것들을 그 자체 속에 내포하고 있다。 따라서 일정한 토대에 상응하는 철학적 견해의 청산은 그의 기계적인 부정을 의미하는 것이 아니라 그의 해제(解除), 즉 그것을 숙청함과 동시에 그의 긍정적 알맹이를 보존함을 의미한다。

인간 사유 분야에서의 낡은 것의 청산에 대한 문제는 반드시 변증법적으로 설정되여야 한다。 혁명적 철학은 과거와 관련된 낡아빠진 모든 것을 반대하여 결정적으로 투쟁하는 동시에 그 지난 시기에 있어 긍정적이였던 모든 것을 계승한다。 즉 그것을 비판적으로 개작한다。

이와 동시에 지적해야 할 것은 데모끄리토스, 에프·베꾼, 디드로, 체르늬쉡쓰끼 및 도브롤류보브 등、지난 세기 유물본자들의 위대한 철학적 창작물들은 그것들의 긍정적 내용이 맑스주의에 의하여 원칙적으로 새로운 기초에서 섭취되였을망정 우리 시대에 있어서도 『사멸』하지는 않았으며, 우리 문화의 생동하는 요인으로 계속 남아있다。 그러나 그렇다고 하여 사회 의식 발전의 그 어떤 단계를 그 다음 시대에서 단순히 기계적으로 재생시킬 수 있는가능성을 예상한다는 것은 그것을 형이상학적으로 부정하는 것과·꼭 마찬가지로 부당한 것이

다。 이러한 사정은 철학에 대하여서도、 도덕에 대해서도 다 같이 해당된다。 그대는 론의할 여지도 없이 고귀한 예술적 가치물들을 창조하였다。 그러나 고대 예술 체재를 재생시키려는 고전주의자들 측으로부터의 온갖 시도는 불가피하게 인공적인 헛것에 빠지고 말았는바 그것은 로대가 달랐고 사회의 물질적 요구가 달랐고 서로 루쟁한 계급이 달랐고 발생한 생활상 문제들이 달랐기 때문이다。 현실에 대한 예술의 관계의 매개 체계는 축적된 모든 예술적 경험과 일정한 조건하에서 창조될 수 있었고 또 창조된 그 모든 궁정적인 가치물들을 미래의 세대들에게 유산으로 남겨주면서 자기의 토대의 청산과 함께 력사 무대에서 물러 갔었다。

객관적 진리는 발전에서 파악된 상대적 진리들의 총체에 의하여 이루어진다。 소요 시대의 세계에 대한 예술적 인식은 그 자체 속에 이러한 상대적 진리들의 그 어떠한 총체를 내포하고 있는바、 바로 이 상대적 진리들이 객관적이며 항구적인 진리의 내용을 이룬다。 이 궁정적인 내용은 일방으로는 유산으로서 그 다음에 오는 진보적 예술 발전에 의하여 유지되며、 타방으로는 다른 력사적 제 조건하에서 자기의 생활력을 직접 보존한다。

이와 달리는 될 수 없다。 객관적 진리와 주관적 견해를 기계적으로 대립시켜서는 안 된다。 온갖 진리는 구체적인 력사적 제 조건하에서와 일정한 형태를 통하여 또 일정한 요구와、 우선 일정한 실천의 결과로써 인류에 의하여 인식된다。 달리 말하면 과거의 예술적 현상들에 내포되여 있는 진리는 력사적으로 존재하는 구체적인 조건들을 거역하고서가 아니라 그 구체적인 조건들에 의하여 과거의 예술적 현상들 속에서 발현된다。 세계의 인식은 계급적 의식 형태들을 통하여 이루어지며 또 로대의 교체와 아울러 매번 낡은 체계는 사라지고 새로

운 체계가 발생하는바, 그 새로운 체계 속에서 세계를 파악하는 과정, 객관적 진리를 인식

하는 과정이 새로이 더욱 전진한다.

이와같이 고대 예술은 봉건 사회나 부르죠아 사회의 조건하에서는 재생될 수 없는 것이며

중세기의 예술은 부르죠아 사회에서는 재생될 수 없다. 그러나 매개 후행하는 예술적 시기

는 그에 선행한 예술적 시기들을 자기의 발판으로 하고 나선다. 모든 선행한 예술 발전은

그에 근거하여 사회주의적 예술 문화의 대전당이 건설되는 토대로 된다. 그러나 이에 있어

서 사회주의 레알리즘 예술은 과거의 모든 진보적 예술의 발전이기는 하나, 그의 단순한 기

계적인 재생은 아니다.

　그런즉 우리들은 그 것이 철학이건 예술이건 인간 사유의 선행한 발전 단계의 숙청 또는

제거 —철학적 술어를 사용해서— 가 단순한 기계적인 말살을 의미하는 것이 아니라 오히려 심

오한 비판적인 섭취를 의미한다는 것을 뚜렷이 알게 된다. 그리고 우리 도서관 서가가 우데 레

므몬또브, 체르늬쉡스끼, 도브롤류보브, 데모끄리토스, 에프·베꼰, 포이에르바하 등등의 서

적이 진렬되는 한, 이와 꼭같이 뿌쉬낀, 고골리, 돌쓰또이 및 쉑스피어의 서적들이 서가 우에

진렬될 것이며, 박물관에는 브룰로브, 레삔, 쑤리꼬브, 라파엘, 렘브란뜨의 그림들이 결려질

것이다. 그러나 자본주의 시기에다 빨리 고료뜨의 예술을 재생시킨다거나, 우리 시대에 램브

란뜨의 예술을 재생시킨다는 것은 불가능할 뿐만 아니라 또 필요하지도 않다.

　따라서 토대의 변화와 청산은 실제적으로 그 토대의 예술적 상부 구조의 변화와 청산을

초래하지만, 이는 기계적인 의미에서의 청산은 아니다. 토대의 청산과 함께 일어나는 그의

상부 구조의 청산은 예술에 있어서는 그의 실제적인 근절을 의미하는 것이 아니라 다만 새로

운력사적 제 조건하에서 낡은 예술적 제 형태를, 사회에 대한 예술의 관계의 낡은 체계를 문자 그대로 재생시키는 것이 력사적으로 불가능하다는 것을 의미하며 따라서 그것이 불필요하다는 것을 의미할 따름이다.

이 낡은 체계는 자기의 토대와 더불어 사멸한다. 예술이 상부 구조적 성격을 부인하면서, 사회의 예술적 견해가 사회의 철학적 견해와 마찬가지로 단순히 일정한 사회적 리해 관계의 순수한 주관적 표현이 아니라 현실의 객관적 반영 형태라는 것을 망각하는 그러한 견지도 우리는 오유라고 생각한다.

희랍 고전 작품들에서의 조화있게 발전된 인간의 리상은 그의 발생에 있어서 노예 소유자 제도와 유기적으로 련결되여 있으며 계급적 세계관에 의하여 제약되여 있음은 의심할 바 없당. 이것은 오직 력사적으로만 가능한 현실 인식의 형태였으나 그러나 고전적 예술의 객관적 내용은 (그 예술이 오늘날까지 살아온 것은 바로 이 객관적 내용으로써이지만) 자기의 원천으로 진실하게 인식된 현실을 갖고 있다. 희랍 예술 작품들에는 인간의 본질에 대한 객관적 진리의 중요한 측면들이 반영되여 있으며 이 진리는 변증법적—유물론의 인식론의 견지에서 볼 때 계급들과 제도의 성격에 대하여 무차별적이다.

바로 이 점에 예술의 진보적 발전의 가능성과 선행한 시대들이 거둔 창조적 성과들을 계승할 수 있는 가능성이 있다. 그러나 이러한 매개 시대들은 력사적으로 반복되지 않는다. 왜냐하면 사회적 의식이 그 속에서 발생하는 사회의 물질적 생활 양식은 력사적으로 비반복적인 것이기 때문이다.

이미 새로운 사회주의 문화의 건설이 시작된 조건하에서 고전적 유산의 섭취가 우리에게서

어떻게 실현되였던가를 고찰해 보자。이 과정에서 과거 예술의 보존、연구、섭취 및 발전은

거대한 역할을 놀았다。울라지미르 일리이츠 레닌은 유산을 섭취하고 그에 의거하고 그를

발전시킬 것을 루차 강조하였다。

그러나 이것은 결코 부르죠아 샤회에서 형성된 낡은 것、낡은 예술적 체계의 단순한 보

존을 의미한 것은 아니였다。이는 예술 분야에서 지금까지 인류에 의하여 창조된 모든 고귀

한 것을、우선 로씨야의 진보적이며 민주주의적인 예술의 전통을 계승하고 발전시킬데 대하

여 말한 것이다。프로레타리아트는 로씨야 예술이 가지고 있었던 생동적이며、민주주의적이

며、사회주의적인 모든 것을 유산으로서 계승하였다。

그것은 이 선진적이고 진보적인 로씨야 예술을 발전시키고 계승할 데 대하여 말한 것인

바 우리는 사회주의 레알리즘이 예술에서 결적으로 새로운 사실주의임을 주장하면서 사회주

의 레알리즘과 지난 시기의 사실주의와의 유기적이며 불가분적인 련계를 조금도 부정하지 않

을뿐더러 반대로 이를 강조한다。

예술 분야에서의 사회주의 레알리즘의 직접적인 선행자는 우리의 위대한 예술가들인

뻬로브、크람쓰꼬이、웨레샤긴、레삔、쑤리꼬브 및 기타의 많은 예술가들이였다。

그러면 만약 예술을 넘두에 둔다면 구 로씨야의 지주—부르죠아적 토대 우에 선 낡은 상

부 구조의 청산은 그 당시 어떠한 의미에서 진행되였던가?

우리는 혁명전 로써야에서 그 당시의 조건에 의하여 존재한 두개의 문화、즉 그 성격상

으로 보아 선진적이며 진보적인 민주주의적인 예술과、퇴폐적이며 데까단적인 형식주의적

예술의 존재로써 규정되는 두개의 기본적인 예술적 경향을 명확히 분간할 수 있다。

二○세기 초기의 조형 예술 분야에서는 까싸뜨낀, 아르히쁘브, 말류찐 및 기타의 명수들

이 이러저러한 정도로 사실주의의 위대한 전통을 보존한 예술가들이였으며 또 그 때문에 그

들의 창작물은 그 후에 사실주의적인 쏘베트 예술 발전에 유기적으로 인입되였다.

그러나 다른 한편으로는 지주—부르죠아 사회의 상부 구조의 불가분적 특성으로 데까단

적이며 형식주의적인 예술상의 온갖 류파들이 존재하였었다. 이러한 류파들은 때로는 심지어

사실주의의 예술의 대가들의 창작적 발전까지 저애하고 방해하였다. 사실주의의 화가들 중 많은

사람들이 모다니즘과 인상주의에 빠졌는바 그러한 사람들 가운데는 브·쎄로브, 아르히쁘브,

그라바리 및 일련의 기타 화가들이 들어 있었었다. 심지어 끄·쓰·쓰따니슬랍쓰끼와 같은 사

실주의의 예술의 거장도 一九○五년 혁명이 탄압된 후, 반동 시기에 한때 약간 데까단과 형식

주의에 빠졌었다. 이는 물론 그의 예술의 본질을 이루지는 못했으나 력사적으로 반동의 작

용에 제약되였던 것이며 결국은 사회적 제 조건에 의하여 규정되였었다.

위대한 一○월 혁명 이후 예술 분야에 존재하던 낡은 상부 구조의 파괴는 무엇보다도 먼

저 『돈 주머니』에 대한 예술의 온갖 예속 형태들을 청산하고 예술과 인민, 예술과 국가간의

새로운 상호 관계를 설정함을 의미하였다. 낡은 예술에서 발로되였던 로씨야 민족 문화에서

의 두개의 문화의 존재는 점차 숙청되였으며 그리하여 예술은 인민의 혈육으로 되였는바, 이

는 예술적 견해의 전 체계에 영향을 주지 않을 수 없었으며, 쏘베트 예술의 질적으로 새로운

창작 방법인 사회주의·레알리즘의 발전과 승리를 확정하지 않을 수 없었다.

이를 위하여 선차적으로 필요하였던 것은 진보적인 사실주의적 경향의 발전을 방해하고

저애하던 모든 장애물들을 숙청하고 형식주의적 류파들이 지배할 수 있는 가능성을 근절하는

것이였다。 당과 쏘베트 정부의 정책에 의하여 사실주의 예술의 훌륭한 전통들은 자기 발전의 광활한 전망을 가지게 되였다。

이렇듯 낡은 상부 구조의 청산과 새로운 사회주의적 토대에 적응하는 새로운 상부 구조의 발생은, 고전에 포함되여 있으며 낡은 사회 제도가 방해, 제한하던 그 모든 진보적인 것의 새로운 개화를 보장하였다。

이 실례에서 명백히 볼 수 있는 바와 같이 낡은 상부 구조의 파괴와 더불어 일어나는 예술 발전의 한 력사적 시기에로의 교체는, 낡은 예술이 갖고 있던 진보적 경향을 폐기하는 것이 아니라 오히려 그의 발전을 전제로 한다。 그러나 이 교체는 낡은 전통에 새로운 내용을 충만시키며 그것을 풍부케 하며 새로운 사회적 요구들과 유기적으로 련결된 새로운 예술적 견해들을 발생시키는 것이다。 바로 이러한 것으로 말미암아 예술은 새로운 조건하에서 자기의 기본적인 사회적 기능을 수행할 수 있는 가능성을 얻는다。

이·브·쓰딸린은 다음과 같이 썼다。 『상부 구조는 토대에 의하여 산생된다。 그러나 이것은 결코 상부 구조는 단지 토대를 반영할 따름이거나, 그것은 피동적, 중립적인 것으로 자기의 토대의 운명에 대하여, 계급들의 운명에 대하여, 제도의 성격에 대하여 무관심하게 대한다는 것을 의미하는 것이 아니다。 반대로 상부 구조는 세상에 나타나자 최대의 적극적인 힘으로 되여 자기의 토대가 형성되고 공고화되는 것을 촉진시키며, 새 제도가 낡은 토대와 낡은 계급들을 박멸 청산하는 것을 도와주기 위하여 모든 방책을 취한다。 달리는 될 수 없다。 상부 구조가 토대에 의하여 창조되는 것은 바로 그 것이 토대에 복무하며, 그것이 토대가 형성되고 공고화되는 것을 적극적으로 도와주며, 그것이 낡은 상부 구조를 가진 낡고 로후한 토대의 청산을 위하여 적극적으로 투쟁하도록 하기 위하여서다。상부구조는 그의 이러한 복무적 역할을 포기하기만 하면、상부구조가 자기의 토대를 적극적으로 옹호하는 립장으로부터 그에 대한 무관심한 태도의 립장으로、계급들에 대한 동일한 태도의 립장으로 넘어가기만 하면、그것은 자기의 질을 상실하며 상부구조임을 그만둔다。(주)

상부구조의 사회적 역할에 대한 이 심오한 특징화는 우리에게 예술이 사회에서 노는 기능을 리해할 수 있는 열쇠를 준다。예술은 일단 발생하게 되자 가장 강력하고 적극적인 개혁적 력량으로 된다。바로 여기에 예술의 사회적 본질이 있으며、바로 여기에 그의 력사적 존재의 의의가 있는바 그것은 비록 반동적 리론가들이 예술을 위한 예술이라고 선언하며고 시도한다 해도 예술은 그 어느 때나 실제적으로 그러하지 않으며 또 그렇게 될 수도 없기 때문이다。바꾸어 말하면 예술은 그 어느 때나 자기의 토대의 운명에 대하여、계급의 운명에 대하여、제도의 성격에 대하여 무차별적일 수 없다。

뿌쉬낀의 예술은 파연 농노적 로써야 제도의 성격에 대하여 무차별적이었던가? 二二월 당원들의 사상과 그처럼 견고하게 련결된 뿌쉬낀의 시가가 파연 로써야의 모든 진보적 계급들의 기치로 되지 않았단 말인가? 크람쓰끼를 수반으로 하는 지난 세기 七〇년대의 민주주의적인 예술이 파연 봉건—농노제적 토대와 낡은 계급들을 박멸하고 청산함에 복무하지 않았단 말인가? 一九세기 로씨야의 선진적 문학과 선진적 예술이 파연 농노제도를 숙청하기 위한

─────────

(주) 이·브·쓰딸린、맑스주의와 언어학의 제 문제、국립 정치 서적 출판사、一九五二년、七페지。

투쟁에서 강력한 력량으로 되지 않았던가? 파연 그것은 낡은 봉건적 토대의 붕괴를 촉진하지 않았단 말인가? 우리 당의 모든 정책이 파연 사회주의적 사회 제도를 공고화하며 그의 온갖 적들을 반대하기 위한 투쟁에서의 강력한 무기로 되는 예술을 백방으로 발전시키는 데 돕혀져 있지 않았단 말인가? 파연 쏘베트 예술의 모든 력사가 공산당에 의하여 령도 되는 우리의 선진적 예술가들이 인민들의 가장 근본적인 리해 관계와, 사회주의의 리해를 더욱 더 심오하게 표현하면서 적대적 계급들을 반대하며, 사람들의 의식 속에 남아있는 자본주의 잔재들을 반대하여 투쟁하는 한편 사회주의적 사회 제도를 강화하며 공산주의를 위하여 투쟁하고 있다는 데 대한 증명으로 되지 않는단 말인가?

이렇듯 예술의 사회적 기능은 그의 상부 구조적 성격과 아주 밀접히 련결되여 있다. 만약 예술이 상부 구조에 들어가지 않고 계급과 제도의 성격에 대하여 무차별적일진대, 우리는 그 불피코 예술은 예술을 위하여 존재한다는 데 동의하지 않을 수 없게 될 것이다. 왜냐하면 그 것은 가장 훌륭하고 진보적인 현상으로 표현되는 예술이라 해도 그것은 생활에서 새롭고 진보적인 것을 공고화하기 위하여 낡은 것을 청산하기 위하여 창조되는 것이 아님을 의미하기 때문이다. 만약 언어가 계급과 제도의 성격에 대하여 무차별적인 것처럼 예술도 계급과 제도의 성격에 대하여 무차별적일진대, 예술의 사회적 기능은 분명히 사회적 투쟁에 적극적으로 참가하는 데에 있지 않게 된다. 그러나 일찌기 로씨야의 혁명적 민주주의자들인 벨린쓰끼, 체르늬쉡쓰끼, 도브롤류보브는 정당하게도 예술의 본질과 사명을 사회 생활에의 적극적인 간섭에서 보았으며 도구를 보았다. 만약 예술이 사회적 투쟁의 도구이며 또 적대적 계급으로 분렬된 사회를 넘두에 두고 말할진대, 예술가는 언제나 일정한 사회적 세력의 편으로 진출하게 된다는 것은 명백하다。 즉 예술은 계급과 제도의 성격에 대하여 무차별적이 아니다。

과연 예술이 적대 계급들이 존재하는 사회에서 여러 계급들에 대하여 동일한 태도를 취하는 립장에 설 수 있을가?

겸하여 말하거니와 예술의 『비계급성』에 대한 비속한 사상은 부르죠아 반동 예술의 사상가들이 즐기는 애완물의 하나인 것이다。 반동 분자들이 계급들에 대한 무차별과 사회 제도의 성격에 대한 무차별을 선전하는 것은 자기들의 계급적인 사회적 전면모를 은폐하기 위한 목적에서인 것이다。 브•이•레닌은 一九〇五년에 저술한 자기의 불후의 론문 『당 조직과 당 문학』에서 바로 이 예술의 허위적인 『자유』에 대한, 계급 투쟁으로부터의 『자유』와, 예술의 사회적 제약성으로부터의 『자유』에 대한 이 허위적인 개념을 반대하여 나섰다。

이러한 의미에서 『……문화와 언어는 두개의 서로 다른 것이다。 문화는 부르죠아적일 수도 있고 사회주의적일 수도 있다。 그러나 언어는 교제의 수단으로서 항상 전 인민적 언어이며 부르죠아 문화에도, 사회주의 문화에도 복무할 수 있다。』(주) 는 이•브•쓰딸린외 명제는 대단히 중요하다。 례컨대 一九세기 초엽의 로씨야어도, 예술에서 우선 고리끼의 이름으로써 대표된 프로레타리아 문화에도 복무하였고 낡아빠진 사회 질서를 옹호하는 집합체인 퇴폐주의자들의 귀족—부르죠아적이며 반동적인 『문화』에도 복무하였다。

물론 비계급적이며 비상부구조적 범주인 언어는 문학 예술에서 결정적 역할을 논다。

(주) 이•브•쓰딸린, 맑스주의와 언어학의 제 문제, 二〇패지。

언어가 없이는 문학도 없는 것인바 二○세기 초엽에 아·모·꼬리끼와 그 어떤 고·발터 몬뜨라는 자논—비록 전자는 우아하고 순결한 로써야어를 구사하였고 후자는 온갖 귀족적이며 부르죠아적인 은어(隱語)들과 말투들로 극히 손상을 당한 로써야어로써 글을 쓰기는 하였으나—본질적으로 보아 다 같이 동일한 하나의 언어를 사용하였다. 그러나 사상과 형상, 그물의 예술의 내용으로부터 시작하여 내용과 불가분적으로 련결되여 있는 구성과 예술적 형식에 이로는 이 모든 것은 이 작가들에게 있어 대립되여 있었다.

적대적 계급으로 분렬된 사회에서는 비계급적 사상은 발생될 수 없다. 사회 생활, 사회에서 처하고 있는 인간의 상태, 사회적 투쟁에서의 그의 위치와 조금도 련결돼 있지 않은 사상과 관념은 상상할 수 없으며 계급과 제도의 성격에 대하여 무차별적인 예술은 상상할 수 없다.

속류(俗流) 사회 학자들이 한 때 예술의 계급성의 개념을 비속화하면서 예술의 계급적 분석이 가지는 의의를 이러저러한 예술가들의 창작의 탐욕적인 「계급적 근원」을 폭로하는 때서 찾은 것은 딴 문제이다. 그러나 속류 사회 학자들이 그들이 말한 소위 「예술의 계급적 분석」을 비속화하였다 할지라도 이것은 결코 예술학이 일정한 예술적 사상의 계급적 원천에 대한 연구를 일반적으로 그만두어야 한다는 하둥의 근거로 되지는 않는다. 예술에 대한 계급적 분석의 목적은 물론 예술가의 계급적 면모를 「폭로」함에 있는 것이 아니라 결국 사회 생활의 물질적 조건에 기인되는 예술적 사상의 발생을 보여주며, 사회적 투쟁에서 예술의 일정한 현상어 노는 역할과 의의를 보여주는 데 있다. 온갖 진보적 예술이 내포하고 있는 사상은 의심할 바 없이 선진적인 사회적 세력과 혈육적 관계를 가졌다. 一九세기 로써야의 서회 운동사는 선진적 로써야 문학, 선진적 로써야 예술로부터 분리될 수 없다.

이와같이 상부 구조적 요소들의 특성에 대한, 사회에서 노는 상부 구조의 특수한 역할에 대한 맑스—레닌주의 학설로써 예술의 본질과 사회적 역할을 해명할 때라야만 우리는 진실로 심오하고 확고하게 맑스—레닌주의적 미학의 립장에 설 수 있다. 토대와 상부 구조에 대한, 상부 구조의 사회적 기능에 대한, 토대의 변화에 뒤따라 일어나는 상부 구조의 교체에 대한 학설은 우리들이 맑스—레닌주의 리론의 일반적 원칙에 립각하여 예술학의 일반론적 문제들을 도그마적으로 해결하려는 모든 그리고 온갖 시도들을 반대하여 투쟁함으로써 예술적 현상의 분석을 엄격히 력사적으로 취급할 것을 요구한다.

예술론의 기본적 제 문제의 해결은 다만 그 자체의 력사에 기초하여서만 가능하다. 즉 이러저러한 예술적 현상이 가지는 력사적 의의와 그가 실제적인 력사적 실천에서 노는 역할을 밝힘으로써만 예술의 본질이 천명될 수 있는 것이다.

맑스—레닌주의적 예술론은 원칙적으로 력사적이다. 현상 관찰의 변증법적 방법은 제 현상을 그의 발전을 통하여 연구할 것을 요구한다. 절대적인 미학적 규범에 대한 형이상학적 독단론은 우리 예술론에는 용납될 수 없다.

2

예술은 그 자체의 내용과 형식에 있어 항상 사회와 련결되여 있으며 사회적 투쟁의 조건과 성격에 의존한다. 그러나 예술은 각이한 력사적 단계들에 따라 사회와의 각이한 상호 관계를 가지게 된다. 이러한 사실은 아마 사회주의 이전 사회에서 차지하는 예술의 지위와 사회주의 사회에서 차지하는 예술의 지위를 비교하면 특히 명백하게 알 수 있을 것이다. 사회주의전 사회에서와 사회주의 사회에서의 예술과 사회 생활과의 련계는 사회주의 사회와 사회주의전 사회에서의 이데올로기야와 료대간의 상호 관계 일반이 특유한 것처럼 특유하다. 이 문제에 대하여서는 다음에 가서 다시 언급하게 될 것이나 그러나 여기서 지적해 두어야 할 것은 사회주의 사회에서 예술이 가지는 전 인민적 성격은 예술 문화와 전체 쏘베트 사회의 실천적 투쟁과의 직접적인 련계를 조성케 하며 자기의 사회적 기능에 대한 예술가들의 철저하고 명확한 자각을 일으키게 한다는 그것이다.

그런즉 예술에 대한 문제를 사회 생활과의 련계에서 제기한다는 것은 예술의 력사적 발전에 관한 문제를 제기한다는 것을 의미한다. 사실에 있어서 이는 한개의 동일한 문제이다.

관념론은 유물론적 미학의 원칙들을 반대하는 투쟁에서 심미감이 마치 사회 발전 조건 여하와는 상관없이 그 자체로 발생하였다는 그의 선천성에 대한 사상을 제기하였다. 따라서 일련의 관념론적 미학론에 의하면 심미감은 결국은 예술적 실천 자체도 사회 생활에 의존하지 않으며 사회적 존재로서가 아니라 생물학적 개체로서의 인간에게 고유한 그 어떤 생물학적 질로 된다. 칸트주의적 원칙에 립각하고 있는 쉴러의 관념론적 개념도, 특히 一九세기 후반기에 전파된 실증주의의 각양 각색의 변종들도 이점에서 일치하는바 예술에 대한 인간의 요구는 특별한 「본능」으로 선포되며 또 이로부터 예술적 실천도 사람들의 모든 실천적 요구와 리해 관계에 의존하지 않는 이러한 본능에 대한 만족으로 내세워진다. 말하자면 기야의 본

능파 같은 각이한 동물적 본능들이 존재하는 것처럼 그와 꼭 마찬가지로 이 경우에서 『미적

본능』이라고 부를 수 있는 그러한 것이 마치 존재한다는 것이다. 이러한 『미적 본능』이 존

재한다는 증거로는 흔히, 동물계에서 볼 수 있는 일정한 현상들, 즉 말하자면 봄철이면 새

들에 아름다운 우모가 생긴다든가, 새들의 노래같은 울음 소리라든가, 동물의 변색이라든가

때로는 지어 새끼 동물들의 놀음과 또 기타의 일련의 이와 류사한 사실들이 존재한다는 것을

내세운다. 그들은 이러한 사실들에서 동물들에도 이미 자기의 『미적 본능』을 만족시킬 능력

이 있다는 증거를 찾으려고 한다. 우리는 이러한 관념론적 개념을 상세하게 비판하지 않기

로 한다. 뿔레하노브가 벌써 일찌기 동물이 『예술』을 갖고 있다는 주장이 황당무계하다는

것을 증시하였기 때문이다.

두말할 것 없이 미적 감정은 본질적으로 다만 인간 사회만이 가지는 획득물이며, 사회 발

전의 성과이다. 물론 인간에게 일정한 생물학적 능력들이 없다면, 우선 인간에게 일련의 감각—

청각, 시각—을 제공하는 감각 기관물이 없다면 예술은 존재할 수 없다. 왜냐하면 눈 없이 회

화를 즐기거나 귀 없이 음악을 해득하는 사람은 전혀 생각할 수 없기 때문이다. 감각 능력은

객관적 현실에 대한 자각으로서의 인간 의식을 기를 수 있는 기초다. 그러나 이 능력은 인간의 생

물학적 본성에 의하여 부여된 것이다. 그러나 이 능력은 미적 감정이 발생할 수 있는 가능성

만을 조성하며 이 능력이 실제적이며 현실적인 미적 지각의 기초로 되며는 장구한 발전과

완성을 거쳐야 한다.

다른 한편으로 동물들에게 뿐만 아니라 심지어는 식물(감응초)들에게까지도 고유한 일정

한 감각적(감성적) 감응성은 인간적 반응(反應)과 동물적 반응간의 절적 차이를 제거하지 않

는다。 순전히 기계적인 견지만이 인간적 정서계와 동물적 정서계를 동일시하거나 또는 거기에서 량적 차이만을 보게 된다。 그러나 동물의 감수성은 본능에 의거하고 있으나, 반대로 인간의 감수성은 실천과 목적 의식적인 활동에 의하여 무한히 풍부화되고 고상하게 된다。 인간의 감수성은 만약 그것이 진실로 인간적인 것이라면 이는 인간의 정신적 부의 구성부문으로 된다。 그런데 인간의 정신적 부는 인간의 사회적 실천의 부와 내용에 의존되여 있다。

어떠한 인간 감정이나 모두 사회적 실천에 의하여 길러진 것이다。 인간적 감정이 동물적 감각으로부터 구별되는 원칙적인 절적 차이는 바로 이 점에 있다。 인간 감성의 부를 그들의 초보적인 동물적 기초에 귀착시킬 수는 없다。 유기체의 순전히 생리적인 요구가 인간적 사랑의 기초로 되기는 하나 그러나 인간적 사랑을 개체들의 동물적 애착에로만 귀착시키려는 주장은 오직 데까단화한 백치들만이 할 수 있다。 뿌쉬낀이나 론싸로의 사랑에 대한 서정시는 진정한 인간 감정의 고상한 표현이다。 이는 몇몇 데까단뜨들이 주장한 바와 같은 동물적 애착의 신비화가 아니라 그 고상한 말 그대로 인간에 의하여 이루어진 그 모든 풍부한 감정의 예술적 표현이다。 비속한 부르쬬아 의식의 견지에 의하면 인간의 정서적 정신 세계는 그에 상응한 생물학적 기능과 본능에로 귀착된다。 변증법적 유물론의 견지에서 보면 동물적 본능과 인간의 정신적 부의 사이에는 절적 차이가 있다。

일정한 생물학적 전제 없이는 예술은 존재할 수 없다。 그러나 우리들이 아주 잘 알고 있는 바와 같이 인간에 관한 생물학 자체는 그가 인간 일반이라는 점에서 이미 에서 생물학적 사실로는 되지 않는다。 이미 엥겔쓰가 자기의 로작 「류인원으로부터 인간에로의 진화 과정에서의 로동의 역할』에서 훌륭하게 증명한 바와 같이 인간에게는 『순수』한 생물학적 본성이란 없으며 인간의 본성 자체는 장구한 사회 발전의 결과이다。 로동은 인간의 생물학적 본성을—체구의 수직적 상태를 창조하는 것으로부터 시작하여 두뇌의 크기와 구조에 이르기까지의—모든 점에서 근본적으로 변화시켰다。

예술이 발생되기 위해서는 인간의 감각 기관 및 두뇌가 로동을 통하여 충분히 발전되고 고상하게 돼 있어야 하였다。 이를 위해서는 사람들간의 교제 수단인 언어가 발생되여야 했으며 무엇보다도 먼저 인간의 손과 같은 그러한 『제1차적인 로동 도구』가 충분한 신축성을 가져야 했다。

『오직 로동에 의하여서만、—엥겔쓰는 썼다。—항상 새로운 동작에의 적응에 의하여서만、근육、룩대、그리고 보다 오랜 기간에는 꼴격의、이러한 방법으로 도달된 특별한 발전의 유전에 의하여 그리고 또 이러한 완성을 새롭고 보다 북잡한 동작에 적용함으로써만—오직 이러한 모든 것에 의하여서만 인간의 손은 높은 완성 단계에 도달하였으며 그 결과로서 인간의 손은 마치 마력과도 같이 라파엘의 그림、또르발리드쎈의 조상、빠가닌의 음악을 만들어낼 수 있었다。』(주) 이러한 모든 것은 인간 집단의 온갖 사회 생활의 기초인 로동의 결과이다。 이렇듯 예술 발생의 가능성 자체가 벌써 사회 발전에 의하여 조건지어졌다。

이와같이 예술은 자체의 내용과 형식에 있어서만 사회 생활에 의존할 뿐 아니라 또한 그것은 일반적으로 인간 활동의 형태로서도 인간 사회 발전의 열매이며 결과이다。 예술의

(주) 에프·엥겔쓰、 자연 변증법、국립 정치 서적 출판사、一九五二년판、一三三페지。

기원에 대한 문제는 이와같이 제기된다.

우리는 예술의 기원에 관한 문제가 전문적이고 광범한 연구를 요하니만치 극히 중요한 리론 문제를 특별히 분석할 것을 념두에 두고 있지 않다. 앞으로 서술하는 것의 목적은 다만 예술과 사회 생활과의 련계의 각이한 측면들을 해명하는 몇몇 모멘트들을 제기함에 불과하다.

이 문제를 분석함에 있어서 또 하나의 곤난이 생긴다. 즉 그것은 마르적 속류학자들이 예술학의 어느 분야에서보다도 바로 원시 예술사와 예술의 기원에 관한 문제에서 다대한 혼란을 가져오게 하였다는 사실이다.

그러나 그래도 우리는 일정한 사회 발전의 결과로 되는 이데올로기야 형태로서의 예술 발생에 관한 제 문제의 해결을 위한 약간의 륜곽들을 지적하려고 하도록 하여야 할 것이다.

보통 예술의 기원 문제를 분석함에 있어서 우선 주목하게 되는 점은, 인류 발전의 상고기, 즉 일찌기 구석기 시대에 찾아 볼 수 있는 원시적인 「예술 작품」이 일정한 아주 구체인 실첩적, 사회적 요구의 산물임을 증명하는 것이다. 구석기 시대의 컴컴한 동굴(洞窟)벽에 새겨져 있는 동물들의 수많은 그림들은 어떠한 특수한 심미감을 만족시키기 위해서가 아니라, 우선 원시인들의 물질적 요구에 이바지하기 위해—비록 원시인들이 혼히 그러한 것들에 대한 충족 방법을 환상적으로 리해하기는 했으나—창조되였었다는 것이 오늘날 완전히 론증되였다. 우리는 많은 명백한 경우에서 마술적 의식(儀式)과 관련된 그림들을 보고 있으며, 또 예술의 기원을 취급한 예술학적 문헌들에서도 가장 이른 시기의 예술적 형식들은 항상 온갖 마술적 의식과 잘 결부되여 있다. 례를 들어 암석에 새겨진 가장 오랜 그림들과, 원시적 노

래와 춤뜰을 보더라도 우리는 그 어디서나 이러한 예술 작품들이 무엇보다도 먼저 마술적의

석과 가장 밀접한 련계를 갖고 있음을 볼 수 있다。례컨대 우리는 원시인들의 춤에서 심미

자체의 만족파는 인연이 먼 일정한 목적을 보게 된다。원시인들은 『사심없는』예술적 요

에서 춤춘 것이 아니라、그들의 관념에 의하면 인간의 로동을 경감시키게 하는 일정한 마술

적 의식을 수행하기 위해서 춤추었다。동굴의 벽에 그려진 그림은 직접 마술적 기원을 가지

고 있는바 때문에 『예술적 활동』과、일정한、순전히 물질적인 요구와의 련계는 사회 발전의

원시적인 단계에서는 특히 손섭게 천명할 수 있다。물론 원시인들의 물질적 요구를 만족시

키기 위한 이 방법은 흔히 환상적인 것이였으며 이러한 방법은 현상들의 진정한 련계를 인식

하지 못한 데서 발생하였다。례컨대 원시적 사냥군은 사냥에 앞서 그가 담벽에 그리는 그림

이 사냥의 성공을 보장하기 위한 그 어떤 실제적으로 아주 필요한 것이며 이것은 그의 로

동 과정에 있어 불가피하며 필요한 고리라고 확신하였다。

만약 원시 시대의 사냥군들이 뛰여가는 야우(野牛)의 모상을 창으로 찌름으로써 자신심

을 얻게 되며 또 그 자신심이 그들의 완강성과 대담성 등등을 자극할 수 있다는 것을 고려하

지 않는다면 원시 시대의 사냥군들이 그러한 행동은 사냥의 성공을 위한 그 어떤 실제적

조건을 조금도 보장하지 못하였다는 것은 명백하다。

그러나 원시 시대와 또는 그 후의 계급 사회의 초기 단계에서 볼 수 있는 현실 파악의 고려

한 환상적 형태의 발현 자체는 현실적인 사회적 실천의 불완전한 발달의 결과에 지나지 않는다。

엥겔쓰는 콘라드 슈미트에게 다음과 같이 썼다。"아직 공중에 높이 떠다니는 사상—종교、철학 등

등—분야에 대하여 언급한다면、그 속에는 력사적 시기에 발견되고 습득되며 우리들이 지금 무

의미한 것이라고 부르는 그 유사 이전의 내용들이 내포되여 있다。 자연에 관한、 인간 자체의 본질에 관한、 정신에 관한、 마술적 힘 등등에 관한 각이한 헛된 관념들은 그 대부분이 부정적인 경제적 기초를 가질 따름이다。 즉 유사 이전 시기의 저급한 경제적 발전은 그의 보충으로서 때로는 심지어 그외 조건과 그의 원인으로서 자연에 대한 허위적인 관념을 가졌다。(주) 철학파 종교와 예술의 맹아가 아직도 분화되지 않은 형태로 존재하던 그러한 구전적(口傳的)관념이 갖는 구체적 내용의 원천과 기원에 대해서는 우리는 지금 관심을 돌려지 않기로 하겠다。 여기에서 중요하게 지적할 것은 신화적 사유 체계의 기원이 인간의 실천적 생산 활동과 결부되여 있다는 것이다(엥겔쓰가 지적한 바와 같이 비록 부정적일지라도)。 신화적인— 예술적 사유의 환상성은 물론 력사적으로 불가피한 것이기는 하나 그가 갖는 제한성이다。 그러나 신화적 형상들은 세계를 개혁하려는 인간들의 지향의 시적 체현으로 된다。 따라서 이는 대단히 중요하다。 여기서 이러한 지향들은 상상적이며 소박한 구성을 가지나 아·므· 고리끼가 지적한 바와 같이 그 지향은 구비 문학의 실제적인 기초를 이룬다。 계급 사회가 형성되던 시기의 일련의 인민들의 구비 문학에서 보여주고 있는 주인공들인—지상의 조직자들、 즉 일리야 무로메쯔、 다비드 싸쏜쓰끼、 쩨제이 등은 그 력사적 단계에서는 달성할 수 없었던 자연력을 정복할 데 대한 지향、 사회적 정의를 확립하려는 지향의 생생한 표현이다。 온갖 신화는—맑스는 자기의 유명한「정치 경제학 비판」에 대한「서론」에서 교시하고 있다。— 상상으로、 상상의 방조로써 자연력을 극복하고、 복종시키고 조직하였다。 따라서 신화는 이

(주) 칼 맑스 에프·엥겔쓰 전집 二八권、 二五九—二六○페지。

러한 자연력에 대한 실제적인 지배와 함께 사라졌다.」(주) 여기서 한마디 지적해 둘 것은 맑스는 여기서 자연력의 조직에 대하여 언급하면서 몇줄 아래에서 이와 류사한 문제에 대하여 다음과 같이 지적하고 있다는 것이다. 『여기서 후자는 (자연은—필자 주) 사회까지 포함한 모든 물질적인 것으로 리해되였다.』

이와같이 대다수의 경우에 있어서 환상적인 원시적 구비 문학의 형상들의 내용은 비단 실천으로부터의 예술의 독립을 증명하지 않을 뿐 아니라 반대로 그들 상호간의 직접적이며 불가분적인 련계를 뚜렷이 실증하고 있다.

세계에 대한 종교—신화적、예술—형상적 자각은 구석기 시대의 수렵과 바로 이와같이 불가분적으로 결부되여 있는 것이다. 원시인들의 그림、노래를 동반한 그들의 춤에는 어떤 고립된 『순수』한 미적 향락의 흔적도 없었다. 물론 원시인들이 비록 해당한 의식을 거행하면서 더 장성하여서는 미적 감정으로 될 수 있는 그 정서적 흥분을 체험하기는 했으나 이는 결파이지 원인은 아니다.

이상과 같이 원시 예술 작품들은 그 기원에 있어서 현실적 실천과 밀접히 련결되였으며 결국 인간 로동에 의하여 산생된 것이다. 이는 예술이 사회에 대하여 설정하는 온갖 관계의 가장 초보적인 기초다. 원시 사회에서의 예술적 활동은 사회의 일정한 실천적 요구를、물론 초보적이기는 하나 그러나 역시 아주 선명하고 뚜렷하게 표현된 요구를 충족시키기 위하여 발생하였다.

(주) 칼 맑스、정치 경제학 비판에 대하여、국립 정치 서적 출판사、一九四九년、二二五페지.」

그러나 만약 우리들이 문제의 이러한 측면만을 강조할진대 아마 필요한 결과의 절반 밖에

는 더 얻지 못할 것인바 왜냐하면 문제의 본질은 원시인물의 『예술적』마술、구비적—형상적

의식(儀式)과 그들의 로력적 실천과의 련계를 명시하는 데만 있는 것이 아니라 우리가 추구하

논・파업은 그 자체의 결과와、어느 정도로는 심미감 성립의 전제 조건을 가지는 엄밀하게 예술

적인 인간 활동이 바로 인간의 실천적 활동을 통하여 어떻게 산생되였는가를 명시하는 데 있

기 때문이다.

수렵하려 나가기 전에 사냥꾼들이 추던 그 원시적 춤을 우리는 엄밀한 의미에서 예술이

라고 부를 수 있겠는가? 하는 문제를 제기해 보기로 하자。이 춤은 형식상으로는 최근 시기

의 춤과 근사하기는 하나 그렇다 해도 그것은 우리가 이것으로써 바로 예술적 창작을 대하

게 된다고 무조건적으로 확언할 권리를 우리에게 주는 것은 아니다。사냥꾼 그루빠들이 땅에

다 짐승을 그려 놓고 창으로 그림을 찌르는 것으로 끝나는、사냥을 흉내내는 놀음을 이 그림

주위에서 할 때 비록 맹아적 발현이라는 의미에서나마 이것을 가리켜 예술이라고 부를 수 있

겠는가?

이러한 행동은 어떠한 요구를 만족시키는 것인가? 보건대 이는 일정한 마술적 의식을

수행하는 것만을 자체의 목적으로 하는 것같다。그렇다면 이를 『예술적』마술이라고 불러

야 하겠는가? 혹은 이는 비록 사냥꾼 자신들의 환상적인 관념에서일지라도 어느 정도로 사

냥의 물질적 과정의 한 부분이라고 할 수 있을가? 그러나 여기서 우리는 예술의 맹아에 대해

서 비록 말할 수 있을지는 모르나 이 문제는 더 특별한 분석을 요한다。왜냐하면 예술은 비

록 초보적이래 할지라도 사상적 활동의 특수한 형태들이 발현되는 그 곳에서 생기기 때문이

다。 사상적 활동이 형태상으로 예술적 활동과 근사하다 하더라도 온갖 사상적 활동이 모두 무조건적으로 예술이라고 부를 수는 없다。 비록 원시인들의 혼성(混成)적 의식에 있어서 예술적 활동의 어떤 맹아들이 마술과 종교와 또한 『과학』 등등과도 필수적으로, 그리고 아주 접고하게—융합되고 있다 할지라도 마술은 예술과 동일한 것은 아니다。

발전의 일반적 행정을 그리는 것은 비교적 어렵지 않다。

원시적 춤이나 원시적 그림은 그것들의 창조자들에게 있어서는 물질적 생산 자체의 불가분적 고리들로 생각되었다。 심지어 구석기 시대보다 훨씬 더 높은 발전 단계에 있어서도 우리는 이와 류사한 현상들을 찾아보게 된다。 과종 또는 수확과 관련된 농제(農祭)는 벌써 생산 과정과 그렇게 직접적으로 결부되었다고는 도저히 말할 수 없으나 그러나 이러한 의식들은 비록 환상적 수단들에 의해서이기는 하지만 자연력에 대한 『지배』로 원시 농민에게 보장해 준다는 자체의 의식적 의의를 뚜렷이 표현하고 있다。

그러나 물론 이 의식들의 객관적 내용은 그들의 주관적인 의도와는 전혀 합치되지 않는다。

가장 원시적인 마술적 의식 속에도 이미 현실을 반영하고 자각하는 요소들이 있다。 인간들은 수렵 행정을 춤으로 재현하거나, 동물을 그림으로써 사물의 실제적 행정을 묘사하였는 바, 이는 벌써 현실의 재현인 것이다。 이와같이 여기서 마술적 의식은 바로 그 성격으로 말미암아 자체 속에 형상성의 모멘트를 내포하고 있다。 마술적 행동은 마술의 대상과 결부되여 있는 일련의 구체적—감성적 관념에 근거하여 이루어졌다。 그들은 비가 오도록 하기 위하여 자연의 실제적 현상을—감성적 체로써 땅에 물을 뿌렸으며 또 사냥꾼의 춤은 동

물의 운동을 재현하였다。이와같이 의식(儀式)행위 자체는 저어도 그의 원시적인 형태에

서、말하자면、형상적 재현을 예상하고 있다。의식(儀式) 행위와 이 행위가 지향한 현상 또

는 대상의 순전히 암호적인『상형 문자적』(이 술어를 인식론적 의미에서 써서) 판계를 생각

할 수는 없다。력사적 발전 행정에서 마술적 의식의 본래적인『생산적』기능이 벗겨지고 복

잡화됨에 따라 현실을 예술적으로 재현하는 새로운 순전히 형상적인 의의가 증가되고 공고화

되었다。어떤 의식(儀式)은 때로는 수천년을 경과함으로써 이미 자기의 본래적인 의미를 전

혀 상실하였으며、그 의식(儀式)의 참가자들은 현실의 형상적 재현을 목적으로 하는 고유

한 예술적 행위로서 그것을 리해하게 되였다。례를 들어 一九세기 로써야의 농민 예술에

서는 오랜 옛적 원시 공동체 제도하에서 발생하였고 그 당시 종교ー마술적 의의를 가졌던 새

의 모상과 같은 장식적 모찌브를 극히 자주 보게 된다。그러나 한때『부적(符籍)』이였던

그것이 그후 단순히 예술적 형상으로 되었다。

　이미 고유한·예술적 현상으로 된 최근 시기의 몇몇 예술적 형상들의 원천을 구비적ー의식

(儀式)적인 것에 귀결시키는 것은 어렵지 않다。고대 희극은 그와 원시적 의식(儀式) 행위

와의 련계를 명확히 표현하고 있다。그러나 이러한 원시적 의식 행위와 기원전 五세기의 고

전적 연극 간에는 원칙적인 질적 차이가 있다。고대 비극에서의『정결(淨潔)』이 씨족 성원

들 간의 판계와 결부된 의식들에 자기의 기원을 두고 있다 하여 이를 원시적ー의식적 원천

에로 귀착시킨다는 것은 력사적 발전을 망각함을 의미하는바 실로 이 력사적 발전의 결과

에 의하여 본래의 표상들과 개념들은 변화되여 전혀 새로운 도덕적ー미적 내용으로 충만되게

되였던 것이다。바꾸어 말하면 각이한 형태의 이데올로기야들의 상대적인 분립을 초래케 한

사회 발전의 결과에 원시―구비적, 『종교적―예술적』 표상들의 형상적 내용은 세계를 파악하는 고유한 예술적 수법으로 발전되였다.

마르적 속류학자들은 바로 이러한 것을 리해하려고 하지 않았고 또 리해할 수도 없었다. 그들은 최근의 예술적 현상들의 모든 내용을 그들이 가상한 원시적 원천에로 기계적으로 귀결시킴으로써 사회적 현상에 대한 태도의 구체성과 력사성의 요구를 무시하여버렸다. 사실에 있어 뜨리쓰단과 이졸드에 관한 중세기적에쁘쓰의 기초에는 대단히 오랜 원시적―구비적 형상들이 놓여 있다고 말할 수 있다. 그러나 바빌로니아의 이슈따리에 이르기까지의 그의 ≪아득한 옛날의≫ 내용을 기계적으로 ≪고증≫하는 방법으로 이에쁘쓰를 『설명』함은 예술적 현상에서 그의 구체적―력사적 내용 즉 생동적인 내용을 박탈함으로써 문제를 전혀 혼란시킴을 의미한다. 따라서 진실한 력사적 분석 대신에 언어학적 범주에 의한 자의적 요술이 출현하게 되며 예술에서의 생활 반영의 실제적 과정에 대한 분석은 온갖 『옛 유물들』의 탐색파 『의의론적 묶음』에 대한 『고 생물학』 등등으로써 슬쩍 바꾸어진다.

그러면 심미감의 발생 과정과 또 그와 함께 현실의 예술적―형상적 재현인 예술의 발생 과정은 도대체 어떻게 일어나는 것인가?

온갖 예술적 활동은 물론, 우선 이데올로기야의, 정신적인 인간 활동의 한 부문이다. 그러나 이상에서 이미 언급한 바와 같이 인간들이 처하여 있는 발전 단계가 낮으면 낮을수록 인간 활동의 각이한 측면들, 즉 정신적인 측면 뿐만 아니라 정신적 및 물질적인 측면도 실천에서 호상간 더욱 더 불가분적으로 련결된다. 오직 점차적인 방법으로만 분업은 인간 활동의 각이한 부문들을 분렬시킨다. 육체 로동으로부터 정신 로동이 분리된 것은 인간의 사상

적 실천의 특수한 형태로서의 예술이 결정적으로 형성되는 데 필요한 전제였다. 여기서 우리

는 제一장에서 언급한 그 문제에 다시 돌아가 간단히 언급해야 하겠다.

우리는 『자본론』에서 맑스가 말한 구절을 인용하였었는바 거기서 맑스는 말하기를 건축

가에게 있어서는 그의 건물의 설계도가 최초에 머리 속에 준비된 다음 대상을 실천적으로 개

작함으로써 그 건물을 실현시킴에 반하여 벌은 본능에 따라 활동한다는 그 점에서 가장 서투른

은 건축가라도 가장 능숙한 벌보다 뛰여나느니만치 인간 활동은 동물의 활동으로부터 원칙적

으로 구별된다고 하였다. 바꾸어 말하면 온갖 인간 활동은 비록 제한된 형태에서라 할지라도

합목적적인 활동이다. 즉 최초의 계획이 그 활동에 선행하는 것이며 이 계획에 따라 인간

은 자기의 구상을 실현하려고 시도한다. 인간 활동에 있어서는 『사업을 계획화하는 두뇌』가

필요하다. 그런데 인간 활동의 어떠한 『계획』이나 모두 활동 대상에 관한 일정한 지식과,

수행되여야 할 그것에 관한 표상이 그 두뇌 속에 현존할 것을 전제로 한다. 다시 말하면 인

간 활동은 객관적 세계에 대한 필요한 인식 수준을 전제로 한다. 활을 만들려면 경험에 의

하여 나무의 탄성(彈性)을 알아야 한다. 그러나 인간의 온갖 실천은 현실을 변혁시키는 것

이다. 객관적 현실에서 일어나는 온갖 발전이 이 현실을 변혁시키는 것이라면 실천은 현실의

발전 및 변화에 관한 객관적 법칙들의 인식에 의거하여, 비록 대단히 제한된 정도에서라 할

지라도, 세계를 목적 의식적으로 개조하는 것이다. 이와 관련하여 맑스의 다음과 같은 말을

회상하여 보자. 『동물은 그가 속하고 있는 그 종(種)의 요구 방식에 따라 창조하나 인간은

매개 형태의 방식에 따라 생산할 줄 알며 항상 적절한 방책을 가지고 대상에 접근할 줄 안

다……』 그리고 맑스는 이 구절에 또 하나의 아주 교훈적인 말을 첨가하였다. 즉 『때문에

인간은 미의 법칙에 따라 창조한다」(주) 이것은 변증법적 유물론 철학의 창시자의 극히 심

오한 사상의 하나다。이 사상을 음미해 보기로 하자。

인간이 창조하기 시작하는 이 경우에 있어서는 (바로 이 점에서 인간은 동물로부터 원칙

적으로 구별된다) 바로 그의 활동이 합목적적이기 때문에 그는 해당 사물에 고유한 일정한

범위의 질을 자기의 리해 관계를 위하여 리용할 줄 안다。

적절한 대책을 가지고 대상에 대할 수 있다는 것은 실천적 점유를 위한 직접적 리해 관계

를 반드시 제공하고 있다고는 할 수 없는 대상의 고유한 속성들을 인간이 자기의 필요에 리

용한다는 것을 의미한다。

바꾸어 말하면 인간은 인간적 실천을 위해서와 환경에 대한 반작용을 실천적으로 실현하

기 위해서 반드시 자연을 그의 객관적 속성들을 통하여 인식하여야 한다는 것이다。따라서

인간은—매개 형태에 적합한 창조자인—일정한 현상 또는 일정한 대상물을 자기의 목적을 위

해 직접 파악하는 데 직접적으로는 리해 관계를 가지지 않을 수도 있다。즉 더 정당히 말하

면 반드시 리해 관계를 가져야 한다는 것은 아니다。인간은 다음 실천을 위하여 그 지식을 리

용할 수 있도록 현실을 보다 심오하고 광범하게 인식하려는 의도하에서 대상물에 관심을 가진

다。자체의 형태에 적응하여 「창조하는」 동물은 자연에 대한 자기의 관계에서 제한되여 있

는바 이는 동물들의 감각 기관의 특성에서 직접 표현된다。짐승이 숨어있는 덤불조차 인간

들은 분별할 수 없는 그러한 고도(高度)에서 독수리는 토끼를 알아 본다。그러나 「독수리

(주) 『예술에 관한 칼 맑스와 에프·엥겔쓰』 모쓰끄바—레닌그라드, 一九三八년、 五七페지。

의 시선」은 토끼를 로획하여 탐식하려는 목적을 가지는 일정한 반작용을 일으킴에 꼭 필요한 정도로만 이 토끼를 식별할 수 있는 능력을 가진다. 토끼는 독수리의 형태에 적응하게 독수리의 ≪관심을 끄는바≫ 독수리의 감각 기관은 이에 적응되여 있다.

인간들의 감수성은 로력적, 실천적 활동의 발전을 통하여 풍부화되며 동물과 구별되는 질적으로 새로운 인간적 형식을 띠게 된다. 「……객관적으로(물체적으로) 발전된 인간적 본질의 풍부성에 의하여서만 주관적인 인간적 감수성이 풍부하게 되며, 음악적인 귀와·형식의 미를 리해할 줄 아는 눈이 생긴다. 즉 한마디로 말하면 향락할 수 있는 인간의 감각들은 얼마쯤은 최초에 생기게 되고 다른 일부는 발전되는 것이라고 말할 수 있다.」(주)

동물이나, 동물의 수준에까지 내려간 인간은 주위 현실의 사물들과 현상들을 질적으로 평가할 능력이 없다. 그런데 질적 평가는 세계에 대한 온갖 미적 태도에 기초한다. 인간은 어떠한 사물을 아름답다고 평가하기 전에 우선 사물의 질적 특성을 반드시 알아야 한다. 예술 발전의 이른 단계에서는 순전히 량적인 표상들이 거대한 역할을 놀았을진대 이는 세계에 대한 미적 태도의 미발달을 증명하는 것이다. 자신을 위해 웅장한 삐라밋트를 건립할 것을 명령한 고대 애급의 국왕은 전설의 절대적 규모로써 자기의 신하들을 놀래게 하려고 시도하였다. 「수량에 대한 숭배」는 이러한 건설들이 가지는 예술적 표현력의 현저한 몫을 이룬다. 그러나 역시 이러한 단계에서도 아주 명확한 질적 요소가 평가되고 있다. 삐라밋트는 단순히 거물(巨物)일 뿐만 아니라, 정확한 형태의 거물이다. 삐라밋트의 정연성에는 자연적인

(주) 「예술에 관한 칼 맑스와 에프 엥겔쓰」, 四三페지.

지질학적 형성물과는 다른 질적인 차이가 있다.

세계의 질적 다양성과 풍부성을 자각할 수 있는 인간 능력의 가일층의 풍부화는 인간의 사회적 실천의 발전과 직접 련결되여 있다. 로동은 세계에 대한 동물적이며, 조잡하고 제한된 관계의 지배로부터 인간을 해방시켰다.

우에서 지적한 토끼의 례에서 인간은 독수리가 분별하지 못하는 동물의 형태를 분별하는바 그것은 생산에서 얻은 인간의 경험이 이를 감수하도록 하여주는 까닭이다. 석기 시대 사람들이 석영(石英) 조각을 가공하여 팔삭구(刮削具)와 칼과 도끼 등을 만들었을 때 그들은 부피와 표면의 특성을 명확히 분별하기에 익숙하여졌었다. 이는 인간 지각의 자의적인 장난이 아닌바 이러한 능력은 생산 자체에서 직접 발전되는 것이다. 인간은 돌을 깎고 압출하면서 일련의 실패를 통하여 타격의 일정한 각도와 표면의 일정한 방위각(方位角) 등등을 준수할 필요가 있다는 것을 확신하게 되였다. 실천이 복잡화됨에 따라 인간의 경험도 복잡화되였으며, 따라서 세계를 지각하며 개별적 사물들의 질적 특성을 평가하는 인간의 기능력도 풍부화되였다.

석기 시대의 장식물과 청동기 시대의 장식물을 비교하면 그들 호상간의 가장 중요한 차이를 충분히 감촉할 수 있다. 첫 경우에 있어서는 선들이 울눅불눅하고 조잡하며, 둘째 경우에서는 선들이 전에 볼 수 없었던 굴신성(屈伸性)과 탄성(彈性)을 띠고 있다. 첫 경우에서는 돌과 진흙의 가공을 통하여, 둘째 경우에서는 금속의 가공을 통하여 육성된 인간의 감성적 경험에 의한 이 두개의 장식 체계간의 직접적인 련계를 확정하는 것은 어렵지 않다. 사람들의 실천적—생산적 관계와 사회적 관계가 보다 풍부하여지고 복잡하여지면 질수록 사물 속

에서 그것들의 질의 다양성을 분별하는 능력도 풍부하여진다。구석기 시대의 사람의 소상

(小像)은 원시적이고 조잡하며, 우수한 경우에라야만 인간 체구의 초보적인 생물학적 특성

을 재현하고 있다。구석기 시대의 조각가는, 형상의 각 부분들의 조화도 몰랐고, 더우기 균형

의 조화도 몰랐으며, 사람들의 내부 생활은 전혀 자각하지 못하였다。희랍 시대의 조형 미술

은 인간 속에 있는 외적 및 내적 자질들을 아주 풍부히 들취 내놓았는바, 이와 비해 볼 때

원시적 소상(小像)들은 구석기 시대 사람들의 원시적 상태의 가장 명확한 표현으로 보인다。

사물에 대한 질적 평가는 세계의 예술—형상적 자각과 심미감 발생의 필수적 조건이다。

동물 일반의 속성들을 자각하기 전에 인간은 우선 개별적 동물들의 질적 특성을 자각한다。

고대 석기 시대에 인간들은 일정한 상태에 있는 일정한 동물의 비반복적인 개별적인 면모에

특히 민감하였는바, 그들은 이러한 면모를 부려울만치 명확한 암석상의 묘사를 통하여 재현

하고 있다。그러나 구석기 시대의 화가들은 균형을 졸렬하게 묘사하고 있으며, 추상화(抽象

化)의 가장 초보적인 요소에서도 극히 미약하며, 동물의 발밑에 지선(地線)도 없어 동물을

묘사하는 정도로 미약하였으며 동물의 한개의 발은 지평선의 한개의 가상선에 따라 그려지고

다른 발은 둘째번의 가상선에 따라, 세째번의 발은 세째번의 가상선에 따라 묘사되여 있는

둥둥이다。

　동물적 수준에로의 인간의 저락은—이는 통례로 력사상에서 인간에 의한 인간의 압박의

결과이였다。—항상 그들이 사물을 질적으로 평가할 수 있는 능력을 상실케 하였다。「굼주

린 사람들에게는 식물(食物)에 대한 인간적 형태는 존재하지 않고 식물(食物)이라는 추상적

존재만이 있을 따름이다。즉 식물(食物)에 대한 욕구를 만족시키는 이러한 방법이 그를 만

족시키는 동물적 방법과 구별된다고는 말할 수 없을 정도로 식물(食物)은 가장 조잡한 형태를 취할 수도 있다. …… 걱정이 가득찬 궁핍된 사람은 가장 아름다운 희곡을 리해할 수 없다. 상인은 광물에서 그의 미(美)와 특성을 보는 것이 아니라 그의 화폐적 가치만을 본다. 왜냐하면 상인에게는 광물학적 감각이 없기 때문이다.」(주) 바로 그렇기 때문에 사물을 그의 특질들을 통하여 평가할 수 있는 능력은 심미감 발전의 필수적 전제이다.

맹수에게 있어서 일정한 동물은 단순히 식물(食物)이며 배를 불리는 원천으로 된다. 이는 맑스의 표현에 의하면 식물의 질을 자각하지 못하는 『식물의 조잡한 형태』이다. 인간은 이미 그의 식용으로 될 동물을 볼 때 인간답게 본다. 즉 그의 풍부한 『사물에 대한 관계』에 의하여 풍부화된 인간으로서도 그 동물을 평가할 수 있으며 비단 조잡한 실용적인 관점에서뿐만 아니라 순전히 량적인 관점에서도 그 동물을 판단할 수 있다. 인류의 로력적 발전에 의하여 건지어진 인간적 감수성의 풍부성과 실제적 현실의 자각에 대한 경험은 인간으로 하여금 일찌기 구석기 시대의 벽화들에서도 두렷이 나타난 바와 같이 지각되는 동물에게 「응당한 조치를 취할」수 있는 가능성을 준다.

인간에게 현실에 대한 이러한 객관적 관계가 발현되는 그때에라야만 인간은 비록 어떠한 제한된 초보적인 형태에서라 할지라도 현실의 미를 지각할 수 있게 되며 현실의 객관적 법칙과 미의 법칙에 따라 그들이 자각한 세계를 재현할 수 있게 된다.

그러나 세계의 질적 풍부성에 대한 자각은 비단 인간의 감수성만을 풍부화시키는 것이

(주) 『예술에 관한 칼 맑스와 에프·엥겔쓰』 四三페지.

아니다。 여기에는 또한 본질적인 리면이 있다。 일정한 경험으로 무장된 인간적 감수성의 풍부성 자체는 실천적 활동의 가일층의 풍부화를 위한 전제로 된다。 동물의 묘사가 짐승을 잡는데 방조가 된다고 생각한 것이 구석기 시대 사냥꾼들의 오해였다고 할지라도 그러나 역시 일련의 간접적인 고리들을 거쳐서 암석상에 그려진 벽화에서 야우의 습관과 특성에 대한 자각이 수렵에 있어 실제적으로 유익한 것으로 되였을 것은 틀림없는 일이다。 이미 여기서、 예술은 비록 대단히 제한된 형태에서이기는 하나、 세계물 자각하는 수단으로 되였으며 실지로 세계의 변혁을 촉진시키고 있다。 타면으로는 『예술적』마술의 객관적 내용이 현실의 자각에 있으며、 이미 예술의 기본적 특징들이 담겨져 있는 수법에 의하여 현실을 파악함에 귀착된다는 것이 명백하다。

이와같이 사회적 활동 형태로서의 예술은 그 자체의 주관적인 측면에서나 객관적인 측면에서도 사회적 인간의 로동과 실제적인 실천에 의하여 산생되였다。

바꾸어 말하면 인간의 실천에 의하여 산생되고 발전된 감수성과、 다음으로 바로 그 사회적 실천을 자기의 원천으로 삼고 있는 인식의 힘、 끝으로 이러한 사회적 실천 자체의 다양성、 바로 이러한 것들이 예술이 발생하고 발전할 수 있는 그 조건들이다。 이러한 모든 것은 사회 생활의 소산이며、 인간이 사회적 인간으로서、 오로지 사회적 인간으로서만 발전된 그 결과이다。

3

예술은 사회 발전의 결과로 또 력사적으로 제약된 일정한 분엽의 수준의 결과로、 사회적 실천의 독자적 형태로 분립된다.

　사회 발전의 행정에서 사회적 활동의 각이한 형태들이 분화되며, 물질적 생산과 정신적 생산의 구별이 발생한다. 정신적 생산 자체 내에서도 이데올로기의 각이한 형태들간에 구별이 발생하며 이리하여 인간의 실천 자체는 다양한 형태들을 띠게 된다.

자각된 형태로서의 미적 감정은 오직 정신 로동과 육체 로동간의 분업이 발생한 그때에라야만 발생할 수 있다.

　원시인의 정서적 및 정신적 령역 일반에 대한 원시 예술의 제 형상의 반작용이 아무리 강하였다 할지라도 이 반작용은 구석기 시대와 또한 그 후기에 있어서도 조형적 창작의 기본적이며 유일한 목적을 이루지는 않았다. 정신 로동이 육체 로동으로부터 분리되지 않았던 동안은 이데올로기의 특수한 형태로서의 예술도 존재하지 않았다. 이러한 사정은 / 원시적인 마술적 의식(儀式)이 시간이 경과함에 따라 일정한 력사적 조건하에서 특수한 예술적, 사실적 성격을 가지는 현실의 자각 형태로 전화될 수 있는 전제로 된다.

　실로 기원전 五세기에 벌써 『성상(聖像)의 제작자』 피디는 종교적 례배에 사용될 직접적인 사명을 가진 조각들을 창조하였다. 그러나 올림피아의 제우스 상(像)과 아테네의 처녀상은 완결된 완전한 예술적 형상들이며 그 형상들의 객관적 의의는 비단 그것들의 의식(儀式)적 기능의 범위를 훨씬 넘어서고 있을 뿐만 아니라 또한 의식(儀式) 자체의 의의를 뚜렷이 밝히면서도 그러한 기능 이상으로 찬란하게 빛나고 있다. 그러나 우선 고대 조형 미술은 모든 고대 예술과 마찬가지로, 벌써 물질적 생산으로부터 완전히 분리되었으며, 또 겸신적 생산과 물질적 생산이 여기서는 사회의 여러 계급들의 재산으로 되였던 것인만큼 결정적으로 분리되여 있었다。 동방에 있어서는 아직도 이러한 명확한 구별은 없었다。 례컨대 고대 애급에서는 조각은 정신적 생산의 형태로서 물질적 생산 및 채석공적 수공업으로부터 아직도 끝까지는 분리되지 않았으며 또 그것이 애급의 조각의 제 형식상에 반영되지 않을 수 없었다。

그러나 벌써 애급에서도 현실에 대한 이데올로기적 자각이 직접적인 물질적 생산으로부터 분리되였으며 이 과정에서 그 특성과 특별한 내용을 획득하였다。

예술은 세계를 형상적으로 반영하며, 현실의 미에 대한 관념을 형성함으로써 이미 제一장에서 언급한 바와 같이 사람들의 실천 활동에 봉사한다。 예술이 「세계를 예술적으로 파악하는」 자각적 방법으로 됨에 따라、 우리는 그 예술적 창작이 본래부터 이데올로기의 어떤 다른 형태와 (례컨대 종교와) 련결되였거나 혹은 실용 예술에 있어서와 같이 물질적 생산 자체와 련결되였거나 간에 그것과는 상관없이 벌써 사회적 의식의 특수한 형태를 그 속에서 찾아볼 수 있다。 탁월한 희랍의 꽃병 화가들이 물질적인 가정 일용품들을 제작하였다는 그 사실도 그들의 활동으로부터 고유한 예술적 내용을 조금도 박탈하지 않는다。

로동의 실천 중에서 발생한 예술은 활동과 창작의 특수한 형태로서 물질적 생산으로부터 분리된다。 그러나 앞으로 더 나아가면 우리는 다음과 같은 진기한 정경을 보게 된다。 즉 우리가 계급 이전 사회로부터 적대적 계급들로 분리된 사회에 대한 예술의 관계를 분석하는 데로 넘어가게 될 때, 우리는 극히 날카롭게 표현된 다음과 같은 정형 (이 정형은 계급 사회의 력사가 앞으로 더욱 진전되면 될수록 더욱 날카롭게 표현된다。) 즉 그 정형하에서는 오직 정신적 창조만이 주로 「창조」로 간주되나、 한편 물질적 생산과 육체적 로동은 창조로서 고찰되지 않게 되는 것을 들춰내게 된다. 물론 이러한 사태는 자본주의적 생산 방법이 발전된 조전하에서만 최종적으로 발현된다. 물질적 생산으로부터 그의 『정신적 잠재력』이 박탈된다는 사실은 비록 예술에 대한 자본주의의 적대성의 기본 특징으로는 되지 않는다 하더라도 기본 특징들 중의 하나로는 된다. 그러나 이 점에 관해서는 뒤에 언급하기로 하자. 고대 또는 중세기의 수공업자에 관하여 말한다면, 그들은 아직도 자기 로동에서 어느 정도의 시취(詩趣)를 보유하고 있었다. 봉건 사회에서 보통 일용품까지도 특출하게 만들어낸 그의 높은 예술적 제작 기술은 이것으로써 설명된다. 고대 루씨의 화려한 금 은제 가장집물들에 관해서는 말하지 않더라도 재료상으로 보아서는 보잘 것없는 고대 수공업자들의 제작품들이 그의 예술적 완성과 미학적 조예(造詣)로서 우리들을 경탄케 한다.

일꾼들이 이러저러하게 정신적으로 또 육체적으로 불구화된 것은 무엇보다도 먼저 물질적 생산과 정신적 생산이 서로 분별된 데 기인한다. 례컨대 가장 곤란하고 인간을 『우둔케 하는』 모든 힘든 일을 다 맡아 하였던 고대의 노예는 자기의 정신적 잠재력을 완전히 발전시킬 가능성을 부득이 상실하게 되였었다.

만약 중세기의 수공업자가 비록 제한된 정도로나마 자기의 로동 대상에 창조적으로 대할 수 있는 능력을 아직도 보존하고 있었다면, 마누팍뚜라의 일꾼과 그후의 자본주의적 공장 로동자는 『자기의 타고난 재능에 따라 그 무엇을 독자적으로 만들어 볼 수 있는 가능성을… …』 이미 상실하게 된다. 이와같이 부르죠아 사회에서는 물질적 로동에 대한 인간의

(주) 칼 맑스, 자본론 제1권, 三六八페지, 국립 정치 서적 출판사, 一九五〇년판.

타고난 재능이 불구화되며 말살될 운명에 처해 있다. 『전문화된 마누팍뚜라의 분업이 개인을 그의 생활 토대 자체에서 파괴하는』(주) 리유는 바로 여기에 있다.

부르죠아 철학과 미학의 사상은 인간의 물질적 활동과 예술에 첨예하게 대립한다. 칸트는 물질적 생산의 령역에서는 인간은 『필연성의 외적 법칙들에』 예속되나, 그러나 예술은 자체 목적이고 『자유』이기 때문에 진정한 의미에 있어서 창조로 된다고 간주하였다.

어디로부터 이러한 사상이 나오게 되였는가는 용이하게 알 수 있다. 이 사상은 계급 사회의 기본 죄악을 리론적으로 정당화하는 것이며, 로동 징발의 영원성과 인간에 의한 인간의 예속을 『확증하는 것』이다. 칸트에 의하여 선포된 예술의 『자유』는 무엇보다도 먼저 예술이 실천적 활동으로부터 『자유』롭다는 것이며, 예술을 세계의 현실적 개혁으로부터, 다시 말하면 결국에는 모든 물질적 및 정신적 가치의 창조자인 인민으로부터 격리시키는 것이다.

사실에 있어서 로동과 향락간의 분렬은 오직 계급들이 발생하자마자 불가피하게 일어난다. 노예, 농노, 자본주의적 공장 로동자들의 강제 로동은 피압박 계급에게 있어서는 저주로 되였으며, 따라서 이러한 로동은 다소간의 정도의 차이는 있으나 자체의 직접적인 창조적 성격과 뽀에지야(詩味)를 상실하였다. 이러한 로동의 성과는 직접적 생산자로부터 이러저러한 형태로 소원(疎遠)해지며, 이러한 사정으로 말미암아 직접적 생산자는 로동에 대한 충분한 창조적 기쁨을 잃게 된다. 사회의 모든 물질적 및 정신적 재부의 실제적 원천

(주) 칼 맑스, 자본론 제1권, 三七一페지, 국립 정치 서적 출판사, 一九五〇년판.

인 로동은 그것이 강제 로동이고 또 크건 작건 고통스럽고 치욕적인 ′부담이었던만큼 근로자에게 대하여 창조적 기쁨을 완전히 상실케 하였다。례를 들어 고대와 중세기의 수공업자들과 같은 자유 생산자들만이 창조되는 대상물의 진정한 실천적 가치를 고려하는 독자적인 창조물을 자기 로동에서 찾아 볼 수 있는 어느 정도의 가능성을 가졌었다。

고대와 중세기의 수공업자는 자기의 로동 대상에 대한 미적 의의를 평가할 수 있었다。그러나 이것도 맑스의 말에 의하면 자기의 대상에 대한 『감상적 애착』으로서만 표현되었었다。창조적 로동의 자유는 여기에서는 오직 사회주의 시기에 있어서만 가지게 되는 그 진실로 사회적인 성격을 아직은 가지지 못하였었다。대체로 적대 사회들에서 근로 계급들은 강제 로동의 부담 뿐만 아니라、그들이 강요와 억압의 명에 밑에서 고생하면서 자체의 정신적 능력을 완전히 발전시킬 수 있는 가능성을 박탈당하고 있었으니만치 정신적 예속의 무거운 짐도 질머지고 있었다。로동은 근로자들에게 그의 기쁨을 잃게 하였고 사람들은 흔히 로동을 원죄(原罪)에 대한 처벌처럼 의식하였다。고대 사상이 다나이드와 씨지프의 무의미한 로동에서 범죄에 대한 비참한 형벌을 본 것은 우연한 일이 아니다。

물론 이상에서 언급한 것은、적대적 계급 사회에서는 근로자들이 일반적으로 자기의 로동에서 창조적 환희를 느낄 수 없었다는 것으로 리해해서는 안된다。

세계의 개조는 그것이 어떠한 조건하에서 실현되든지간에 자기의 고유한 가치와 자기 창조물에 대한 긍지와 감동에 찬 환희의 감정을 인간에게 일으키지 않을 수 없는 것이다。지배계급들은 어느 때 어떠한 조건하에서도 일군들을 실제로 『말하는 도구』로 전환시켜버릴만큼 그들을 예속화할 수는 없었다。그·웰즈의 부르죠아적 환상만이 구의 악명높은 『시대의 기계에서 『몰료피브』의 형상을 창조할 수 있었던 것이다.

근로하는 사람들은 로력적 활동에서 자기의 인간적 가치에 대한 확신과、 자기의 떳떳한 자주성과、 착취자들에게 반항할 수 있는 권리에 대한 자각을 얻어냈으며 또 항상 얻어내고 있다.

고리끼는 일련의 작품들에서 로동과 근로자들의 고결성、 온갖 개혁적 활동의 창조적 근원을 천재적 통찰력으로써 보여주었다.

그럼에도 불구하고 인간에 의한 인간의 노예화는 인간 존재의 최고의 에네르기야 즉 창조적 업적에 대한 에네르기야를 꺾지 않을 수 없었고、 또 기형화하지 않을 수 없었다. 레삔은 현명한 철인—로동자 까닌을 동물과 같이 매고는 밧줄에 얽매인 자로서 묘사하였다.

인민의 로력 성과를 횡령하는 지배 계급들은、 최고의 향락 형태는 한가한 것과 일하지 않을 수 있는 가능성이라는 황당무계한 환상을 만들어내고 있다. 인간의 최고 행복은 로동으로부터의 해방이라는 사상이 각이한 시기에 발현되는 리유가 바로 이점에 있는바 이 사상은 로동으로부터의 해방에서 행복의 길을 찾게 함으로써 비단 지배 계급들에게 고유한 사상에 뿐만 아니라、 또한 피압박 계급들의 몇몇 대표자들에게도 해독적인 영향을 주고 있다.

적대적 계급 사회의 조건하에서는 로동과 향락은 호상 분렬된 것으로 남아 있었으며 또 반드시 분렬된 것으로 남아 있을 수 밖에 없었다. 로동은 개성을 발전시킬 수 있는 가능성을 주지 않는 무거운 짐으로나、 또는 몰아(沒我)의 빠포스에 의해서라도 인간이 그것을 필수적으로 수행하여야 할 의무로서 해석되였다. 엄격히 말하면 오직 프로레타리아트만이 고난의 『의무』에 대한 이러한 기독교적 순종의 도덕으로부터 결정적으로 해방되였다. 이것은 알만

할 일이다。오직 로동 계급만이 자기를 해방시키는 동시에 전채 사회를 해방시키며 로동을 영

예롭고 영광스러운 일로 만들므로써 로동 자체도 또한 해방시키는 것이다。우리가 앞으로 나

아가 우리 시대인 사회주의 사회에 주의를 돌릴진대、로동의 각이한 형태가 그의 창조적 성

격을 회복한 것이 사회주의가 달성한 최고 성과들 중의 하나이며 또 그의 결과는 예술 문화

에 있어서도 거대한 중요성을 가짐을 보게 될 것이다。

오직 사회주의 사회만이 계급 사회와 함께 발생하여 계급 사회내에서 발전되고 심각화된

치명적 모순인 창조와 로동간의、향락과 로력간의 모순을 제거하였으며 그와 동시에 인간

활동의 기본내용으로서의 로동 자체는 그 본질에 있어 진실한 창조로 되였다。어떠한 계급

사회에서든지 로동은 물질적 및 정신적 복리의 유일한 원천이였으나 그러나 로동에 대한 착

취는 정신적 창조、무엇보다도 먼저 엄밀한 의미에서 창조인 예술과 마치도 그 자체의 본질

로서는 창조로 될 수 없는듯한 물질적 로동과의 반립(反立)을 인간 의식 속에 발생시키게 하

였다。

물론 이러한 실제적인 모순에 대한 사상적인 자각은 오직 자본주의 시기에 들어와서야

비로소 그의 완전한 발전을 보게 되였다。이미 이상에서 지적한 바와 같이 중세기와 고대 세계

에서는 로동과 예술간에 이와같은 날카로운 한계가 아직 존재하지 않았다。자본주의적 관계

의 발생 시기는 진행되고 있는 이 전환을 일련의 일화 속에다 담게 하였다。례컨대 이러한 의

미에서 一七세기의 프란다스의 예술가 테니쓰에 대한 극히 교훈적인 일화가 전달되고 있

다。테니쓰는 널리 알려진 명수로서 파리에 도착하여 며관에 들어서 리발사를 불러 오게 하였

다。리발사가 와서 일울 끝마치였을 때、예술가가 얼마를 내라는가고 물은즉 리발사는 성

을 내면서 『원 천만에 예술가들 사이에 무슨 회계가 필요하오!』 라고 웨쳤다. 그러나 그 당

시 리발사의 철면피한 행동으로 생각되던 그것은 사실에 있어서 자기의 기술을 예술적인 것

으로 평가하는, 중세기적으로 생각하던 수공업자의 자부심의 표현이였다. 로만 로란은 쁠

리브룬은의 형상을 통하여, 아직도 자기의 수공업에 대하여 중세기적인 애착을 가지고 있으

나 벌써 자기 개체의 창작의 가치에 대한 감정 즉 루넷쌍스 시기의 인간 감정을 가지고 있는

수공업자의 뽀에지야를 예리한 통찰력으로써 포착해 내였었다.

그러나 이와같은 파도적인 상태는 비교적 잠시적인 것이였다. 루넷쌍스와 그 다음으로 바

록 피 시기의 예술적 수공업은 자본주의적 분업에 의하여 아직은 파괴되지 않은 물질적 생산과

예술과의 통일을 실증하는 많은 훌륭한 제품들을 내놓았다. 더우기나 이 력사의 파도기야 공고

말로 진정으로 미술적이며 예술적인 수공업을 창조하였다. 풍부하고 창조적인 개성과 공

한 수공업적 전통은 여기에서 아주 성과적으로 호상 풍부화 되였다. 그러나 부르죠아적 관계

의 발전이 더욱 전진됨에 따라 예술에 대한 지배적 생산 방법의 적대성이 더욱 뚜렷하게 되였

다. 일찌기 一七세기에 마누팍뚜라의 원칙에 의하여 예술적 생산을 조직하려는 시도가 있는

것은 흥미있는 일이다. 루벤스의 수공업장은 그의 가장 뚜렷한 실례로 된다. 그러나 이 시

기에 요르단스 완—데이끄 및 루벤스 자신간의 마누팍뚜라적 분업은 개별적인 예술가들을

『부분공들』의 수준에로까지는 저락시키지 않았다. 이미 알렉싼드르 뒤마의 작품 『소설의

공업』은 자본주의 조건하에서 재능이 사멸하는 뚜렷한 실례로 된다. 그러나 이러한 사정은

현대 미국의 영화 제작 단체들에서 아주 뚜렷하게 볼 수 있는바 거기에서는 레컨대 씨나리

오 부문의 많은 일군들은 파렴치하게도 일정한 성격의 에피소드 제작자로 전화되여버렸다.

4

원시 사회가 계급 사회에로 이행하던 시기의 예술과 사회 간의 관계에서 수행된 그 심각한 전환을 분석하는 데로 돌아가자. 이 시기에 이르러서는 기본적으로 정신적 생산과 물질적 생산이 구별되였으며, 예술도 이미 사상 활동의 특수한 형태로 되였다. 그러나 이 시기의 예술은 로동과, 따라서 근로하는 사람들과 직접 련계된 것으로 존재하였다. 따라서 이는 직접적인 인민적 예술이였다.

　원시 사회에는 다만 이러한 인민적인 예술적 창작 즉 사회 전체에 속하며 사회 전체에 복무하고 그에 의하여 창조되며, 사회의 전체 성원 및 그 자체의 생활 풍습의 내용 및 형식과 아주 밀접히 결부된 예술만이 존재하였다. 바로 이렇기 때문에 구전 문학은 예술 문화의 그 후 력사에서 일반적으로 기대한 의의를 가진다고 할 수 있다. 예술적 형식으로서의 구전문학은 사회의 물질적 및 정신적 가치의 직접적 생산자들인 인민과 예술 간에 결렬이 없는 조건하에서 처음으로 발생하였다. 예술은 그의 구전적 형태를 통하여 인민 생활을 재생시켰으며, 비록 원시 사회의 이 구전적 예술 문화가 아직은 실천에서 제한되여 있었고 원시 공동체의 극히 협소한 분야의 리해 관계를 만족시키고 있은 것은 론쟁할 바 없는 사실이라 할지라도 이 예술은 일정한 인민적 수요도 만족시켰었다. 뿐만 아니라 구전적 예술의 형상들은 전적으로 전인민의 생활 활동과 불가분적으로 련결되여 있었다. 또에지야와 장식과 춤속에서 볼 수 있는 신화적 형상들은 전체 사회 성원들에게 동일하게 리해되며 매개 인간의 실천을 정석화하고 있다.

구전 문학은 그 의의로 보아 거대하고 심오한 형상들을 창조하였다. 물론 이 형상들은 언제나 그의 원시적인 형태들에서 사회적 실천 자체의 상대적 협소성에 상응하는 소박하고 솔직한 인상을 주고 있기는 하다. 그러나 인민들에게 적대되는 세력들과 싸우는 영웅들(일리야 무로메쯔, 젤라끌, 웨이네메이넨)에 대한 신화들의 뿌리에 지야는 자기 땅의 복리를 위한 용감한 로력보다 더 높은 관심은 없다는 고상한 인민적인 관념들을 반영하고 있다.

온갖 원시 예술들은 문자 그대로 인민적 창작이면서 동시에 독자적인 예술이였다. 예술의 직업화는 보다 늦은 시기의 현상이다. 예술의 직업화는 원시—공동체 제도의 최고 계단에서만 완성되였다. 예술은 계급 사회에서 직업적—예술가들이 생산하는 특수한 사상 형태로서 최종적으로 분화되였다. 원시 사회의 시인은 흔히 신판(神官)이였고, 조각가는 야장이였으며, 배우는 전 인민적 행사의 보통 참가자였다. 이미 일정한 계급들의 리해 관계의 표현자인 직업적—예술가는 계급들이 산생되는 조건하에서 나타났다. 원시 예술에 대하여 말할진대 그 예술은 통례로 수공업 즉 건축, 야장, 도자기 제작 및 기타 등의 형성과 관련된 예술적 직업화의 단서를 알고 있을 따름이였다.

이리하여 원시 예술로부터 계급 사회 예술에로의 이행이 진행되자 근로자들에 대한 물질적인 수탈과 병행하여 대단히 곤난하고 고통스럽고 복잡한 다른 과정인, 근로자들을 정신적으로 노예화하는 과정이 진행되였다.

어떠한 형태로 나타나거나 또는 어떠한 력사적 제 조건하에서 창조되거나간에 온갖 예술은 오직 인민 자신의 로동의 결과로서만 존재하며, 계급 사회에 있어서는 피압박 피착취자들의 로동의 결과로서만 존재한다. 더우기 온갖 예술은 그것이 진실로 위대한 예술일진대

이러저러하게 또는 이러저러한 정도로나 형태로 인민에게 의거하고 있으며 인민들의 리해

관계와 지향을 반영하고 있다. 이러함에도 불구하고 계급 사회의 발생시기에 들어서자마자,

예술적 창작은 지배 계급들 측으로부터의 수탈의 대상으로 되였다. 이 수탈은 대단히 장구

하고 복잡한 과정이였다. 이 수탈은 동방 노예 소유자 사회에서와, 고대 노예 소유자 사회,

봉건 사회에서 각이하게 발생하였으나 이러저러한 형태로 도처에서 발생하였다.

력사적으로 각이하게 존재한 이러한 정신적 수탈 형식들 특히는 지배 계급들에 의한 예

술 창작의 수탈의 각이한 형식들을 여기서 고찰해야 할 필요는 없을 것이다. 다만 정신적

수탈이 고대 사회에서 어떻게 수행되였는가 하는 것만을 실례로서 지적하기로 한다. 피착취

계급인 노예 계급은 고대 노예 소유자 사회 자체의 경제적 구조의 특성으로 말미암아 일반적

오로 도구 및 역축과 동일한 생산 도구의 수준에까지 저락된 상태에 처하였으며, 공민 사회

의 성원으로부터 제외되였었다. 노예들은 인간 생활답게 살 가능성을 완전히 박탈당하였으

며, 다만 다대한 로력에 의하여서나, 제한된 정도로서만 자기의 계급적 자각을 형성할 수

있었다. 그러나 일정한 력사적 단계에서 노예 제도가 존재한 것은 비단 필연한 것이였을 뿐

만 아니라 또 진보를 실현시키기 위한 유일한 형태였던바 과학과 예술의 발전은 『…단순한

육체적 로동에만 몰두하게 된 대중과 로동을 지배하며, 상업과 국사에 종사하며, 후에 와서

는 과학과 예술에 종사한 소수의 특권을 가진 자들 간의 거대한 분업을 기초로 하게 되는 격

렬한 분업의 조건하에서만 가능하였고 달리는』(주) 될 수 없었던 것이다.

(주) 칼·맑스 및 에프·엥겔쓰 전집、一六권、一八四페지.

노예 소유자들은 생산고가 적은 물질적 로동의 온갖 중하를 노예들의 어깨우에 전가시켰는바, 이로 말미암아 지배 계급들은 예술도 포함한 정신적 창조의 각이한 형태들을 발전시킬 수 있는 가능성을 가지게 되였었다.

바로 그렇기 때문에 전체 지배 계급은 적어도 고전 시기에 있어서, 자기의 예술에서 자유와 사회적 조화의 리상을 발전시킬 수 있었으며 고전 예술은 자유민 공동체 자체 범위내에서 인민성의 본질적 요소들을 보존하였고 또 발전시키기까지 하였다. 五세기 희랍 미술의 인간 리상은 이른바 『깔로까가피아』 즉 미와 용감과의 통일이였다. 노예들이 이러한 제작한 인간의 형상들은 조화롭게 발전된 인간적 자질들을 가지는 것이 거부되였었다 할지라도 아무튼 희랍 고전의 대가들은 소박한 전일적인 형식들을 통하여 자기 인민들과 혈육적인 인간—공민에 대한 가장 고상한 표상의 표본을 인류에게 보여 주였다. 인민적 자각이 희랍에서 그와 같이 발전된 것은 (이와같이 명확성을 띤 것은 력사상 처음일 것이다!) 우연한 것이 아니며 그 자각을 형성시킴에 있어서는 서사시, 비극, 건축술 및 조형 미술도 거대한 역할을 놀았다.

이와는 반대로 봉건 사회는 애당초부터 『신적』 생활 법칙으로서의 지배와 종속 및 위계적 총종속의 사상을 발전시키게 되였으며, 자유 농민 공동체의 예속과 경제외적 강제의 특수한 형태들은 고대와는 정반대되는 예술 체계를 초래하였다. 중세기 예술이 인간에 대한 자기의 리상을 세움에 있어 인간 상호간의 불평등에 대한 자각에서 출발하며 군신간의 거리를 강조한 그 사정은 바로 이로써 설명된다. 중세기 예술가들은 『신적인 것』에 대한 관념을 통하여 천당과 불완전한 지상과의 불가피한 분렬에 대한 감촉을 형성시켰다. 그러나 이 관념의 실제적인 근거는 봉건 사회에 군림하고

있던 지배와 복종간의 실제적인 관계에 뿌리박고 있었다. 고대 예술이 비록 제한된 형태에

서이기는 하나 인간 자체에서 인간을 찾으려고 하였음에 반하여 중세기의 예술이 인간을 지

배하는 신의 형상을 통하여 모든 인간적 가치를 물리치게 된 리유가 바로 여기에 있다.

계급 사회의 문화사는 불피코 근로 인민들의 정신적 발전에 대한 제한, 저애, 기형화를

동반한다. 계급 사회 진화의 초기 단계에서 발생하는 이러한 현상의 기본 원인은 생산력의

발전이 낮은 수준에 놓여 있었다는 데 있다. 대다수 인민들이 사회에 물질적 가치물을 보장하

기 위하여 고생하는 반면에 다만 사회의 소부분만이 자기의 정신적 능력을 발전시키기 위한

부원을 받았다. 이러한 의미에서 자본주의 사회가 봉건 사회 또는· 더우기는 고대 사회와

구별되는 원칙적인 차이는 자본주의 사회에서는 생산력 수준이 전체 인민의 정신적 발전의

응당한 가능성을 보장하기에 충분하다는 그 점에 있다. 자본주의 하에서는 근로자들에 대한

정신적 예속은 자본가들의 계급적 리해 관계 외에는 아무 것으로도 변명될 수 없다. 인간에

의한 인간의 온갖 억압을 근절하는 사회주의 혁명의 결과에 이 모순들이 근본적으로 숙청된

다는 것은 력사적 불가피성으로 되었다.

이와같이 대중들에 대한 정신적 수탈의 일반적 결과는 전체 사회의 정신 발전의 성과가

지배 계급들에게 점유되어 있었다는 데 귀결된다. 이미 사회가 계급들로 분렬된 시기에 있어

서 인민들의 리해 관계가 반영된 진정한 인민적 예술에 대해서 언급하게 되는 온갖 경우에 있어

서 조차 이 예술의 성과 자체는 인민에게 전혀 혜택을 주지 못하였거나 혹은 보잘 것 없는 적은

정도의 혜택을 주었을 뿐이였다.

뿌쉬낀의 창작을 실례로 물어보자. 우리는 그의 예술이 로써야 민족들의 훌륭한 지향을

표현하고 있으며 특히는 그 당시의 선진적 귀족층의 대표자들인 一二월 당원들의 사상과 지향을 체현한 심오한 인민적인 것임을 정당히 평가한다. 그러나 그 당시에 있어서 뿌쉬낀의 예술은 실지로 다만 지배 계급들의 상층만이 완전히, 온갖 제한없이 받아들일 수 있었다.

물론 전제─농노제적 압제의 조건이였지만서도 뿌쉬낀의 시는 특히 그 작품의 도해를 통하여 인민 대중 속에 침투되기는 했으나 이것은 극히 부분적인 것에 불과하였고 수백만 근로자대중은 자기의 위대한 시인을 전혀 몰랐거나 또는 다만 어렴풋이 아는 정도에 지나지 않았다. 이러한 것은 一九세기 로씨야 천재의 모든 훌륭한 창작들에 대해서도 마찬가지였다. 일찌기 네크라쏘브는 『농민들이 불류헤르나 우둔한 귀부인에 관한 책이 아니라 벨린쓰끼와 고골리의 작품을 시장에서 들고 가는 시기』를 공상하였다. 지배 계급들은 계급 사회에서 예술의 존재 형식이 어떠하건간에 항상 이를 자기의 독점물로 만들려고 시도하였다. 인민들은 극히 제한된 정도에서만 예술 문화의 복리를 향유할 수 있었다.

가장 중요하나 아직 본질적으로는 불충분하게 연구된 우리 예술 과학에 대한 하나의 문제─예술의 인민성에 관한 문제가 여기에서 발생한다.

흔히 예술의 인민성에 대하여 언급될 때 술어의 사용 자체에서 어떠한 불명확성을 보게 된다. 우리가 지난 시기의 예술가를 인민적인 예술가라고 부를 때 그것은 무엇에 대하여 언급하는 것인가─ 그의 예술이 인민의 사상, 그 어떤 일정한 피압박 계급의 사상을 반영한다는 것에 대해서인가 그렇지 않으면 다른 무엇에 대해서인가 우리가 인용한 바 있는 실례에 되돌아가 보자 우리가 뿌쉬낀의 인민성을 말하게 될 때 우리는 분명히 뿌쉬낀이 농민의 사상가라는 의미에서 이러한 말을 하지는 않는다. 그것은 두말할 것 없이 뿌쉬낀이 一九세기 초의 선

전적 귀족 문화에 의하여 산생된 예술가이기 때문이다。 그럼에도 불구하고 우리는 로써야

인민의 위대한 시인이 창작한 그 창작이 가지는 인민성을 부인하지 않는다。 세계의 예술사

상(藝術史上)에서는 이러한 현상들이 무한히 많다。 만약 피압박 대중의 사상의 직접적 표현

자들로 된 그러한 예술가들에 대하여 언급될 때에는 문제는 비교적 간단히 해결된다。 례컨

대 一九세기 후반기의 우리의 위대한 화가들인 크람쓰끼、 뻬로브、 레삔、 쑤리꼬브 및 기타 들

은 바로 이러한 화가들이였다。 농민 민주주의의 리해 관계의 표현자인 그들은 로써야 인민의

광범한 근로 대중들의 지향을 자기의 창작들에다 체현하였다。 그러나 끼쁘렌쓰끼나 혹은 바

젠노브 및 까자꼬브의 예술이 인민성을 띠고 있는가? 비록 끼쁘렌쓰끼나 또는 우리의 위대

한 고전적 건축가들을 서슴치 않고 농민 사상의 표현자이라고 간주할 수는 없을지언정 아무

른 그들이 인민성을 띠고 있었다는 것은 두말할 여지가 없다。

　　멫멫 사람들은 이러저러하게 지배 계급과 관련된 예술에 대해서 언급할 때 인민성에 관

한 문제를 인공적이고 복잡하게 해결하려 한다。 이런 사람들은 인민이 귀족적 예술가에게

『간접적으로』 작용하였다고도 말하며 또는 예술가가 자기의 예술에서 인민적 창작의 특징들

을 섭취하였다는 것에서、 례컨대 민화를 리용하였다는 것에서 문제의 본질을 찾기도 하고 또는

인민적 전형의 묘사 등등에서 인민성을 찾기도 한다。 이 모든 것은 자체의 의의를 갖고 있긴

하나 그러나 다만 부분적인 측면에 지나지 않는다。 어떠한 예술이거나 그 예술의 인민성은

그 예술에서 (사회주의 이전 사회의 예술을 고려에 두고 말한다。) 지배 계급의 예술가가 피

압박 계급의 예술을 그 어떤 요소들을 가지고 있다는 그것만으로는 규정되지는 않는

다。 례를 들어 우리는 끼쁘렌쓰끼가 농노를 묘사하는 한에 있어서는 인민적이였으나 뿌쉬낀

을、 더우기나 로쓰또쁴췬을 묘사함에 있어서는 인민적일 수 없다고 인정할 수 있겠는가? 또

우리는 슈빈이 그의 훌륭한 기술에서 해안 지방의 인민적 골(骨)조각가들의 경험이 표현되여

있다는 것만으로 그를 인민적이라고 간주할 수 있겠는가?　물론 이와같은 인식 태도는 문제

를 극도로 협소화한다.

　그밖에도 토씨야 농민 계급의 정신적 발전의 력사를 실례로 들어보자. 농민들은 一八—

一九세기에 자기들의 훌륭한 예술—첫째로 농민들의 미적 요구를 만족시켜 주었던 그 가장

인민적인 창작—이였던 자기들의 노래와 자기들의 음악과 자기들의 구전문학을, 그리고 자기

들의 전승적 조형 예술이였던 목조각술 및 목조 건축술 등등을 소유하고 있었다. 이 예술

이 인민적인 것인가? 두말할 것도 없이 이 예술은 직접 인민들에게 속하며 인민들에 의하여

창조되고 인민들의 예술적 요구를 만족시키는 예술이였다.

　一九세기 초엽에는 훌륭한 목조 각을 가진 농민들의 경탄할만한 목조 건축이 존재하였는바

그 유물들은 오늘날에도 우리의 북방 농촌들에서 아직 발굴되고 있다. 이것은 농민의 물질

적 및 정신적 요구에 직접 복무하였던 고유한 인민적 건축이다. 탁방으로는 쓰따로브, 보로

니힌, 자하로브 및 기타의 천재에 의하여 창조된 一九세기 초의 뻬쩨르부르그 안쌈브리와 또

한 건축 분야에서의 로씨야 민족적 천재들의 훌륭한 한개의 발현이므로 우리가 인민적인 것

이라고 정당하게 인정할 수 있는 로씨야 고전주의의 빛나는 건축이 있다. 이렇듯 인민성이

탄 술어가 가지는 두개의 각이한 내용에 대하여 여기서 언급되고 있다는 것이 누구에게나

명백하다. 자하로브의 아드미랄쩨이쓰뜨보 (해군 사령부)의 건축을 로씨야 농민 건축과 아

무리 접근시킨다 할지라도 그들 상호간에는 여전히 본질적이며 원칙적인 차이가 존재하는

것이다. 자하로브의 예술의 인민성을, 아드미탈쩨이쓰뜨브가 마치 농가와 근사하다는 것으로

써 아무리 설명한다 할지라도, 심지어 우리가 그들간의 그 어떤 근사성을 시인한다 할지라도,

이것은 역시 우리에게 아무 것도 주지 않는다.

앞으로의 서술에서 명확하게 되겠지만 우리는 이러한 중요한 사정을 지적함에 있어서 一

九세기 초엽의 로씨야 고전주의와 이 시기의 농민들의 건축을 두개의 호상 판이한 현상으로

서 대립시킬 의도를 가지고 있는 것은 아니다. 그들간의 내적 련계는 의심할 바 없는 것이며

흔히 기술자인 농노들의 손에 의하여 완성된 령주 저택 건축들을 연구함으로써 뚜렷이 볼 수

있다. 그러나 문제는 자하로브의 아드미탈쩨이쓰뜨브와 기타 로씨야 고전주의의 걸작들을

농민 건축의 원칙에 귀결시킬 수 없다는 데 있다. 그들 간에는 질적 차이가 있는 것이다.

자하로브의 인민성을 다만 그의 건축 구성상의 원칙과 인민속에 뿌리박힌 전통적인 수법

파의 근사성에서만 찾아 본다면 우리는 예술의 진보적 발전의 가능성에 대한 문제를 제거하

게 된다. 온갖 거대한 예술적 현상이 이전에 존재하지 않던 그 어떤 새 것을, 따라서 그 무엇

인가 변화되고 발전된 것을 혹은 확정된 전통을 극복한 것을 예술사에 가져옴은 당연한 일이

다. 과연 이러한 현상에서의 인민성은 낡고 이미 이전에 존재하였고 그의 력사적 창작의 보

다 이른 시기에 인민들에 의하여 창조된 것과의 련계에만 있는 것일가?

이미 지적한 바와 같이 뿌쉬낀의 인민성을 다만 그가 자기 창작에서 구전 문학을 리용하

였다는 것만으로써 증명하려는 욕망은 아주 협소한 견해이다. 때로 뿌쉬낀의 인민성에 대

하여 말할 때 『루쓰란과 류드미라』와 기타 이야기들은 드나 『예브게니 오네긴』이나 『벨낀의

이야기』론 돌지 않고 설사 든다 해도 그 작품들이 평민적 모찌브의 리용과 결부되여 있는 그

정도에 따라서만 드는 것을 보게 된다. 뿌쉬낀의 인민성을 이러한 명민적 모찌브의 리용에만 귀착시킴이 아주 옳지 않음은 론쟁할 여지도 없다. 이 문제에 대해서는 벨린쓰끼가 제때에 훌륭하고 심오하게 천명한 바 있었다. 만약 우리들이 이러한 견지에 서게 될진대 맑스주의자의 립장에 선다기보다는 오히려 인민과적 견지에 접근하게 될 것인바, 왜냐하면 인민적인 것을 인민 생활의 가부장적 조건하에서 산생된 것만으로 간주하게 되기 때문이다. 력사적 진보를 마치 인민적 본질을 애매하게 하는 그 무엇으로 보는 견지는 심각한 파오이다. 왜냐하면 인민은 자체의 정신적 가능성을 바로 진보적이며 점진적인 자기의 발전에서 표현하기 때문이다.

수많은 훌륭하고 불멸적인 가치물들이 가부장적 문화 양식에서 산생되였는바, 훌륭한 조각이 새겨진 경란할만한 고대의 농민 건축도 이러한 것에 속한다. 로씨야 인민들은 비단 농가만을 창조하였을 뿐만 아니라 지난 시기에는 그 류례를 볼 수 없는 새로운 진보적 현상인 다른 수많은 가치있는 건축들도 창조하였다. 자하로브의 아드미랄쩨이 쓰뜨보는 로씨야 인민의 문화 발전에서 새로운 착상이였다. 따라서 예술사가의 파업은 그가 로씨야 민족 예술의 보물고에 어떠한 기여를 하였으며 그는 무엇으로써 인민들의 문화를 풍부화했는가를 해명하는 것이다.

뿌쉬낀에게 인민적 창작에 직접 접근된 모찌브가 있었다는 것은 인민성의 관점에서 볼 때 대단히 중요한 것이며 로씨야 고전주의에도 이러한 것들이 있다는 것은 대단히 중요하다. 그러나 다시 말할 것은 뿌쉬낀의 창작을 민화에 귀착시키거나 자하로브의 건축을 인민들의 농가에 귀착시킴은 아주 옳지 못한 것이다. 뿌쉬낀과 자하로브의 창작은 인류에게, 첫째로는 로써야 인민들에게 로써야 농가나 민화보다 그 어떤 더욱 새로운 것을 가져다 주었으며 자기 인민들과 인류를 새로운 성과로써 풍부히 하여준 훨씬 더 발전되고 풍부한 현상들이다。 바로 이렇기 때문에 그것들은 진실로 인민적인 것이며 또 그렇기 때문에 우리는 일부러 『인민성』을 모조하려고 시도하면서 사이비 인민적 『침침하고』 다른 『향취』를 내는 사이비 인민적 단어들을 가진 인공적 은어를 만들어낸 사이비 인민적 『베쩨다(담화)』 파의 낡은 타이프의 성원들의 작품에서가 아니라 뿌쉬낀에게서 진실로 인민적인 언어를 찾게 되는 것이다。 위대한 예술가들이 가지고 있는 진정한 인민성은 우리들이 반동 리론가들에게서 흔히 보는 바와 같은 보수적인 것에서나 더 심하게는 인민적 창작 원천들에의 기형적 적응에 있는 것이 아니라 민족 예술을 발전시키고 풍부화시키며 앞으로 전진시키는 데 있는 것이다。

온갖 위대한 예술가들의 훌륭한 성과들은 바로 그들이 자기 인민의 예술적 경험과 예술적 전통에 의거하고 있으며、 새로운 력사 발전 단계에 적응한 새롭고 풍부한 내용으로써 인민의 창작과 그의 형상、 언어 및 형식들을 충만시키고 발전시키면서 그것들을 깊이 파악하였다는 데 있다。

인민의 직접적인 창작에 이러저러한 정도로 의거하지 않고 있는 진실로 위대하고、 진실로 인민적인 예술은 있을 수 없다。

그러나 이것은 글린까、 무쏘르그쓰끼、 림쓰끼—꼬르싸꼬브의 창작이 인민적 멜로디와 이적 음악 형식의 단순한 재현임을 의미하지는 않는다。 그들의 창작은 인민적 멜로디와 음악 형식에 굳게 의거하여 그를 발전시키며 완성시키고 있다。 뿌쉬낀이 다알리와 같이 단순히 구전 문학을 수집하기만 하였을진대 위대한 예술가로 되지 못하였을 것이다。 뿌쉬낀은 인민적 모찌브를 무한히 풍부화하고 그것들로써 새로운 예술을 만들었다. 쑤리꼬브가 인민 창작에 황홀감을 느꼈다는 것은 주지의 사실이나 그렇다고 『총살의 아침』이나 『귀족 부인 모로조와나가 돈강 류역 농민뿔의 형상과 조형적 모찌브 등등의 단순한 반복으로 될 수는 없는 것이다. 진정한 인민적 예술가들의 위대한 공적은 그들이 가부장적인 것에 앞에서 굴종한 것에 있는 것이 아니라, 인민 창작속에 있는 진보적인 근원을 발전시킨 데 있으며 때문에 우리는 그들을 인민적인 예술가라고 정당하게 부른다.

몇몇 우리 예술학자들의 불행은 그들이 지난 시기의 명수들에 관하여 『인민적 예술가』라는 술어를 정확한 과학적 술어로서가 아니라 일반적인, 따라서 애매한 표현으로서 사용하고 있는 거기에 있다. 우리는 반드시 이 개념에 대한 아주 확정적이고 구체적이며, 력사적이고 과학적인 규정을 찾아내야 한다. 우리 중 어떤 자들은 때로 이와같은 『엄격한』, 사실에 있어서는 과학적으로 명확한 규정을 두려워하고 있다. 이에 있어서 그들은 예술이 마치도 복잡하고 섬세하며 우아한 분야이기 때문에 거기에서는 시어(詩語)를 써야 하며 탄력있고 애매한 공식을 써야 한다는 것을 구실로 하고 있다. 우리의 규정이 보다 덜 정확하고 덜 『무미건조』할수록 마치도 우리는 예술적 자료의 본질에 더욱 접근하게 되는 것인듯 주장하고 있다. 이것이 단순히 유미주의적 공담이며 그의 객관적 의미는 예술 현상에 대한 진실로 과학적인 연구로부터 물러서는 것이라는 사실을 말할 필요가 구태여 있겠는가. 예술을 존경하며 그에 대하여 아주 감격하여 말할 수 있고 또 말해야 하나 그러나 명확하고 정확한 과학적 규정을 두려워해서는 안된다.

『예술의 인민성』이라는 술어를 단순히 위대한 예술가들에 대한 헛 칭찬으로서가 아니라 과학적인 술어로서 사용하여야 한다고 강조할 필요성은 이러하다.

그러면 예술의 인민성에 관한 문제의 본질은 어디에 있는가? 한 측면으로는 뿌쉬낀의

인민성에 대하여, 다른 측면으로는 이야기의 인민성에 대하여 말하면서 우리는 문제의 어떤

한 두개 한계를 고려하게 된다는 것은 분명한 일이다.

문제는 아마도 일치하지 않은 두개의 개념이 여기에서 뒤섞이어진 데에 있는 것 같다. 우

리는 우선 술어상으로 구별할 필요가 있는 예술적 현상들의 두개의 다른 개념들을 인민적이

라고 부른다. 예술의 인민성에 대한 두개의 상이한 개념들 중에서 하나는 그 예술이 피착취

인민 대중에게 직접 복무하며 또 그것이 인민 대중에 의하여 창조된다는 의미에서 예술의 인

민성에 대하여 언급할 경우이며, 다른 하나는 지배 계급과 관련된 예술에 대해서 말하게 되

는 경우인바 이때에 그 예술은 이러저러한 력사적 원인으로 말미암아 인민들의 리해 관계

를 자각하며, 민족 발전의 진보적 길을 자작하고 인민의 진보에 객관적으로 복무하는 것이

다. 바쥐노브의 창작의 인민성에 대하여, 이롤테면 그의 크레믈리 궁전의 설계에서 표현된

인민성에 대하여 말할 때 우리는 이 설계에서 자기 계급의 리해 관계가 귀족들의 리해 관계에

대립된다는 것을 자각한 一八세기 후반기 농노들의 사상과 지향이 직접 반영되여 있다는 것

을 주장하고자 하는 것은 아니다. 바쥐노브의 크레믈리 궁전은 이러한 농민 계급의 계급적

리해 관계의 자각이나 표현이 아니다. 그러나 로씨야의 부강과 인간적 평등에 대한 고귀한

사상에 근거하여 세워진 그의 형상은 그 자체의 본질로 보아 로씨야 인민의 운명에 대한 자각

이다. 이러한 의미에서 바쥐노브의 크레믈리 궁전은 인민적이다.

문제의 다른 측면은 건축이 가장 사회적인 예술의 하나이며 또 그렇기 때문에 비교적 광

법한 인민 대중에게 리해될 수 있다 해도 바쒜노브의 궁전 건설은 (례를 들어 짜리쩐에서의)

농민들을 위한 것이 아니라 귀족 사회를 위해 직접 예정되여 있다는 점에 귀착된다.

따라서 바쒜노브의 창작의 인민성은 다른 내용 즉 더 정확히 말하면 농노적 농민들을 위

해 농가를 건축한 능숙한 목수들의 예술이 가지는 인민성과는 내용이 다르게 표현되여 있다

는 것은 분명하다.

바쒜노브의 예술은 인민적이면서도 귀족적임을 면하지 못한다. 그러나 봉건 사회의 조

건하에서는 귀족 계급이 생산을 지배하느니만치 전 민족적 발전에 관한 문제의 반영은 귀족

문화의 태내에서 수행되며 그 귀족 문화의 선진적 대표자들은 그 시기의 해방 사상의 직접적

표현자로 된다. 이는 귀족적 혁명가 라지쒜브를 회상하면 충분히 알 수 있을 것이다. 이러

한 예술 현상들의 인민성은 이 예술 현상들이 미래로 이끄는 가장 선진적인 발현들을 통하여

사회의 점진적인 발전을 반영함으로써 인민들의 리해 관계도 반영한다는 바로 그점에 있다.

사회에서의 계급 분화와 함께 발생한 인민의 정신적 수탈에 대한 상술한 사실의 분석에

서 출발하면 문제가 보다 명확하게 되리라고 생각된다. 인민들에 대한 정신적 수탈은 인민

들 자체가 창조하였거나 또는 그들의 로동에 근거하여 창조된 그 예술적 보물들을 부득이 그들

이 상실하지 않을 수 없게 하였다. 인민들은 이 보물들에 대한 완전한 권리를 갖고 있기는

했으나 계급적 압박으로 말미암아 그 보물들을 박탈당하였다.

계급 사회에서의 예술 발전사는 전체 시기를 통하여 호상 작용하고 있기는 하나 역시 다

소간 명확하게 구별되는 두개의 예술적 조류 같은 정경을 그 명확성의 정도에서 차이는 있으

나 우리에게 보여주고 있는 바 이 두개의 예술적 조류는 벌써 초기 계급 사회로부터 시작하여

력사가 진전되면 될수록 더욱 명확하게 나타나고 있다. 첫째 조류, 이것은 우리가 인민 창작

이라고 부르는 인민들에게 고유한 예술이다. 예술 발전의 이 조류는 일찌기 종족 시대의 구

전으로부터 흘러나오면서 피착취 계급들의 경제적 및 사회적 처지로 말미암아 그것이 아주

완만하게 진화하며 고대의 형상들과 형식들은 억제하는 그러한 륙성들을 가지고 있다. 이

조류는 대단히 섬오하고 강력하고 완전한 예술 작품들을 남기고 있으나 많은 경우에 이 작

품들은 그 자체 속에 평민적인 소박성과 어느 정도의 의고주의(擬古主義)의 흔적을 띠고

있다.

북부 농민들의 자수(刺繡)에는 아득한 옛날에 발생한 형상들—『녀신—땅의 어머니』와

『생명의 나무』 등등의 형상들이 거의 우리 시대까지 보존되고 있음은 주지의 사실이다. 이

형상들은 물론 一九세기의 자수자들에게 대해서는 이미 오래전에 그의 본원적인 의미를 상실

하였으나 인민적인 예술적 경험은 봉건 시기 이전의 구전 문학의 시적 형상들을 보존하고 있

는 것은 의미깊은 일이다.

물론 새로운 시기의 인민적 예술을 이러한 의고주의적 채험에로 퇴착시킴은 옳지 못하

다. 새로운 시기의 예술은 피압박 농민들의 새 생활 조건을 반영하는 수많은 새로운 형상들

파 형식들을 창조하였다. 그러나 어쨌든 농민 회화는 많은 점에서 의고주의적 색채를 그냥

남기고 있다. 특히 그 농민 회화가 사실주의적으로 립체적인, 복합 설화(說話)적 묘사를

창조하지 못했음을 지적해야 하겠다.

로씨야의 빌리나 (로씨야의 민요적 서사시)—一一세기에 이르러 형성된 창작—가 거의

一九세기까지 내려온 것은 커다란 행복이다. 이는 구전 작가들의 행복 뿐만이 아니다. 이

예술이 가지는 거대한 미학적 가치는 백년간에 걸치는 간고한 착취의 억압하예서도 빌리나를 감소시키면서가 아니라 증가시키면서 보존할 수 있었던 그 인민들의 천부의 재능과 현명성을 증명하고 있는 데 있다。 만약 로씨야 인민들이 一九세기까지 다만 빌리나와 이야기 및 노래 만으로써 자기 문학을 발전시키며 살아 왔다거나 또는 자기의 조형 예술에서 나무 및 뼈 우에 새긴 조각과 물레를 그린 벽화만을 가지고 살아 왔었더라면 우리들이 로씨야의 구전 예술을 아무리 높이 평가한다 하더라도 이것은 인민들이 달성한 가장 풍부한 예술적 발전 즉 뿌쉬낀、베르몬또브、고골리、똘쓰또이、네크라쏘브、쉐드린、이와노브、크람쓰꼬이、레삔、쑤리꼬브 및 기타 위대한 로씨야 예술가들의 이름으로써 실지로 표시되고 있는 그 발전에 대한 증거로는 도저히 될 수 없을 것이다。

계급 사회의 예술에서는 그 평민적 (기본적으로는 농민적인) ─조전부로 이렇게 부르기로 한다。─예술 조류와 함께、결국에 가서는 인민들의 활동과 그들의 력사적인 창조에 의하여 산생되었으나 동시에 기본적으로 근로 계급들로부터 수탈되었기 때문에 불가피적으로 근로 계급들에게 대립하게 된 다른 예술 조류가 나란이 존재하여 발전하여 왔다。 이러한 견지에서 볼 때 예술 발전의 기본적인 모순은 지배 계급의 사상의 범위를 훨씬 벗어난 현상과 측면들이 지배 계급과 관련된 예술에서 자주 발전되고 있다는 바로 그 점에 귀착된다。이러한 원인은 다음과 같다。『매 시기에 있어서─맑스와 엥겔쓰는 고시하였다。─지배 계급들의 사상은 지배적 사상이다。 즉 사회의 지배적인 물질적 세력이로 되는 그 계급은 동시에 그 사회의 지배적인 정신적 세력이기도 하다。 물질적 생산 수단을 자기의 관할하에 소유하고 있는 그 계급은 이에 의하여 정신적 생산의 제 수단도 관할하게 된다。 왜냐하면 이로 말미암아 정신적 생산을 위한 제 수단을 가지고 있지 못한 그러한 사람들의 사상은 일반적으로 또한 정신적 생산 수단을 가진 그 계급에게 종속되기 때문이다.」(주)

이와같이 지배 계급은 一八세기의 농노 출신 예술가들을 복종시킨 것처럼 인민들의 재능을 자기에게 복무시키며 지배할 수 있는 가능성을 가지고 있다. 아·아·쥬다노브가 명명한 바, 이러한 『전문가적』 예술에는 모든 경우에 있어서 생존할 수 있는 물질적 가능성이 부여되였으며 정신적 발전의 활로와 문화적 전통 등등도 보장되였었다. 분업에 의하여 창조된 모든 긍정적인 것은 바로 이러한 예술에 의하여 리용되였으며, 그 속에서 예술 발전의 기본 과정인 부단하고 점진적인 전진 운동이 진행되였다. 이미 언급한 바와 같이, 만약 인민 창작이 그 형태상으로 변화한다 하더라도 그 변화는 완만하고 점차적인 것이당. 이에 대하여서는 一八—一九세기의 농민 예술의 전화를 일별하는 것만으로도 충분하당. 어느 정도까지 인민 창작은 폭발의 방법에 의하여 발전하는 것이 아니라 완만하고 점차적인 진화의 방법으로써 전진한당. 이와는 반대로 『전문가적』 예술에서는 사회 전반의 진화, 토대의 교체, 제도의 성격의 근본적인 변화를 반영하는 거센 발전 파정이 일어난다.

지배 계급들이 물질적으로 또는 일정한 의미에서 정신적으로 점유하고 있는 예술은 전체 사회의 반영일 뿐만 아니라 흔히 고유한 인민 창작보다 더 풍부하고 더 복잡한 것이당. 물론 각개 예술가들이 각이한 계급적 립장에서 자기들의 견해들을 표명하고 있기는 하나 그려나 역시 이 예술은 생활의 근본 문제에 대답하지 않을 수 없는 것이다. 끼쁘렌쓰끼, 웨네

(주) 칼 맑스 에프·엥겔쓰 전집 四권, 三六—三七페지.

쩌아노브、 브룰로브 및 이와노브의 창작에서는 一九세기 상반기의 로씨야 인민 생활이 농민

들의 조각물이나 뚜에 쓰는 돈 사람들의 벽화에서보다 훨씬 완전하고 다양하게 반영되고

있는 것이다。 그러나 이 생활 자체의 내용은 계급간의 투쟁이였다。 따라서 『전문가적』 예

술은 자체내에 이려저려하게 인민들의 생활과 리해 관계 및 지향을 반영하여야 한다。 예술

적인 것도 포함한 이데올로기야는 사회의 물질 생활의 반영이다。

그러나 계급 사회의 이데올로기야의 계급적 성격을 강조하면서 이를 기계적으로 인식하여

서는 안된다。 예술가도 그 속에 포함한 사상가는 다만 『자기 계급』의 생활 상태만을 반영하

는 것은 전혀 아니며 사회 전체의 생활 상태를 반영한다。

가장 첨예한 계급 투쟁이 존재한다 하여 사회의 통일성에 대하여 망각할 수는 없다。

일정한 사회에 있어서 계급들은 그들의 리해 관계가 결정적으로 대립되여 있음에도 불구하고

한 사회의 계급들인 것이다。 때문에 사상가는 일정한 립장에서 현상을 관찰하면서도 어떻든

전체 인민의 운명을 자각하는 것이다。 사회 전체와 관련되며 각이한 측면에서이기는 하나

전체 계급들에 저촉되는 온갖 사회적 및 경제적 갈등은 사회적 의식 즉 각이한 사상 형태들

로 반영되는바 사람들은 이 각이한 사상 형태물을 통하여 그 갈등을 자각하고 그와의 투쟁

을 진행한다。 이데올로기야는 그의 사회적 내용 여하에 따라 갈등의 해결을 촉진시키기도

하고 그의 해결을 저지시키기도 한다。 전자는 진보적인 사상 특히는 진보적 예술에 관여되

며 후자는 보수적인 사상과 관여된다。 진보적 계급의 예술적 사상은 이 계급의 리해 관계가

이려저려한 형태로 모든 피압박 계급들의 리해 관계와 결부되여 있으니만치 인민들의 리해

관계를 반영한다。 끼쁘렌쓰끼가 一八一二년 전쟁과、 선진적이며 혁명적 경향을 가진 일부

귀족들의 지향의 영향을 크게 받아 자기 계급의 개성을 영웅적으로 고결하게 묘사하였을 때 이는 전 인민적 리해 관계에 적응하였으며 인민성의 표현이였다。 바꾸어 말하면 지배 계급의 예술가는 그가 갈등의 선진적인 해결을 제기하면서 인민 생활에서의 실제적 갈등을 반영하는 한에 있어서 인민적이라고 말할 수 있다。 지배 계급들의 예술이 가지는 제한성은 예술의 일정한 사회적 갈등과 투쟁함에 있어 사용하는 그 수법에서 흔히 표현된다。 빼르가모스에 있는 극적 투쟁으로 총만된 제우스의 제단의 부조(浮彫)에서는 고대에 있었던 상전과 노예와의 비극적인 갈등이 처음으로 힘차게 반영되었다。 빼르가모스 제단은 그것을 만든 예술가가 노예화된 사람들의 파감한 분격의 거센 열정과 그들의 투쟁의 비극적인 절망을 보여 준 그 점에서는 인민성을 볼 수 있으나 그러나 그 제단이 장엄하게 수립된 질서에 대한 순전히 노예소유자적인 숭상을 표시하고 있는 점에서는 거만하며 랭담한 것이다。

이렇듯 『전문가적』 예술에는 이러저러한 정도로 인민의 모든 력사가 또한 반영되고 천명되는 것이다。

5

그러나 여기에서 문제가 생긴다。 그렇다면 예술의 계급성의 개념과 예술의 인민성의 개념간의 호상 관계는 어떠한 것인가 하는 문제가 생긴다。 왜냐하면 계급 사회에서는 계급적이 아닌 어떠한 사상 활동도 없기 때문이다。

적대적 계급 사회에서는 예술은 그의 사회적 소속 관계가 매우 복잡하여 분석하기가 곤

난한 형태로 표현될 수 있다 하더라도 언제나 계급적이라는 것은 의심할 바 없다. 예술은

언제나 이러저러하게 계급 투쟁의 강력하고 적극적인 도구로서 출현한다. 상부 구조의 일

반적 합법칙성에 따라 예술은 계급들과 제도의 성격에 대하여 무차별적일 수 없다. 예술은

언제나 이러저러한 계급의 견지에서 우선 사회적 현실을 반영하게 되며 평가하게 된다. 그

러나 『전문가적』 예술의 계급적 소속 관계가 발로되는 구체적인 형태들은 극히 다양하다. 그

러므로 이 점과 관련하여 한가지 본질적인 해명을 해 둘 필요가 있다.

오늘에 이르기까지의 력사는 언제나 계급 투쟁의 력사였으며, 예술도 이 투쟁에 대하여

결코 무관심한 방관자가 아니었다. 그러나 인류 력사에서 계급 투쟁은 극히 다종다양한 성

격을 가진다. 력사가는 항상 사회적 투쟁의 임의의 표현 형태들에서 각이한 계급들의 충돌

을 폭로하며 복잡하고 다양한 사실들로부터 사회적 과정의 이 기본 내용을 반드시 뽑아낼

줄 알아야 한다. 그러나 이것은 현실적 력사에 있어서 계급 투쟁이 언제나 로출된 형태로

수행된다는 것을 의미하지는 않는다. 맑스—레닌주의 대가들은 선행한 사회 발전에 있어서

계급적 반목과 계급 투쟁이 얼마나 복잡하게 나타났던가를 루차 지적하였다. 우리는 계급

투쟁이 극도로 격렬하여지고 적대 계급들이 호상 날카롭게 대립되여 이 계급들의 충돌이 불

가피적으로 혁명에 의하여 해결되는 그러한 시기들을 알고 있다. 그러나 우리는 계급적 제모

순이 그다지 뚜렷하게 발전되지 않거나, 혹은 더욱 엄밀히 말하면 그다지 뚜렷하게 드러나지

아니한 그러한 시기도 알고 있다.

브•이•레닌은 다음과 같이 지적하였다. 『문제는 바로 혁명적 시기가 속물적 렴현 민

주당적, 개량주의적 진보의 시기에 비하여 력사 창조의 폭이 비할 바 없이 넓으며, 그 내용이

풍부하며, 그 자각성이 강하며, 그 계획성이 치밀하며, 그 조직성이 철저하며, 대담성 및 명확성이 아주 크다는 데 있다.」(주) 이와 관련하여 대립된 계급들의 리해 관계와 사상은 그 시대의 사회적 의식 속에 때로는 극히 명확하고 대담하게, 때로는 보다 소심하고 조심스럽게 표현된다.

一九세기 六〇—七〇년대의 농민 민주주의 사상은 크람쓰피이나 혹은 뻬로브의 창작에 반영되였었다. 거기에는 농민들의 리해 관계가 사회 정치적 반동의 리해 관계에 결정적으로 대립되여 있었다. 웨네찌아노브와 그의 그루빠에 속한 예술가들의 창작에서는 민주주의적 사상이 아직도 소심스럽게 나타났는바 그들은 혁명적 항의가 주인에 대한 노예의 전통적 예속을 아직은 파피하지 못한 그러한 단계에 처해 있었다. 그러나 이 모든 것은 결코 그 어떤 계급들 사이에서는 사상이 존재한다는 것을 의미하는 것은 아니다. 사회 전체를 혁명화하는 적극적 투쟁에로 진출한 계급의 사회적 의식이 존재하는 한편, 아직 일정한 사회적 상태에 순응하는 계급의 의식도 있는바, 바로 이러한 것들이 예술에 반영되는 계급적 리해 관계의 대단한 복잡성과 잡다성을 조건지우는 것이다. 물론 봉건 사회에서는 언제나 지주 계급과 농민 계급간에 기본적인 모순이 존재하는 것이나, 그러나 이 모순은 때로는 극도의 긴장성과 혁명적 첨예성을 떠고 나타나기도 하며 또 때로는 훨씬 불명료한, 은폐된 형태를 취하기도 하는 것이다.

우리는 三—一四세기의 노브고로드 예술에서 광범한 인민 대중에 대한 리해 관계의 반

(주) 브•이•뻬닌 전집 一〇권, 三三七페지.

영인 일정한 경향물을 구별할 수 있다。 그 하나는 가부장적이고、 소박한 서사시적인 위대성을 가진 네베지쯔의 벽화이며 다른 하나는 열정적 지향과 격동으로 충만되였으며 때로는 공공연한 사회적인 항의에까지 도달한 폭발로 불로또브 야외의 벽화이다。 이 두 경우에 있어서 우리는 다 같이 교회적이며 종교적인 예술을 본다。 그러나 네베지쯔의 벽화에서는 그 당시의 사회적인 관계가 마치도 영구적이며 당연한 것인 것처럼 확인되여 있으며、그 형상들의 역센 박력 속에서 우리는 비록 환상적—종교적 형식으로나마 《령주들》의 리해 관계에 대한 자기들의 리해 관계의 대립을 아직 의식하지 못한 그 당시 《세계》의 사상과 감정의 속탈한 표현을 느낀다。 그러나 그 속에서는 여전히 신에 의하여 설정된 질서가 확고 부동하다는 사상이 지배하고 있다。 이와는 반대로 불로또브의 벽화에서는 一四세기 후반기의 노브고로드 생활에서의 인민 대중의 폭동적인 정열과 긴장된 갈등의 숨결을 느끼게 된다。

　력사에서는 계급들의 존재 자체도 때로는 극히 복잡한 형태를 취한다。 봉건 사회에서는 계급들이 신분의 옷을 입고 등장하며、따라서 이 신분들간의 투쟁은 우리가 자본주의 사회에서 보는 그러한 로골적인 계급 투쟁과는 다르다는 것은 주지의 사실이다。 이것은 계급 투쟁의 각이한 형태들이다。 그러므로 예술과 같은 그러한 사상 분야에서는 계급 투쟁과 계급 관계의 성격 자체도 흔히 극히 복잡한 형태로 반영된다는 것은 의심할 바 없는 사실이다。

　한때 멘쉐위크적 외곡분자들이 주장한 것처럼 일정한 계급의 사상가는 필수적으로 또 영원히 자기 계급에 《얽매인다》는듯이 문제를 판단해서는 안된다。 이러한 견해에 대한 훌륭한 톤박으로 되는 것은 쏘베트 정권의 첫 시기에 공산당이 로써야 부르죠아 출신 예술인

테리겐차들을 재교양한 훌륭한 사업이다。 실례로 혁명전까지는 봉건—랑만주의적 시인이였

던 네스쩨로브는 쏘베트 인민의 훌륭한 예술가의 한사람으로 되였다。

레닌의 표현에 의하면 만일 개량주의적이며 ≪점진적인≫ 발전의 시기에 인테리겐챠가 자

기의 소부르죠아적 본성에 합치되는 계급들의 중간에서는 지위의 환상을 만들어낼 수 있다

면 혁명적 폭발의 시기에는 그가 어느 바리케트에 서서 싸울 것인가 하는 문제가 그의 앞에

결정적으로 제기되는 것이다。

우리가 본 바와 같이 예술가는 자기의 예술에다 비단 자기가 리해 관계를 표현하고 있는

그 계급의 현실만을 반영하는 것은 아니다。 예술가는 다소간 명백하게 드러난 일정한 립장

에서 전체 사회 생활을 반영한다。 그리고 여기에서 예술가가 한 계급의 립장에서 다른 계급

의 립장에로 넘어갈 수 있는 가능성이 생기게 된다。

례컨대 마야꼽스끼는 자본주의 제도를 반대하는 소부르죠아적 폭동으로부터 출발하였

으며 그 후에 가서야만 쏘련의 혁명적 로동 계급의 리익을 철저히 고수하는 립장에로 넘어

왔었다。

그러나 이것은 계급 사회에서의 예술외 계급성 자체를 조금도 파괴하지 않음은 물론이

다。 연구가는 이러저러한 예술가나 이러저러한 예술적 현상을 면밀히 연구함으로써 언제

나 이 현상의 아주 뚜렷한 계급적 근원을 발견해 낼 수 있는 것이다。 그러나 이것은 예술의

력사를 ≪계급적 의식≫의 고립된 선반 우에 진렬할 수 있다는 것을 의미하는 것은 아니다。

력사의 산 과정은 훨씬 풍부하고 복잡하며 서로 엉키여있는 것이며 계급 투쟁 자체가 그러한

복잡한 현상들이 일어날 수 있는 가능성을 조성하는 것이다。

브·이·레닌은 똘쓰또이의 창작을 실례로 들어 혁명적 사변으로 충만된 시기에 나타나는

예술가의 계급적 의식의 가장 복잡한 모순들을 명철하게 해명하였다. 레닌은 똘쓰또이의 유

토피야주의의 내용과, 그 속에 들어있는 비판적 요소들의 힘과, 동시에 그의 예술에 반영된

가부장적 농민 대중의 조직적 투쟁에 대한 무준비성을 보여주었으며, 똘쓰또이를 통하여 농

민의 강력한 항의와 《크리스트로 가장한》지주의 무기력한 나태성을 보여주었다.

예술가의 계급적 위치의 모순적인 복잡성에 대한 이 천재적인 해명의 모범은 예술적 현

상의 분석에 대한 도식주의와 단순화를 반대하는 경고로 되였다.

예술에서 굴절되여 반영되는 계급적 적대 관계의 발전의 복잡성은 우리로 하여금 二〇년

대와, 부분적으로는 三〇년대에 있어서 우리 예술 문화에 적지 않은 해독을 끼쳤던 이른 바

속류 사회학에 대한 비판에 주의를 돌리게 한다.

二〇년대의 속류 사회학은 예술 분석의 맑스주의적 방법을 자신이 가장 잘 체현한다는

열로당토않은 참망을 뜰고 나왔었다. 당의 비판은 속류 사회학의 반레닌주의적 본질을 폭

로하고, 그것이 사실에 있어서 맑스주의에 대한 멘쉐위크적 수정에 지나지 않는 것이며 맑스

―엥겔쓰―레닌―쓰딸린의 학설이 가지는 참으로 혁명적인 정신과는 아무런 공통점도 없다는

것을 증시하였다.

그러면 속류 사회 학자들이 맑스―레닌주의적 예술 리론의 기본을 외곡하는 본질과 근원

은 어디에 있는가? 우리는 이 점에 대하여서 약간의 명확성을 기하는 것이 필요하리라고 생

각한다。

속류 사회학파를 비판함에 있어서 우리는 흔히 그의 하나의 측면에만 주의를 돌리는 일

이 자주 있다。속류 사회 학자들은 예술적 현상들을 사회의 경제 발전의 직접적인 표현으로 서 묘사하려고 시도하였으며、새로운 예술적 경향들을 이를테면 자본의 수출 혹은 수 입의 증대나 감소、자본의 집중화 수준 등등에 의존케 하였다。다른 한편 속류 사회 학 자들은 《부르조아화하는 귀족층》의 사상가니 혹은 《금융 자본과 유착되고 봉건적 대 토지 소유자들과 련합한 산업 부르조아지》의 사상가 등등을 찾아내면서 전체 예술가들을 일정한 계급적 표제에 따라 도식적으로 분류하였었다。생각나는대로 이 사회적 범주 안에서 노는 공허하고 유해한 장난은 속류 사회학이 범한 근본적 죄과의 하나이였다。

그러나 속류 사회학은 그가 원시적인 비속한 개념들을 리용하고 있다는 그것으로만 죄 악적인 것이 아니다。사회학적인 방법이 은폐되여 있으며 그가 리용하는 범주들의 비속성이 직접 드러나지 않는다 하더라도 그 방법은 여전히 맑스주의와 비할 때 천양지차가 있는 것이 다。속류 사회학파는 멀리 맑스주의는 정확한 계급적 규정을 거부할 것을 요구한다고 간주 하는 것도 오유일 것이다。우리가 만일 사회 정신이나 《심적 경향》에 대하여 《일반적》 으로 말하게 되며 문화 생활의 다종다양한 사실들을 예술과 대비되는 것으로서만 인용하게 된다면 우리는 마치 맑스주의적 분석을 갖게 되는 것처럼 생각하는 것은 옳지 않다。사실인 즉 맑스주의에 립각할 대신에 그와 같은 태도를 취하게 될때에는 척상의 경우라 해도 문화— 력사학파의 자유주의적 아류로 될 뿐이다。그와 같은 경향은 사실에 있어서 부르조아적 객 판주의에 대한 양보이며 속류 사회학파가 범한 죄과를 조금치도 시정하지 못한다。

속류 사회학이 계급 투쟁에 대한 예술의 관계의 분석을 외곡하고 비속화하였다고 해서 예 술적 현상의 사회적 내용에 대한 과학적으로 적확한 분석을 일반적으로 거부할 수는 없 다。

문제는 예술의 ≪계급적 분석≫ 자체에 어떻게 대할 것인가 하는 데 있는 것이다.

속류 사회학이 범한 주요 죄과의 하나는 그가 당시 사람들이 말하던 것처럼 예술가에게서 ≪계급적 고증(考證)≫을 찾아 내며, 그의 예술의 ≪계급적 등가물≫을 찾아 내는 것을 예술가를 분석하는 목적으로 삼았다는 데 있다. 이리하여 속류 사회학의 예술 연구의 목적은 례컨대 꾸르베나 혹은 레삔이 일정한 발전 단계의 어떤 부르죠아지의 그 어떤 계층의 사상가이라는 것을 증명하는 것에 귀착되였다.

속류 사회학은 이와같은 ≪분석≫을 계급적이며 맑스주의적인 분석인 것처럼 내새웠다. 속류 사회학자들이 맑스주의적 술어를 사용한 목적은 그릇된 인식론적 및 력사적 전제에 기초한 사회학적 방법의 부르죠아적 본질을 은폐하려는 데 있었다.

속류 사회학은 예술 현상들 속에서 무엇보다도 먼저 일정한 계급적 리해 관계의 협소한 주관적 표현을 보았다.

속류 사회학은 예술 창작이 현실 인식의 한 형태이라는 것을 보려고 하자 않고 다만 예술이 이러저러한 계급의 사상, 세계관의 ≪표현≫이라고만 주장하였다. 때문에 속류 사회학·은 예술 작품의 분석을 계급적 ≪심리 상태≫의 특징속에서 그의 이러저러한 형식적 특성을 ≪설명≫하는 데 귀착시켰다. 이와같이 하여 속류 사회학자에게 있어서 예술은 객관적 력사적 현실의 반영인 것이 아니라 오로지 이러저러한 계급의 주관적 ≪심리 상태≫의 반영인 것이였던만큼 예술적 형식의 진화와 현실적 력사의 행정은 사실에 있어서 평행적으로 서술되였던 것이다. 이리하여 속류 사회학의 견지에서 볼때 바로끄(一七—一八세기의 건축 양식…역자 주)의 사회적 의의에 대한 ≪설명≫은 바로끄의 ≪회화적 미≫, ≪다이나미즘≫ 및 형식주의적 부르죠아 과학이 바록고에 대하여 설정한 기타 형식적 특징들이 귀족 계급이나 부르죠아지의 사상의 어떠한 특성들에 의하여 설명되는가를 해명하는 데 귀착되였었다.

속류 사회학이 가지는 일체 결함들 즉 그의 기계적인 태도, ≪계급적 고증≫에 의한 사회적 투쟁에서의 예술의 역할 분석의 교체, 임의의 예술적 현상의 의의의 균등화(매개 예술적 현상은 그 모두가 ≪일정한 계급의 사상의 표현≫인 것인만큼) 및 무엇보다도 먼저 예술에서의 사실주의가 가지는 의의에 대한 부인 등은 결국 레닌적 반영론을 망각한 테 그 근원이 있다.

속류 사회학파의 ≪리론≫이 논 역할에서 력사적 유물론의 기초를 란포하게 외곡하는 것이 적지 않은 역할을 놀았었는바 엥겔쓰는 이러한 외곡을 반대하여 일찌기 경고한 바 있었다. 속류 사회 학자들은 맑스—레닌주의 대가들의 직접적 교시들을 무시하고 예술에서 자동적으로 작용하는 경제적 필연성의 표현을 보았으며, 제 사실을 사회 발전의 객관적 법칙들에 비추어 분석할 줄 모르며 특히는 ≪사람들 자신이 자기의 력사를 창조한다≫는 것을 ≪망각≫함으로써 사회 발전에서 노는 의식의, 특히는 예술의 적극적 역할을 무시하였었다.

그러나 여기서 다시 한번 강조해 둘 것은, 속류 사회학의 방법이 범한 죄과는 그가 비담 예술과 사회 생활간의 호상 관계를 취급함에 있어서 거나치게 피상적인 유치한 태도로 림하였다는 데만 있는 것이 아니며, 또 속류 사회학자들이 본질상 예술의 계급적 분석을 오로지 계급의 일정한 경제적 상태가 어떠한 ≪심리 상태≫를 발생시키는가를 분석하는 데만 귀착시키면서 일정한 경제적 사실들과 일정한 예술적 현상들간의 직접적인 일치를 추구하였다는 데만도 있는 것이 아니라는 것이다. 속류 사회학이 범한 근본적인 리론상 오유는 우리가 이미 말한 바와 같이 그가 예술에서 인식의 형태 즉 현실 반영의 형태들을 보지 못하고 예술 작품들 속에서 오로지 그 어떤 계급적 충의 경제적 상태에 의하여 규정되는 그의 세계관의 주관적 표현만을 본 데 있는 것이다.

그와 같은 고찰 방법으로 말미암아 예술은 현실 인식의 일정한 형태라는 결정적인 모멘트가 무시된다. 이와같이 하여 어떠한 예술 작품의 분석도 그것은 결국 예술가가 어떤 견지에서 또 얼마나 심각하고 다방면적으로 현실 자체를 반영하였는가를 천명하는 것이 간과되고 만다.

우리는 예술 작품에서 우선 그의 객관적 내용과 그의 진실성의 정도에 대하여 관심을 갖게 되는 것이나, 그러나 그 관심은 우리가 계급적 견지에 서며 예술에 반영된 사회적 현실의 견지에 서서 예술에 대할 때에라야만 비로소 정당하게 될 수 있는 것이다.

실로 문제는 예술가가 그 속에서 살며 그의 활동가로 되는 즉 그 사회에 二중으로 의존하고 있다는 데 있다. 한편으로 예술가의 사고 방식, 현실에 접근하는 그의 방법은 그의 생활 방식에 의존하며 또 계급 사회에서는 그의 계급적 립장에 의존한다. 그러나 다른편으로— 바로 이 모멘트를 속류 사회학자들은 놓치고 있다—예술가는 그가 인식 주체로서 직면하게 되는 그 객관적 현실을 자기의 작품들 속에 반영한다. 그리고 이 현실은 무엇보다도 먼저 사회 생활 전체이다. 예술가의 의식은 비단 《환경》의 산물일 뿐만 아니라 또한 그의 반영의 형식이기도 하다. 페도또브의 예술과 그가 살던 시기의 사회와의 련계는 비단 이 대가 자신이 도시 사회의 《하충》들과 련관되었으며 그 사회가 의심할 바 없이 그의 사상의 성격에 반영되였다는 그 것에서만이 아니라 무엇보다도 먼저 四〇년대의 로써야 생활이 이 예술가의 작품속에 극히 풍부한 내용으로 반영되였다는 그것에서도 나타난다. 우리가 오직 이 정황을 똑똑이 해명한 그때라야만 우리는 현실 반영의 형태로서의 예술 현상에 능히 접근할 수 있으며 따라서 사회적 인간이 도움을 받아 일정한 방법으로 현실에 반작용을 시도하는 사회적 투쟁의 도구를 예술 현상에서 찾아볼 수 있는 것이다. 이와같이 우리는 예술이 비단 일정한 사회—경제적 상태의 표현일 뿐만 아니라 또한 사회적 현실의 인식 방법이기도 하다는 것을 강조함으로써 사회 생활에서 차지하는 예술의 위치를 옳바르게 특징지운다.

례컨대 一九세기 초의 로써야 회화를 연구함에 있어서 우리는 반드시 그 회화속에서 그의 객관적—력사적 내용을 밝히도록 노력해야 한다. 끼쁘렌스끼에 있어서 인간의 신분 형태의 붕괴와 그에 의한 개성 자체에 대한 가치의 인식은 一九세기 一〇년대에 로써야 사회에서 일어난 그 과정들에 대한 예술적 자각의 결과이였다.

속류 사회 학자는 이 현상들 앞에서 막다른 골목에 처하게 된다. 속류 사회학자에게 있어서 끼쁘렌스끼의 예술은 오로지 귀족적 세계판의 《표현》에 불과하며 따라서 그가 《내는 문제의 중점은 귀족적 이데올로기의 성격 변화에 관한 문제 해결에로 옮아가며 《인민의 간접적 영향》을 찾아내는 것 등등을 일삼게 될 것이다.

그러나 문제의 해결은 이데올로기의 성격에 있는 것이 아니라 그의 내용에 있는·것이며, 그리고 이 내용은 현실 세계 그 자체이며, 귀족적 사상가들의 의식속에 일정한 방법으로 반영되는 그 사회 생활인 것이다.

바로 이렇기 때문에 속류 사회학은 그 본질로 보아 형식적이다。 속류 사회학은 사상의 형식들만을 추구하려 할 뿐 그 내용에 대해서는 홀시하고 있다。 속류 사회학은 끼쁘렌스끼의 형상들의 《조화성》、《선명성》、《조형성》에 대해서 말하고 있으나—사실 이것들은 모두 옳다— 그러나 그의 형상들의 현실적인 사회적—미학적 내용에 대하여서는 관심을 돌리지 않고 있다。 실로 끼쁘렌스끼의 초상화들은 그 당시의 가장 중요한 사활적인 문제들 즉 인간의 자유, 인간의 도덕적 정신적 품성, 결국 다시 말해서 해방 운동 자체가 아직도 귀족의 운동으로서 발전되고 있던 그 당시의 선진적인 귀족적 인테리겐챠의 대표자가 리해하고 있은 바의 생활의 의의에 대한 문제들을 제기하고 있다。 바로 이러하기 때문에 끼쁘렌스끼의 형상들은 《선명》하고 《조화》로웠으며, 결코 《선명성》과 《조화성》이 귀족적 이데올로기의 특성이였기 때문에 그러했던 것은, 아니였다。

속류 사회학은 예술의 발전 과정을 오직 내적 의미도 내용도 없는、현상들의 단순한 형식적 교체 과정으로서밖에는 더는 볼 줄 모른다。 사실인즉, 만일 매개의 예술적 사실들이 일정한 구체적인 사회—경제적 조건들의 표현일진대 예술의 력사는 오로지 호상간에 아무런 련계도 없는 현상들의 라렬에 불과할 것이며 그 매개 현상들은 기계적으로 이 조건들을 표현할 것이다。 그리고 만일 이것이 그렇다면 속류 사회학자는 세계에 대한 예술적 인식의 객관적 내용을 무시하는 것이다。 때문에 속류 사회학자에게 있어서는 예술사의 내용은 예술 수단들에 의한 세계 인식의 발전인 것이 아니라 상대적인 계급적 오해들의 련색인 것이다。

이 문제에 대한 맑스주의와 속류 사회학과의 일체의 원칙적 차이는、속류 사회학자들에게 있어서는 분석의 목적이 예술적 현상을 그 어떤 탐욕적인 계급적 리해 관계에 고착시키

는 것인 데 반하여, 예술의 사회적 역할에 관한 온갖 맑스주의적 연구의 목적은 소여의 예술

적 현상의 社會에서 受行되는 계급 투쟁에서 어떠한 의의와 어떠한 위치를 가졌으며 또 그것

이 무엇으로서 또 어떻게 어느 정도로 사회의 전진적 발전에 기여하였는가를 밝히는 것이라

는 데 있다.

맑스주의 리론에 의거하여 우리는 우선 현실의 반영인 해당 예술 작품의 객관적 내용을

밝혀야 한다. 헤위쯔끼와 로꼬뜨브의 예술을 연구할 때 우리는 一八세기 후반기 로씨야의 현

실이 그들의 예술 속에 어떻게 반영되였으며 또 이 위대한 예술가들이 어떠한 가장 중요한

객관적 생활 현상들을 자각할 수 있었는가를 해명하려고 노력하게 될 것이다. 그리하여 우

리는 성장(盛裝)한 초상화의 다시 강조된 신분적 형태들에서 인간의 사명과 인간 생활의 의

의에 대한 새로운 리해가 어떻게 형성되고 공고화되였는가를 보게 된다.

순전히 인식론적 견지에서 문제를 고찰한다면 속류 사회학은 인류의 예술적 발전 내용을

밝힐 능력이 없다는 것이 명백하여진다. 즉 속류 사회학은 예술의 발전 과정을 객관적 진

리의 반영 과정으로서 고찰할 능력이 없다는 것이다.

더군다나 이 모멘트는 결정적 의의를 가지는 것이다. 사실에 있어서 계급 사회의 조건

하에서 의식의 계급성은 이 의식이―물론 제한된 범위내에서이기는 하지만―객관적 현실을

반영하는 것이며 또 예술 발전의 매개 새로운 진보적 단계는 세계 인식에서의 진일보이며

따라서 그것은 인류의 예술적 발전에서도 진일보이라는 사실을 결코 취소시키지 못한다.

현실에 대한 예술적 인식의 진보는 계급적 의식 형태들을 통하여 진행되는바, 사회가

적대적 계급들로 분할되여 있는 동안은 이와 달리는 진행될 수 없는 것이다. 예술의 계급성

파 안민성을 대립시킬 수 없는 것과 마찬가지로 예술의 제 수단에 의한 세계의 진정한 반영속에서 예술 속에 나타난 계급적 리해 관계의 표현에 대립되는 그 무엇을 찾아볼 수는 없는 것이다.

계급적 적대 사회의 력사에서는 예술적 인식도 포함한 세계 인식의 진보는 오로지 계급적 사회적 의식 형태들을 통하여서만 실현된다.

루넷쌍스 시기의 예술은 실제적 현실에 대한 예술적 자각에서의 거대한 전진이였다. 그러나 이것은 결코 루넷쌍스의 예술이 무계급적이였다는 것을 의미하지는 않는다. 봉건 사회의 태내에서 성숙한 새로운 사회 세력의 사상가들 즉 간단히 말하면 도시 시민층의 사상가들은 바로 자기들의 사회적 계급적 처지로 말미암아 현실에 대한 가장 광범한 실제적 정경을 그렇게도 대담하게 뵈여 줄 수 있었던 것이다.

자기의 사회적, 계급적 처지와 자기 계급의 진보성으로 말미암아 이 사상가들은 부르죠아적으로 제한되지 아니한 기타의 모든 점에서 훌륭하였었다.

이와같이 예술에 의하여 창조되는 전 인류적인 가치물들은 계급적 의식 형태를 통하여 예술에 나타나게 되는 것인바, 문제는 오로지 계급의 현실적인 력사적 리해 관계가 자기의 예술적 사상가들에게 세계를 진정하게 객관적으로 반영함으로써 인류의 예술적 보물고에 영원한 가치를 기여할 수 있게 하는가 하는 데 있다.

지난 세기 초엽의 불란서 부르죠아지는 아직도 사실주의적 예술의 민주주의적 리상을 지지하고 있었으나 오늘날의 부르죠아지는 자기의 모든 사회적 의식 형태들에서와 마찬가지로 예술에 있어서도 궁정적인 민주주의적 내용의 마지막 한 토막까지도 말살해버리고 말았다.

이 원인에 대한 해명은 一九차 당 대회 최종 회의에서 진술한 이·브·쓰딸린의 력사적 연설에서 언급된 부르죠아 사회에서의 민주주의 사상의 운명에 대한 훌륭한 분석에 비추어 볼때 아주 명백하다. 이·브·쓰딸린은 다음과 같이 말하였다. 「전에는 부르죠아지는 자유주의적 태도를 취하여 부르죠아 민주주의적 자유를 고수하였으며 또 그렇게 함으로써 인민들 속에서 인기를 끌었었다. 그러나 지금에 와서는 자유주의로부터 아무런 흔적도 남지 아니하였다. 이른바 「개성의 자유」란 것은 더는 존재하지 않게 되였는바 오늘날에 이르러서는 개성의 권리는 오직 자본을 소유하고 있는 자들에게만 허용되고 있으며 이여의 모든 공민은 오로지 착취를 위해 소용되는 인적 소재로서 인정되고 있다. 인간들과 민족들 간의 평등에 대한 원칙은 유린되였으며 이 원칙은 소수 착취자의 완전한 권리와 다수 피착취 공민의 무권리의 원칙으로 교체되였다. 부르죠아 민주주의적 자유의 기치는 땅바닥에 떨어지고 말았다.」 (주)

이러한 조건하에서 부르죠아지는 파렴치하게도 민주주의적 사실주의의 온갖 우수한 전통들을 거부하였다. 그리하여 이 위대한 전통은 자기 수중에 부르죠아—민주주의적 자유의 기치를 잡아 쥐고 있는 로동 계급과 그의 공산당이 받아 쥐였으며 고수하고 있다. 바로 그렇기 때문에 공산주의자들에 의하여 령도되고 있는 자유와 평화를 위한 인민 전선과 련결된 불란서의 선진적 예술가들과 평론가들이 오늘날 다비드와 델라끄루, 제리꼬와 도미예의 유훈의 진정한 옹호자들로 진출하고 있는 것은 우연한 일이 아니다.

(주) 이·브·쓰딸린, 제一九차 당 대회에서 진술한 연설, 국립 정치 서적 출판사, 一九五三년, 七페지.

그리하여 예술의 계급성은 비단 예술 문화의 력사를 현실에 대한 정당한 자각의 력사로서 고찰할 필연성에 모순되지 않을 뿐만 아니라 오히려 그것을 전제로 한다. 외계에 대한 자각은 그의 객관성의 정도 여하에는 상관없이 오직 계급적인 예술적 의식 형태들을 통하여서만 존재할 수 있다.

속류 사회학은 이 현실적인 력사적 모순을 리해할 수 없었으며 따라서 원칙적으로 반력사적인 립장에 전락되고 말았다.

엄밀한 의미에서의 예술사는 속류 사회학의 견지에서는 쓸 수 없는 것이다. 왜냐하면 속류 사회학자들은 예술 발전의 력사적 론리를 오로지 발전의 형식적인 론리로서만 고찰하고 있으며 또 그 때문에 예술의 모든 진화는 예술의 형식적 계렬과 사회 생활 조건들의 사회적 계렬간에서의 평행을 찾아내는 것으로서 귀착되기 때문이다.

이러한 그릇된 방법상의 기초가 특히 명백하고 뚜렷하게 나타난 프리체의 「예술 사회학」으로써 속류 사회학파의 특징적인 전형을 들어보기로 하자. 프리체는 어떻게 론의하고 있는가? 그에 의하면 형식들의 일정한 교체가 일어난다. 즉 예술은 처음에 「선적」인 것이였다가 다음에 가서 「회화적」인 것으로 된다. 그런데 무엇때문에 이러한 것이 진행되는가? 프리체는 설명하여 말하기를 이러한 교체는 그 어떠한 사회적인 원인들에 의하여 일어난다고 한다. 례컨대 프리체의 의견에 의하면 이태리의 루넷싼스 예술에서 이러한 교체가 일어났는바 처음에는 부르조아지의 견전하고 합리적인 지성을 가진 「선산적」 플로렌스가 제일면에 나타났고, 다음에는 상인 계급에게 고유한 세계에 대한 쾌락주의적—감각적 태도를 가진 상업적 베니스가 제일면에 나타났기 때문이라고 한다. 그런데 견전한 플로렌스는 예술에서 직선적 성격에 상응하며 쾌락주의적 베니스는 감각적 회화성에 상응한다는 것이다.

이와같이 예술사의 서술은 형식적 계렬을 조사하는 데 귀착된다.

이와같은 조잡하고 비속한 도식으로 말미암아 프리체는 사회적 투쟁, 계급 투쟁, 혁명 및 새 것에 의한 낡은 것의 교체를 전연 망각하게 되였다. 그리하여 프리체는 명백히 맨쉐위크적 립장에 떨어지게 됨으로써 오로지 사회—경제적 제 조건에 대한 예술적 현상들의 기계적인 의존성만을 확인하고 있다.

프리체가 아무런 비판도 없이 반동적—부르죠아 형식주의 예술학이 작성한 형식적인 도식을 불잡고 있으며 또 자기의 임무가 그것들을 ≪맑스주의적≫으로 설명하는 데 있다고 보는 것은 극히 주목할만한 일이다. 예술사를 형식적인 수법들의 교체로서 묘사하고 있으니만큼 프리체가 받아들인 하우젠슈타인, 콘—위네르, 웰프린 및 기타들의 도식들도 역시 그 자체가 오유인 것이다. 이 도식들은 과정의 객관적 내용이 그 속에 조금치도 반영되여 있지 않음으로 말미암아 벌써 쓸 모가 없는 것이다. 실로 一六세기의 예술을 포괄하고 있으며, 구 라파를 진동시킨 사회—경제적 변혁을 자각하려는 시도로 되여 있는 그 일대 위기속에서 회화적인 것에 의한 직선적 원칙의 교체를 찾아본다는 것은 실지에 있어서 불가능한 것이다!

형식주의자들을 추종하는 속류 사회학자들의 분석에서 온갖 예술 작품의 본질이며, 의의이며, 기본적인 알맹이인 예술적 형상이 언제나 도외시되고 있는 것은 우연한 일이 아니다. 형상의 개념은 속류 사회학자에 의하여 포기되여 있으며 이 개념은 그들에게 전혀 불필요한 것으표 되여 있다. 왜냐하면 예술적 형상은 그들에게 있어 예술이 현실을 자각하며 리해하는 형식 이외의 아무것도 아니기 때문이다.

계급 사회에서의 예술의 계급성에 관한 문제는 속류 사회학자들이 이 문제를 「지나치게 많이」취급하였고 또 그들이 거기서 지나치게 많은 혼란에 빠지고 말았다 해서 단순히 집어 치울 수는 없는 그러한 문제인만치 우리는 이 문제를 응당 상세히 고찰할 필요가 있었다.

「인민성」에 관한 일반적 이야기에 국한되지 않고 예술가의 사회적 립장과 사회적 리상을 정확히 규정하려는 지향을 품는 예술의 계급적 내용에 대한 온갖 분석은 필수적으로 속류 사회학으로 되여 버린다고 간주하는 것은 옳지 않을 것이다.

예술가가 계급 투쟁에 참가한다는 것은 현실을 인식하며 그의 한 측면을 폭로하며 또 자기의 계급적 립장으로 말미암아 다른 것에 대해서는 맹목적인 그러한 사상가의 참가를 의미한다. 우리는 예술의 력사에서 일정한 계급과 련관되었으며 또 이 계급의 력사적 처지 그 차체로 말미암아 그 당시의 진보적 발전과 일반적으로 인류의 진보적 발전의 본질적 측면을 자기의 창작 속에 반영할 수 있었던 그러한 예술가들을 찾아보게 된다. 레닌은 이것을 뜰쓰또이의 창작에서 남김없이 증시하였다. 뻬레드비즈니크파 (이동 전람 화가들)를 례로 들 수도 있는 것인바 농민 민주주의 사상가들이였던 그들에게서 우리는 로써야 생활의 개혁 시기의 가장 본질적인 측면들이 반영되여 있음을 찾아보게 된다. 그와 같은 예술은 사회의 전진적 발전을 촉진시키는 예술로 되였었다. 그 예술은 직접 혹은 간접으로 사회의 객관적 발전을 반영하였고 그 자체가 사회의 객관적 발전을 촉진시켰으며 또 그러한 정도에서 ≪전반적 리익≫을 반영하였는바 즉 다시 말해서 그것은 인민적이였다.

따라서 일정한 조건하에서의 예술가의 일정한 계급적 처지는 그의 인민성을 규정할 수 있게 하는바 왜냐하면 이 견지에서 볼 때 인민성이란 소여 인민 자체의 진보적 발전의 견지에서 본 예술가의 사상의 진보성 이외의 다른 것이 아니기 때문이다. 예술이 일단 진보적 리상으로 관통되여 있는 한 그 예술은 인민의 발전을 촉진시키며 또 예술가가 인민의 요구에 민감한 한에 있어서는 그 자체속에 인민의 지향을 체현한다. 이와같이 예술가의 인민성은 계급 사회에 있어서는 그의 계급성과 대립시켜 고찰할 것이 아니라 계급성과의 변증법적 통일에서 고찰하여야 한다.

계급 사회에 있어서 임의의 예술가의 인민성의 정도는 결국 사회 발전에서 노는 계급의 역할 — 예술가는 그 계급의 사상가이다 — 에 의하여 결정된다. 례컨대 一八세기와 一九세기 전반기에 로씨야의 귀족층의 예술은 인민성을 가지고 있었는바, 그것은 이 시기의 해방 운동 자체도 귀족의 운동이였기 때문이다. 해방 운동의 새로운 시기 즉 평민 운동의 시기가 도래함과 함께 귀족적 예술가들은 종전에 자기들의 예술에서 가지고 있었던 모든 인민적인 것을 기본적으로 상실하게 되였다. 즉 젊은 에프·브루니가 평민적 파포스로 침투된 그림 「까밀리의 죽음」을 그렸다면 모든 새 것과 진보적인 것의 원쑤로 된 늙은 — 브루니는 반인민적인 예술적 반동의 체현자로 되였다. 이리하여 그는 크람쓰끼의 적절한 표현에 의한다면 「청년으로、쎄미라드쓰키로 전환되였다.」

다른 편으로、온갖 선진적인 예술이 사회의 진보를 촉진한다는 이것은 또한 그 예술의 인민성을 조전것는다.

형식주의자들과 또 그 뒤를 따라 속류 사회학자들은 예술에는 진보도 전진 운동도 없으

머 오직 현상들의 교체만이 있다는 리론을 내세웠다. 그들의 견지에서 볼 때는 이 명제는

완전히 합법칙적이다. 형식주의자들은 예술이 현실의 객관적 반영 방법으로 된다는 그 의의

를 부인하고 예술에서 오직 각이한 주관적 『표현』형태들만을 봄으로써 온갖 예술은 그 자체

에 있어서만 좋은 것이며 비교적 평가를 위한 아무런 객관적 표준도 아니며 또 그렇게 될 수

도 『없다』고 주장하였다. 로마네스크식 부조(浮彫)에서 볼 수 있는 경련적으로 굴곡진 형상들과

조형적으로 조화된 뿔리끌레뜨의 립상은 『관찰』하는 각이한 방법, 오직 그것에 지나지 않는다는

것이다. 이러한 관념을 전적으로 받아들인 속류 사회학은 매개 예술적 현상은 일정한 계급의

사상의 표현으로서 서로가 동등한 가치를 가진다는 동일한 명제로서 그 관념을 정식화하였

다. 그리고 사회학은 형식주의와 마찬가지로 도브롤류보브가 찬란하게 발전시켰으며 또 그

가 『사실적 비판』이라고 불렀던, 예술 작품 평가에 대한 기본 표준인, 반영되는 현실과 반영

하는 예술을 비교하는 원칙을 결정적으로 부인하였던 것이다.

이 문제들에 대하여서는 다음 장에서 더욱 상세하게 고찰하기로 하고 여기서는 다른 측

면을 강조하기로 한다. 예술이 현실 인식의 형태인만큼 예술의 발전은 세계 인식의 한 형태

의 발전 과정이라는 것은 자명한 것이다.

바꾸어 말하면 우리는 예술의 진보와 그의 점진적 발전에 관하여 말할 수 있다는 그것

이다.

희랍의 고전들은 그 모든 매력에도 불구하고 인류에 대한 리해에 있어서는 역시 소박하

였었다. 루넷쌍스의 예술에 이르려서는 비록 그 예술이 고대 예술에 비하여 『진리』의 어떠

한 측면들을 파악하지 못한 점도 있기는 하나 인류에 대한 리해는 무한히 풍부하게 되고 또 복잡하게 되였었다.

사회 자체가 발전됨에 따라 사상가들 앞에는 새로운 문제들이 제기되며 또 이 새로운 문제들은 예술적 발전의 매개 새로운 진보적 단계의 객관적 내용을 이룬다는 것은 자연스러운 일이다. 뜨또르 일 세 시기에는 전혀 새로운 일련의 과업들, 특히는 현실적 인간의 개성과 현실적 인간 생활을 전면적으로 자각하는 과업들이 예술앞에 제기되였으며 또 이것은 고대 로씨야의 예술 체계를 최종적으로 전복시키고 로씨야 예술 발전의 새 시기를 발생시켰다.

예술사가들은 예술적 창작의 진보를 연구함에 있어서 반드시 예술에 나타나는 새로운 현상들과 력사적 현실 자체에 나타나는 새로운 현상들과의 련계를 항상 고려하여야 한다. 그리고 소여의 매 시기에서 진보적인 예술적 경향과 동시에 그와 반대되는 보수적인 예술적 경향도 볼 줄 아는 것이 중요하다. 바로 이와같은 변증법적 방법만이 예술을 단순히 『스타일』의 교체로서 보게 되지 않고 점진적 발전으로, 진보로서 고찰하게 하는 것이다.

이 모멘트를 리해하지 못할 때에는 일정한 사실들을 평가함에 있어서 오유를 범하게 된다. 례컨대 몇몇 예술사가들은 안뜨로쁘브의 예술을 평가함에 있어서 그가 가지는 고대 로씨야의 얼굴 초상화와의 련계를 그의 예술의 장점으로 주장함으로써 그 련계가 이 예술가로 하여금 자기의 초상화 예술이 갖는 새로운 경향을 백방으로 발전시키는 것을 저지않게 방해한 사멸하여가는 낡은 전통이였다는 것을 간과하고 있다.

예술의 발전을 새 것과 낡은 것과의 투쟁에서 실현되는 진보로서 고찰하는 바로 그것이야말로 예술 문화의 력사를 맑스-레닌주의적으로 연구하는 기본 요구이라고 우리는 생각한다.

이려한 전보는 순조롭게 또 순전히 진화적으로 실현되지는 않는다. 새로운 예술적 현상

들과 경향들의 축적은 비약을 가져오며 또 새로운 경향이나 혹은 전일적인 예술 체계의 혁

명적인 확립을 가져온다. 루넷쌍스는 그와 같은 예술적 혁명이였으며 로써야 예술사상에서

一六세기와 一七세기에 걸쳐 세계에 대한 새로운 관계의 요소들의 장구한 량적 축적으로 준비

된 비약인 뾰또르 시기도 또한 그와 같은 혁명적 비약의 시기였다.

계급적 지배의 교체는 불가피적으로 한 예술적 사상의 지

배로 교체되는 결과를 초래한다. 례컨대 중세기적 예술 체계를 결정적으로 또 전투적으로

배척하였던 루넷쌍스 시기에 있어서도 사정은 그러하였었다. 그리고 소여 계급의 지배가 그

냥 유지되고 있는 조건하에서도 소여 구성태의 범위내에서 중대한 혁신이 진행될 때에는 예

술도 포함한 상부 구조에 변동이 일어나게 된다. 우리는 이와같은 것을 뾰또르 一세기

의 로써야에서 볼 수 있다.

물론 예술에 있어서의 과거의 『폭발』을 순전히 과거에 대한 기계적인 포기로 생각하여서는

안된다. 문화의 계승성이 온갖 경우에서 존재한다는 것도 의심할 바 없는 사실이다. 례컨대

一八세기의 로써야 예술은 고대 로써야 예술의 그 모든 진보적인 유산을 자체속에다 섭취하였

였다. 그러나 그렇다고 하더라도 一八세기 말에 일어난 로써야 예술의 새로운 질적 상태에로의

이행은 여전히 중세기적인 종교적 예술 사상의 기초에 대한 거부이였었다. 이 근본적인 변혁은

비록 二五년간이라는 긴 세월에 걸쳐 진행된 것이기는 하나 그래도 우리가 폭발이라고 말할

수 있으리만큼 충분히 결정적인 변혁이였다.

그러나 이 모든 것에도 불구하고 적대적 계급 사회의 조건하에서는 예술의 진보는 단순함

상승, 뒤에 오는 매 시기가 그의 선행 시기를 릉가하는 그러한 직선적인 상승으로 생각하여서는 안되는 것이다。 계급 사회에서의 진보는 모순적으로 실현되며 예술의 발전은 예술적 전화의 정경을 자못 복잡하게 하는 제 모순속에서 진행된다。 계급 사회에서의 예술 발전의 불균형성은 칼 맑스의 『정치 경제학 비판』에 대한 『서론』에 서술된 다음과 같은 유명한 명제에 기초하여 우리 나라 예술학 서적에서도 널리 해명된 사실인바、 그 서문에는 다음과 같이 서술되여 있다。 『주지하는 바와 같이 예술의 경우에 있어서 그의 특정한 황금 시대는 해당 사회의 일반적 발달、 또 따라서 그의 물질적 기초、 말하자면 그의 조직의 골격의 발전과는 아무런 일치도 없는 것이다。 례컨대 근대 예술 또는 쉑쓰피어와 비교한 희랍 예술이 그러하다。』(주)

사회 발전에 대한 맑스주의의 리론은 자본주의의 변명을 자기 목적으로 삼는 부르죠아들의 진보에 대한 진부한 리론과는 정반대된다。

실증주의—사회학자들온 주장하기를 만약 자본주의 시기가 기술의 급속한 장성을 이루어 놓았다면 문화 분야에서도、 특히는 예술 분야에서도 그와 같이 찬란한 릉성이 불가피적인 것이라고 말하고 있다。 그러나 실지에 있어서는 자본주의적 생산 방법은 맑스가 『잉여 가치론』에서 강조한 바와 같이 예술에 대하여 적대적인 것이다。 그런즉 사회의 물질적 토대의 수준과 예술 간에 필수적으로 어떤 기계적인 일치가 있다고 주장할 수는 없는 것이다。 사회의 경제 제도가 결국 사상 발전의 내용을 규정하는 것은 물론이나 그렇다고 이것은 일단 나라가 경제적으로 룽성하기만 하면 곧 그 나라는 반드시 사회 제도 여하를 불문하고 문화 분야에 있어서까지 릉

(주) 칼 맑스、 정치 경제학 비판、 국립 정치 서적 출판사、 一九四九년、 二二四페지。

성하게 된다는 것을 의미하지는 않는 것이다。 바꾸어 말하면 과거의 예술의 성과들은 소여

인민의 온갖 사회—경제적 발전의 일정한 성격과 내용에 의하여 규정되었다는 것이다。

一九세기 후반기의 로씨야는 기술—경제적 면에 있어서는 영국에 비하여 뒤떨어진 나라

였으나 그의 예술은 거대한 규모에 도달한 해방 투쟁의 영향을 받아 크게 개화하였었다。 그러

나 같은 시기인 一九세기 영국의 조형 예술은 그처럼 위대하다고 할 수 있는 아무것도 창

조하지 못하였었다。

예술과 사회간의 모순, 그 생활과 로동이 임의의 경우에서도 온갖 참된 예술적 창조의 토

대와 소재로 되는 광범한 인민 대중의 예술로부터의 격리는 자본주의 시기에 와서 가장 날카롭

게 표현된다。 가령 일반적 문화 수준이 비교적 낮았던 봉건주의의 조건하에서는 대중들과 소위

지식층들간의 분렬이 그다지 심각하지 않았다고 한다면 부르죠아지의 지배기에 와서는 이 분

렬은 특히 날카롭게 되였으며 근로자들은 진정한 문화에 접근할 길이 맥히게 되였다。 인민

적 창조에 대하여 가해지고 있는 자본주의의 파괴적 작용은 예술에 대한 자본주의의 적대성

을 가장 명백하게 증명하여 주는 것이다。 자본주의 사회는 생산자들을 생산수단으로부터 분

리시키며, 모든 가부장적 련계를 파괴하며, 중세기에 있어서 로동 대상에 대한 인간의 미적

관계를 어느 정도로 보장하였던 수공업을 근절시키며, 로동자를 「부분적 로동자」로 전환시

키며, 사회 생활에다 금전의 추악한 지배를 도입함으로써 근로 대중 가운데서 우선 농민들속에

서 아직 남아있는 그 인민적 예술에 대하여 과멸적인 작용을 가하고 있다。

예술적 수공업을 과멸시키는 「기계화」를 반대하는 소부르죠아지의 랑만적 항의와, 인공

적으로 수공업을 재생시키려는 그의 시도 (레스킨, 브·모리스 등)는 오직 예술의 심각한 위

기를 중시하는 데 지나지 않는 것인바 왜냐 하면 이러한 모든 시도는 눈에 떠일 만한 그 어떤

결과도 가져오지 못하였으며 또 가져올 수도 없었기 때문이다.

만약 우리가 영국, 불란서와 같은 그러한 현대 자본주의 국가를 관찰한다면 (생생한 인

민적 예술을 전혀 갖고 있지 못하다싶이한 미국에 대하여서는 말도 않거니와) 이 나라들에서

는 벌써 적어도 일세기 동안이나 인민적 창작이 쇠퇴 일로를 걷고 있는 것을 보게 된다. 자본

주의는 이 예술을 압살하고 있다. 고도로 발달된 자본주의 국가들에서 「전문적」 예술 그 자체

까지도 인민으로부터 점차적으로 더욱 더 유리되면서 불가피하게 쇠퇴해 가며 제국주의 시기에

와서는 완전히 붕괴하게 되고 반인민적 형식주의에 도달되여 막다른 골목에 빠지고 있는 그 사

실도 바로 여기에 그 원인의 하나가 있는 것이다. 나는 물론 반동적 부르죠아 예술을 념두에

두고 말하는 것인데 다른 한편으로 로동 계급의 자각성과 그의 혁명적 에네르기의 성

숙은 진보적 부르죠아 예술 인테리겐챠의 일련의 대표자들로 하여금 로동계급의 립장에로 넘

어 오게 하고 있는바 이 대표자들은 다소간 철저하게 자기들의 창작을 민주주의 및 사회주의

사상과 련결시키고 있는 것이다.

예술이 인민으로부터 분리되는 현상을 근절시키는 것은 계급 사회의 기본적 사회적 갈

등을 실천적으로 해결하는 토대 우에서만 가능하다. 이것은 오직 사회적 혁명의 결과로서만

가능하다. 인민과 예술과의 분리는 부르죠아 사회 자체의 한계내에서는 여하한 수단으로써

도 청산될 수 없는 것이다. 인민과 예술과의 분리를 근절하는 전제 조건으로 되는 것은 이

려한 분리를 가져오게 하는 그 사회적 조건들을 실천적으로 제거하는 것이다. 쏘베트 예술

문화의 력사는 이것을 가장 뚜렷이 중시하고 있는바, 왜냐하면 우리 나라에서는 예술과 인

민간의 대립 및 분리가 완전히 제거되였기 때문이다.

우리 나라에서 거둔 인민적 창작의 특별한 발전은 엄밀한 의미에서의 인민적 예술과, 우리가 조건부로서 부르는 『전문적』 예술 간에 놓여 있는 심연을 없애버린 훌륭한 실례이다. 이 두 예술사이에서는 원칙적인 차이가 소멸되여 가고 있는바 그것은 우리 사회에서는 『전문적』 예술 자체가 직접적인 정확하고도 완전한 의미에서 인민적인 예술로 되였으며 또 직접적인 인민대중의 예술은 비록 기교에 있어서나 그렇지 못하다 할지라도 모든 경우에 있어서 즉 제기되는 문제에 있어서나 발전 능력에 있어서 그의 모든 본질적인 가능성들에 있어서 우리가 말하는 직업적인 예술의 수준에 도달하고 있기 때문이다. 이는 정신 로동과 육체 로동간의 대립이 근절된 데 그 원인이 있는 것이다.

그렇다고 이것은 물론 이미 二〇년전에 맑스주의를 잘못 리해한 일부 자립적 예술의 열광자들이 주장한 것처럼 사회주의 사회에서의 예술의 유일한 존재 형식은 반드시 대중 자신의 예술인 자립적 예술로 되여야 한다는 것을 의미하는 것은 결코 아니다.

이 자립적 예술의 사상가들은 맑스의 다음과 같은 유명한 명제로써 직업적 예술의 『사멸』에 관한 자기들의 리론을 론증하려고 시도하였다. 『공산주의 사회에서는 화가들은 존재하지 않으며 다만 회화에 곁따라 종사하는 그런 사람들만이 존재한다.』(주) 그러나 그들은 여기서 맑스가 인간을 불구화하는 자본주의적 분업의 제 조건을 근절할 데 관하여 언급하고 있다는 것을 망각하였었다. 대중속에 깃들어 있는 예술적 재능을 억압하는 자본주의를 근절함

─────────

(주) 칼 맑스 에프·엥겔쓰 전집 四권、三八一페지。

으로써만 맑스가 말한 그 조건들이 조성되는바 맑스는 특별히 오해를 피하려고 한 것처럼

바로 몇줄 우에서 다음과 같이 말하였다. 『……그들은(공산주의자들—저자 주) 산쵸가 생각

한 것처럼 매개 사람들이 라파엘을 대신하여 일해야 한다고 생각하는 것이 아니라 라파엘을

꿈꾸는 매개 사람들이 거침없이 발전할 수 있는 가능성을 가져야 한다고 생각한다.』(주) 자본

주의에 의하여 발생된 분업의 기형적 형태의 폐지는 한편으로는 모든 개인적 재능들의 발전

을 위한 광활한 가능성을 열어주며 또 다른 한편으로 예술도 포함한 모든 문화에로 매개인이

손쉽게 접근할 수 있는 것으로 만들게 한다.

우리 예술의 인민성에 대하여 말할 때 우리는 이 술어에 대하여 우에서 언급한 두개의 의

미를 동시에 부여한다. 쏘베트 예술의 임의의 대 작품들은 그것이 가장 견고한 뉴대들로서

인민들과 련결된 예술가에 의하여 창조되였으며 전체 인민의 예술적 욕구를 직접적으로 충족

시키고 있으며 또 그것은 자기의 형상들로서 우리 인민의 전진 운동과 사회주의 사회의 진보

적 발전을 촉진시키고 있기 때문에 인민적인 것이다. 이와같은 두 측면은 쏘베트 예술에서

는 서로 일치한다. 결국 이와같이 우리 나라에서는 계급 사회에서의 예술 발전을 특정지었던

그 실제적인 력사적 모순이 소멸하는 것이다.

이 문제들에 대한 고찰을 끝맺음에 있어서 우리는 또 하나의 문제에 대하여 해명해 둘 것

이 있다. 즉 그것은 우리가 『전문가적』 예술과 인민적 창작의 분렬에 관하여 말할 때 어떠한 경

우에 있어서도 이 분렬을 매개 민족 문화의 한계내에서 볼 수 있는 두개의 문화의 분렬과 결

(주) 칼 맑스、에프•엥겔쓰 전집 四권、三七九페지.

코 동일시하여서는 안 된다는 것이다。『전문가적』예술과『뿌리쉬께위츠 및 스뜨루베의 문화』를 동일시하며、오직 엄밀한 인민적 창작에서만『민주주의적이고 사회주의적인 요소들』을 본다는 것은 유해스럽고 개탄할만한 천치의 짓일 것이다。두개의 문화에 관한 레닌주의적 리론은 피역압 피착취 계급들의 생활과 운명이 이 예술에서 자각되고 리해됨으로써 조성되는『민주주의적이고 사회주의적인 요소들』이 그 속에 나타나 있느냐 없느냐를 고찰하는 견지에서 이『전문가적』예술 자체를 분석해야 한다는 것을 전제로 한다。

진보적인 로써야 민족 예술의 전체 력사는 본질적으로『민주주의적이고 사회주의적인 요소들』이 장성하고 발전한 력사이며 이 요소들은 또한 사회주의 레알리즘 예술 자체의 발전의 전제 조건이며 원천이였었다。계급 사회에서의 예술의 인민성은 선진적이고 민주주의적인 문화에 대한 그 예술의 소속 관계를 규정한다。사회주의 레알리즘 예술은 이 위대한 전통의 직접적인 계승자인바、그것은 사회주의적 사회 제도는 인민의 온갖 창조적 력량을 해방시킴으로써 과거의 온갖 진보적이고 진실로 인민적인 예술적 사상들이 무제한하게 발전할 수 있는 가능성을 지어주기 때문이다。쏘베트 화가들이 크람쓰끼와 레삔의 계승자인 것은 그 화가들이 그들에게서 사실주의적 솜씨를 배우고 있다는 그것 뿐으로만이 아니라 무엇보다도 먼저 그 화가들이 새로운 력사적 조건하에서 로써야 예술의 대가들의 영광스러운 사업이였던 인민에 대한 복무 사업을 계속하고 있기 때문이다。

7

이번에는 더 나아가서 계급 사회에서의 예술의 존재 조건들의 모순들에 대한 우리의 분석을 계속하기로 하자。

예술과 사회 생활간의 호상 관계를 연구함에 있어서는 반드시 무엇보다도 먼저 예술과 사회와의 관계의 형태 자체가 력사적으로 변화한다는 것을 고려하여야 한다。 우리는 그러한 호상 관계의 다음과 같은 세개의 기본 형태들을 관찰할 수 있다。 즉 계급 이전 사회에서의 예술과 사회간의 호상 관계、 적대적 계급 사회에서의 예술과 사회간의 호상 관계、 사회주의 사회에서의 예술과 사회간의 호상 관계가 그것이다。 이 호상 관계들은 본질적으로 서로 다른 것이며 또 비록 모든 경우에 있어서 두말할 것 없이 토대가 일차적이고 사상이 이차적이긴 하나 이상의 차이를 보지 못할 때는 예술의 력사에서 많은 것을 리해할 수 없게 된다。

사회주의 시기의 예술과 사회와의 호상 관계에 관하여서는 앞으로 사회주의 레알리즘에 관한 장에서 특별히 언급하기로 하자。 계급 이전 사회에서의 예술에 관해서는 이미 우에서 언급하였다。 그러므로 여기서는 계급 사회에서의 예술 발전과 관련된 몇가지 문제들을 고찰할 필요가 있다。

우리는 이미 여러 곳에서 분업이 예술 발전상에서 노는 역할에 관하여 언급하였다。 분업의 일정한 수준은 사회 발전의 각이한 단계들에서의 예술 진보의 전제 조건으로 됐다。 인류의 실천적 경험의 풍부화는 생산 과정에서 뗏어지는 인간과 환경과의 관계의 다면성의 장성과 련관되여 있다。 이와같이 인간과 환경과의 관계가 다면적으로 발전됨으로 말미

암아 한편으로는 사회적 인간 의식이 보다 광범하고 보다 심각하게 현실을 파악할 수 있게 되

며 또 다른 한편으로는 인류의 실천적 경험이 풍부화 됨에 따라 인류의 재능이 발전하게 된다.

생산력의 발전 수준이 극히 낮은 조건하에서는 분업은 생산과 인간의 실천적 재능 일반

의 유일하게 가능한 장성 형태로 된다.

능숙한 목축가가 또한 능숙한 농사군으로 될 수 없었던 것과 마찬가지로 당시 솜씨있는

야장은 동시에 솜씨있는 도자공으로 될 수 없었다.

이러한 력사적 발전 단계에서는 인간의 예술적 재능은 분업의 제 조건하에서 완성된다.

분업은 인간의 재능을 완성시키는 것이니만큼 그것이 비록 상술한 바와 같이 계급적 지배의

초기 단계에 있어서 이미 자기의 모순을 발로한다 하더라도 이는 여전히 진보적 역할을 노

는 것이다. 분업은 고대 예술을 창조하기는 하였으나 그것은 피착취 계급으로부터 인류 발

전의 온갖 조건들을 박탈하였다. 자본주의적 분업이 예술에 대하여 가장 파괴적인 요인의

하나로 되여 있는 부르죠아 사회에서는 이러한 사정이 더욱 뚜렷하게 드러난다.

계급 사회가 더욱 발전하면 할수록 자본주의 시기에 와서 최종적으로 폭로되는 사회적

분업의 제 모순은 더욱 로출하게 된다.

고대 사회를 실례로 들어 만약 그 수많은 피착취 노예들이 온갖 정신적 생활로부터 제외

되지 않았고 또 그들이 물질적으로 뿐만 아니라 정신적으로도 수탈되지 않았더라면 고전적

회탑에서 과연 그와같은 예술의 발전과 개화가 가능하였겠는가를 검토하여 보자. 엥겔스는

다음과 같이 말하였다. 『오로지 노예제도만이 농업과 공업간에 더욱 광범한 분업의 가능성

을 조성하였으며 또 그로 말미암아 고대 회탑 세계는 륭성하였었다. 만약 노예제도가 없었

더라면 희랍의 국가도 없었을 것이며 희랍의 예술도 과학도 없었을 것이다.』(주一) 그러나 예술의 발전을 촉진시켰으며 또한 그것을 제한시키기도 하였던 분업의 모순은 이미 고대에 벌써 명백하게 드러났었다. 노예 제도는 결정적인 사회적 력량으로서의 자유 생산자를 파멸시켰으며 그와 동시에 자유인의 시민적 리상도 근절시키고 말았다. 『아테네를 멸망시킨 것은 민주의가 아니라, …… 자유 시민의 로동을 천한 것으로 만들어버린 노예 제도였다.』(주二)라고 엥겔쓰는 썼다.

이러한 모순은 一〇—一一세기의 로씨야 예술 문화의 력사에서도 극히 뚜렷하게 발현되였는바 그 시기에 루씨는 원시—공동체 제도로부터 봉건적 사회 체제에로 최종적으로 이행하였었다. 블라지미르와 야로슬라브시기의 기독교적 건축술과 회화의 개화는 비록 그것이 보다 초기 단계의 인민적—구전적(口傳的)예술의 상대적인 극복에 토대하여 발생되였다 하더라도 동부 슬라브인들의 보다 초기 예술에 비하면 결정적으로 일보 전진이였다는 것은 다물 수 없는 사실이다.

우리는 인민적인 조형적 전설이 후면으로 밀리여 나갔다고 해서 애석하게 생각할 수는 없는 것이며 또 애석하게 생각해서도 안되는 것이다. 뿐만 아니라 우리는 끼예브의 쏘피야의 모자이크적 형상들의 준엄한 위대성이 체르니고브의 향연용(饗宴用) 피리에 대한 그림에서 표현된 소박한 태고적 세계를 어떻게 압박하고 있는가를 명백히 볼 수 있다.

(주一) 칼 맑스 에프·엥겔쓰 전집 제一四권、 一八三페지。
(주二) 칼 맑스 에프·엥겔쓰 전집 제一六권 제一부, 九八페지。

계급 사회에서의 예술의 모순적인 발전의 다른 한 측면으로 되는 것은 세계 예술의 역사 상에서는 개인과 사회간에 불가피적으로 갈등이 발생한다는 그것이다. 개인적 리익과 사회 적 리익간의 모순은 온갖 적대적 계급 사회가 가지고 있는 본성이다. 이 모순은 개인의 리 익과 사회의 리익간의 적대성이 사회적 적대성의 가장 중요한 발현의 하나로 되여 있는 계급 적인 사회 구조 일반에서 뗄 수 없는 것이며 오로지 사회주의 사회만이 이 모순을 제거한다. 따라서 계급 사회의 예술 발전에서 발생하며, 각이한 시기에 각이하게 드러나는 기본 문제는 계급 의 하나는 인간과 사회와의 관계, 개인과 집단과의 관계에 대한 문제이다. 이 문제는 계급 중 사회의 모든 모순들과 마찬가지로 역시 자본주의 시기에 와서 완전히 첨예하게 발전되지만 그 것은 이미 사회 발전의 초기 단계인 고대 세계에서도 발생하였었다.

부르죠아 사회에서는 개별적 인간의 리익은 사회 발전의 요소들과의 날카로운 모순에 빠진 다. 부르죠아 예술이 환경에 대한 인간의 종속 문제를 그처럼 뚜렷하게 설정하며 군중에 대 한 주인공의 랑만적 대립과 개인을 끝없는 인과 관계의 『산물』로서 보는 자연주의 사이에서 동요하고 있는 것은 우연한 일이 아니다.

홉쁘스는 이미 그의 유명한 공식— 『만인에 대한 만인의 …전쟁』에서 자본주의의 승냥이 의 법칙을 정식화하였었다. 맑스는 지적하기를 『…… 모든 부르죠아 사회는 개성에 의하여 서로 몹시 분리된 개인들이 서로 반대하는 전쟁이며, 또 그것은 특권의 질곡으로부터 벗어난 맹목적 생활력의 전반적인 제재할 수 없는 운동이다.』(주)라고 하였다. 이러한 『전반적인 제

(주) 칼 맑스 에프·엥겔쓰 전집 제三권, 一四四페지.

재할 수 없는 운동』은 예술가로 하여금 자기와 류사한 수많은 사람들 사이에 살면서도 개성의 고독을 주장케 하는 결과를 가져온다。 一九세기 예술가들 중에서도 도미에는 무자비하고 쓸쓸한 도시로 도망간 세탁쟁이에 대한 그림、희一비극적인 선행(善行)의 탐구자인 돈 끼호떼에 대한 그림 혹은 그와는 반대로 벌써 그 아무런 개성도 없는 『폭동』에 대한 그림의 선풍을 통해서 이것을 더욱 심각하게 느꼈었다。

자본주의 시기의 사회 구조는 사람들에게 기괴한 힘으로 나타나며 또 이것은 비록 일면적이나마 사물의 현실적인 상태를 반영하였다。 이미 一七세기의 고전주의가 감정에 흥분된 개인의 열망과 의무 관념속에 체현되는 사회적 요구간의 불상용적인 적대성에서 기본적인 비극적 충돌을 보게 된 것은 우연한 일이 아니다。

그러나 이미 고대의 비극은 사람들의 개인적 열망을 파멸시키는 맹목적인 운명의 힘으로서 사회 발전의 불가항력을 들춰 내놓았던 것이다。

계급 사회에서는 개별적 인간의 천재와 예술적 재간이 수많은 개성들의 창조적 가능성들을 억압한 결과로 해당한 발전을 하게 된다는 것은 특징적이다。

예술적 천재는 그 무슨 『하늘에서 떨어지는』식으로 나타나는 것이 아니라 장구한 분업 과정의 결과로 나타나는 것이며、맑스와 엥겔쓰가 『도이체 이데울로기』에서 중시한 바와 같이 평균 수준에 때립되는 이 천재성은 오직 그 장구한 분업 과정의 덕택으로써만 발생할 수 있는 것이다。

한때 랑만주의자들은 중세기의 예술은 새 시대의 예술보다 훨씬 통속적이였다는 것을 강조하였다。 그들은 실로 그러한 원인이 자본주의적 생산 방법에 있다는 것을 리해하지 못하였다。 그러나 또 다른 한편으로 지적해 두어야 할 것은 중세기 예술의 그 소박한 형상들은 문화의 발전이 일반적으로 퍽 미약했던 까닭으로 一七세기 대가들의 풍부하게 발전된 작품들이 이미 『전문가』와 『문외한』으로 날카롭게 갈라져 있었던 동시대 사람들에게 리해된 것보다 중세기의 모든 사람들에게 더욱 리해되기 쉬웠다는 그점이다。 물론 문제는 렘브란뜨나 혹은 웰라스케쓰의 작품들이 그의 특별한 복잡성으로 말미암아 보통 사람에게 리해되기 어려웠다는 데 있는 것이 아니라, 보통 사람들의 생활이 빈궁함으로 말미암아 이 걸작들이 대다수 보통 사람들의 일상적 생활상 요구와 인연이 먼 것으로 되였다는 데 있는 것이다。 이미 만네리즘은 자기 예술의 특별한 『현묘성(玄妙性)』을 선전하였던 것인바, 이로 말미암아 그의 예술은 부르조아 사회의 기형적인 예술 발전의 초기 선포자의 하나로 되였었다。 대충은 예술에 접근할 수 없다는 리론과 『천재』에 관한 허위적인 부르조아 『리론』은 이와같이 하여 꾸며지고 있는 바 그 『리론』에 의하면 천재의 척도로 되는 것은 『평범성』의 결여 즉 다시 말해서 난해성에 있다는 것이다。

맑스와 엥겔쓰가 『도이체 이데올로기』에서 조소하였던 천재의 『유일성』에 관한 리론은 현대 반동적 부르조아 미학에서 특히 류행되고 있다。 이 리론이 추구하는 목적은 대충으로부터의 예술의 분리를 선언함에 있으며, 『창조적 개인』과 인민과의 기형적인 대립을 『영원불변』의 법칙으로서 선언하려는 데 있다。 그러나 실지 경험은 례컨대 프레론이나 기타 선진적인 불란서 화가들과 같이 인민의 편으로 가는 길을 찾으며, 인민의 리익을 표현하려고 노력하는 그러한 현대 서구라파 예술가들만이 자기들의 창작을 완전한 퇴폐로부터 구원하며 진정한 독창적 재능을 발휘하고 있다는 것을 증시하고 있다。

우리는 예술과 사회와의 관계를 연구할 때에 제기되는 다른 중요한 문제 즉 사회의 물질

적 발전과 그의 정신적 발전간의 불일치에 관한 문제에 대하여 이미 언급하였다. 그리고 우

리는 맑스의 로작 『정치 경제학 비판』 『서론』에서 사회의 정신적 발전은 보건대 그의 물질

적 기초의 발전 수준과는 아무런 일치도 없다고 한 바로 그 개소를 인용하였다.

그런즉 이번에는 이 문제의 약간 다른 측면에 주의를 돌리기로 하자. 문제는 사회 발전

의 물질적 수준의 개념 그 자체가 극히 정확한 력사적 분석을 요구한다는 것이다. 우리가

이미 해명한 바와 같이 여기서 언급되는 것은 단순히 생산력 발전의 절대적 수준을 두고 말하

는 것은 아니다. 사회의 부는 결코 이 사회 성원들의 기본 대중에게 정신적 발전의 가능성을

보장하는 그들의 부를 의미하는 것은 아니다. 소여의 사회—경제적 구성태에서 지배적인 생

산 판계는 사람들간의 계급적 정치적 및 사상적 관계를 결정한다. 때문에 사회적 적대성을

극단에까지 도달케 하는 부르죠아 사회는 사회적 갈등이 비교적 미발달한 토대 우에서 발생

하였으며, 예술가들이 생활에 대하여 비교적 완전하고 명백한 견해를 가질 수 있게 한 소박하

고 조잡하나 동시에 『투명한』 형태를 가졌던 고대 예술보다는 성격상으로 보아 전연 다른

예술을 조성한다는 것은 당연한 것이다. 바꾸어 말하면 예술적 인식의 대상으로 되는 소여

사회의 성격과 구조는 예술의 발전 수준과 그의 성격 자체를 규정하는 것이다.

맑스가 『잉여 가치설』에서 지적한 다음과 같은 말은 유명하다. 『……자본주의적 생산은

예술 및 시와 같은 정신적 생산의 일부 부문들에 대하여 적대적이다. 이러한 사정을 리해하

지 못할 때에는 이미 렛씽그의 조소를 받았던 一八세기 불란서인들의 망상 즉 우리는 고대보

다 기계문명 및 기타 등등에 있어서 훨씬 전진하였는데 어째서 우리는 서사시도 또한 창작할

지 못한단 말인가? 라는 그 망상에 빠지게 되는 것이다。이러구 보니 일리아드 대신에 헨리

아드가 나타나는 셈이다!』(주一) 실로 자본주의 사회와 그의 예술을 연구하면 자본주의 사회는

예술 발전을 위해 부적당하다는 움직일 수 없는 결론에 도달한다。

이러한 원인은 바로 부르죠아 사회의 생산 관계 자체에 있다。차본주의는 로동에서 그

의 창조적 성격을 박탈하였으며、생산 자체는 교환 가치의 생산으로、창조된 가치의 질에 대

해서는 무차별적인 추상적인 『물질적 부』로 전락되여버렸다。자본주의적 생산의 이러한 성

격은 『부의 물질적 대표자』(맑스)인 금전의 지배에서 가장 뚜렷하게 표현된다。맑스의 표

현에 의하면 금전이 가지는 전도력(顚倒力)은 우선 금권에 기초한 사회로 하여금 필연적으로

모든 자연적 관계를 전도(顚倒)시키며 인간의 온갖 능력과 재간을 무시케 하는 데 있는바 이

점에 대하여 맑스는 다음과 같이 말하였다。『만약 나에게 배울 수 있는 천부가 있어도 배우

기 위해 소요되는 금전이 없다면 학문에 대한 그 천부、다시 말해서 확실하고 진정한 그 천

부도 없어진다。그와는 반대로 만약 내가 실지로 학문에 대한 아무러한 천부도 가지고 있지

못하나 그러나 배우고 싶은 의지와 돈이 있다면 그것은 곧 나에게 배울 수 있는 확실한 천부

가 있다는 것을 의미한다。』(주二) 부르죠아 사상가들의 의견에 의하면 예술은 이와같이 재간을

가진 사람이 창조하는 것이 아니라 이 재간을 살 수 있는 돈을 가진 사람이 창조한다는 것

이다。악명높은 불라르로부터 시작하여 파리의 회화상인들의 가증스러운 력사는 이에 대한

(주一) 『예술에 관한 맑스와 엥겔쓰』、八九페지。

(주二) 『예술에 관한 맑스와 엥겔쓰』、六九페지。

저지 않은 실례들을 보여 준다。 초현실주의자들의 반발적인 란잡한 『예술』은 재간이 그것을

만들어내는 것이 아니라 딸라가 그것을 만들어낸다。 실로 부르죠아 사회에서는 자기의 창

작의 판로를 가지지 못한 재간은 재간이 아니다。

일찌기 봉건 사회에서는 예술적 개성을 발전시킬 수 있는 가능성이 극히 제한되여 있었

다。 부르죠아지가 비단 봉건사회 뿐만이 아니라 봉건주의에 고유했던 정신적 판계까지도

파괴한 것은 커다란 진보였다。 그러나 낡은 것을 파괴한 부르죠아지는 중세기적 가부장제 대

신에 금전상 리해 판계의 지배와 로골적이고 무자비한 착취를 내세웠다。

부르죠아지는 온갖 인간적 미덕을 외곡하고 창조적 로동을 돈벌이의 원천으로 전변시켰

으며 예술가를 자기들의 고용살이군으로 만들어버렸다。

우리는 중세기를 예술의 『황금 시대』로 표상하는 데서부터 출발하는 랑만주의자들의 부

르죠아적 판계에 대한 항의를 승인할 수는 없다。 그러나 파렴치하고 랭정한 부르죠아 사회

가 랑만주의적 비판의 목표로 된 것은 옳았다。

루넷쌍스 시기와 一七세기에 달성되였던 예술의 개화는 특별히 자본주의적 적대 판계가 비

교적 미발달된 데 기인하였던 것이며 이 개화는 낡은 봉건 사회와 새로운 부르죠아적 판계의

첨예한 적대성에 토대하여 일어났던 것이다。 부르죠아적 판계의 발전은 세계에 대한 중세기

적 판계의 협소성을 파괴하고 예술을 그의 사회적 내용면에 있어서나 또한 그의 형식면에 있

어서 대단히 풍부케 하였으며 또 북잡하게 하였는바 그 당시에는 비록 일면적이기는 하나 사람과

현상들과 사물에 대한 어느 정도의 직접성이 아직 보존되여 있었다。 이러한 정황은 一五——

七세기의 예술의 개화를 촉진시켰다。 만약 一七세기 화란 회화에서 나타난 일련의 징후들

고려하지 않는다면, 오직 一九세기에 들어와서만 예술은 그의 개별적인 발현물에서 특별히

부르죠아적인 성격을 떠게 되었다。문예 부흥기와 一七세기의 문화에 있어서는 맑스가 베콘

에 대하여 지적한 바와 같은 세계에 대한 소박한 감수성이 아직도 보존되고 있었다。바로

여기에 그 『쾌락주의 철학』의 원천이 있었는바 그 당시에는 이 쾌락주의 철학은…… 회상

기, 시가 및 소설 등등에서 표현된 직접적이고 소박한 생활관의 형태를 아직 보존하고 있었

다。(주)

미국 억만장자들 중의 소위 현대 『예술 애호가』들은 오직 작품에서 얻어낼 수 있는 판매

가격의 견지에서만 예술에 흥미를 느낀다。작품이 가지는 미는 딸라의 량에서 표현된다。이

러한 의미에서 볼때 현대 부르죠아 예술 『애호가들』은 순전한 봉건적 조갑성을 허다하게 가

지고 있었던 一五—一六세기의 예술가들 보다도 한없이 저급하다。례컨대 칼 五세는

그가 한 다스의 예술가들로부터 한 다스의 귀족들을 만들어낼 수는 있으나 한 다스의 귀족

들로부티는 한 사람의 찌찌안도 만들어낼 수 없다는 그 진리를 훌륭히 리해하였다는듯이

말들 한다。현대 예술 애호가는 『자기의』 결작품들을 구입하며 자부주의 시장은 『천재』를 만

들어내며 진정한 재간을 무자비하게 파멸시끼고 있다。

이와같이 부르죠아적 판계 자체의 발전은 예술의 완전 무결한 발전을 극난케 하는 장애

물들을 예술앞에 설정한다。그렇다고 이것은 결코 부르죠아지의 지배기였던 一九세기가 인

류에게 일련의 저명한 대가들을 내놓지 않았다는 것을 의미하는 것은 물론 아니다。예술은 결

(주) 칼 맑스 에프·엥겔쓰 전집 제四권, 四〇五페지。

코 자기 발전을 중지하는 일이 없을 뿐더러 그와는 반대로 예술에서는 많은 새로운 것과 진정

한 것이 창조되는 것이다。 거대한 규모로 전개된 반농노제적 해방 운동에 근거하여 一九세기

에 예술의 개화를 보았던 모씨야에 관해서는 더 말하지도 않거니와 가장 발달된 자본주의 나

라들에서도 우리는 일련의 영광스러운 이름들인 멜라크루와 도미예, 베토벤과 베르리오즈, 발

자끄와 딕켄스 및 기타 수많은 사람들의 이름을 들 수 있다。 그러나 처음부터 눈에 띄우는

것은 一九세기의 가장 거대한 모든 예술가들이 (로씨야 대가들도 이점에서 례외가 아니다)

생활에서 지배적이였던 자본주의적 제 관계를 이러저러한 형식으로 반대한 립장에 서 있었다

는 그 사실이다。 부르죠아 사회에서는 온갖 진정한 예술은 다만 그것이 부르죠아 사회를 반

대하는 투쟁 형태의 하나로 되는 한에 있어서만 존재할 수 있다。 이를테면 고대에 있어서는

퍼지, 중세기 로씨야에 있어서는 안드레이 루블레브, 문예 부흥기에 있어서는 라파엘 등이 자

기 시대의 제도에 대한 옹호자들이였다면 一九세기의 위대한 예술가들 중에는 자본주의를

옹호한 사람은 한 사람도 없었다。

예술에 대한 자본주의의 적대성의 문제를 고찰함에 있어서는 (우리가 보는 바와 같이 온

갖 진정한 예술은 자본주의에 대해서 적대적이다) 우리는 반드시 또 하나의 사실에 주의를

돌려야 한다。 즉 一九세기 예술의 개별적 형태들의 호상 관계를 연구함에 있어서 우리는 그

들 중의 약간의 형태들이 동일한 예술 형태의 보다 초기 단계들에 비하여 훨씬 미발달한 상태

애 처해 있다는 것을 보게 된다。 례컨대 우리는 자본주의 사회에서는 소설이 거대한 발전을

하였으나 다른 한편 연극은 특히 비극은 고대 사회나 혹은 섹쓰피어의 시대나 또는 위대한

서 반아 극작가들과 불란서 극작가들의 시대에서 보다 훨씬 적게 발달되고 있다는 것을 보게 되

다。또 우리는 서구라파에서 자본주의가 발전된 시기인 一九세기에서 음악의 찬란한 개화를 보게 되는 동시에 조각의 일정한 쇠퇴를 보게 된다。그리고 마지막으로 一九세기에 있어서는 건축과 같은 예술 형태가 지극히 쇠퇴되였다는 것은 극히 특징적이다。

一九세기 후반기의 로써야 예술의 발전이 특별한 정경을 나타내고 있다는 것을 겸하여 지적한다。이와같은 특별한 정경은 이미 지적한 바와 같이 로써야 발전의 특유한 력사적 제 조건에 의하여, 무엇보다도 먼저 농노제도를 반대하고 뒤이어 자본주의를 반대한 인민 해방 운동의 힘에 의하여 결정되였었다。

그러나 우리는 로써야에서도 역시 예술적 산문과 회화 및 음악은 비교적 발전되였으나 조각과 특히 건축 예술은 상대적으로 뒤떨어져 있었다는 것을 보게 된다。

그것은 상당히 복잡한 정경을 보이고 있으나 그러나 그 속에서도 일정한 합법칙성을 지적할 수 있다。

인간을 기형화하는 분업과, 『잉여 가치의 비밀』과, 빈자와 부자간의 엄청난 분렬과, 인류의 온갖 장점을 타락시키며 온갖 인간 관계를 파괴하는 돈의 힘 등의 가장 심각한 모순들을 가지고 있는 자본주의 사회는 분석적이고 비판적인 예술의 복잡한 형태들을 통하여서만 정확하게 묘사될 수 있는 것이며 따라서 자본주의 사회에서는 예술의 각이한 형태들은 동일한 상태에 처해 있지는 않는 것이다。

례컨대 사회 생활의 모순들을 심각하게 분석할 수 있는 소설과 같은 그러한 종류의 예술은 자본주의 사회에서 가장 광범하게 발전된다。이와 함께 현실의 재료를 무엇보다도 먼저, 례컨대 음악과 같이, 정서와 체험을 통하여 가공하는 주로 주관적인 서정시적 예술 형태들도 발전한다.

지배 계급과 가장 직접적으로 또 물질적으로 련결된 건축술이 부르죠아의 지배를 긍정할 때는 높은 예술로 될 수 없다는 것은 당연한 일이다. 때문에 건축술은 오늘날 쇠퇴하여 가고 있다. 건축 예술은 그것이 현존 사회 체제를 미술적으로 승인할 수 있는 그때에라야만 룡성하는 것이다.

현실을 심오하게 분석적으로 또 비판적으로 묘사한 예술적 산문을 찾아 보기는 그리 힘든 일은 아니다. 맑스와 엥겔쓰는 바로 이러한 예술적 산문으로서 발자끄의 작품을 평가하였으며 또 레닌은 똘쓰또이의 작품을 그러한 산문으로서 평가하였다. 회화에서는 부르죠아적 현실에 대한 심오하고 분석적인 비판을 전개하기에 가장 적합한 그러한 형태들과 쟌르들이 발전하였다. 一九세기의 모든 선진적인 회화가 「문학적」이였다는 그 리유도 또한 여기에 있다. 레삔은 「십자가 행진」을 통하여 모순속에 있는 로써야 생활의 광범한 정경을 보여주면서도 그는 또한 서술문과 단편 소설에 주의를 돌려야 했었다. 그리고 이것은 결함이 아니라 一九세기의 위대한 화가들이 가졌던 우점이였다.

만약 우리가 고대 세계를 고찰한다면 거기에서는 무엇보다도 먼저 현실에 대한 형상들의 조형적 미를 가장 완전하게 직접적으로 표현하는 그러한 종류의 예술이 발전하였음을 보게 된다. 고대 희랍에 있어서 예술의 지배적 분야는, 조각이였으며 다른 종류의 예술 작품들에서도 일종의 조각성을 말할 수 있을 정도였음은 우연한 일이 아니다.

바꾸어 말하면 계급 사회에서의 예술의 발전은 언제나 심각하고 또 말하자면 적대적인 모순들 속에서 실현된다. 그러면 그 모순들의 기본적 본질은 무엇에 있는가?

만약 온갖 예술의 목적이 현실을 인식하며 일종의 단정을 내리는 데 즉 다

시 말해서 세계를 아름다운 면과 추잡한 면들을 통하여 묘사하는 데 있다면, 계급적인, 우선

부르조아적인 사회의 예술에서는 불가피적으로 다음과 같은 모순이 발생하게 된다. 사회적

현실은 유기적으로 그에게 고유한 심각한 적대 관계들로써 충만되여 있다. 인간에 의한 인간

의 착취가 현존하고 있으며 일련의 한탄할만한 사회적 부정의들을 불가피하게 산생시키는 노

예화가 현존하기 때문에 사회적 현실은 미학적 판단의 견지로 **볼 때 추잡한** 기초우에 놓여 있

다. 이러한 사회적 부정의와 이러한 사회 제도의 「추악성」은 자본주의 시기에 들어와서 특

별히 드러나게 된다. 때문에 진정한 예술은 적대적 계급 사회의 사회적 현실에서 나타난 이

러한 근본적 현상들에서 생활의 진정한 미의 부정을 필연적으로 보게 된다. 그리하여 여기에

서 다음과 같은 이자택일의 불가피성이 생기는바 즉 예술은 말하자면 一九세기 사실주의

소설이 그러한 것처럼 현실의 자료속에 정렬적으로 파고 들어감으로써 현실의 이 모순들을

용감하게 들춰내며 그 모순들을 분석하며 그것에 비판을 가하고 그것을 폭로하며 지배 제도

와의 투쟁을 묘사해야 하든가 그렇지 않으면 예술가가 어떠한 생활상의 향상에 유혹을 받아

실생활과는 맞지도 않는 미학적 조화를 꾸며내야 하는가 해야 하는 것이다. 이 둘째번 길은

통례로 현존 사회를 반동적으로 옹호하는 결과를 가져온다. 이와같이 예술가는 지배적 생활 체

제를 반대하는 용감한 투사들 속에서 자기의 리상과 자기의 주인공을 보든가ー그러한 투사들이

갖는 긍정적 모범의 힘은 인간에 의한 인간의 역압을 부인하며 사회적 법칙으로 되여있는 무

자비성과 리기주의를 부인하는 데 있다. ー혹은 준엄한 생활의 시련을 「망각」하고 목가적인 조

정과 현실과의 타협을 추구하게 된다. 부르조아 세계의 초입에서 최초로 자각되는 계급 사회

에서의 예술 발전에 관한 『원망스러운』 문제들 중의 하나인 예술에서의 시가와 진실、미와 진리와의 관계 문제는 이렇게 해서 발생하는 것이다.

진리와 미、시가와 진실간의 제 모순의 가장 뚜렷한 표현으로 되는 것은 一九세기 예술이 또한 그 례로 되는바 一九세기 예술은 현실을 날카롭게 비판하며、현실의 병접을 폭로하며、레닌이 말한 것처럼 불가피적으로 모든 그리고 온갖 가면을 벗겨버리는 데로 나아가야 했었다。(一九세기 예술의 가장 우수한 작품들은 바로 그 길로 용감하게 나아갔었다) 그리고 이것은 자본주의 사회에서 예술이 걸을 수 있는 유일한 고결한 길인바 만약 예술이 진리에 충실하기를 원한다면 자본주의 시기에서는 그에게 다른 길은 없는 것이다.

一九세기 불란서 회화가 걸은 길은 이러한 사정을 여실히 례증하고 있다。 벨라크루아와 랑만주의자들은 부르죠아 사회의 모순들을 고통스럽게 느낀 동시에 또 그들은 현대 세계의 『진리』는 『저급한』 진리라는 것과 부르죠아 사회의 산문주의와、비운문성을 보았던 것이다。 그렇기 때문에 후기의 벨라크루아는 중세기 혹은 동방의 『아름다운 세계』에로 물러갔던 것이다。 도미예는 지배 제도의 추악한 면모를 무자비하게 폭로하는 데 계속 남아 있었으나 그도 역시 억압되고 로동과 빈궁으로 불구화된 인민의 대표자들을 아름답게 보여줄 수 있는 수법을 발견하지는 못하였다。 쿠르베는 결정적으로 미의 개념과 관계를 끊었을 뿐만 아니라 『추악』의 개념까지도 잃었었다。 그 결과 그의 후기 작품에서는 『생활의 진리』가 때때로 자연주의적 진부성의 락인을 받게 되었다。

이와는 반대로 형상의 『조화』를 유지하기 원하는 예술은 불가피적으로 생활의 진리로부터 물러나 부르죠아적 현실과 타협하게 되며 추잡한 생활앞에 항복하게 되며 극히 다종 다양

한 각종 형식들을 통하여 그를 리상화하며 허위를 일삼게 된다。 베그린, 퓨비스 데 샤완 등

등과 같은 그러한 예술가들의 예술에서 이것을 여실히 볼 수 있다。

이에 있어서 본질적인 것은 생활의 진리로부터 유리된 그 『미』란 가장 저급한 진부성에

가득찬 공허하고 무내용한 호언 장담에 불과하다는 그것이다。

그렇다고 부르죠아 사회의 선진적 예술가는 일반적으로 생활에서 미를 발견할 수 없는

것이라고 문제를 그렇게 설정할 필요는 물론 없다。 자연과 같은 그러한 『영원한』 가치에 관

해서는 말하지 않더라도 예술가는 우선 지배 제도를 반대하는 투쟁 속에서 미를 발견하며 자

본주의를 반대하여 투쟁하는 영웅들과 인민들 속에서 나온 사람들과 또한 아직도 영예와 인간의

량심이 유지되고 있는 온갖 곳에서 그 미를 본다。 델라크루아의 『보류에서의 자유』나 혹은

一九세기로써야 예술에서 볼 수 있는 일련의 긍정적인 형상들을 회상하기만 하여도 족할 것

이다。 그러나 문제는 예술가가 생활의 지배적 형태를 아름다운 것으로 묘사할 수는 없으며 또

반대로 아름다운 것을 생활에서 지배적인 것이라고 묘사할 수 없다는 데 있는 것이다。 바꾸

어 말하면 자본주의 사회에서는 예술가가 진리와의 엄청난 모순에 빠지지 않고서는 자기의

예술로서 그가 살고 있는 그 사회 제도를 긍정할 수 없다는 것이다。

예술의 실지 력사에서는 이 모순은 극히 복잡하고 혼란된 형태들로서 발현된다。 례컨대

一九세기 후반기의 로씨야 회화는 부르죠아ー농노제적 억압의 추악성을 가장 철저하게 묘사

하였을 뿐만 아니라 또한 자신의 리익을 위하여 싸우는 투사들과 인민에 대한 묘사에서 고상

한 시와 미를 발견할 줄도 알았던 것이다。 그러나 뻬로브와 크람스꼬이, 레삔과 쑤리꼬브들

에게 있어서 묘사의 대상으로 되였던 바로 그 객관적 현실 자체는 인민에 대한 불행과 고통

으로 가득차 있었으며 그들은 그 현실을 자기들이 마음속으로 그리고 있었던 것처럼 행복스럽고. 자유로운 것으로 묘사할 수는 없었던 것이당。그레브 우스뻰스끼는 그의 중편 소설 「브의뻐라밀라」를 썼을 때에 문제의 본질을 대단히 잘 감독하고 있었당。고대 립상의 아름다운 형상은 인간을 고상하게 하는바, 왜냐하면 그 형상은 인간에게 그가 어떠한 인간으로 되여야 하며 또 어떠한 인간으로 될 수 있는가 하는 그 모범을 보여주기 때문이당。그러나 동시에 씨미라드스끼가 자기의 「고대」 미인을 그렸을 때 이것은 고상한 모범인 것이 아니라, 그것은 인간을 진실로부터 떼여내려는 목적을 가진 허위였당。크람스꼬이와 뻬로브, 레삔과 쑤리브는 형상들을 생활에서 파악함으로써 고상한 모범들을 보여주었던 것이당。시와 진실에 대한 문제는 로씨야 예술의 가장 선진적인 사람들의 정신을 심히 흥분케 하였었당。이 문제에 대한 그들의 반향은 각양하였으나 레삔, 크람스꼬이 및 쌀뜨꼬브-쉐드린 등의 모든 선진 예술가들은 정도의 차이는 있으나 모두 예술에서 인간의 높은 미에 도달하기 위하여서는 생활 자체속에 있는 추악을 근절하여야 한다는 것을 리해하고 있었던 것이당。

쌀뜨꼬브-쉐드린은 자기의 동화-애가 ≪크라몰리니꼬브의 사건≫을 통하여 전제주의 로씨야의 조건하에서 일어난 적발자-예술가의 갈등을 감동적인 비극적 힘으로써 묘사하였당。「이 수수께끼 같은 세상에서는 참으로 진정하고도 고귀한 지향파는 반대되는 것만이 당연한 것으로 인정되는 것인가?」 하고 작가는 부르짖었당。그러나 이 고통스러운 부르짖음은 전부가 아니당! 그는 ·자·기·의· ·항·의· 그것만으로는 갈등을 해결할 수 없다는 것을 느끼고 있었당。그것은 「그가 자기의 독자와의 온갖 접촉을 상실하여 버렸으며 이 독자들은 그를 구속하는 속박을 파괴하기에는 너무도 무력」하였기 때문이였당。그리하여 남은 길은 오직 하나이었으니 그것은 사회 제도 자체를 파괴해 버리는 길이었다。 이 길은 혁명적 민주주의 자에게 있어 ㄷ진정하고도 고귀한 정신의 지향이 사회에서 「당연한 것」으로 되게 하기 위한 유일한 길이 였다。

시와 진실、 미와 진리와의 모순은 비단 부르조아 사회 내에서 뿐만이 아니라 적대적 계급들로 분리된 사회 일반에서는 해결될 수 없는 것이다。 이 모순은 오직 사회 제도 자체에서 사회의 상태와 그 사회의 선전적 사람들의 리상간에 있는 극복할 수 없는 모순이 실지로 제거 되며 또 사회적 리해 관계와 개인적 리해 관계와의 일치가 이며、 조성되고 적대 계급들 간의 투쟁이 근절되며 인민들의 정치—도덕적 통일이 이루어지는 그때에라야만 해결되는 것 이다。 그때에는 현실 자체에서 시와 진실과의 대립의 기초가 근절되며 또 사회주의 제도의 진실 자체가 심각한 시적인 것으로 되며 진정한 시는 진실한 방법으로써만 가능한 것으로 된 다。 바꾸어 말하면 이러한 해결은 사회주의 사회에서 실현된다。

그러나 계급 사회의 예술에 있어서는 시와 진실과의 모순은 불가피적이다。 생활을 현실 적으로 혁신하고 개선하려는 매 시기의 훌륭한 사람들의 갈망을 반영하는 미와 리상에 대한 예술의 열망 자체는 원칙적으로 극히 긍정적인 현상이다。 그러나 프로레타리아 혁명 이전에 있어서 상술한 모순의 불가피성은 생활의 현실적 개조를 위한 투쟁이 하나의 착취 및 억압형 태를 그의 다른 형태로서 바꾸어 놓았을 뿐이라는 데 있었던 것이다。 때문에 옛 시기에 있어 서는 가장 진보적인 미학적 리상도 언제나 일정한 공상성을 띠고 있었던 것이다。 루넷싼스의 예술은 그러한 공상적인 미학적 리상의 가장 훌륭한 모범의 하나인바、 그 리상은 인간 개성 의 자유와 가치에 대한 심각하고 진보적인 리해에 기초한 것이었다。 그러나 이 리상도 력사가 발전되에 따라 이미 라파엘의 예술에 있어서 우선 구체적 현실로부터 멀어져 나갔으며 다음에 가서는 새로운 사회적 적대성의 중압을 받아 공허한 생기없는 상아탑속에서 자기의 피난처를 발견하면서 사멸해 버렸다。

진리와 미와의 적대성의 고전적 실례로 되는 것은 一八세기 말의 불란서의 혁명적 고전주의이다。그의 고대적인 분장은 자라나는 부르죠아 제도의 현실적 모순들을 고상한 그러나 추상적인 리상의 외피로써 덮기 위한 필요한 가면이었다。조국을 위하여 목숨을 바치겠다고 맹세한 다비드의 호라치우스 형제는 그의 장엄한 빠포스 속에서 혁명적 행위의 진정한 감동을 반영하고는 있으나 그러나 그는 그의 리면(그 리면은 부르죠아적 리해관게의 탐욕성이 드러나는 실제적인 면이다)이 폭로되지 않도록 로마적 분장으로 자체를 가장하지 않으면 안 되였었다。

미와 진실과의 모순의 문제가 一八세기 말의 리론가들에 의하여 처음으로 뚜렷하게 정식화되었다는 것은 우연한 일이 아니다。그리고 이 정식학가 관념론적이었던 것도 우연한 일이 아니며 오직 체르늬쉡쓰끼만이 처음으로 그에게 결정적인 타격을 가할 수 있었던 것이당。관념론적 미학은 력사적으로 발생한 시와 진실과의 모순을 본원적이며 불가극복적인 것이라고 선언하였다。관념론적 미학은 사회적 적대 판게의 가혹한 세상을 궁궁과 철의 필연성이 지배하는 세상으로서 예술에 대립시켰는바, 판념론적 미학에 의하면 예술은 마치도 자유의 가상적 왕국인 ≪미학적 환상의 왕국≫(쉴러)을 창조할 사명이 있다는 것이다。그리하여 관념론적 미학에 있어서는 예술은 생활의 모순을 극복하는 수단으로 간주되였었다。그러나 이미 체르늬쉡쓰끼는 미의 개념을 현실게로 옮겨 놓으면서 만약 미와 진리간에 모순이 존재한다면 그 모순은 사물의 본성에 있는 것이 아니라 사회적 사실에 있는 것이며, 그리고 실지 생활은 우리가 생각하고 있는 그것과는 반드시 일치하는 것이 아니라는 것을 중시하였다. 그런즉 미학 자체의 분야에서도 혁명적 결론이 나오게 되는 불가피성은 여기에 있는 것이다.

이와 같이 유물론 철학가는 관념론적 미학이 고집한 진실과 미와의 대립의 《영구 불변성》이 무근거함을 중시하였다.

낡은 미학의 그 수많은 《저주로운》 문제들은 기본적인 사회적 모순의 소산이며 때문에 이 문제들은 사회적―미학적 리상과 사회의 상태간의 대립에서 또 예술의 목적과 예술의 대상으로 되는 현실간의 대립에서 드러나게 된다.

여기에서 또한 삶과 죽음, 의무와 감정, 행복과 불행, 부와 빈곤, 자유와 예속과 같은 그러한 미학상의 문제들이 발생하게 된다. 과거의 예술에서 제기된 가장 긴절하고 첨예한 문제중의 하나는 인간의 자유에 관한 문제이다. 과거의 우수한 사상가들은 이 문제에 대하여 깊이 생각하였었다. 선천적 예술은 비록 직접적이 아니라 간접적으로 또 례컨대 루벤스의 전설적 우화들에서처럼 복잡한 형태로서나마 항상 자유의 문제를 제기하였다.

예술에서의 자유의 문제는 인민 대중이 진행하며 사상가들이 적든 많든간에 뚜렷한 형태로 자각하는 자유를 위한 현실적 투쟁의 반영이다. 바로 그렇기 때문에 반동적 예술 사상가들도 이 문제를 회피할 수는 없는 것이다. 그러나 반동적 예술 사상가들은 자유의 리상을 위조하면서 이 문제를 인간의 사회로부터의 정신적 독립에 대한 문제로 설정한다. 그들은 예술을 자유의 《대용물》로 전환시키려고 시도한다. 이와 같은 환상적인 《자유》는 예술을

생활과 현실로부터 떨어진 『자유』에로 끌고 간다。례컨대 후기의 마레의 추상적 예술은 그러

한 랑만적인 사이비적 자유의 전형이였는바, 그것은 실지에 있어서 생활로부터 반동적으로

은퇴한 것이였다。칸트의 미학은 이러한 반동적 립장을 댄처음 리론적으로 표현한 것인

바, 그 미학은 계급 사회에서, 개중에서도 부르죠아 사회에서 온갖 예술이 가지는 그 가장

심각한 모순을 예술에 있어 영원한 것으로 선포하였었다。칸트의 미학은 생활의 준엄한 필연

성과 그의 무자비한 법칙에 대하여 ≪자유로운≫ 예술을 대립시키며 그 예술안에서는 이 철의

필연성에 대한 법칙이 마치도 제겨되는듯이 주장하며 거기서 인간은 마치도 자유의 왕국에

접근하게 되는듯이 주장한다。이것은 예술로 하여금 생활로부터 분리케 하며 자체를 생활에

대립케 하는 특별히 관념론적인 견해이다。그리고 이것은 바로 부르죠아 예술이 가지는, 현

실적 모순을 법칙으로서 주장하려는 시도이다。

그러나 온갖 진정한 예술 즉 사실주의 예술은 부르죠아 사회에서 환상적인 이쁜 형상을

구며내는 방향을 취하는 것이 아니라 언제나 준엄한 생활의 진실을 묘사하는 방향을 취한

다。진정한 예술은 자유롭고 아름다운 사람을 묘사하는 것이 아니라 (왜냐하면 그러한 사람

은 현실에 없기 때문에) 자유를 위하여 현실적으로 투쟁하는 형상들을 묘사하며 또 모든 사

멸하여가는 반동적인 것을 비판 폭로함으로써 현실적 자유를 위하여 투쟁한다。

실로써야 민주주의자들의 경향적 전투적 예술이나 혹은 一九세기 서구라파 민주주의

자들의 경향적 전투적 예술은 그들이 예술에 제기된 ≪고상한 유훈≫을 거부하며 또 그들이

생활을 리상화하고 고상화하는 것이 아니라 그와는 반대로 바로 ≪하층≫ 생활의 한 복판으로

들어간다고 하여 반동분자들로부터 자주 비난을 받았었다。잡지 ≪예술의 세계≫는 삐로브와

크랍스끼이, 레삔과 사위쯔끼들이 《생활의 진탕》속에 몰두하고 마치도 예술의 미를 망각하였다고 하여 그들을 비난하면서 뻬레드위쥬니끼들을 반대하는 그와 같은 독설을 설새없이 퍼부었었다。 그러나 뻬레드위쥬니끼의 예술의 (더우기나 그것은 진정한 미이다) 그 예술이 직접 또는 간접으로 자유를 위한 인민의 투쟁을 반영함으로써 부르죠아 세계에서 자유를 얻기 위하여서는 무엇보다도 먼저 자본주의 제도 자체를 현실적으로 숙청해 버려야 한다는 그 진리의 천명을 촉진시키는 데 있는 것이다。

프로레타리아 혁명으로써 온갖 노예 상태를 현실적으로 숙청할 수 있는 가능성이 벌써 있으며, 때문에 예술에서의 자유의 문제가 자본주의적 및 온갖 기타의 노예 상태를 반대하는 투쟁의 문제로서 해결될 수 있는 그러한 부르죠아 사회에서는 예술에 관한 문제는 바로 이와 같은 것이다。그러나 보다 이른 시대에서는 이와는 달랐다。 고대의 노예들과 중세기의 농노들과 원시 축적 시대의 시민 대중의 운동은 예술에 있어서 직접적으로 또는 간접적으로 반영될 수 있었으나 그러나 그러한 반영은 불가피적으로 사회적 령역 일반에서 일어난 공상적 학설들과 류사한 공상적 형태를 취하였었다。 때문에 거기에서는 예술에서의 혁명적 강령은 모순적이며 흔히 신비적인 성격을 떠며 혁명 운동 자체의 힘과 약점을 동시에 반영한다。

한편으로 이른 시기의 예술에서는 자유에 대한 대중의 전반적이며 광범한 열망이 반영된당, 루넷쌍스 예술의 격관적 내용은 바로 자유롭고 행복스러운 인간 리상의 형성에 귀착되는바이리상은 드좃또 또는 마잣쵸의 예술에서와 같이 직접적으로 민주주의적 형태를 취할 수도 있고 또한 그것은 일련의 후기 크바트로첸티스트 (一五세기 이태리 예술가)들에 있어서와 같이 보다 협소하며 성격상으로 보아 귀족적인 리상으로서 형성될 수도 있다. 그러나 그 시기에 있어서 대중의 혁명적 투쟁이 력사적으로 필연적인 요구와 그의 실천적인 불가능성 간의 비극적인 충돌을 체험하였다는 그 사실은 평민 대중에 직접 가까운 예술이 언제나 투쟁의 긍정적인 리상을 묘사하는 데서 보다 인민 대중의 고통을 묘사함에 있어서 더욱 강한 힘을 발휘케 하였다. 그 예술의 주인공은 투사보다도 희생자가 훨씬 더 많았으며 결코 승리자는 없었다. 중세기 후기의 최대 운동이였던 두일에서의 위대한 농민 전쟁이 비단 뒤러르뿐만이 아니라 또한 그류네발드와 같은 그러한 예술가까지도 낳게 한 것은 우연한 일이 아니였던바 그류네발드의 창작에서는 농민 의식의 편견들이 가장 뚜렷하게 반영되였었다. 우리는 브레이겔에 있어서 우선 억압을 반대하는 격노한 항의를 보게 된다. 유명한 뮤테르의 판화들에서와 같이 게시 (啓示) 문학적 힘이 정면에 나타날 때에라야만 불타는 분노는 법왕과 황제를 선두로 하는 세계의 온갖 주인들을 무자비하게 결식시키는 것이다. 이와 같이 一九세기 이전의 옛날 예술에 있어서는 자유에 관한 문제는 현실적으로 해결될 수 없는 것으로서 남게 되며 심지어 그 문제의 진보적인 해석에 있어서조차도 흔히 공상주의적인 흔적을 떠였였다.

계급 사회에서의 예술 발전의 그후 전 시기를 통하여, 고대 예술이 『규범이며 도달할 수 없는 모범』으로 되여 있은 리유는 이로부터 명백해진다. 고전적 희랍은 자유의 문제를 가장 완전하게 해결할 수 있었으나 그것은 오직 노예를 그 리익의 범위에서 제외함으로써만 가능하였던 것이다.

고전 시대에서는 희랍 예술가들은 주인과 노예들과의 호상 관계를 깊이 생각하지 않았었

다。그들은 힘에 겨운 물질적 로동과 압박의 일체 부담들이 사람들의 어깨로부터 제거되는

그때에라야만 인간의 자유로운 조화가 발생한다는 것을 당연한 것으로 간주하였다。고대의

『자연스러운』 질서는 이러하였다。 그러나 희랍인들에게 있어서 가능하였던 그것은 현대의

고통스러운 갈등을 초월하려고 애쓴 고전주의자들의 쓸데없는 선망의 대상으로 되었다。

우리는 예술의 『원망스러운』 문제들 중의 하나를 실례로 들었다。그 중의 대개 문제들은

특별히 전면적으로 분석해야 할 대상으로 될 수 있을 것이다。그러나 이러한 모든 『영원한』

문제들은 계급 사회 내에 존재하는 모순들과 밀접히 련결되여 있으며 결국 사회주의 사회에

가서는 불가피적으로 제거된다는 것을 지적하는 것이 중요하다。

계급 사회에서의 예술 발전의 모든 결함들과 모순들은 현대 퇴폐적인 부르죠아 예술에

있어서 타기할 추태들을 가지고 가장 날카롭게 표현된다。

현대 부르죠아 예술은 오늘날의 부르죠아 사상의 수준과 상태를 표현하는 것인바, 심각

하게 퇴폐하고 있는 그 부르죠아 사상은 죽어가는 사회 제도를 절망적으로 옹호하려 하고

있다。

바로 현대 부르죠아 예술에서 예술에 대한 자본주의의 적대성이 전면적으로 폭로되고 있

다。현대 형식주의적 서방 회화의 기형성과 기괴성, 죄악과 폭행의 설교, 인간을 야수의 수

준으로 끌어 내리는 것은 제국주의적 『덕행』인—침략, 전쟁, 근로 대중에 대한

략탈 및 기만을 파렴치하게 선전하는 것을 그 목적으로 한다。예술이 사상적으로 부패됨에

따라 그 형식들도 타락되고 있다。그것은 오늘날의 반인민적 형식주의는 (그리고 온갖 형식

주의도) 형식의 파탄이며, 조화와 미의 부인이며, 가장 기본적이고 필연적인 예술 법칙들의

와 해로 되기 때문이다.

　현대 부르죠아 예술의 이러한 위기는 너무도 심각하고 전면적이며 또 몸서리치도록 추악스러운 것이여서 그의 퇴폐적인 형식들 속에는 마치도 인류가 적대적 계급 사회의 조건하에서 그의 전체 발전 행정을 통하여 축적한 그 모든 추악한 것들이 한데 접결되여 있는 것 같다. 이 낡은 퇴폐로부터 예술을 구출하기 위하여서는 반드시 사회적 조건들을 근본적으로 변경시켜야 한다. 쏘련에서와 인민 민주주의 나라들에서의 예술 발전의 실례는 그 사회적 기초를 근본적으로 건전케 하는 것이 예술의 개화를 위한 전제 조건으로 된다는 사실을 여실히 실증하여 주고 있다. 모든 길이 공산주의에로 이르고 있는 우리 시대에서는 오직 사회주의단이 예술의 성과적 발전을 위한 가장 광활한 가능성을 보장하여 준다.

예술에서의 사실주의의 제문제

예술적 의식, 다름아닌 현실 세계에 대한 인식의 력사가 예술사의 본질적 내용일진대, 현

실의 객관적 반영을 제공하는 그러한 예술적 방법으로서의 사실주의에 대한 문제가 쏘베트

예술론의 중점적인 문제로 제기되는 것은 당연한 일이다.

이미 언급한 바와 같이 레닌적 반영론은 예술에서 우선 생활의 반영 그 자체를 볼 것

과, 예술가가 자기의 작품에서 생활의 본질적 표현들을 얼마나 심오하고 완전하게 반영하

고 있는가 하는 관점에서 예술을 평가할 것을 우리들에게 교시하고 있다.

우리들은 우리 과학의 중심적 개념의 기본 내용을 정확히 파악함으로써, 실천적인 예술학

적 생활에서 사실주의에 대하여 흔히 말하게 된다. 생활 즉 현실을 다소간의 차이는 있으나

객관적이고 진실하게 반영하고 있는 온갖 예술을 불러 사실주의라고 칭한다. 이러한 공식은

사실주의의 예술의 각이한 표본에 대한 자기의 연구에서 얻어지는 예술학자들의 경험적 관찰

의 성과이다.

우리들은 지난 시기 예술의 제 현상을 사실성의 견지에서 항상 관찰한다. 최근 이러저

러한 예술적 사실들을 그것들이 사실주의의 또는 『사실주의적 요소』나마도 내포하고 있는가

하는 견지에서 연구하는 태도는 연구자들이 가져야 할 초보적인 과학적 필요성으로 되였다.

그러나 이것은 예술사에서 사실주의에 대한 문제가 이미 충분히 해명되였다는 것을 의미하지

는 않는다。이 분야에는 아직도 연구하여야 할 많은 문제들이 남아 있으나 이 개요에서는 이

문제에 관한 몇몇 측면들만을 분석하여 브려고 한다。유감스럽게도 사실주의에 대한 설명은

때로는 오늘날에 있어서도 단순한 주석적 설명의 성격을 떠고 있으며 연구에 대한 일반적인

력사적 개념과 일치되지 못하고 있다。다른 면으로는 사실주의도 기타의 스타일적 현상들과

동등한 예술사의 한개 현상으로서 등장하는 것이라고 보는 사실주의에 대한 견해가 아직도

광범히 보급된채 있다。이와같이 一九세기의 예술사를 말하자면 도식적으로 대체로 다음과

같은 스타일의 계기성(繼起性)에서 고찰하고 있다。즉 세기초에는 고전주의가 지배하다가

다음에는 랑만주의가 이를 교체하고 그 다음으로는 사실주의 시기가 시작되였으나 이것은 곧

인상주의 등등에 의하여 교체되였다고 한다。이러한 개념에 의하면 사실주의는 말하자면 일시

적인 에피소드적인 력사적 의의를 가지는 한개의 스타일로서 나타나게 된다。정말 이러한

가。만약 상술한 개념에 따라 고찰하게 된다면 사실주의는 그러한 개념으로 말미암아 예술사

의 일반적이며 객관적인 합법칙성으로서가 아니라 예술사에 있어서의 다소간의 잠시적인 한

개의 에피소드로서 고찰하게 될 것이다。이와같은 고찰의 태도는 옳지 못한 평가를 이끌

어내게 된다。사실에 있어서 구르베를 一九세기 불란서의 거장으로, 가장 철저한 사실

주의적 대가로 간주함이 과연 정당할 것인가? 이러한 단정적(斷定的)인 주장은 무리한

주장이라고 생각된다。제리꼬의 가치는 그가 구르베가 나올 수 있는 전제 조건을 미리 지어

주었다는 그것만으로써는 결코 다할 수 없는 것인바 사실인즉 도미예는 많은 점에서 그것

도 혁명적—랑만주의 경향을 무릅쓰고서가 아니라 바로 그 경향으로 말미암아 구르베보다 뛰

여나고 있다。

어떠한 경우에 있어서나 꾸묘베의 창작에서 （그를 가장 높이 평가하는 경우일지라도） 一九세기 불란서 예술 발전의 절대적인 최고 결정을 찾아본다는 것은 두말할 것도 없이 력사적 과정을 협소화하며 빈곤화하는 태도이다.

나의 견해에 의하면 사실주의를 고전주의나 랑만주의 등등과 함께 예술의 력사에서 찾아볼 수 있는 한개의 스타일로 간주한다는 것은 오유일 것이다. 이러한 견해에 의하면 사실주의는 오늘은 존재할 수 있는 스타일이나 래일은 흔적도 없이 사라지고 말 것이고, 오늘은 력사적으로 합법적이나 래일은 랑만주의나 혹은 말하자면 바록꼬 등등의 발전이 합법칙적으로 되게 된다.

우리 과학에 있어서 얼마전까지도 아주 널리 전파되여 있었고 아직 오늘날에 있어서도 어느 정도 류행되고 있는 이러한 종류의 견해는 본질적으로 세계 예술사에 대한 형식주의적 관념에서 출발하고 있다. 한때 속류 사회 학자들에 의하여 쏘베트 예술학에 도입된 형식주의적 스타일론이 이러한 개념의 기초로 되고 있다.

형식주의적 예술학에서는 스타일이란 개념에게 이 개념의 통용 한계—만약 그렇게 표현할 수 있다면—를 훨씬 벗어나는 특별한 위치를 부여하고 있다. 주지하는 바와 같이 형식주의는 예술의 력사가 스타일의 력사이라는 사상을 전개하였다. 형식주의적 예술학에서는 형식적 수법의 총체이며 체계인 스타일이란 개념이 기초적인 의의를 띠고 있다. 이리하여 예술적 현상들의 모든 다양성은 극히 추상적인 징표들을 가진 일정한 스타일의 개념에 억지로 들어 맞추어졌다. 웰라쓰케스의 명료하고 심각한 예술에서와 비극적으로 복잡한 렘브란트의 예술에서와 환희의 감정에 가득찬 뻬벤쯔의 예술에서와 합리적이고 체계적인 뿌쎈의 예술에서 공통적인 형식상의 특징들을 찾게 된다면 웰리플린의 의견에 의하면 바록끄의 양식을 이루는 몇몇 순전히 형식적인 추상화를 보게 될 따름이다。 스타일에 대한 이러한 도식적인 개념에서는 비단 예술작품이 가지는 모든 개별적 특성이나 또는 예술가가 가지는 개성이 말살될 뿐만 아니라 무엇보다 중요한 임의의 예술 현상이 갖는 사상—예술적 내용이 말소되는 것이다。 웰리플린이 예술가도 없고 『이름도 없는 예술사』에 대하여 공상한 것도 우연한 일이 아닌바 그 예술사에서는 구체적인 예술가들과 개별적인 현상들은 스타일이란 개념으로 통합되는 형식들의 가장 일반적 범주속에 사라져 버린다。 이와 동시에 도식화가 그렇게도 크고 개념은 추상적이고 공허한 것으로 되느니만치 구체적인 예술사는 二—三개의 『스타일』의 단순한 교체로 귀착된다。

이러한 스타일들은 각이한 형식주의적 개념들에서 각이하게 규정된다。 그러나 개념을 최대한으로 추상화하려는 그 경향 자체는 자기 모순을 아주 웅변적으로 폭로하고 있다。 이리하여 온갖 다양성과 복잡성을 내포하고 있는 전체 예술의 력사는 빈약한 스타일이란 범주 안에 푸토끄르스트의 침대식으로 되여 있었다。 이러한 『스타일』이란 개념이 가지는 정표들이 이렇게도 『전체 포괄적』이니만치 비단 동시적인 현상들 뿐만 아니라 또한 호상 수백년간의 간격을 가지는 현상들까지도 여기에 맞추어 넣을 수 있게 된다。 『구체적인』 규정을 내림에 있어서도 결국 전 세계 예술사를 위하여 두개의 스타일, 한껏 많아서 세개의 스타일이 있으면 충분하게 된다。 리글리는 도처에서 『촉각적』 스타일에 의한 『시각적』 스타일의 교체를 찾아 내고 있다。 끈—위네르는 예술사를 구성적 스타일과 파괴적 스타일 및 장식적 스타일의 교체로서 고찰하였다。 웰리플린은 예술사를 『바록끄』에 의한 『루넷쌍스』의 교체로 보고 있다。

이리하여 엄격한 의미에서의 바록파 뿐만 아니라 헬레니즘도 『바록적 스타일』로 되며 一九세기에 있어서는 고전주의의 『루넷쌍스적 스타일』에 대립되는 랑만주의자들의 회화도 『바록피적인 것으로 된다. 이와같이 그러한 의미에서의 스타일의 개념은 현실에 대한 예술가의 관계에 관한 문제를 전적으로 제거해 버린다는 것을 말하지 않더라도 이 개념은 아무러한 구체적인 력사적 내용도 없고 또 가질 수도 없는 공허한 추상화에로 간단히 전환되는 것이다.

형식주의자들에게 있어 중요한 것은 예술가가 자기의 작품들을 통하여 무엇을 반영하고 있으며 현실을 어떠한 견지에서 판단하는가가 아니라 따라서 예술의 객관적 내용이 아니라 마치도 자체의 내재적 법칙에 의하여 발전되는듯한 표현 수단의 체계 뿐이다. 이와같이 형식주의는 현실로부터 예술을 유리시키기 위하여 예술에 대한 관념론적 견해를 횡포하게 설교하고 있다. 형식주의자들은 예술적 『표현 수단』을 통하여 실재적인 현실 자체가 갖는 객관적 속성들의 주관적 반영을 보는 것이 아니라 세계를 『사고하는』 순전히 주관적인 체계만을 보고 있다. 때문에 형식주의적 예술학은 소위 『형식적 범주들』 즉 색채, 공간, 리듬 등등을 실재적 사물의 객관적 속성들의 반영으로서가 아니라 순전히 주관적인 『환상』의 범주들로 간주하였다.

형식주의자들에 의하여 전개된 『환상』의 체계로서의 『스타일론』은 그들이 가지는 이와같은 반동적 개념의 직접적 표현으로 된다. 형식주의의 견지에 의하면 예술은 현실의 반영이 아니라만치 예술의 표현 수단들은 자기 만족적 흥미로 된다. 때문에 『스타일』 자체는 그 시대에 고유한 『사고 방법』에 부합되는 수법의 체계로서 리해되고 있었다. 이와같은 각이한 스타일의 특징들에 대한 기술은 본질적으로 형식주의 예술학의 내용으로 되여 있었다。형식의 내재적 진화, 즉 형식의 변화는 심각하게 의곡된 이 개념들로 말미암아 한개의 스타일의 다른 스타일에 의한 교체로 귀착된다。이로부터 형식주의자들은 사실주의 자체도 『형식적 체계』의 하나로 될 수 있다고 간주함으로써 예술에서의 사실주의를 반대함을 목적하는 일련의 결론들을 이끌어내였다。사실주의는 이러한 견지에 의하면 현실의 객관적 반영이 아니라 임의의 다른 주관적 방법과 동등한 『세계를 사고하는』 단순한 한개의 방법으로 된다。레컨대 형식주의자들은 구라파 회화에서 표현된 공간의 재현을 연구하면서 중세기 예술가들이 소위 『역(逆) 원근 화법』을 철저하게 리용하였다는 것을 즉 축도(縮圖)에서 사물을 축소되지 않고 깊이 확대된 것으로 묘사하였다고 확언하였다。주지하는 바와 같이 문예 부흥기의 예술은 직접 원근 화법의 법칙들을 대단히 많이 연구하여 놓았는바 이리하여 一五세기 예술가들은 처음으로 공간에서 대상들을 정확히 묘사하기 시작했다。이러한 사실은 우리들에게 있어서는 현실을 객관적으로 반영함에 있어서의 현저한 진보로 되나 형식주의자들에게 있어서는 『직접』 원근화법도 『역』 원근화법도 동등한 것이며 더 정확히 말하면 다 같이 『공간적 사유』의 주관적 형식으로 된다。즉 이러한 화법들은 단순하게 각이한 스타일의 체계속에 포함되여버린다。

반동적인 형식주의는 『스타일』이란 낡은 개념을 리용하여 우리들이 이미 본 바와 같이 이 개념에게 세계 예술사를 규정하는 범주의 의의를 붙임으로써 그에게 특별한 의의를 부여하였다。『스타일』이라는 술어가 (이 술어는 일찌기 고대 시기로부터 사용되어 왔다) 최초에는 순전히 주관적인 의의를 떠였다는 것은 아주 특정적이다。스타일—이것은 예술가의 창작

버릇이며 개인적인 문체이며, 자기의 사상을 예술적으로 표현하는 수법이다. 더욱 후기에 와서 一六세기 말부터 시작하여 특히는 一八세기의 고전주의적 미학에서 아까데미끄한 학설이 발전됨에 따라 스타일의 개념은 예술성에 대한 어떤 규범, 법칙, 말하자면 표준이라는 의의를 떠게 되었는바 이 표준에 따라 즉 예술 작품이 『스타일』에 적응하고 있는가 혹은 적응하고 있지 않는가에 따라 그 작품을 판단하였다. 독일 예술학에서는 심지어 스타일의 규범에 적응한다는 의미로 《Stylgemäss》(스타일에 알맞게)라는 술어까지 생기게 되었다.

그러나 一九세기의 三·四분세기까지 존재하였던 온갖 예술론은 이 술어에게 결코 원칙적인 성격을 부여한 적이 없었다. 부르죠아 문화가 퇴폐하기 시작하는 동시에 형식주의적 예술학이 하나의 류파로서 겨우 형성되기 시작하던 바로 一九세기 말에 스타일에 대한 문제는 원칙적인 성격을 띠게 되었다. 바로 그때에 형식주의적 예술학의 창시자들인 웰리프린과 리글리에 의하여 형식주의적 스타일론이 작성되었다.

때로는 개별적 예술가들의 창작들이 정반대되는 사상적 내용을 가지고 있음에도 불구하고 동일한 사회—경제적 현실에 기초하여 자라난 동일한 시기의 예술이 몇몇 성질상으로나 특징상으로 류사점을 가지게 됨을 부정할 수 없는 것은 물론이며 이 경우에 있어서 더우기 중요하게 강조해야 할 점은 그 류사점이 비단 형식상에만 있지 않다는 그것이다.

실로 一七세기의 예술은 전반적으로 심오하고 력학적인 구성이나 또는 형식에 대한 회화적 명암(明暗) 취급의 결정적인 발전뿐만 아니라 생활의 심각한 내적 모순을 묘사하는 경향을 그의 특색으로 하고 있었다. 루벤쓰와 렘브란뜨의 『십자가에서 내리우다』는 그것이 사상적으로 대립되는 많은 점을 가지고 있기는 하나 그러나 강한 극적 요소를 고유하게 가지고

있는 것이다。 웰라쓰케스의 『녀방직공들』파 렘브란트의 『방탕한 자식』을 라파엘의 『론쟁』파

비교해 본다면 전자들은 더욱 일상성에 가까울 뿐만 아니라 부단히 변화하는 생활을 반영하

고 있다는 의미에 있어서도 보다 더 심오하다。 브루니의 『동(銅)으로 만든 룡(龍)』파 아·이

와 노브의 『예수의 출현』은 상호 근사한 점이 있는데 그것은 형식적 수법의 분야에만 있는 것

이 아니다。 이 작품의 화가들은 비록 그 량자의 작품들이 가지는 내용이 대립되지 않을 정

도로 극히 판이하기는 하나 력사적이며 영웅적인 내용을 담은 한개의 장엄한 종합적인 화폭

을 그리는 데로 쓸리고 있다。

이 공통성은 다소간의 정도의 차이는 있으나 각이한 시기마다 명확하게 표현되고 있다。

이 공통성은 두개의 각이한 사회적 구성태가 공존하는 그 사회에서는 사라진다。 이리하여

사회주의의 토대우에서 자라난 쏘베트 예술과 붕괴되여가는 부르죠아 제도의 추악한 소산물

인 현대 외국의 형식주의와의 사이에는 아무려한 공통성도 없으며 또 있을 수도 없다。

이와같이 매 세기의 예술 문화는 형식상의 범주에 있어서 뿐만 아니라 예술적 내용의 보

다 심오한 모멘트에 있어서도 일정한 공통성을 가지고 나타난다。 뿐만 아니라 형식상의 수

법 자체는 예술의 산 내용의 공통성의 한도내에서 그의 공통성을 가진다。 례컨대 바록피적

꼼뜨지쩌야 (구도)의 다나미까는 생활을 극적으로 묘사하려는 지향의 결과이다。

각이한, 혼히는 적대적인 계급들의 사상적 뮤기로 복무하며 각이한 사회적 립장에서 실

재적인 사회적 갈등과 투쟁하는 적대적 계급 사회의 예술에서 이상과 같은 의심할 바 없는

공통성이 발생하여 그 공통성으로 말미암아 조금만 숙달된 눈을 가진 사람이면 누구나 다 그

것이 一六세기의 물건인지 또는 一七세기의 물건인지, 그리고 一九세기 전반기의 것인지 후

반기의 것인지를 용이하게 구별할 수 있으며 심지어는 七〇년대의 작품인지 八〇년대의 작품

인지를 분별할 수 있는 것은 무엇 때문인가.

여기에서 기교와 총체적인 수법의 발전, 말하자면 일반적으로 사용하는 표현 방법의 발

전이 거대한 역할을 논한다는 것은 론쟁할 여지가 없으나 또한 다른 원인도 있다.

이 원인에 대해서는 이상에서 이미 다른 문제와 관련하여 언급하였다. 예술은 현실의

반영이다. 적대적인 계급적 리해관계의 존재는 사회 생활 자체내에서도 한 계급을 다른 계급

으로부터 절연시키지는 않는다. 이·브·쓰딸린은 다음과 같이 교시하였다. 『가혹한 계급투

쟁의 존재로 말미암아 마치 사회가 한 사회내에서 이미 경제적으로 서로 련결되여 있지 않는

계급들로 붕괴한듯이 보는 것은 물론 옳지 않다.』(주) 이 가장 중요한 사실은 예술에 있어

서 다음과 같은 결과를 가지게 되는바 그것은 각이한 사상적 립장에서 진행되는 현실에 대

한 예술적 반영이 어떻든간에 결국 동일한 사회적 현실을 과악하려는 시도 (그 과악이 바

로 어떠한 과악인가는 별개의 문제이다) 이라는 그것이다. 까싸뜨낀과 쓰모브는 서로

사상적으로 대립되는 예술가들이기는 하나 그들의 예술은 다같이 二〇세기 초엽의 로써야

생활 즉 그의 근본적인 사회 문제들에 의해서 산생되었다. 물론 까싸뜨낀은 로써야로

동 계급을 심오하고 정당하게 묘사하였으나 쓰모브는 그가 중요한 현실을 떠나 귀족적 과

거를 망상하는 세계에로 말아났다는 것이 무엇보다 중요하다. 이러한 의미에서 그들의 예술

은 로써야 민족 문화에서의 두개 문화의 뚜렷한 실례이다. 그러나 이러한 사실도 두개 문

(주) 이·브·쓰딸린, 맑스주의와 언어학의 제 문제, 국립 정치 서적 출판사, 一九五二, 一九페지.

화의 대표자들이 결국 동일한 대상 즉 그 시대의 사회를 어차피 직접 또는 간접으로 취급하여야 한다는 그것을 제거하지는 않는다. 예술의 대상인 사회적 현실의 이러한 공통성으로 말미암아 항상 필수적이라고는 할 수 없다 할지라도 그러나 수많은 경우들에 있어 소여 시기의 예술 문화는 공통적이며 전형적인 특정들을 가지게 된다. 바로 피 시대의 예술가들은 생활 문제에 대하여 아주 다양한 답변을 주고 있으나 그들은 모두다 자기 시대의 당시의 복잡한 갈등들과 투쟁하기 위하여 부득불 그 갈등들을 이러저러한 방법으로 파악하지 않으면 안되였다.

바로 여기에 한 시대의 예술이 가지는 공통적 특징이 발생할 수 있는 실재적인 근거가 있다고 생각된다. 이 공통성은 (우리는 이 공통성을 『스타일』이라는 술어로써 표시할 용의가 있다) 구체적인 력사적 분석에 의하여 설명될 수 있다. 왜냐하면 현실의 각각 형태로서의 예술을 고찰함으로써 이 공통성을 리해할 수 있기 때문이다. 그러나 이 공통성은 『스타일』이란 형식주의적 범주와는 아무러한 공통성도 가지지 않는다.

이러한 복안으로써 대체로 맑스주의적 스타일론을 연구 작성할 수 있을 것이다. 이와 같은 해석에 의하면 한 시대의 예술의 공통적인 특정들은 『표현 형식』으로서나 『사유 수법』으로서가 아니라 일정한 시기의 예술에 의하여 이러저러하게 반영되는 현실의 통일로서 규정된다. 예술의 이러한 『통일』은 예술이 대렵적인 조류들로 분할된다는 사실을 배제하지 않을뿐더러 반대로 그것을 전제로 한다.

지금에 와서는 우리들에게 형식주의적 스타일론의 결함이 명백하게 되였으나 아직 ―二五년전만 하더라도 그 리론은 쏘베트 예술학에서 아주 광범히 류행되고 있었다.

二一〇

二〇년대와 三〇년대 초의 쏘베트 예술학에서는 각이한 형식주의적 영향이 아직도 극히

강하게 작용하였으며 부분적으로는 상술한 스타일론도 응당한 비판도 없이 접수되고 광범히

류행되였다。二〇년대의 하반기와 三〇년대에 이르러 형식주의의 기본적 견해의 원칙들이

결정적인 비판을 받았을 때도 스타일에 대한 개념은—바로 이 개념속에 형식주의적 예술학의

수법과 방법 자체들이 그의 맹렬한 관념론적 본질을 통하여 가장 뚜렷이 표현되고 있었음에

도 불구하고—비판 대상으로 되여 있지 않았다。

형식주의적 예술사의 기본적인 근본 원칙들을 리해하기 위해서는 우선 사실주의와 대립

되며 근본적으로 적대되는 방법인 형식주의의 근본 결함들을 들추어내야 한다。이와 동시

에 애당초부터 거부하여야 할 것은 형식주의에 있어서 기본적인 것이 마치도 형식 문제에 대

하여 특별히 우선적인 주의를 돌리며 내용을 도외시하는 데 있는듯이 간주하는 아주 널리 전

파된 오해이다。 형식주의의 주요 결함은 관념론적 인식론의 기본에 그 근원이 있다。형식

주의의 본질은 예술이 생활로부터 원칙적으로 독립하고 있다는 명제를 그가 제기하고 있으며

또 예술은 생활을 반영하지 않으며 반영할 수도 없다고 주장하고 있는 그 점에 있다。형식

주의는 불가지론으로부터 출발하여 예술을 생활과 대립시키고 있다。 즉 초기의 형식주의의 사

상가의 한 사람인 콘라드 피들레르는 예술이 인식의 방법이나 현실 반영의 수법인 것이 아니

라「새로운 현실」창조의 수단인바 그 수단에 의하여 인간들은『놀랄만한 경험의 접적』을 정

돈한다고 간주하였다。형식주의자들은 반동적인 신 칸트주의 철학에 의거하여 주장하기를

세계는 인식할 수 없고 따라서 예술적 의식도 포함한 인간 의식은 객관적 현실과는 상관없는

어떤 순수한 주관적인 것이라고 하였다。

현실의 재현에서 표현되는 형식주의 예술가들의 무구속적일 뿐만 아니라, 구태여 말한다면 근본적인 전단이 여기에서 나온다. 예술가가 무엇을 보며 그가 무엇인가를 진실하게 보는가 하는 문제는 중요치 않다. 악명높은 형식주의적 구호 「나는 이렇게 본다」의 뒤에는 예술의 객관적 내용에 대한 온갖 부정을 음폐하고 있다. 내가 푸른 말을 「보게」 될진대 이려한 동물들의 무리를 서로 쌓올려서 이 모든 것을 「푸른 말의 탑」이라고 부를 수 있으며 (독일 표현주의자 프·마르끄) 또 만약 내가 무의미한 기하학적 평면으로 분해된 인간의 얼굴을 「보게 될진대」 나는 불란서 럽체파들 모양으로 「초상화」를 그리게 된다는 것이다. 일찌기 쿨로드 모네는 루안의 대 교회당을 각이한 시간과 각이한 천기의 조건하에서 한 세리야의 그 텀으로 묘사함에 있어서 장미색으로도 감람색―록색으로도 보라색으로도 선명한 황색으로도 묘사함으로 마치도 사물에는 객관적으로 존재하는 특성이 없고 모든 것은 주관적 재현에 있는 뜻이 관객을 확신시키며 했다. 형식주의자들에게 있어 현실 제계를 의곡하는 기형적인 자의는 제계를 객관적으로 인식하는 예술의 능력을 부정하는 데 기초하고 있다. 이들에 의하면 제계는 인식할 수 없으며 인간 사유는 인상의 혼란을 「체계화」하는 방법일 따름이다. 만약 형식주의자들에게 있어서 현실의 인식이 예술의 목적으로 되지 않고, 피드레르가 말한대로 예술은 오로지 「새로운 실재」를 창조만 한다면, 임의의 예술에 대한 평가는 모두 이 「새로운 실재」의 요소들을 설정하는 데만 귀착될 따름이며 또 이 요소들은 자기 자체 외에는 다른 내용들은 가지지 않으니만치 불가피하게 형식적인 요소들로 된다. 만약 이렇게 된다면 인간 의식의 내용을 연구해서는 안되며 그의 형식만을 특정지을 수 있을 뿐이다. 예술이 형식주의의 관념론적 개념대로 현실과 관련을 가지지 않게만 된다면 곧 예술은 그 자체내에 생생한 내용도 가지지 않게 되며 예술적 현상은 사색하는 방식과 주관적 『표현 형식』으로써만 서로 구별되게 된다. 이리하여 스타일도 예술적 사유의 일정한 수법이며 사유 형식으로 된다.

이와같이 형식주의의 기본 결함은 예술의 기술 분야에 있는 것이 아니라 인식론 분야에서 폭로된다. 형식주의는 관념론과 불가지론에 기초함으로써 예술에 의한 현실의 가인식성 자체를 부정한다. 이와 동시에 스타일이란은 형식주의가 예술적 창작의 발전을 순전히 주관적인 『사유 체계』의 교체로 간주하며고 하느니만치 형식주의적 반동의 립장에서 예술사를 위조하려는 시도이다.

형식주의는 세계 예술사를 스타일의 교체의 력사로, 더 정확히 말하면 단순한 스타일의 변천의 력사로 고찰함으로써 예술사의 기본 문제—예술에 의한 현실 인식의 문제—를 제거하며 모든 문제를 『예술적 사유』의 형식적 요소의 변화와 진화에로 귀착시킨다.

만약 이와 같이 예술사를 고찰하게 될진대 사실주의는 다름아닌 『예술적으로 사색하는』 (웰리플린의 표현에 의하면) 일정한 수법에 불과하게 된다. 『사실주의』란 개념의 형식주의적 외곡은 사실주의에서 가장 중요한 것인 현실의 진실한 반영을 거세하는 결과를 가져오게 된다. 형식주의자들에게 있어서 사실주의의—이것은 형식적 요소들의 일정한 총체인바 예술가는 이것에 의하여 감성적으로 지각한 현실 형태들을 『모방한다는』 것이다.

형식주의자들은 『사실주의』라는 술어에다 형용사 『소박한』을 첨부하기를 즐긴다. 형식주의자들의 리론에 의하면 사실주의는 『보통』 사람의 눈에 의한 지각의 소박한 모방이다. 때문에 형식주의의 견지에 의하면 사실주의는 예술적 사유의 한 방식으로서나 또는 마찬가지로 어떤 다른 모든 스타일과 더불어 세계 예술사의 스타일의 하나로서 고찰될 수 있다는 것이다。

　형식주의자들은 사실주의를 세계 예술사의 『스타일의 하나』 라고 주장하면서 다른 스타일들에게 훨씬 더 중요한 의의를 부여하고 있으며 그리고 온갖 경우에 있어서 사실주의를 고전주의、랑만주의、자연주의 등등과 같은 그러한 형상들과、동일한 위치에 놓고 고찰하고 있다。 그러나 사실주의와 이러한 스타일들은 다른 계렬에 속하는 현상들이며 개념이다。

　반동적 부르죠아 과학에서는—특히 최근 一〇년간에—사실주의가 특별한 증오를 받고 있다。 반동적 부르죠아 과학은 사실주의의 역할을 될 수 있는대로 축소시킴을 자기의 기본 목적으로 삼고 있다。

　예술에서의 사실주의의 횡포한 적들 중의 한 사람이며 화란 문화사학자 호이진가—현대 부료죠아 과학에서 아주 이름이 났고 우리 세기 二〇—三〇년대의 반동적 예술학의 『정신의 통치자』—는 예술에서의 사실주의 시기—이것은 마치도 에피소드적이고 우연적이며 신비한 예술의 『위대한 세기』 사이에 놓여 있는 『중간적 시기』 인듯이 주장하였다。 그의 의견에 의하면 사실주의 시기는 예술이 현실을 초월해야 한다는 그의 『기본적인 (호이진가에 의하면)』 사명을 거절하는 예술의 『타죄(墮罪)』 시기일 따름이다。 사실주의에 대한 이러한 휘방의 사상적 내용은 아주 뚜렷하다。 즉 그것은 형식주의의 변호자들이 아주 그럴듯하게 자기 견지에서 예술에 있어서 현실을 객관적으로 천명하는 것을 반대하여 나서고 있는 그것이다。

　그러나 호이진가나 세계 예술에서의 사실주의의 발전의 정경을 위조하려고 시도하는 모든 사람들은 사실을 위조하고 되는대로 이러저러하게 자료를 외곡하지 않으면 안되였었다는 것은 알만하다。 형식주의적 리론은 모든 문제를 묘사의 의적 확실성에다 귀착시키고 사실주의에 대해서는 강조、과장 및 그로테스크 등등에 대한 권리까지도 부인함으로써 사실주의를 자연주의에로 끌어넣었다。이러한 근거밑에서 예술사에 대한 자기류의 『교열』이 진행되였다。례를 들어 호이진가는 브레이겔리와 렘브란트 등등이 사실주의자가 아닌 것처럼 쉑쓰피어와 쎄르반테스도 사실주의자가 아니라고 아주 심중하게 주장하였다。이와같이 처음에는 사실주의의 개념이 위조되고 그 다음에는 이러한 위조된 개념에 근거하여 묵살할 수도 없고 부정할 수도 없는 그 모든 위대한 작품들을 사실주의의 범위에서 제거하려고 시도하였다。바로 이렇기 때문에 반동적 예술학은 지난 시기의 모든 위대한 예술가들이 사실주의자가 아니였다느니 아마 『전적으로는』 사실주의자가 아니였으리라는 것을 증명하려고 그렇게도 집요하게 덤비고 있다。

례컨대 혁명전 로씨야의 형식주의적 평론가들은 페도또브와 쑤리꼬브와 같은 그러한 명수들을 『신비파(神秘派)』라고 선언했다。례컨대 현대 부르죠아 예술학이 대단히 적은 부류의 예술가들만을、뿐만 아니라 보통 제二차적 명수들만을 사실주의자들이라고 간주하고 있는 것은 특징적이다。세계 예술사에서 어떤 거대한 현상으로 되는 모든 것을 이러저러하게 비사실주의적 예술로 표현하려고 시도하고 있다。예술사의 가장 조잡한 위조는 형식주의자들의 『과학』의 보통 수단으로 되여 있는바 이 『과학』은 사실주의를 무서워하는 나머지 과거의 모든 것을 몰락하는 현대 부르죠아 예술 일색으로 만들려고 애쓰고 있다。

2

맑스—레닌주의의 견지에 의하면 사실주의에 대한 문제는 세계 예술사의 부분적인 문제가 아니다. 이 문제는 예술이 현실 반영의 일정한 형식이라는 쏘베트 미학의 기본 테제에 의거하고 있다.

이미 이상에서 세계의 가인식성에 관한 기본적인 인식론적 명제가 맑스—레닌주의적 예술론의 출발점으로 되여야 함을 지적하였다. 결국 예술적 의식도 포함한 인간 의식은 객관적으로 현실을 반영할 수 있는 능력을 가지고 있다. 이로부터 예술의 성과는 결국 예술에 의한 세계 파악의 정도와 깊이로써 규정된다는 것이 명백하게 된다. 그러나 이 명제를 피상적으로 리해해서는 안된다.

예술사는 복잡한 과정인바 거기에서는 현실에 대한 객관적이며 사실주의적인 인식의 발전이 때때로 굴곡되고 라선형적인 방법으로 진행된다. 사실주의의 개화기는 퇴폐기를 교체하게 된다. 사실주의의 발전에 있어서 력사적으로 새로운 매개 단계는 보다 이른 시기에 고유했던 방법의 어떤 단편을 흔히 상실하고 그 어떤 새것을 가져온다. 세계 예술 문화 발전의 정경을 아무려한 모순도 없는 「평탄한」 진보로서 묘사하는 것은 맑스—레닌주의적 변증법의 길로가 아니라 부르죠아적 실증주의의 길로 나아감을 의미한다. 바로 그런 까닭에 사회적 의식의 력사가 가

계급 투쟁은 착취 계급들의 존재로 말미암아 진리에 대한 혼미와 고의적인 외곡으로 충만된 사회적 의식을 통하여 복잡하게 반영된다. 바로 그런 까닭에 사회적 의식의 력사가 가지는 현실적 내용—이것은 인간에 의한 세계의 객관적 인식 과정 즉 관념론과 주관주의의 모

든 또는 온갖 형태를 반대하는 투쟁을 통하여 수행되는 과정인 것이다. 때문에 세계에 대한 객관적이고 진실한 예술적 파악은 그와 같은 반동적 경향들과의 빈번하고도 매우 긴장된 극적인 투쟁을 통하여 자기의 진로를 개척하고 있다.

만약 이러한 측도에서 세계의 예술사를 다룬다면 이 예술사는 반드시 세계에 대한 예술적 인식의 력사로서 우리들 앞에 나타나게 될 것이며 거기에서는 모순이기는 하나 객관적 현실의 항상 새로운 측면들이 점차적으로 천명될 것이다. 때문에 전체 세계의 예술사를 세계에 대한 예술적 인식의 력사로서 고찰할 수 있으며 또 반드시 그러한 것으로서 연구하여야 한다. 즉 객관적으로 진정한、바꾸어 말하면 사실주의적인 예술의 생성(生成)、형성화 및 발전의 력사로서 또 각이한 반사실주의적 조류와 그와의 투쟁의 력사로 볼 수 있고 또 그렇게 연구하여야 한다.

나는 여기서 예술을 다른 사회적 의식 형태 즉 철학과 대비하여 보는 것이 아주 적절하다고 생각한다. 철학사의 내용을 각이한 체계와 조류—유물론적、관념론적 및 불가지론적—의 교체 또는 더 정확히 말하여 전이로서 고찰하는 것은 옳지 않다. 이러한 태도는 세계에 대한 실제적인 지식의 장성과 발전을 고려하지 않느니만치 객관주의에 빠지게 된다. 아•아•쥬다노브는 철학사의 대상을 다음과 같이 특징지었다. 『따라서 과학적인 철학사는 과학적인 유물론적 세계관과 그의 법칙들의 배태(胚胎)、발생 및 발전의 력사이다. 유물론이 관념론적 조류들과의 투쟁에서 장성、발전된 것이니만치 철학사도 또한 유물론과 관념론과의 투쟁의 력사다。』(주)

(주) 아•아•쥬다노브, 그•프•알렉싼드로브의 저서「서구라파 철학사」에 관한 로론회에서의 연설。

우리들은 예술사에서도 그 력사의 긍정적이며 객관적인 내용 즉 진실하고 사실주의적인

현실 반영의 력사에 대하여 반드시 관심을 돌려야 한다。 그러나 예술사에 있어 사실주의의

발전이 현실로부터의 유리 또는 적어도 일면적이며 외곡된 현실의 반영을 표시하는 각이한

경향과 류파들과의 투쟁을 통하여 이루어지는 것이니만치 예술사도 사실주의적 경향과 각이

한 형태의 반사실주의적 경향들과의 투쟁 력사이다。

적대적인 사회적 리해 관계가 존재하는 계급 사회에서는 예술 발전의 기본적, 진보적,

사실주의적 로선은 진보와 적대되는 보수적인 사회 세력들의 지향과 요구에 의하여 산생된

반대되는 경향과 대립하여 있다。

물론 이것을 기계적으로 리해하여 일정한 시기의 모든 예술가들을 단순히 사실주의자들

파 반사실주의적 경향의 지지자들로 갈라 놓을 수 있다고 생각해서는 안된다。 예술에 있어

서 상술한 모순은 철학에서 보다 더욱 복잡한 형태로 나타나는바 철학은 현실에 대한 일반

적이고 리론적인 자각이니만치 거기에서는 철학의 기본 문제—존재가 우위인가 또는 의식이

우위인가—에 대한 해당한 대답이 다소 명확하게 해명된다。

예술에서는 사실주의적 경향과 반사실주의적 경향이 하나의 동일한 예술가의 창작에서

극히 모순되게 엉킬 수 있다。 이러한 예술가의 예술이 가지는 제한된 측면들이 그의 사실주

의적 지향을 제압하며 때로는 그것을 기형화할 수도 있다。 예술사가들은 반드시 매개 구체적

인 경우에 있어 예술적 현상에서 나타난 진보적인 경향을。 바꾸어 말하면 사실주의적 측면을

드러내는 동시에 만약 문제가 모순적인 현상에 관련될 때는 그의 완전한 해명을 방해하는 그

것도 분석해 내여야 한다。 이러한 견지에서 고찰할 때는 설사 레뻰이나 렘브란트의 예술을 분

석함에 있어서도 특별한 곤난이 없다。 그러나 례컨대 고직크의 조각에 대해서는 문제가 훨씬 더 복잡하게 된다。 이 조각에서는 대립된 경향들의 긴장된 투쟁이 나타나고 있다。 우리들은 이 조각에서 그의 모든 풍부한 주관적 세계를 가진 실재적 인간을 묘사하려는 진보적인 지향을 찾아보게 되는 동시에 고직크 예술의 기독교적—중세기적 측면이 혼히 이러한 선진적 경향들을 일종의 대립성에로 즉 신비적인 열광과 자의적인 주관주의에로 전환시키고 있음을 보게 된다。 그러나 어떻든간에 매개 대가들의 진정한 기여는 그의 창작물이 인류의 예술 발전에서의 새로운 전진으로 되면서 그 자체의 사실주의적 측면에 의하여 이러한 발전속에 포함된다는 데 귀착된다。 실로 우리가 안드레이 루블레브를 평가하는 것은 그가 그린 성상화에 그 창작물이 객관적 현실의 어떠한 측면을 반영하고 파악하는가에 따라 즉 결국에 있어서는 서—아주 명백한 력사적 원인에 의하여—그 시대의 종교적 편견들이 반영되고 있기 때문이 아니라 력사적으로 제한된 형식을 가진 그의 성상에서 인간들과 인간의 미와、 인간의 중대한 사명에 관한 그 당시의 선진적 사상이 표현되여 있기 때문이다。 이것은 그 당시로서는 선진적으로 발현된 생활에 대한 실제적인 파악이였다。 이것 없이는 루블레브의 예술은 불피코 우리 시대까지 존속되지 못하였을 것이다。

적대적 계급 사회의 조건하에서는 모든 경우에 있어서 비록 모순되게 나타날 수 있을지 언정 항상 대립적인 경향들이 뚜렷이 존재한다。 례를 들어 一九세기 로써야 예술에서 알렉싼드로 이와노브의 회화는 그 후의 브루노의 예술과 대립되며 레삔의 예술은 웨니그의 예술에게、 쑤리꼬브는 브론니꼬브에게、 쎄로브는 쏘모브에게 각각 대립된다。 사회의 진보를 제지시킴에 관심을 가지는 보수적 계급들이 존재하기만 하면 반사실주의 경향은 항상 그리고 불가피하게 예술에 반영된다。 적대적 계급 사회에서의 예술 발전의 이러한 법칙은 부르죠아 문화의 붕괴시기인 제국주의 시기에 와서 아주 신랄하게 발현된다。 경제적 사회적 및 문화적 진보의 혹심한 질곡으로 결정적으로 전환된 자본주의 사회는 자본주의 국가들에서의 어용적 예술 생활의 모든 피상성이 충만되여 있는 혐오스럽고、 극도로 퇴폐적이며 기형적이고 허위적인 『예술』을 산생시키고 있다。 다만 평화와 민주주의와 사회주의를 위한 투쟁과 자기의 창작을 결부시키고 있는 그 예술가들만이 자본주의 국가들에서 자기의 예술을 부르죠아 문화의 전반적인 혼미에 성과적으로 대치시키고 있다。

지적해야 할 것은 이 투쟁 자체와 인민들의 근본적인 리해 관계와의 련계가 때로는 복잡하기는 하나 점차적으로 발현되고 있는 사실주의적 방법을 탐구하려는 경향을 조건지어주고 있다는 그것이다。 一九四五년 이후의 불란서의 선진적 예술의 력사가 이에 대한 뚜렷한 증거로 된다。 『신(新)레알리즘』 화가 그루빠인 푸죄론、 잠보、 밀로 및 기타들은 인민에게 접근한 예술의 요구를 파악한 새롭고 진실한 예술적 방법을 탐구하게 되였다。

이와같이 사실주의의—이는 다른 것들과 나란이 예술사에 존재하였던 그 수많은 『스타일』들 중의 하나가 아니다。 문제는 세계 예술사의 긍정적이고 객관적인 내용을 천명하는 데 있다。

예술에서의 사실주의에 대한 문제—이는 현실의 객관적 반영에 대한 문제이다。 이러저려한 력사적 형태를 가지는 사실주의는 온갖 진정한 예술의 기본으로 된다。 바로 그런 까닭에 사실주의에 그 어떤 스타일에 관한 문제보다 훨씬 더 광범위한 문제이다。

또한 제계 예술사가 사실주의 예술의 모순적 발전의 력사로서 고찰되여야 한다는 리유도 바

토 여기에 있다. 이러한 과정은 대단히 복잡하다. 이상에서 이미 언급한 바와 같이 적대 계급으로 분할된 사회의 조건하에서는 각이한 반사실주의적 경향들과 류파들이 발생하게 되는 것은 불가피하다.

일찌기 원시 사회에 있어서도 세계에 대한 예술적 파악의 원시적인 사실주의 방법과, 비상한 생동적인 명료성을 띤 문헌적으로 증명된 구석기 시대의 벽화와 함께 원시인들의 자연에 대한 실천적 지배의 미약성에 의하여 제약된 도식적이며 추상적인 묘사가 발현되였었다.

그후 적대적 계급 사회가 발생함과 더불어 자기의 사회적 립장으로 말미암아 진실을 음폐함에 리해 관계를 가진 계급들이 존재함으로써 때때로 객관적—사실주의 예술의 경향을 제멋대로 뜯어고치는 반사실주의적 경향이 불가피하게 산생하게 되였다. 그러나 우리들이 세계 예술사에서 반사실주의적 경향에 어떠한 의의를 부여하든지 간에 어떻든 세계 예술사의 발전이 가지는 기본적 의의와 그의 기본적인 내용은 바로 현실에 대한 예술적 인식의 사실주의적이며 유일하게 객관적인 예술적 인식의 방법의 발전으로 고찰되여야 한다.

바로 그런 까닭에 사실주의를 형식적 특징들의 총체로서 즉 스타일로서 규정한다는 것은 사실주의를 예술사의 기본 내용의 지위로부터 많전 적전 개별적 현상의 수준에로 이끌어감을 의미하기 때문이다.

력사적으로 규정된 구체적인 사회적 갈등이 존재하고 있는 계급 사회에 있어서 반사실주의적 경향의 발생은 지배적인 착취자 계급들이 이 갈등을 의식하고 그와 투쟁하는 그 수법과 항상 결부되여 있다. 사회에서 물질적 변혁에 대한 요구가 발생하고 선진 계급의 사상가들이 이 요구의 실현을 촉진할 수 있게 될 때 그들은 사회 생활의 본질을 정당히 천명함으로써 세계를 사실주의적으로 묘사한다. 그러나 무대에서 물러가는 계급들의 리해 관계는 이와 상반되는바 그 계급들에 속하는 사상가들의 지향은 갈등을 몽롱하게 하고 그 갈등의 혁명적 해결을 방해하며 이를 위해 현실의 진정한 내용을 음폐함으로써 현실을 외곡하지 않으면 안 된다는 데 있다.

부르죠아 혁명의 준비기인 一八세기 불란서의 귀족 예술을 례로 들면 부쉐와 그를 둘러싼 예술가 그루빠의 창작에는 현실의 준엄한 모순에 대해서 눈을 감게 하고 아주 경박한 무사 태평적인 형상의 세계를 창조하려는 시도가 뚜렷이 나타나고 있다. 혁명을 준비하던 이 시기에 도덕적 빠포스로 충만된 제三 신분들의 건전하고 사실주의적인 예술이 이러한 세계에 첨예하게 대립한 것도 우연한 일이 아니다.

그러나 중요하게 강조할 것은 객관적 진리의 어떠한 요소들도 전연 찾아볼 수 없는 그러한 현상들은 과거의 예술에는 없다는 그것이다. 귀족 문화 로꼬꼬가 (美術의 一樣式) 기본적으로 또 주로 반사실주의적이였을진대 이는 부르죠아 혁명 전야의 귀족 계급 자체의 처지에 그 원인이 있다. 낡은 제도의 사상가들은 의식적이건 무의식적이건 봉건 제도의 필연적 리해 관계를 분쇄할 수 있었던 그 진리로부터 외면을 하게 되였었다. 그레자와는 반대로 부쉐의 예술에는 진정한 인민, 선진적 도덕의 리상, 미적 자각에 대한 일상적인 권리의 확인이 없다. 그러나 역시 부쉐의 예술에도 로꼬꼬의 예술가들이 그의 리상을 위해 투쟁한 그 계급의 근본적 리해에 모순되지 않는 한에 있어서 그 어떤 사실주의적 측면들이 내포되여 있다. 비록 그것이 대단히 제한된 형식을 통해서이기는 하나 향락을 위한 직접적인 빠에시야, 사상과 감정의 우아(優雅)한 아름다움,—이 모든 것들은 그 기초에 실제적인 진리를 가지고 있다.

따라서 로꼬꼬 예술이 매력을 일으키는 비밀은 여기에 있다.

착취자 계급들이 더는 존재할 하등의 력사적 필연성도 없게 된 시기의 산물이며 반동적 제국주의 부르죠아지의 리해관계를 객관적으로 고수하고 있는 형식주의만은 현실의 객관적이고—진실한 반영의 어떠한 요소도 내포하지 않고 있다. 형식주의가 가지고 있는 모든 것은 철저한 공허, 허위, 기형 및 찌니즘이다. 형식주의에는 과거의 예술의 반 사실주의적 경향이 철저하고도 체계적인 피이성을 통하여 응결되여 있는듯 하다.

3

이번에는 사실주의에 대하여 더 깊이 분석하여 보기로 하자.

사실주의는 예술사에서 아주 각이한 형태들을 가진다. 우리들은 서로 같은 점이 아주 없는 현상들도—당당하게—사실주의라고 부른다—쏘포크레스와 쉐익스피어,쎄르반테스와 똘스또이,뿌쉬낀과 고리끼,렘브란뜨와 라파에르,레삔과 끼쁘렌쓰끼—등 어느 그루빠의 이름이나 닥치는대로 선택하여 보더라도 얼마나 다양한 현상들을 우리들이 사실주의 예술이라고 규정하는가를 곧 알 수 있을 것이다.

심지어 어떠한 초보적인 예술적 과제를 들어 불지라도 문제가 아주 복잡하다는 것을 알게 된다。례컨대 인물을 사실주의적으로 묘사한다는 것은 무엇을 의미하는가? 뿔리끌레뜨가 그린 리상적으로 조화된 도리파 청년의 보편적—조형적 묘사는 사실주의적이며 청춘의 전률어 풍부한 도 나쩰로의 조각 다비드의 심오하게 개성화된 육체는 사실주의적이다。 끼쁘렌쓰까가 그린 흐브쓰또바야의 침착하고 똑똑한 면모와 레삔이 그린 쓰뜨레빼또바야의 극적으로 적동된 형상은 사실주의적이다。

우리들이 만약 사실주의를 스타일에 대한 형식적인 범주로서 고찰하게 된다면 어떠한 특정들의 총체를 사실주의의 이러한 모든 실재적인 력사적 현상들의 범위밖으로 뽑아내게 되는바 이것은 전혀 있을 수 없는 일이다。 미론에게도 드곳또 브레이겔리에게도 펨브란뜨에게도、 끼쁘렌쓰끼、 페도또브、 레삔、 쎄로브에게도 동일하게 들어맞는 사실주의의 특징들에 대한 공식을 끌어낼 수 있는가！ 이 모든 예술적 현상들을 다 같이 포괄할 수 있도록 형식적인 특징들의 그 어떤 그루빠를 뽑아낸다는 것은 완전히 무내용한 추상적인 공식을 제출한다는 것을 의미한다。 여기서 명백한 것은 사실주의의 일정한 형태들을 명확히 구분하여야 한다는 그것이다。 사실주의 예술의 각이한 류형들이 존재하였다는 사실은 사실주의의 리론의 기초로 되여야 한다。 고대 사실주의는 그 구체적인 표현에 있어서는 문예 부흥기의 사실주의와 같지 않으며 다음으로 이 문예 부흥기의 사실주의도 또한 一九세기의 사실주의와는 근사하지 않다。

물론 온갖 사실주의의 기초로 되는 것은 세계를、우선 자기 시대를 진실하게 반영하는 능력이다。

이 문제는 두개의 측면을 가지고 있다。 즉 매개 시대의 세계를 파악하기 위한 예술적 수법은 결국 사회의 물질적 생활 조건에 의존된다는 것과、 다른 측면으로는 일정한 시기의 력사적 현실 자체가 바로 이와 같은 력사적으로 제약된 수법에 의하여 인식된다는 그것이다。 고대 예술의 소박한 시적 감정은 사회적 대립이 완전히 발달되지 못하고 생산력의 발전 수준이 비교적 낮았던 결과이다。 맑스는 다음과 같이 교시하였다。 「온갖 신화는 상상 속에서와 상상의 도움에 의하여 자연력을 극복하고 종속시키며 조직한다。 따라서 신화는 이 자연력에 대한 실제적인 지배와 함께 소멸된다。」(주) 그러나, 물론 신화에 의한 세계의 파악은 고대 예술로 하여금 다른 것, 특히 (고전시기에 있어서) 자유민과 노예와의 계급적 리해관계의 대립에 대해서는 무관심한 채 남겨두면서도 현실 자체의 일정한 측면을 반영할 수 있도록 하여 준다。

이리하여 과제는 사실주의적 예술적 사유가 력사적으로 제약된 각이한 형태들을 통하여 어떻게 발전되였는가를 연구함에 있다。

그런데 속류 사회학의 기계론적 특성은 하여간 그 사회학의 대표자들이 예술에서의 사실주의가 력사적인 개념이며, 각이한 시기의 사실주의를 동일하게 리해할 수 없으며, 일정한 력사적 제 조건에 따라 사실주의는 각이한 형태를 취하며, 사실주의의 낡은 형태는 일정한 시기에 그의 새로운 형태에게 자리를 양보하기 위해서 사멸하게 된다는 것을 리해하려고도 하지 않고 리해할 수도 없었다는 데 있다。

뿌쉬낀의 창작은 로써야 예술에서 뿐만 아니라 세계 예술에서도 사실주의의 훌륭한 최고 성과들 중의 하나다。 그러나 뿌쉬낀의 창작도 로써야 력사의 일정한 시대와 관련되여 있다。 뿌쉬낀의 형상들은 바로 그것들이 아주 구체적인 력사적 지반과 민족적 지반에서 발생하였기

(주) 칼 맑스, 정치 경제학 비판에 대하여, 국립 정치 서적 출판사, 一九四九、 二二五페지。

때문에 영구 불멸한다。바로 그런 까닭에 네크라쏘브 시기에 있어서의 뿌쉬낀적 시가의 형

식과 방법의 단순하고 기계적인 반복은 벌써 사실주의의 더한층의 발전으로는 될 수 없었

다。시가 분야에서의 이러한 발전을 가져온 것은 바로 네크라쏘브의 그의 창

작은 뿌쉬낀적 시가의 전통을 섭취하였을 뿐만 아니라 새로운 력사적 파계와 해방 운동의 새

로운 시기에 적응하여 그 전통을 앞으로 더욱 전진시켰던 것이다。

때문에 예술사를 사실주의의 발전의 력사로서 고찰한다는 것은 『사실주의』의 개념 자체

가 력사적으로 변천한다는 데 대한 리해를 전제로 한다。

속류 사회학자들은 보통 이 문제에 대하여 다음과 같은 태도를 취하였다。즉 그들은 사

실주의를 과거에 존재한 사실주의의 그 어떤 일정한 형태로서만 리해하고 그 일정한 형태로

써 다른 모든 형태들을 측정하였다。보통 一九세기의 서구라파 사실주의가 사실주의의 그

려한 표준 또는 규범으로 간주되였다。레컨대 졸라는 혼히 문학에서의 사실주의의 표본으

로 간주되였으며 모든 예술적 현상들의 사실주의적 특성은 그 예술적 현상들이 얼마나 졸라

에 근사한가에 따라 평가되였다。졸라는 심지어 一九세기의 테두리 안에서도 『사실주의의

절정』으로는 결코 될 수 없으며 그의 창작에는 자연주의적 경향이 아주 뚜렷이 나타나고 있

었다는 데 대해서는 루루이 설명하지 않겠다。一九세기 서구라파의 비판적 사실주의 문학에

있어서 사실주의의 원칙들은 발자끄의 창작에서 가장 뚜렷하게 표현되였다。이 점에 대해서

는 엥겔쓰가 지적하였다。그렇다고 하여 발자끄를 사실주의의 규범으로서 취하고 사실주의

의 모든 발전을 그의 창작에 맞추어 보았던들 이로부터 아무런 만족스러운 해답도 나오지 않

는다。례컨대 발자끄의 소설들과 고대 포에마 『일리아드』를 비교하게 된다면 일리아드를 발

사실주의적 표본이라고 선언하게 될 것이다。 만약 크루베와 레오나르드 다 윈치나 렘브란뜨를 비교하여도 같은 결과를 보게 될 것이다。

사실주의의 개념 자체가 발전하는 개념이니만치 사실주의 예술을 분석함에 있어서 력사적인 규범이 얼마나 필요한가는 이상과 같은 대조들을 통하여 납득될 수 있다。

파학적 예술사의 파제는 원시 사회에서의 최초의 사실주의 맹아로부터 사회주의 레알리즘 예술에 이르기까지의 각이한 력사적 단계와 사실주의적 방법의 발전을 조사 연구하여 예술사를 서술하는 데 있다。 여기서 역시 말해둘 것은 바로 이 사회주의적 레알리즘을 연구하는 것은 필수적인바 그것은 예술사에 대한 온갖 고찰이 우리들이 결국 사회주의적 레알리즘의 방법의 형성에로 이끌어가는 발전의 전망에서 현상들을 연구하게 되는 조건하에서만이 정확한 것으로 되기 때문이다。

이와같이 사실주의와 반 사실주의적 경향과의 투쟁을 통한 사실주의의 발전사로서의 예술사에 대한 문제ㅡ 이는 사실주의 예술 발전의 구체적인 력사적 형태의 연구에 대한 문제이다。 이러한 구체적인 력사적 형태는 인간 사회 자체의 발전 단계에 명확하게 적응한다。

이제 우리들은 사실주의의 몇가지 합법칙성을 해명하기 위하여 파거의 사실주의적 예술 발전의 몇몇 대표적인 특징들을 분석해 보아야 한다。

우선 하나의 아주 중요한 특징을 지적하겠다。

선행한 예술의 력사상에 존재하였던 임의의 사실주의 형태는 현실에 대한 관계에서 일정한 특성들을 가졌는바 그 특성은 생활의 어떤 측면은 비교적 완전하고 심오하게 천명되여 있는데 반하여 다른 측면은 애매하게 남아 있었다는 데 있다。 이태리의 대 문예 부흥기 예술은 우선 뚜렷하고 강력하며 자체로서 완결된 미를 가진 성격들을 묘사함에 있어서 특출하였다.

그러나 성격의 내적 모순은 문예 부흥기 발전의 말기에 가서야 겨우 예술에 침투되기 시작하였다. 이와는 반대로 인간 형상의 모순은 一七세기의 명수들에 의하여, 우선 웰라쓰케스와 렘브란뜨에 의하여 광범하고 완전하게 연구 작성되였다.

예술사가의 파업은 바로 매 시대의 사회적 성격에 의하여 제약된 예술의 본성을 연구하는 기초우에서 일정한 사실주의적 경향의 질적 특수성을 그의 모든 력사적 특성을 통하여 천명하는 데 귀착된다.

사실주의적 특성에 대한 추상적 개념에서 출발한다는 것은 온갖 사실주의가 실재적 현실의 객관적 인식이라는 것 즉 우선 예술가에게 대상으로 되는 일정한 시대의 사회적 현실의 객관적 인식이라는 것과 사실주의적 예술에서는 많건 적건 해당 사회 제도의 본질적인 내용들이 천명되여 있다는 것을 고려하지 않는다는 것을 의미한다.

례컨대 고대 사회의 본질은 위대한 극작가들과 조각가들에 의하여 예술적으로 만들어진 회화 신화에서 가장 완전히 표현되였다. 그리고 이와는 반대로 자본주의하에서의 인간 관계의 본질은 一九세기의 소설 등등에서 다양하고 풍부하게 반영되였다.

맑스—레닌주의 대가들은 사실주의 예술의 각이한 류형의 특정이 가지는 일련의 표본들을 보여 주었다. 이러한 실례로는 로작 『정치 경제학 비판에 대한』 『서문』에서의 고대 사실주의에 대한 훌륭한 맑스주의적 분석과 문예 부흥기 예술에 대한 맑스와 엥겔쓰의 유명한 비망록 등이다. 엥겔쓰는 그 시대의 특징이 힘차게 충만되고 있는 다채롭고 선명한 문예 부흥기 예술의 토대를 강조하여 『그 당시 사람들은 벌써 분업의 노예들은 아니였다…』고 말하였당。 혁명적 고전주의 예술 특히는 다비드의 예술에서 불 수 있는 사실주의적 경향의 특성은 맑스의 다음과 같은 심오한 특징화에 비추어봄으로써 명료하게 된다。 『부르죠아 사회를 위한 투사들은 로마 공화국의 전형적으로 엄격한 전설들에서 부르죠아적으로 제한된 자기의 투쟁 내용을 은폐하며 위대한 력사적 비극 속에서도 자기들의 사기를 유지하기에 필요한 리상파 인공적 형식과 환상들을 찾아냈다。』 (주一) 그러나 다비드의 고전주의에는 뿐비쓰 데 샤빈의 반동적 신고전주의와는 반대로 건전한 사실주의적 기초가 있었다는 것은 다음과 같은 맑스의 사상에 비추어봄으로써 천명된다。 맑스는 다음과 같이 지적하였다。 혁명기에는 『죽은 사람들에 대한 주문(呪文)이 낡은 것의 모방으로서가 아니라 새로운 투쟁을 찬양하는 데 리용되였으며 환상을 통하여 해당한 파업의 의의를 증대시킴에 리용되였다。』 그러나 한편 반동기ー제二제국의 시기ー에는 이 『죽은 사람에 대한 주문』이 사활적인 파업의 해결을 위해서가 아니라 『그 파업의 실천적인 해결을 회피하기 위하여』 (주二) 리용되였다 라고。 브·이·레닌은 똘쓰또이의 사실주의가 가지는 특정에 대한 고귀한 분석을 내렸던바 이 분석에 의하여 부르죠아 사회 일반에서의 사실주의의 많은 가장 본질적 측면들이 해명된다。 레닌은 똘쓰또이의 힘이 그의 『……가장 건전한 사실주의、즉 모든 그리고 온갖 가면들을 벗겨버리는 데』 (주三) 있다는 것을 증시하면서 똘쓰또이는 『열렬한 항의자며 열정적인 폭로자이며 위대한

(주一) 칼 맑스、에프·엥겔쓰 전집 八권 三二四페지。
(주二) 동상서 三二四페지。
(주三) 레닌 전집 一五권 一八〇페지。

「평론가」 (주)라고 강조하였다。 사실주의적 예술이 사회 제도로서의 자본주의에게 불피코 적대

되느니만치 사회적 결함을 비판하고 , 폭로하는 이러한 특징들은 一九세기 사실주의의 훌륭

한 발현들에서·고유한 것이였다。

이와같이 파엽은 세계 예술사를 연구함으로써 예술의 대상인 사회 발전 자체의 력사적

다양성에 의하여 제약된 력사적으로 존재한 사실주의적 형태의 무한한 다양성을 리해하고 천

명할 줄 알아야 한다는 데 귀착된다。 사실주의적 예술은 예술적 의식 자체도 적극적으로 참

가하는 그러한 력사적 투쟁의 객관적 반영이다。

때문에 렘브란트의 사실주의와 레삔의 사실주의와의 차이는 비단 자연을 재현하는 개인

적 방법상의 차이일 뿐만 아니라, 아니, 그것이라기보담도 우선 각이한 력사적 현실을 인식

하는 형식과 수법상의 차이이며 생활이 예술가 앞에 제기하는 일정한 사회적 문제를 해결하

는 수법상의 차이인 것이다。

이와같이 사실주의적 예술사는 력사적으로 존재한 사실주의의 다양한 형태의 력사이다。

이 력사는 사실주의적 방법의 이러한 또는 저러한 측면의 발전에 대한 매우 모순된 정경을

보여주고 있다。 따라서 력사적으로 존재한 사실주의의 어느한 형태도 여기서 절대적인 규범

으로는 될 수 없다。 왜냐하면 각이한 력사적 시기를 위한 사실주의의 유일한 규범이 존재할

수 없기 때문이다。

앞으로 보게 되겠지만 비록 一九세기 백년 동안에 사실주의의 예술적 방법이 거대한 진보

(주) 브•이•레닌 전집 一六권 二九五페지。

물 보기는 하였으나 그렇다고 우리는, 一九세기의 사실주의를 모든 시대와 모든 나라들에 적합한 사실주의의 『규범』으로 간주할 수는 없다는 것은 이미 지적한 바 있다. 그럼에도 불구하고 一九세기의 사실주의를 선행한 모든 사실주의 발전의 에딸론 (원기)이라고 간주하는 것은 력사주의의 원칙에서 물러섬을 의미한다.

一九세기의 민주주의적 사실주의는 많은 점에서 지난 시기 사실주의의 최고 형태로 된당. 이는 세계 예술의 보고에 대한 고귀한 기여로 되며 인류 예술 발전에서의 새로운 성과로 된다. 一九세기의 사실주의는 그에 선행한 어느 한 시대도 달성할 수 없었던 현실의 그러한 측면과 극들을 천명하여 놓았다. 사회적 모순에 대한 이와같은 전면적인 분석과 사회 및 개인 생활 현상들의 이와같은 풍부한 포괄은 이전 어느 시기에도 없었으며 그 선행 시기의 예술가는 결코 『환상의 신화에 의존되지 않는』 (주) 그러한 방법들을 소유하지 못하였었다. 그러나 이 사실주의가 아무리 완전하고 천저하다 하여도 그것을 사실주의의 유일한 형태로 간주할 수는 없다.

一九세기 사실주의를 우리 시기 이전 예술사의 일반적 행정이라는 의미에서 사실주의의 발전의 최고 단계라고 간주함이 정당하다 할지라도 이것은 사실주의의 이 형태가 선행한 모든 사실주의보다 더욱 완전하며 미학적으로 더 『높다』는 것을 의미하지는 않는다. 맑스는 예술적 진보에 대한 부르죠아—실증주의적 해석이 가지는 결함을 지적하였다.

레뻰은 두말할 것도 없이 그의 력사적 의의에 있어서나 현실을 포착하는 심도에 있어서

(주) 칼 맑스、정치 경제학 비판에 대하여、국립 정치 서적 출판사、二二五 페지.

샤르덴을 룽가한다。 그렇다고 이것은 샤르덴에게 있어서는 레삔에게 접근된 그것만이 사실주의적인 것이라고 간주할 근거는 주지 않는다。 우리는 여기서 사실주의의 두개의 각이한 력사적 형태를 보는 것인바 그 매개의 형태는 평가에 대한 자체의 규범을 요구하고 있다。

더우기 一九세기의 예술가들이 가지고 있던 세계에 대한 사실주의적 태도의 복잡성과、풍부성 (이렇게 말할 수 있다면)은 一九세기 사실주의의 견지에서 사실주의의 기타 형태들을 고찰하는 것이 특히 부당하다는 것을 보여주고 있다。 一九세기 사실주의의 견지에서 사실주의 기타 형태들을 고찰한다면 고대의 고전을 다만 사실주의의 배태로서만 인증하게 되나 사질에 있어서、一九세기의 사실주의와 고대의 그것과를 비교하여 볼 때 우리는 자본주의 시대의 예술가들이 력사적 필연성으로 말미암아 상실하게 된 세계에 대한 관계의 그 시적 완전성과 선명성을 띠고 있는 이 고대 사실주의의 소박한 형태만을 확인할 수 있을 뿐이다。

과거 사실주의의 매개 력사적 형태들은 그의 선행 발전 단계들에 비하여 그 어떤 새로운 것을 보여주며 예술 문화를 풍부화시키기는 하나 그들 매개 형태는 다른 시대 예술의 력사적 내용과 동일시할 수 없는 자체의 특수한 력사적 내용을 소유하고 있다。

우리들은 인류 예술 문화 발전의 새벽인 원시 사회의 문화를 돌이켜 보더라도 벌써 이러한 것들을 찾아 보게 된다。 우리는 원시 문화에서 예술사는 본래부터 사실주의 예술사로서 발생하였으며 예술 문화의 장성、발전 및 진보 자체는 세계의 예술적 파악、주위 현실에 대한 보다 다양하고 심오한 인식의 장성、발전 및 진보로서 실현되고 있다는 것을 일목료연하게 찾아볼 수 있다。

우리들이 일반적으로 주지하고 있는 태고 시대의 예술적 기념비들이 원시 사회 한계내에서는 아주 뛰여나게 사실주의적이라는 것은 대단히 교훈적이다. 부르죠아 과학은 흔히 원시적 예술 문화의 자료를, 마치도 태고로부터 실제적 현실과 유리된 상징적인 예술적 사유가 인간들에게 고유하게 존재하였다는 것을 증명함에 리용하려고 시도하고 있다. 즉 원시 예술에서는 자연의 여하한 형태들과도 조금도 직접적으로는 련결되여 있지 않은 추상적인 무늬와 각양 각색의 기하학적 선들의 복잡한 교차로써 이루어진 무늬가 특히 크게 발전되였다는 것을 부르죠아 과학은 지적하였다.

그러나 이러한 모든 주장들은 크건 작건 의식적인 위조로 된다. 왜냐하면 소위 구석기 시대에 속하는 예술 발전의 태고시기도 대단히 선명한 현실에 가까운 사실주의적인 창조의 화폭을 보여주고 있기 때문이다. 동굴의 벽에 그려져 있는 동물의 묘사는 동물의 륜곽과 그의 운동과 버릇이 비상한 명확성과 통찰력에 의하여 재현되여 있음으로써 우리들을 감탄시키고 있다.

원시 예술가들이 포착하는 현상들의 범위 자체가 대단히 협소하다는 것은 자명한 일이당. 원시 예술가들이 포착한 대상은 거의 전적으로 원시인들이 갈망하던 수렵의 대상물이였던 동물이거나 신체의 형태가 아주 조잡하게 표현되여 있는 인물들이였다. 원시 예술이 아무리 명료성과 생생한 확신성을 가지고 있다 하더라도 그 예술의 시야가 극도로 제한되여 있다는 것을 잊어서는 안된다. 이는 인간이 사회적 실천에서 세계를 실재적으로 파악하는 규모 자체가 극히 적었던 그러한 사회에 있어서는 당연한 일이였다. 때문에 그 이후에 가서야 예술이 파악하기 시작한 수많은 자연 및 **사회 생활의 현상들**이 여기에서는 아직 세계에 대한 **예술적 자각**의 탄계 밖에 놓이게 되였다.

물론 우리들은 원시 사회의 발전에 따라 하나의 아주 흥미있는 과정을 보게 된다. 외견상으로는 발전이 적은 사실주의로부터 큰 사실주의에로 향하는 것이 아니라 반대로 묘사들이 점점 보다 더 도식적으로 되여 가는듯 하다.

그 이후의 원시 공동체 제도의 력사를 통하여 그 어느 신석기 시대에나, 금속 가공 시기에 있어서도, 구석기 시대에 존재하였던 그러한 묘사의 사실주의적 명료성을 찾아 볼 수 없다.

신석기 시대에 와서 세계 예술사에서의 첫 사건이 일어났는바 이때에 사회 발전 자체의 모순으로 말미암아 반사실주의적 경향을 발생시키게 된다. 이러한 반사실주의적 경향들이 어디로부터 오게 된 것인가 하는 문제는 쉽게 해명될 수 있다. 사회적 실천의 발전과 관련하여 보다 더 광범한 현상들의 범위가 원시인들의 시야에 인입됨에 따라 개별적인 대상을 고착시킬 뿐만 아니라 비교하고 일반화하고 현상의 보다 심오한 본질들을 알아내려고 시도할 필요성이 생기게 되였다. 그러면 이미 이상에서 지적한 바와 같이 세계를 파악하는 실제적 수준이 아직도 극히 저급했던 사회에서 일반화의 수준과 특징은 어떠하였던가? 여기에서는 비록 아직도 인간에 의한 인간의 착취가 없었고 따라서 지배 계급들의 탐욕적인 리해 관계가 반사실주의적 경향을 위한 전제를 창조할 수는 없었으나 세계에 대한 실제적 과학의 미약성으로 말미암아 구체적 대상물로부터 추상화된 환상의 힘으로써 예술이 현실적 자료들을 개작하게 되였다. 이러한 환상은 어떠한 진실로 객관적 일반화에 있어서도 필요하기는 하나 이상에서 지적한 원인들로 말미암아 원시인들의 창조적 환상은 수다한 허위적인 개념도 산생시켰다.

현실에 대한 바로 그 실제적 자각 즉 세계에 대한 객관적 반영과 아주 광범한 신화적 환

상이 기묘하게 결합되여 있는 그 예술은 이와같이 발생하였다.

만약 우리들이 원시 인민들의 구전 문학을 보게 되면 눈에 띠우는 아주 특징적인 이중성

을 보게 된다. 한편으로는 온갖 원시 구전 문학에서 (이는 그 후에 있어서도 인민 창작의 가

장 중요하며 근본적인 특성이다.) 그의 기본을 이루는 비상히 명료한 사실주의적 특성을 찾

아 본다. 모든 민화들이 다 그러하였고 직물우에 놓은 무늬도 장식도 의식(儀式)용 도구도

연극화된 춤들도 모두 그러하였는바 그 모든 것에서는 현실과 인민 생활과 굳게 련결된 형

상들을 찾아 볼 수 있다. 그러나 이와 함께 바로 이 『신화적 사실주의』에서는 환상적이고,

기묘한 현상들과 형식들이 뚜렷이 표현되고 있는바 이는 세계를 파악하는 소박한 시적 수법

의 결과이다. 현실적 자료에 대한 시적인 개작은 여기에서는 항상 소박한 과장과 현실적인

것과 환상적인 것의 혼합으로 충만되는바 그 과장과 혼합이 때로는 인상들을 자의적으로 결

합한 것갈이 보이기도 한다.

이에 대한 아주 뚜렷한 실례는 고대 스킬인들의 예술이다. 자기를 희생시키는 환상적

괴물(怪物)에 대한 격분을 통하여 아주 확신성있게 고착되여 있는 것은 비단 수렵가의 장구

한 경험만이 아니다. 이러한 민화적 형상들의 풍부한 생동성은 아직도 알 수 없는 괴이한

힘으로서 간주되였던—그러나 현명한 사람들은 경험에 의하여 알고 있는—자연의 생활에 대하

여 소박하나 그 자체로서는 심오한 파악을 보여 주고 있다. 이 형상들이 파귀적 특성을 떠

거나 사실주의적 지각의 거대한 힘이 여기에서는 공룡하고 무정형적이며, 아직도 정말 야만

적인 환상과 분리될 수 없는 것은 우연한 일이 아니다.

아•ㅁ•고리끼는 초기 인민 창작이 가지는 이러한 측면을 아주 심오하고도 예리하게 분석하면서 그 인민적 창작이 가지는 환상적 특성의 원천을 제때에 지적하였다. 문제는 소박한 신화적 사실주의를 통하여 그 당시 사회의 현실적인 실천 자체와 함께 고리끼가 말한 인민의 공상도 반영되여 있는 데 있다.

고리끼는 이 점에 있어서 아주 오랜 시기에 발생한 로씨야 구전 문학의 일련의 형상들을, 특히 로씨야 민화에 나오는 비행 담요를 분석하였다. 그러나 이 비행 담요에는 비록 이 비행 담요와 함께 발생한 모든 것들이 생활과 직접 결부되여 있을 뿐만 아니라 그 시대의 인간 관계의 직접적 반영이기는 하나 그 당시의 생활상 실천을 반영하는 실재적인 진실이 조금도 없음은 물론이다. 그러나 시적인 공상적 환상에는 자연과의 실제적인 투쟁을 통하여 일으켜진 세계를 지배하려는 완강한 지향이 생동하고 있다. 환상은 인간들이 세계를 파악할 수 있는 실제적인 가능성을 아직도 가지지 못한 그 실천을 대담히 뛰여 넘는다. 이리하여 예술적 환상을 통하여 자연의 개작이 이루어진다.

또 하나의 중요한 모멘트를 강조하려 한다. 즉 구전 문학의 실재적인 토대와 그의 무정형적인 환상성도 역시 생활 양식과 근로 인민 자체의 리해관계와 서로 혈육처럼 밀접히 결부되여 있다는 그것이다. 자기의 온갖 거대한 력량과 기적적인 무기로써 지상에서 온갖 불순한 것들을 청산한 영웅에 대한 이야기는 인민들의 생활 빛 투쟁과 결부되여 구체적인 성격을 떠고 있다. 그러나 이러한 것은 현실적인 관계의 단순한 반영뿐만이 아니라 여기에는 인민들이 환상을 통하여 자기의 미래의 가능성들을 예상하며고 애쓰는 시적 환상도 엉키여져 들어간다.

이러한 견지로 보아 아주 교훈적인 것은 계급 발생 이전에 이미 형성된 인민 창작의 세계에는 인간간의 불평등과 인간에 의한 인간의 압박을 강조할 수 있는 어느 한 실제적인 형상도 없다는 그것이다. 그후 계급의 형성시에 있어서와 봉건주의의 형성기에 있어서도 구전 문학은 이러한 특성들을 많이 떠고 있으나 계급 이전 사회에서 발생한 인민 창작에서는 인민들에게 복무하며 인민들을 위하여 자기의 위대한 공훈을 세우는 영웅들을 보게 된다. 신화에서 나오는 아테네의 영웅 테제이와 까라롭쓰크의 농민 일리야 무로메쯔도—인민들이 겪은 그 이후의 력사적인 체험에 의하여 그를 억지로 공후에게 복무한 것으로 만들기는 하였으나—이려한 영웅이였으며 멧다의 로 시구르드와 싸쑨의 다비드와 그 인민들의 영웅들 및 은인들 그러한 영웅둘이였다.

바로 이 점에, 때맞추어 말한다면, 엄격한 의미에서 인민적인 구전 문학과 봉건적 구전 문학과의 원칙적인 차이가 있는바 봉건적 구전 문학에서도 지배와 복종에 대한 찬사가 표현여 있으며 자기 적에게 위력을 시위하며 정복에 대한 빠포스로 가득 찬 전형적인 봉건 영들이 주요한 역할을 놀게 된다.

이와같은 봉건적 구전 문학과는 반대로 인민 창작은 수백 수천년간 자기의 생동적인 힘과 사실주의적 근원을 보존하고 있다. 이 예술의 기본적인 빠포스와 기본 정신과 그 최고 뿐에지야는 인민에게 복무하는 뿐에지야였다.

그러나 이 심오한 사실주의적 형상들이 환상적 형태를 띠여야 한다는 것은 당분간 불가피한 것이였다.

만약 이 「신화적 사실주의」—나는 감히 이렇게 부른다.—의 그후의 운명을 보게 되면 이

사실주의는 그것이 발생한 사회—력사적 조건으로 말미암아 두개의 가이한 박향으로 발전하

게 되는 것을 알게 편다。

한편으로 이 『신화적 사실주의는 고대 예술 즉 노예 소유자 사회의 조건하에서 발전되

예술의 지반과 또는 토대로 되였으며 타방으로는 이러한 구전 문학의 시적 세계는 초기 봉건

사회의 예술 형성의 출발점으로 되였다。

『신화적 사실주의』 발전의 이러한 두개의 길이 가지는 몇몇 대표적인 특성들을 지적하

여 보기로 하겠다。

고대 사회는 예술의 빛나는 개화로써 특징지어진다。고대 예술의 리념과 형상과 형식과 전통

들이 인류 문화의 가장 훌륭한 성과의 하나로서 수백 수천년간에 걸쳐 어느 정도로 계속 보존되

고 있는가 하는 것은 모든 사람들이 사주 잘 알고 있는 사실이다。아이스큐로스와 쏘포크레스의

고대 비극과, 아리쓰포파네스의 희극, 알께이와 아르히로호의 서정시, 피지, 뿔리크레트, 리

씹프의 조각을 회상만 한다면 고대에 얼마나 거대한 예술적 보고들이 창조되였는가를 충분히 볼

수 있다。이와 동시에 고대 예술의 모든 거대한 성과들은 그의 성격상으로 보아 신화적인 사실주

의의 토대우에서 발생하였으며 그의 근원과 원천은 이미 전 계급 사회에 두고 있었다。사실에

있어서 고대 비극과, 그 극장, 고대의 시가도 고대의 조형 미술 등—이 모든 형태의 예술은

맑스의 말에 의하면 고대 예술의 지반과 보고를 이루는 신화와 아주 밀접히 련결되여 있다。

고대 조각가들과 고대 비극작가들이 창작한 인간을 아주 뚜렷하게 천명한 그 훌륭한 형상

들、고결성과 영웅주의와 미와 고상함을 그려낸 그 형상들은—이러한 형상들은 그 기본 내용에

있어서 심오하게 사실주의적이다。『신의 제작자』인 피지는 자기의 유명한 아테녀의 처녀상

을 창조함으로써 인간들의 위대성과 현명성을 이야기했다。올림피야 신전 정면벽에 아로새긴、아뿔로의 비호하에 거칠은 반인 반수의 괴물 켄다바르를 무찌르고 있는 영웅—라삐프의 전설적인 형상은 생동하는 애국주의적 빠포스를 풍기고 있다。고대 아데네의 시민 제도사는 에스히르가 만든 어머니를 죽이고 추궁받는 범인 오레쓰뜨 에린니야에 대한 이야기의 실재적인 토대를 이룬다。이러한 모든 경우에 있어서와 기타 수많은 경우에 있어서 실제적인 생활은 인민적 신화의 현명성에 의하여 천명되며 그 신화를 거쳐 예술적 자각의 대상으로 된다。

물론 이는 고대 예술 일반이 실제적 인간이나 인간간의 실제적 관계를 직접 묘사할 줄 물랐다는 것을 의미하지는 않는다。특히 이러한 묘사는 꽃병 그림에 적지 않다。이는 다만 인간들의 실제적 관계가 고대 사람들에게 있어서는 신화에 나오는 시적 이야기의 모든 세계와 유기적으로 련결되여 나타나고 있음을 의미할 따름인바、그러한 신화에는 인민들의 세기적인 현명성이 집적되여 있고 인민들의 실제적인 사회적 경험들이 기록되여 있다。

여기서 잊지 말아야 할 것은 모든 고대 문화가 인간에 의한 인간의 착취의 지반우에서 장성하였다는 그것이다。고대의 예술、과학、시가 등등은 노예 로동에 대한 가장 가혹하며 가장 비인간적인 착취에 토대하여서만 가능하였던 것이다。우리들이 지적한 바와 같이 이려한 사정은 전체 고대 사회、특히는 고대 예술의 내적 모순의 원천이였었다。생산력의 발전 수준이 낮았던 그 당시의 조건하에서는 이것이 유일한 길이였다。왜냐 하면 지배 계급은 물질적 생산의 기본적 중하를 노예에게 부과시킴으로써 자기들의 다양한 인간적 능력을 발전시킬 가능성을 얻었기 때문이다。노예들의 인간적 발전을 박탈함으로써 고대 사회는 자유인 공동체 대표자들의 가장 광범한 층에게、예술적 능력도 포함한 인간 능력을 발전시킬 가능성을 지어 주었다。

고대에 있어서 예술이 개화하게 된 실제적 원천은 이러하였다。 그러나 이 뒤에는 문제의 아주 중요한 측면이 숨어 있다。 이 측면은 원시 사회의 신화적 예술을 규정한 그것과 는 심각하게 구별되는 리념과 모찌브가 고전적 희랍 예술에서 표현되고 있다는 데 귀착된다。

고대 신화 발전의 이른 단계 즉 전 계급 사회와 결부된 그 단계는 인민에게 복무하는 빠포스의 위대한 표본을 보여 주었다。 푸로메테이와 헤라클리에 대한 신화—이는 인민에게 가장 커다란 복리를 베풀어 준 사람들에 대한 신화였었다。 이 초기 신화의 자료는 물론 그 뒤의 고대 창작에도 들어갔으나 거기에는 다른 모찌브들도 결합되였었다。

원시적 신화에서는 필요할 때는 인간들에게 방조를 줄 수 있는 기적적인 힘에 대한 극히 소박하기는 하나 아주 확고한 신앙이 생동하고 있다면 고대 예술은 고대 사회의 기본적 모순을 자각함으로써 인간의 가장 훌륭한 지향도 어떠한 종말에 처한다는 비극적 사상에 도달하였다。 고대 사상가들과 예술가들은 사회 발전의 모순들과 적대 관계들을 자각하기는 했으나 역시 이러한 신화적 형태를 통하여 자각했다。 사회적 진화의 자연 발생적 현상은 인간을 지배하는 어찌할 수 없는 운명 또는 숙명의 힘으로서 자각되였었으며 조화된 안정, 욕망과 지향의 결여, 『신적 아따락씨야 (판단 중지)』를 인간적 지복(至福)의 리상으로 간주하게 되였었다。

이러한 사상들은 비극에서 아주 뚜렷이 표현되였었다。 비극의 중요 테마는 가장 강력하고 가장 고귀한 인간의 용감한 지향에다 어찌할 수 없는 장애물을 설정하는 비극적 숙명이 당。 쏘포크레스의 『안찌곤』에서는 인간의 위대성과 그의 창조적 가능성에 대한—『자연에는

놀랄만한 힘들이 많으나 인간보다 강력한 것은 없다……』는―찬가는 인간은 그를 죽음에 처

하게 하는 숙명의 맹목적인 힘에 굴종하여야 한다는 준엄한 결론으로 종결된다.

五세기의 희랍 고전 작가는 세계에 대한 조화롭고 뚜렷하고 소박한 시적 묘사의 류례없

는 표본을 보여주고 있다. 미론과 퓌지와 뿔리크레쓰의 작품들에서는 그 모든 고유한 인간적

가치를 가지고 있는 인간들이 처음으로 표현되였다. 인간의 미와 완전성에 대한 이러한 신

념은 소박하기는 하나 진실로 고상한 것이였으며 오늘날도 고상한 것으로 남아 있다. 희랍 예

술가들은 사람을 창조의 후광(後光)으로 표현하였으며 자기의 예술에서 인간들을 신화하였

다. 그러나 쓰꼬빠쓰는 자기의 조각에서 번민을 표시하였는데 여기서 교훈적인 것은 이 번민

이 주로 조화롭고 명료한 생활의 행복을 파괴하는 고민이라는 그것이였다. 생활의 실제적

인 모순의 묘사에서는 고대 조형 예술의 정점을 찾을 수 없다. 요는 희랍인들이 지상 인간

의 실제적인 생생한 형상을 통하여 위대한 도덕적 힘을―그들 자신이 에또쓰라고 부른―천명

하였다는 데 있다. 희랍의 고전적 조각으로 하여금 이러한 성과를 거둘 수 있게 한 론쟁할

여지없는 명료성과 그 힘이 바로 고대 고전으로 하여금 고대의 모든 고전주의자들이 숙

망하는 대상물로 되게 하였다. 그돌은 고대적인 조화의 모방을 통하여 자기의 사회적 현실의

모순을 극복하는 수법을 찾았다. 그러나 희랍에서는 당연하였던 것도 또, 거기에서는 사실

주의에 대한 새로운 정신이였던 그것도 그 후기에 가서는 흔히 추상적인 도구마로 되였다.

고대 예술이 가지는 조화로운 리상이 그 노예 소유자와 노예간의 실제적인 력사적 갈등

우에서 있다고 해서 그 리상이 사실주의를 거부하는 것이라고는 생각할 필요가 없다. 고대의

고전적 예술의 사실성은 고대의 위대한 명수들이 력사에서 처음으로 인간을 통하여 진실로 인

간적인 것을 인식하고 표시할 수 있었다는 그 범위내에서 천명되고 있다。 이러한 명수들은
자유 공민들의 공동체에 현실적으로 존재한 인간적 고귀성과 용감성, 조형(造型)적 미와 조
화된 자유를 가지는 심오하고 진실한 형상들을 창조하였다。

노예 소유자 사회의 기본적 모순은 력사적 행정 자체에서 폭로되고 있다。 헬리니즘 시
기에는 고전에게 알려지지 않은 일련의 형상들이 묘사되였는바 이러한 것으로써 연마공(硏磨
工)、어부、로파의 립상、등등을 상기할 수 있다。 그러나 미와 추가 나란히 존재하며 복잡한
사회적 드람마가 연출되는 복잡하고 잡다한 세계의 묘사로써 예술이 풍부화됨에 따라 자유로
운 고전적 리상이 그의 자연성과 진실성을 상실하게 되였다。 예술가들이 모순되고 다양한
생활을 묘사하려고 한 그것은 현저한 진보이기는 하였으나 고전 작가들의 빛나는 조화는 응
당 자체의 완전한 지배를 상실하지 않으면 안되게 되였다。

바로 이점에 왜 고전적 고대 예술이 사실주의의 위대한 표본들을 창조하고 인간적 미와
인간적 고귀성에 대한 훌륭한 기념비들을 창조하면서도 인간들의 사회 생활에 대한 현실적인
의의를 직접 천명하기에 무력하였는가 하는 리유가 있다。 고대 예술은 이를 구체적인 력사적
조건에 의하여 제약된 형식을 통하여 수행하였다。 고대 예술의 소박한 신화적 특성— 이는
동시에 그의 시적인 힘의 원천이기도 하며 사회적 갈등 속으로 침투하는 계선이기도 하다。

이제 원시—공동체 제도에서 발생된 신화적 사실주의의 가일층의 발전을 가져온 제二의
길을 보고 초기 봉건 사회에서 그것이 어떻게 되였는가를 보기로 하자。

초기 봉건사회에서는 최초에 각이한 종족의 이교(異敎)적 신앙과 결부되였고 그 다음에
는 수많은 인민적 관념들과 신화들을 자체내에 흡수한 기독교와 결부된 인민 창작의 신화적

전통이 주도적이며 결정적인 역할을 놀았다。 이는 물론 구라파에서、중세기의 예술이 형성되는 구체적인 조건하에서 고대의 유산이 거대한 역할을 놀았다는 사실을 제거하지는 않는다。 그러나 이전에는 세계에 대한 인민적이며 시적이였던 그것이 그후에 가서는 거대 문화적 전통으로 되였다。 중세기의 신화는 직접 다른 원천들(그러나 부분적으로는 역시 고대 신화적인 것)을 가졌었다。

우리들이 보통 중세기적인 것이라고 부르는 예술은 각이한 인민들에 따라 대단히 각양하다。 벨린쓰끼가 말한 민족적 개성의 모멘트는 이 시기에 있어서는 결코 간과될 수 없다。 즉 례컨대 중국의 중세기 예술은 불란서의 중세기 예술과 근사하지 않으며 로써야의 중세기 예술은 영국의 중세기 예술과 구별되는 등등이다。 이 사정은 그것이 물론 초기 봉건 사회의 조건하에서 예술 발전의 공통적 합법칙성이 존재함을 제거하지는 않으나 아주 중요하다。 초기 중세기 예술의 대부분은 기본적으로 기독교、회회교、불교 등등의 교회와 사원에 복무하였다。 예술가들은 형식상으로는 종교적이고 사원적이며 성격상으로는 상징적이고 추상적이다。 물론 이 시기에도 평민적이며 교회의적 예술도 있었다。 이러한 예술을 절대로 도외시할 수 없다。 그럼에도 불구하고 중세기에는 종교 예술이 지배하고 있었다。 이러한 것에서 이 예술이 전적으로 반사실주의적 성격을 가진다고 결론을 내릴 수 있겠는가?

물론 봉건 사회의 구성 자체와、그의 사회적 성격은 고대 사회가 제공한 것과 같은 사실주의적 예술도 포함한 예술 전반의 발전을 위한 가능성을 지어주지 못하였다。 지배와 굴종에·대한 봉건적 관계、농민들과 수공업자들의 전면적인 예속화、피압박 계급에 대한 항구적인 사·상적 억압의 필연성—이 모든 것은 신과 령주에게 사람들이 굴종해야 한다는 선전、인간들을

노예적으로 교양하는 종교적 사상과 관념의 보급이 봉건적 예술에서 커다란 의의를 가지게

하였으며 이 예술을 금욕적이며 제한되고 추상적인 형태에로 이끌어 가게 하였다. 이 모든

것들은 두말할 것 없는 사실이며 이러한 견지에서 볼 때 초기 중세 사회는 일련의 예술 부문

에서 사실주의의 발전을 위하여 수많은 불리한 조건들을 지어주었다.

그러나 이와 함께 봉건적 압박을 해설하고 인증하는 지배적인 종교적 도그마와 아주 적게

련결되었었던 그 예술에 있어서는 특히 물론 고대의 그것과는 전혀 근사하지 않다 할지라도

그 성격상으로 보아 신화적인 사실주의의 생동적인 흐름이 아주 충분하고 뚜렷하게 표현되고

있다.

기타의 모든 것들 외에도 그 후에 전혀 또는 부분적으로 지배적인 교회와는 상관없으며 따

라서 인민적 성격이 가장 뚜렷하게 표현되어 있는 수많은 예술 작품들이 파피되었었다는 사

실은 중세기 예술의 정확한 평가를 방해하고 있다. 때문에 우리들이 례컨대 고대 로써야의

예술을 고찰하게 될 때는 우리들이 가지고 있는 일정한 범위의 유물들이 지배 계급에 의하여

일정한 목적으로 『편찬되었다』는 것을 항상 기억하여야 한다. 고대 로써야 문화에 대해서

뿐만 아니라 전체 인민들의 예술에 대해서도 훌륭한 문헌인 『이고르공(公)출정담』이 우리

시대까지 오직 한개의 초고 원본으로써만 내려오고 있다는 것은 의미 심장하다. 이러한 사

실을 통하여 우리들은 우선 교회적 예술에 대하여 리해 관계를 가졌던 지배 계급들이 고대

로써야 예술의 진정한 절정을 이루었던 그것을 얼마나 멸시하였던가를 알 수 있다.

고대 로써야 건축의 一〇중.八、九는 교회이다. 이 교회들은 ― 로써야 인민들의 예술적

천재의 가장 위대한 증거물들이기는 하나 만약 이 교회 건물들을, 지금은 거의 전부가 없어져

버린 다양한 평적 건축의 포위속에서 보게 된다면 고대 건축을 아주 풍부하고 광범하게 파악할 수 있을 것이다.

중세 예술에서의 온갖 생동적이고 진실한 것은 무엇보다도 먼저 공고한 사실주의적 기초를 가지는 세계에 대한 인민적이며 시적인 관계에 기초하고 있었다.

중세 예술사가의 파업은 보존된 교회 예술의 유물들에서 지배적인 교회적 사상 외에 비록 그 당시에도 역시 그 성격상으로 보아 신화적인 것이기는 하였으나 사실주의적 인민 창작의 생동적이며 강력한 원천을 찾아내는 데 있다.

중세기의 예술을 마치도 반사실주의적 제약성이 절대적으로 지배한 시기의 것으로서만 보는 것은 아주 옳지 못하며 리론적으로도 무근거한 것이다. 중세기의 공식적인 신앙이 기독교적이건 회회교적이건 또는 다른 그 어떤 것이건 그 모든 풍부한 현실적인 인간적 관계속에 예술이 생동적으로 침투함을 저해하였다는 것을 우리들은 알고 있다. 지배적인 봉건적 종교 체계는 이러한 점에서 고전적인 고대의 종교와 대립되였으며 따라서 그 체계는 예술에서의 사실주의와도 적대적이였다. 그러나 이러한, 때로는 기형적인 형태를 통하여 중세기의 예술가들은 흔히 주위 현실을 심오하고 정당하게 반영하였다. 이와 동시에 강조하여야 할 것은 결코 고대 봉건 이전 시기의 이교적 전통과 련결된 예술에 대해서만 언급되는 것이 아니라는 그것이다. 그러한 이교적 전통의 의의는 물론 거대하다. 왜냐하면 이 고대의 신앙과 시적 관념은 지배적인 봉건 사상에 대립되여 있기 때문이다. 그러나 여기에 필요한 것은 중세 예술의 신화적 근원을 찾는 것 뿐만은 아니다. 교리로서가 아니라 현실적 생활. 현상으로서의 중세 기독교는 전일적인 신화적 체계이며 그의 예술적 표현에는 이교적 신앙의 형상에서와 같

이 인민 대중의 생활、리상 및 지향과의 수많은 직접적인 련계가 있었다。 체르노꼽쓰크의

나팔에 대한 신비로운 환상 뿐만이 아니라 끼예브의 쏘피아 교회에 있는 비호자—「공고한 성

벽」의 위대한 자비심이라든지 또 「노보고로드의 서적 장정에서 표현되고 있는 기묘한 문양과

생동하는 다양한 인물들의 모습들 뿐만이 아니라 블로또브의 벽화에서 표현되고 있는 환호의

감정、또는 루불리 화폐에 아로새겨진 천사들의 고상한 도덕적 순결성 등은 그 시대에 특징

적이였던 신화적 형태를 통하여 인민들의 심오한 지향과 그들의 산 경험과 진정한 현명성을 구

현하고 있다。 그대 루씨에서는 아름다운 사람에 대하여 『마치도 성상에 그려져 있는 것 같다。』

고 말하였다。 이와같이 바로 그 당시 사람들은 성상의 아름다운 형상에서 결코 비잔찐 신학

자들의 미학론이 주장한 바와 같은 『신의 원형』을 본 것이 아니라 어떤 생활의 반영을 보

았다。

　그러면 이러한 '생동적인 특징들이 제한된 종교 예술에 어떻게 침투하게 되였던가? 이는

알만 하다。 중세기에 있어서의 인민 대중에 대한 물질적 수탈은 그들에 대한 정신적인 수탈

도 동반하였다。 중세기 예술에 살고 있었던 인민적 환상과 세계에 대한 인민적이며 시적인

태도를 지배 계급들은 이러저러하게 자기의 요구에 알맞게 리용하였다。 우리들은 인민 창

작에 대한 지배 계급들의 억압 형태들을 분석하는 동시에 중세기 예술의 생동적인 원천과 진

정한 본질을 찾아보아야 한다。 인민적인 시적 리상은 마치도 교회의 『소유물』 처럼 되여 그

것이 이때에 기형화된 것은 물론이다。 그러나 어떻든 우리들은 중세기의 신화적 예술의 형

상들에서 그가 가지는 생동적인 인민적 원천을 항상 반겨할 수 있다。

리상적인 무사들의 영웅적 용감성에 대한 시적 관념은 성군(聖軍)들의 성상들에서、례를

들어 一五세기 노브고로드의 출품인 룡과 같이 있는 게 울기의 유명한 성상같은 데서 아주 뚜

렷이 표현되고 있다. 이것은 결코 비산찐적인 성자가 아니라 로씨야 민요에 나타나는 용감

한 사람 즉 불가 스뱌또슬라비치와 도브린 친 형제다.

이와같이 고대 예술도 중세기 초의 예술도 각이하기는 하나 신화적인 예술적 창작의 토

대우에 그대로 남아 있었다. 이러한 결과에 예술은 아주 완성되고 그의 훌륭한 성과에도 불

구하고 그냥 소박한채 남아 있으며 인류 문화의 초기 단계를 반영하고 있다.

사실주의적 창작의 이러한 초기 형식에 일부러 일정한 음영을 붙이려고 애쓰지 않아도

그 당시에 사회적 인간들의 창조적 환상이 신화와 불가분적이였던 것만큼 우리는 여기서 소

박한 사실주의를 취급하게 된다고 말할 수 있을 것이다.

인류의 가일층의 발전에 따라, 자연력을 실제적으로 구사함에 있어서 보다 새로운 성과

들이 나타남에 따라, 또 사회적 관계의 새로운 형태들이 발전됨에 따라 이 신화적 사실주의

의 소박한 시가들은 많은 점에서 훨씬 더 복잡하고 그 자체의 내용이 풍부한 사실주의 예술

의 새로운 형태들에게 자리를 양보하게 된다는 것은 아주 당연한 일이다.

그후의 사실주의 예술사는 대단히 복잡하고 모순된 정경을 보여준다. 이 복잡성과 모순

자체는 최근의 사실주의 발전의 대표적 특성으로 된다는 것을 우선 지적하며 한다. 사회가

발전됨에 따라, 사회적 갈등이 첨예화되고 발로됨에 따라 예술의 진화는 이전과는 전혀 다른

성격을 띠게 된다.

예술에서의 사실주의 발전의 새로운 형태는 최초에는 일찌기 봉건 사회의 태내에서 일어

난 상품―화폐적 관계의 발생파, 그 다음은 역시 봉건 사회 한계내에서 일어난 자본주의적

우크라드의 형성 및 발전과, 끝으로는 자본주의적 생산 방법의 승리 및 지배와 결부되여 있다.

고대 세계를 례로 들어 본다면 거기에서는 충분히 리해할 수 있는 원인들로 말미암아 피착취 계급—노예들—의 체계적인 예술을 찾아 보지 못한다. 노예 계급은 가장 각이한 종족적 원천에 의하여 보충되고 있었으며 그 계급은 잡다한 구성 성분을 가지고 있었다. 그러나 보다 더 중요한 것은 노예 계급이 물질적으로나 정신적으로 억압되였었던만치 이미 언급한 바와 같이 그들은 자기의 인간적 능력을 발전시키기 위한 아무러한 가능성도 가지지 못하였다는 그 사실이다. 바로 그렇기 때문에 비록 이러저러한 정도로 노예들의 운명에 대하여 깊이 생각하고 노예들의 해방에 대한 지향을 간접적으로 표현한 사상가들과 예술가들이 고대 사회의 범위내에 없었다는 것은 아니나 고대 사회에서 노예들의 예술에 대하여 언급한다는 것은 아마도 불가능할 것이다.

봉건 사회에 있어서는 문제가 전혀 다르다. 봉건 사회에서는 피압박 농민들이 자체의 아주 강력한 예술을 가지고 있었으며 바로 그 예술은 모든 중세기 예술 문화의 산 지반과 기초를 이루었다. 그러나 중세기에게 특정적인 것은 농민 계급을 정신적으로 수탈하려는 일반적 경향이다. 바로 그렇기 때문에 중세기의 신화적 사실주의를 자기의 요구에 적응시키려고 애썼으며 예술을 인민 대중에게 사상적으로 작용하는 수단으로 만들려고 애썼다.

만약 우리들이 서구라파에서 자본주의적 관계가 산생하고 형성되던 一五세기부터 一八세기에 이르는 중간 시기를 례로 들어보게 된다면 거기서는 예술 문화가 두개 진영으로 명확히 분할되여 있는 것을 뚜렷이 관찰할 수 있다. 그것은 력사 무대에 출현한 선진적인 계급과 련결된 새롭고 진보적인 예술 즉 대담하게 사실주의의 기치를 들고 나선 광범한 민주주의적이며 인민적인 예술을 일방으로 하고 반동 계급, 우선 낡고 로쇠한 사회 질서를 고수하는 봉건 귀족의 예술을 타방으로 하고 있다.

예술 발전의 모순성과 복잡성은 부르죠아적 관계가 설정되던 시기로부터 시작하여 선진적인 사실주의적 경향들과 보수적이며 반사실주의적 경향들이 결정적이며 첨예하게 대립되는 거기에서도 표현된다. 오늘날에도 예술 분야에서는 결정적인 전투가 진행되고 있으며 모든 예술사는 문예 부흥기로부터 시작하여 우리 시기에 이르기까지 류파들의 심각한 충돌의 정경을 보여주고 있다. 즉 문예 부흥기의 예술은 보수적인 중세 예술과의 결정적인 투쟁을 통하여 발전되고 공고화되였다. 마자쵸와 기벨찌, 레오나르드와 뒤레르는 전투적인 명수였는바 그들은 사실주의의 자로서 창작하였을 뿐만 아니라 번번히 이를 리론적으로 기초지음으로써 사실주의를 고수하고 예술적 실천에 그것을 도입하였다. 이와같이 一七세기에는 섹쓰피어나 렘브란뜨, 모리에르 등과 같은 예술가들은 궁중 고전주의와 아까데미고적인 류파와 부자연스러운 만네리즘과 기타의 세기적인 반사실주의적 공론을 반대하여 나섰다. 이리하여 게몽적 활동과 련결된 一八세기의 선진적 사실주의의 예술은 귀족적이며 ― 현학적인 로꼬꼬풍의 예술과 충돌하였다.

그러나 문제는 류파들간의 투쟁의 복잡성 자체를 지적하는 데만 있는 것이 아니라 그것을 넘어서 사실주의 예술 발전의 기본 로선을 분간하는 데 있다.

이와 관련하여 一九세기 예술에 와서야 겨우 종극적으로 결정(結晶)된 일반적인 경향에 대하여 지적하겠다.

　자본주의 사회에서의 사실주의 예술은 이른 바 비판적 사실주의 예술로서 형성된다. 우리들이 一九세기 사실주의를 비판적이라고 부르는 것은 결코 그의 내용이 현실의 비판적 묘사에 귀착된다거나 그의 빠포스가 부정의 빠포스이라는 것 때문이 아니다. 비판적 사실주의의 본질을 (우리 문학 리론 특히는 비판적 사실주의와 사회주의를 비교할 때에 나타나고 있다) 다음과 같은 공식에서 보는 것은 옳지 않다. 즉 비판적 사실주의는 부정적 주인공에 주의의 중심을 돌리나 사회주의의 레알리즘은 긍정적인 주인공에 중점을 두며 비판적 사실주의는 비판하나 사회주의의 레알리즘은 강조한다는 그것이다. 이러한 규정은 현실적인 예술사와 아무러한 공통성도 없는 유해롭고 비속한 도식 이외에 아무 것도 될 수 없다. 나는 사실주의 예술의 보다 초기 형태들과 비판적 사실주의를 비교함으로써 즉 비판적 사실주의의 예술이 어떠한 새로운 것들을 가져왔는가를 해명함으로써 비판적 사실주의의 본질이 가장 잘 천명된다고 생각한다.

　문예 부흥기로부터 시작하여 一八—一九세기의 어간에까지 이르는 사실주의의 새로운 단계의 형성— 이는 낡은 신화적 사실주의가 결정적으로 붕괴하고 청산되며 세계에 대한 새로운 사실주의적 관계가 승리한 시기인바 거기에서는 사회 생활의 직접적인 묘사가 지배적인 것으로 된다.

　현실에 대한 예술의 소박하고 신화적인 관계를 청산하는 결정적인 제일보를 내디뎠으며 이를 위하여 예술과 그 당시 한량없이 장성하고 있던 과학의 힘을 통합한 문예 부흥기는 현실에 대한 제한된 시적 반영 형태를 통하여 아주 번번히 생활에 대한 구체적인 문제들을 결정하였다. 루넷쌍스의 마돈나— 이는 현실적인 부인인 모성이기는 하나 모성에 대한 전반적인 도덕적 리상은 성모의 형상을 통한 예술상의 해석이 또한 요구되였다。 문예 부흥기는 죄악에 대한 중세기의 노예적인 금욕적 공포를 멸시하여 던져버렸으며 찌찌안은 지상의 사랑을 찬양하였다。 그러나 일반적으로는 이 심오한 지상적 쩨마도 역시 신화적 (그러나 이제에 와서는 순전히 문학적인) 련상을 거쳐서 웨네라, 다나이 등등의 형상들을 거쳐서 얻어진다。

一九세기 예술에서는 더 정확히 말하면 이 세기의 선진적、 사실주의적 류파들에서는 생활에서 일어나는 크거나 작은 모든 문제들이 대다수의 경우에 있어서 구체적인 생활 자료에 근거하여 해결된다。 만약 예술가가 인민의 어깨우에 로동의 중하가 힘겹게 부과되였다는 것을 말하려고 한다면 이는 레뻰이 그린 부를라끼의 직접적인 묘사 또는 쿠르베가 그린 석공 등으로 표현되며 다른 한편 그 이전의 수세기 동안에는 이러한 쩨마들이 끄뻬르차 또는 기벨찌가 제작한 루넷쌍스 시기의 부조(浮彫)에서와 같이 ≪자기의 빵을 벌기 위해 낯에 땀흘리는≫ 아담과 이브의 형상들을 통하여 묘사되였다。

一九세기의 사실주의 예술가들에게는 보통 아무런 신화적 제한성도、 도덕—철학적 제한성도 요구되지 않았다。

이와같이 할 수 있는 근원은 부르죠아 사회의 생활 양식 자체에 있었다。

자본주의 사회에서의 계급 투쟁은 그것이 신분들의 투쟁 형식을 떠는 봉건 사회와는 달리—이 때문에 실제적으로 계급 투쟁이기를 그만 두는 것은 아니나—바로 로골적인 계급 투쟁으로서 출현한다。 사람들의 재산상 실제적인 경제적 관계는 지금에 와서는 과렴치한 로골성으로 나타난다。 이러한 사정으로 말미암아 예술가는 사회적 존재에 대한 기본적이며 절실한 문제들에 직면하게 되며 그 문제들의 직접적 진상을 직시하게 된다。 바로 여기에 또 한

왜 신화의 모든 시적 세계가 전혀 소멸되여야 하며 더우기 자본주의적 생산 방법을 저절로 초래시키는 생산력의 거대한 발전으로 말미암아 초래된 자연력에 대한 현실적인 지배는 신화적 형상들의 앞으로의 존재를 불가능케 한 그 근원이 있다.

이와같이 비판적 사실주의 · 발전의 제일차적인 전제는 이제부터 예술은 사회적 현실 자체의 직접적인 묘사로 된다는 데 귀착된다. 다시 거듭해 말하거니와 전환은 점차적으로 진행된다. 상술한 바와 같이 문예 부흥기는 많은 점에서 아직도 낡은 기독교적 신화와 『새로운』 이교(異敎)적 신화를 가지고 있었다.

문예 부흥기의 회화는 그 쓔제뜨에 있어서 비록 그 당시의 이태리 도시들의 열렬하고 생동적인 생활이 전통적인 쩨마들을 타파하기는 했으나 많은 점에서 아직도 종교적인 회화이였다. 타쏘와 아리오쓰또의 시가는 신화적 형상들로써 충만되여 있으나 여기에서의 신화적 형상의 리용은 이미 시적 수법으로 되였다. 一六세기 후반기와 一七세기 전반기의 위대한 예술가들의 작품들에서는 모든 생활상의 갈등과 비극과 모순들을 가지는 사회 생활의 직접적이며 로골적인 묘사가 더욱 많이 표현되고 있다. 이러한 묘사는 누구보다도 라브레에게서 표현되고 있는바 그는 자기의 이야기에 환상적 형식을 부여하면서 동시에 그 환상적 형식을 진지하게 리용하는 것이 아니라 그로테스크를 창조하는 수단으로 리용하였다. 이러한 수법은 또한 세르반테스에게서도 높은 정도로 발휘되고 있는바 그의 소설에서는 중세적인 시적 환상의 세계에 대한 직접적인 조소가 표현되고 있으며 거기에서 저자는 환상가, 공상가인 자기의 주인공을 현실 생활의 아주 준엄한 전변과 마주치게 하고 있다. 인간들의 현실적 관계는 쉑쓰피어의 작품에서 아주 뚜렷이 재현되고 있고 모리에르의 희극에서도 승리하고 있으머 그것은 렘브란뜨와 웰라쓰케스의 회화에서도 나타나고 있다。一八세기에 부르죠아지와 낡은 봉건 세계간의 최후 충돌을 준비하는 시기에 지드로、샤르데 및 렛싱그 등에 있어서 그 처럼 평민들의 생활의 단순한 묘사를 주장하는 부르죠아지의 전전한 사실주의 예술을 일방으로 하고 귀족적 예술의 사이비 신화적 관념을 주장하는 그루빠를 타방으로 하는 두 류파가 서로 모순 대립하게 된 것은 우연한 일이 아니다。

사실주의 예술이 주위 생활의 본질에 더욱 깊이 파고 들어가게 되면 될수록 또 그 예술이 보다 철저하게 그 생활을 연구하게 되면 될수록 예술이 포섭하는 현상들의 범위는 더욱 더 광범하게 된다。피지에 의한 세계의 파악 범위와 렘브란뜨에 의한 세계의 파악 범위를 비교 하면 량자간에는 막대한 차이가 있는바 그것은 희랍 예술가들에 비하여 렘브란뜨가 세계를 다양하게 파악하고 있는 그것이다。모든 시기와 모든 인민들의 예술적 천재의 가장 훌륭한 표현의 하나인 一九세기 로쎄야 예술에서의 생활 포섭 령역이 더욱 광범하다는 점에 대해서 는 더 말하지 않겠다。

이와같이 새로운 사실주의의 전형적 특징은 그것이 사회적 현실 자체의 복잡한 현상들을 아주 광범히 포섭하고 있는 데 있다。우리가 잊지 말아야 할 것은 예술가들이 직면하게 되는 그 현상들은 아주 복잡하고 모순을 가지는 현상들이며 맑스주의적 립장에 선 사람만이 그 현 상들을 론리적으로 철저하게 해명할 수 있다는 그것이다。따라서 이 점에 대하여 력사적으로 제약된 착각과 오해들이 존재하는 것은 불가피한 것이다。

그러나 만약 사실주의자들이 사물의 력사적 론리를 언제나 철저하게 천명하였다고는 할 수 없다면 사회적 관계의 본질을 전형적 형상을 통하여 천명할 수 있는 심오한 솜씨는 사실주의의 승리로 되는바 이것은 브·이·레닌이 말한 바와 같이 모든 온갖 가면을 벗겨버릴 수 있었던 똘쓰또이의 솜씨이다.

그러나 이것은 비판적 사실주의 명수들의 작품에, 특히는 해방 운동에 립각하여 강력한 민주주의적 운동을 반영한 그러한 작품에도 긍정적 주인공들이 있을 수 없다든가 또는 없었다는 것을 의미하지는 않는다. 一九세기 로씨야 예술에 있어서도 사태는 이와 같았다. 과연 체르늬쉡쓰끼와 네크라쏘브의 작품에서, 레삔과 무쏘르그쓰끼의 작품에서 긍정적인 형상들이 없다고 말할 수 있겠는가. 一九세기 로씨야 예술은 사회적 억압과 부정의를 반대하는 인민 출신 사람들과 투사들의 긍정적인 형상들의 훌륭한 화랑을 창조하였다. 제리꼬와 쿠르베와 같은 서구라파의 비판적 사실주의의 위대한 명수들의 작품들에도 힘찬 긍정적 형상들이 있다.

그러면 문제의 본질은 어디에 있는가? 문제의 본질은 一九세기 사실주의 예술가들이 자기의 긍정적인 주인공을 정당하게 묘사함에 있어서 그 주인공을 지배적인 사회 질서와의 불상용적인 투쟁이나, 혹은 적어도 그 사회 질서와의 불화(不和)를 통하여 생활의 주인으로서가 아니라 피압박 인민들의 자유와 행복을 위한 헌신적인 투사로서 묘사하였다는 데 있다. 비판적 사실주의의 긍정적 주인공은 그가 반드시 투쟁하여야 할 그 생활 양식과의 적대 관계에서 출현하고 있다. 예술가는 자기의 주인공을 생활에서 이미 자기의 리상을 확립한 인간으로는 묘사할 수 없다. 특히 레삔의 혁명적 찌끌(≪기다리지 않았다≫, ≪설교의 거부≫, ≪선전자의 체포≫)의 주인공들이 이러하였다.

바꾸어 말하면 비판적 사실주의는 원칙적으로 자본주의 제도에 적대된다. 현대 력사를 심오하고 정당하게 묘사함으로써 예술가는 부르죠아 사회를 폭로할 수 있다. 바로 여기에 비판의 본질이 있다.

이리하여 만약 원시 사회로부터 사회주의의 레알리즘의 발생에 이르기까지의 사실주의 예술 전반의 발전사를 고찰한다면 우리들은 이러한 범위내에서 력사적으로 호상 순차적으로 교체되는 두개의 경향을 찾아볼 수 있다.

만약 원시 예술파 그 다음에는 고대 및 중세 초기의 예술을 들어 본다면 현실에 대한 직접적인 예술적 과악이 이 모든 력사적 시기를 통하여 주로 신화의 형식을 떠고 형성되였음을 알아불 수 있다. 이러한 사실은 이 시대의 선진적 예술이 심오하게 사실주의적이였다는 것을 방해하지 않는다. 왜냐하면 신화적 환상에서 비록 제한되여 있기는 하였으나 실제적인 현실이 정당히 반영되고 있기 때문이다. 아이스큐로스의 『푸로메튜스』, 쏘포크레스의 『안찌곤』에는 심중한 사활적인 문제들이 심오하고 정당하게 표현되고 있다. 그러나 그를 묘사하는 형식은 신화적 형식이였다.

맑스와 엥겔쓰가 그렇게도 사랑했던 단떼의 저작은 비상히 전투적이고 억제할 수 없는 정열에 넘치며 그 당시의 가장 긴절한 문제들과 커다란 정치적 빠포쓰가 충만된 저작 즉 시인이 거기에서 자기의 모든 지상의 적들을 청산한 저작이나 그의 형식에 있어서는 아직도 기독교적 신화의 외피를 쓰고 있다. 이 저작에서는 현실적 인간들의 현실 생활이 전반적인 환상적 허구의 체계속에 삽입된다.

일찌기 루넷쌘스는 사실주의의 이러한 신화적 형식이 파괴되기 시작하였다는 것을 의미하였다. 루넷쌘스의 예술가들에 의하여 작성된 전설들은 아주 빈번히 그들에 의하여 전통적인 예술적 모찌브로서 리용되였다.

레오나르드 다 윈찌와 라파에르의 회화들은 비록 근 본질과 내용상으로 보아서는 완전히

현실적이며 현대적인 사람들과 현실적인 관계를 그 작품들 속에 반영하고 있기는 하나 그 형식

파 쓔제쯔상으로 보아서는 아직도 많은 정도로 낡은 신화적 관념을 반영하고 있다. 만약 우

리가 一九세기를 고찰한다면 이 시기에 예술은 산문의 엄격한 지배하에 빠지고 있던 신화적

환상의 각이한 형식을 자체의 모든 기본적인 표현들을 통하여 완전히 청산하였다는 것을 보

게 된다. 똘쓰또이와 발자끄, 뿌쉬낀과 스탄다르, 레쁜과 쿠르베에게는 신화적 시가가 요구

되지 않았다. 그리고 이것은 사실주의의 거대한 전취물이였다. 왜냐하면 그것이 신화에 의존되지

않는 그러한 환상의 광활한 여지를 부여하였기 때문인바 이러한 환상은 어떠한 신화적 형식

이나 종교적이며 전설적인 외피를 빌지 않고서도 현실의 자료들을 예술적으로 가공할 수 있

게 한다. 그러나 계급적 적대 사회 조건하에 처해 있던 一九세기 사실주의의 이러한 특성은

역시 모순을 나타내였다.

· 예술에서의 사실주의 발전의 력사적 경향에 대한 이상의 지적들을 결코 세계 예술사의

도식을 그리려는 시도로 보아서는 안된다. 오히려 나는 이상에서 언급한 것이 세계를 예술

적으로 파악하는 분야에서 진보를 포착케 하는 사실주의적 방법의 발전의 한개의 극히 중요

한 력사적 합법칙성이라고 생각한다. 바로 사회주의적 사회 제도는 신화에 의존되지 않는

환상의 무한한 가능성을 열어주고 있다는 것을 잊지 말아야 한다.

이와같이 사실주의적 방법의 변천성은 사실주의의 개념이 가지는 그 어떤 내적 통일을

제거하는 것이 아니라 오히려 그것을 전제로 하는바 이 내적 통일은 어떠한 경우에 있어서

도 추상적— 독단적으로 해석되여서는 안된다.

4

고대 노예 소유자 사회는 자본주의 사회와는 다른 자체의 사실주의적 묘사 형식을 요구

한다는 것은 물론이다. 첫째 경우에 있어서 사실주의는 자연히 소박한 시적, 신화적 형식을

띠며 두번째 경우에 있어서는 비판적 사실주의의 복잡한 분석적 형식을 띤다.

그러나 이로부터 사실주의의 한계가 다만 상대적이며 예술의 사실주의적 특성에 대한

어떤 공통적 규범을 찾아낼 수 없다는 결론을 내릴 수는 없다. 력사적 현실의 형태들이

이와같이 다양하다 할지라도 사실주의 예술의 본성 자체에는 그 어떤 공통적인 것이 있는바

그 공통적인 것은 동일한 것으로는 취급할 수 없는 사실주의의 구체적인 형식들이 한없이

다양하다 하지만 방법으로서의 사실주의의 완전한 통일을 이루게 할 수 있으며 또 이루어야

한다.

이미 지적한 바와 같이 사실주의의 가장 본질적인 조건의 하나는 자연을 진실하게 묘사

하는 것 즉 현실 세계의 형태들이 대체로 우리에게 감성적으로 지각된 그대로 재현되게끔 그

자연을 묘사하는 것이다.

화가가 만약 사람을 묘사한다면 그 사람의 외적 풍모는 반드시 객관적으로 재현되여야 한

다. 지어는 사람의 머리의 구성 요소조차도 분별할 수 없는 립체파적 수법으로 그 어떤 브

라고라는 자가 그린 『인물화』는 그 자체로써 벌써 사실주의와는 원칙적으로 판이하다는 것

이 명백하다。 그러나 겨우 감성적으로만 지각되는 물질 세계의 현상、 임의의 인물 또는 온전

한 사건의 면모의·재현 그 자체가 사실주의 예술의 목적이나 주되는 규범으로 될 수 없다는

것은 물론이나。

조형 예술에서 사실주의를 시각적으로 지각되는 물질 세계의 정당한 묘사에도 귀착시키

는 것은 비록 아래에서 서술되는 바와 같이 문제의 이러한 측면이 원칙적인 의의를 가지고

있다고 할지라도 문제의 범위를 대단히 축소하는 것으로 된다。 쎄로브의 사실주의는 그가

그려내는 인간의 시각적 면모를 아주 뚜렷이 묘사할 수 있다는 그 점에만 있는 것은 아니다。

브·오·그기르슈만의 인물화가 가지는 사실주의적 특성은 우선 그 개성이 가지는 심오한 사

회—심리적 특성에서 천명된다。

시각적으로 지각되는 현실의 객관적 묘사는 확실한 묘사의 창조에 대하여 언급되느니만

치 사실주의 예술에 있어서 극히 중요하다。 즉 이는 형상에 대한 필수적인 확신성을 달성하

기 위하여 중요하기는 하나 그러나 역시 이것은 오직 사실주의의 한개 조건이며 기껏 그의

한개 측면으로 될 따름이고 사실주의의 본질로는 되지 않는다。 그밖에도 묘사의 감성적 확실성

은 특별히 반사실주의적인 예술에도 리용될 수 있다。

례컨대 현대 미국의 예술에는 시각적인 현실의 마치도 『객관적』인듯한 묘사를 참망하는

류파가 존재한다。 소위 레죠나리즘(지방주의 문예)이라고 부르는 이 류파의 예술가들인 벤

돈、부드쓰、깨르리 및 기타들은 자기 예술의 구체적인 『물질성』을 특히 강조함에 편중하고

있다。 그러나 여기서 묘사된 것의 의견상 『자연성』은 미국식 『생활 양식』의 『견고한 기초』

에 대한 변명 및 자본주의 제도의 모순의 음폐 등과 같은 아주 못쓸 허위적인 예술적 내용을 외면상으로는 마치도 『확증적인 것』처럼 꾸며내는 데 리용되고 있다。이렇게 부르죠아적 미 국의 횡포한 반동적 예술은 자기의 사회적 악선동을 위한 편리한 방패로서 가상적 사실주의의 형식을 리용하고 있다。이와같이 사실주의의 문제를 오직 묘사의 진실한듯한 외면성에만 귀착시키는 것은 옳지못한 것으로 될 것이다。

웰라쓰케스의 그림 『녀방직공들』에서는 감성적으로 지각되는 모든 현실 형태들 즉 자태、 실내 배경, 광선 등등이 비상한 확신성을 가지고 재현되여 있는바 이러한 재현없이는 회화 의 형상 자체도 존재할 수 없을 것이기는 하나, 그러나 바로 이 점에 이 화가의 사실주의적 방법의 본질—비상하게 깨끗한 인간적 시취를 가지는 이 작품에서 그와 같이 심오하게 묘사되 여 있는— 이 있지 않다는 것을 쉽게 리해할 수 있다。

이와같이 때로는 사실주의 본질과 혼돈되군 하는 형상의 시각적— 감성적 확신성은 진실 로 사실주의 예술의 불가피한 조건으로 된다。사실주의적 창작의 본질은 감성적으로 지각되 는 존재 형식의 재현에만 있는 것이 아니라 우선 이러한 재현을 통하여 인간 사회 생활의 본 질、내용、더욱 광범히는 현실 전반을 객관적으로 밝혀내는데 있다。형상의 시각적 확신성 자체도 이에 복무한다。현실 세계를 묘사할 솜씨 없이는 사실주의 예술도 없고 또 있을 수 도 없다는 것은 우연한 일이 아니다。

그러나 예술가들에게 중요한 것은 세계를 볼 줄 알고 심오하게 인식할 줄 알며 관찰되는 사물과 현상의 내용을 통찰할 줄 아는 것이다。이를 위해서는 현실의 감성적 면모를 단순히 복사하는 것만으로는 불충분하다。이를 위해서 필요한 것은 우선 자기의 작품에서 현상의 본질을 천명함으로써 묘사되는 것의 사회적 의의를 명민하고 민감하게 통찰하는 것이다.

어떠한 예술 형태나 그의 어떠한 쟌르에서도 그리고 그 형태와 쟌르, 자체가 인간들의 사회 생활을 천명할 데 대한 파업파는 아무리 동떨어진 것같이 보일지라도 인간의 사회 생활은 그의 다소간 명료하며 완전한 천명을 보게 된다. 소설, 드라마, 비극 혹은 말하자면 직접 또는 간접으로 사회 생활의 묘사를 일삼는 회화에 대하여 론의되는 경우에 있어서는 문제가 아주 단순하고 명료하여진다. 우리들이 미께란제로의 『무서운 재판』이나 쑤리꼬브의 『귀족 부인 모로조와』를 평가하는 것은 첫째로 거기에서 자세가 아주 정당하게 그려졌다든가 또는 원근법이 적용되였다는 것 때문이 아니다. 이 두 경우에 있어서는 심지어 기초론적 정확성의 거부가 허용되여 있는바 즉 미께란제로의 작품은 물체의 양각적인 실체 묘사에 있어서, 쑤리꼬브의 작품은 거리 공간 구성에 있어서 그러하다. 비록 첫 경우에는 기독교적 신화의 자료에 의하여 제작되였고 둘째 경우에는 력사적 쓔제뜨가 리용되여 있다 할지라도 우리들은 이 작품에 침투하고 있는 사실주의의 깊이를 그 당시의 기본적인 사회적 문제를 천명한 그 객관성과 완전성을 통하여 보게 된다. 그 자체가 일정한 사회적 존재의 결실인 인간의 주관 세계가 묘사의 직접적인 대상으로 되여 있는 그러한 작품에서는 (말하자면 서정시와 같은 것에서는) 이러한 사정이 비교적 더 단순하고 명료하다. 인간의 이러한 내부 세계의 파악, 일정한 사상과 감정 및 지향의 정식화 그 자체가 또한 사회 생활의 표현으로 된다.

서정 시인이 생활상 갈등을 해결하려 하고 현실의 긴요한 문제들에 해답하려 하는 그 수법, 사물과 사전에 대한 그 예술가의 태도, 그가 리해하는 생활의 의미 등이 그의 예술의 정당성 또는 부정당성을 규정한다. 우리들은 어떠한 예술 창작 형태에서든지 이와 동일한 사정을 찾아 보게 된다. 나무 책상우에 놓여 있는 두개의 사과와 그와 나란이 있는 꽃을 그린 어떠한 정물화는 비록 쓔제트상으로는 인간 사회 생활과 직접적으로는 아무러한 공통성도 없으나 그러나 역시 이 정물화는 다른 온갖 예술 작품과 마찬가지로 간접적이기는 하나 어떻든 세계와 생활에 대한 예술가의 태도를 천명할 사명을 가지고 있다.

결국 사물에 대한 예술가의 태도 속에서는 항상 예술가의 세계관이 폭로된다. 헤드나클라쓰의 정물화에서는 완전한 사회적 강령이 내포되여 있으며 따라서 우리들은 묘사의 자연성에 의해서 뿐만 아니라 이 자연성을 통하여 세계에 대한 어떠한 관계가 표현되였으며 예술가의 『생활의 철학』이 어떠한가에 의해서도 그들의 정물화가 가지는 사실주의적 특성에 관하여 판단하게 된다.

나는 이와같이 예술 작품의 사실주의적 특성이 가지는 기본적인 규범을 해명하여 보기로 하겠다. 사실주의 예술은 인식되는 현실, 우선 인간 사회 생활의 본질을 정당히 천명하는 예술이라고 말할 수 있다. 이에 더 첨가해야 할 것은 본질의 이와같은 천명을 위해서는—세계를 파악하는 예술적 수법의 원칙 자체에 의하여— 묘사의 감성적 확신성이 필요하다는 그 것이다. 그러나 이에 대해서는 아래서 서술하기로 하겠다.

여기에서는 다음과 같은 것을 또한번 강조하여야 하겠다. 온갖 예술 작품은 사회의 일정한 상태, 사회적 투쟁의 일정한 사실들에 의하여 제약되면서 바로 그 자체가 이 투쟁의 열매로 되며 따라서 그 속에는 이러저러하게 사회 생활이 반영된다. 예술 작품은 언제나 력사가에게 대해서는 사회적 투쟁의 그 어떤 물체화한 문건인양으로 되며 따라서 력사가는 임의의 예술적 현상에서 사회적 존재의 그 반영을 찾아내야 한다.

물질적 생활에 의존되지 않는 예술은 없으며 이러한 의미에서 임의의 가장 반사실주적인 예술 작품도 실제적인 사회적 현실에 대한 사회적 의식, 그 현실의 모순의 반영이다. 실로 현대 퇴폐적 부르조아 예술도 자기의 기형적이며 괴이한 형태를 통하여 자본주의 체계의 붕괴를 반영하는 것이다. 이 예술은 전체 자본주의 체계의 퇴폐와 쇠약을 반영하며 사회적 투쟁에 있어서 지배계급이 차지하는 립장에 의하여 규정되는 그의 극반동적 사상을 반영한다. 그러나 이 예술을 「사실주의적」이라고 간주하는 것은 허무맹랑한 것일 것이다. 사실주의는 현실의 정당한 인식이다. 그러나 그 어떤 에쓰·달리라는 자는 자기의 초현실주의적 화폭을 통하여 세계에 대한 온갖 객관적인 인식과 반영을 거부하였다. 물론 초현실주의의 병적 환상은 사회적으로 제약된 것이기는 하나 현실에 대한 객관적 반영을 우리에게 제공하지 못하고 객관적 현실의 괴이한 외곡을 우리들에게 보여주고 있다. 가장 반동적인 관념론의 온갖 형태도 사회적으로 제약되여 있다. 그러나 만약 반동적 관념론이 근본적으로 외곡된 현실의 정경을 우리들에게 보여준다는 것을 망각하게만 되면 우리들은 맑스주의의 지반으로부터 보그다노브 일파들의 지반으로 물러가게 될 것이다.

속류 사회학은 예술에서의 세계의 객관적 인식과 예술가들의 세계관에서의 일정한 사회적 조건의 반영을 동일시함으로써 역시 맑스주의 지반에서 보그다노브의 지반에로 물러갔다. 나의 견지에 의하면 작품의 사실주의적 특성을 평가함에 있어 중요한 것은 예술이 현실을 통하여 무엇을 인식하며 현실에서 무엇을 천명하며 따라서 예술이 이로부터 어떠한 결론을 내리는가 즉 예술이 어떤 방향으로— 앞으로 혹은 뒤로— 인류를 인도하려고 시도하고 있는가 하는 그것이다. 사실주의 예술의 과제가 사물 또는 현상의 외적 면모를 단순히 기록하는 것이

아니라 그의 본질을 통찰하는 데 귀착되느니만치 사실주의의 예술적 형상에서 본질의 천명

파 현상 표시의 확실성이 어떻게 결합되는가, 바꾸어 말하면 본질적인 것, 합법칙적인 것의 표

시가 예술에서 어떻게 실현되는가? 하는 문제를 제기하는 것은 시기 적절하다.

엥겔쓰는 하르크네쓰에게 다음과 같이 써 보냈다. 『나의 견해에 의하면 사실주의는 디

테일의 정당성 외에 전형적 정황에서의 전형적 특성들의 정당한 재현을 의미하게 된다.』(주)

사실주의의 규범을 묘사 수법의 이러저러한 체계로서가 아니라 현실을 천명하고 반영하는

방법으로 간주하여야 할 필연성이 우선 엥겔쓰의 이 규정에서 흘러 나온다.

이 명제는 기타의 문제ー예술에서의 경향성의 성격과 본질에 관한 문제들과도 결부되게

된다. 주지하는 바와 같이 엥겔쓰는 경향성은 외부로부터 작품에 부가될 것이 아니라 말하

자면 내부로부터 묘사된 사건과 사실 자체에서 천명되여야 한다고 간주하였다. 이에 대해서

는 이상에서 이미 언급하였기 때문에 여기서는 이 가장 중요한 모멘트에 대하여 회상시킬 필

요가 있을 따름이다.

　문제는 일방으로는 정당성과 경향성과의 불가분적인 통일과 타방으로는 감성적으로 지각

되는 사물과 현상의 면모가 가지는 직접적인 확실성을 통한 본질의 표시가 사실주의 리론의

중심적인 개념인 전형적인 것에 대한 개념을 통하여 천명된다는 데 있다.

전형적인 것에 대한 문제의 분석에로 주의를 돌리면서 제일 먼저 강조해야 할 것은 사실

주의적 작품에서의 진실성과 사상성과의 통일이다.

(주) 칼 맑쓰 에프·엥겔쓰 전집 二八권, 二七페지.

생활의 진리와 사상성— 이는 예술의 호상 의존되지 않는 각이한 측면들은 아니다. 예

술가는 한편으로 생활을 진실하게 묘사하면서도 그 밖에 자기의 작품속에 어떠한 사상을 집

어넣는다는 식으로 문제를 생각해서는 안된다. 형상에 억지로 끌어붙인 경향성은 대

바로 이러한 경우에 발생하는바 엥겔쓰는 이를 반대하여 경고하였다. 예술가가 생활에

한 자기의 묘사를 진실로 정당한 사상으로 관철시키지 못하게 되는 나머지 그의 무미건조하

고 검증(檢證)적인 현실의 재현에 그 어떤 묘사적 주석, 즉 슈제뜨를 『검인(檢認)』케 하는 등

등의 집요하게 강조된 외적 속성들을 첨가함으로써 흔히 사태를 바로잡아보려고 시도하군

한다. 이와같은 화폭들에는 실로 관중을 포착할 수 있는 그 어떤 커다란 사상도、그 어떤

묘사의 진실도— 불피코— 없다. 왜냐하면 일어나는 사상의 본질을 해명함이 없이는 진정

한 사실주의도 없고 또 있을 수도 없으며 다만 현상의 결접질을 간신히 붙잡는 것으로 된다.

심오한 사실주의적 예술 작품에 있어서는 작품의 사상적 내용이 묘사의 진실성과 분리될

수 없다. 『기다리지 않았다』、『총살받는 아침』、『농민들의 장례식』、『소좌의 구혼』 등

의 그림에서 그 『진실』이 어디에서 끝나며 『경향』이 어디에서 시작되는가를 구별해 보라、

예술의 사상성은 묘사된 사실에 대하여 예술가가 첨가하는 설명이 아니다. 사상성은 이

러한 사실 자체에、그 사실의 선택과 취급에 있다. 그리고 여기서는 전형의 문제를 해명할

필요가 있을 것이다. 그런데 이를 위해서는 다시금 얼마간 새로운 면에서 이미 제 일장에서

언급한 몇가지 문제들에 돌아가야 한다.

일반적인 것은 개별적인 것을 통해서만 예술적 형상 속에 존재하며 본질은 현상을 통하

여서만 존재한다는 것이 예술적 형상이 가지는 가장 주요한 특성의 하나임은 주지하는 바이

다。일반적인 개념、사상、사유는 그것들이 개별적 현상들의 구체적인 감성적 형태를 통하여 체현될 때는 (문자 그대로의 의미에서!) ≪형상적 형태로서≫도 우리들 앞에 나타난다。이러한 형태는 각이하며 결코 현상의 속성들의 총체를 포괄하지는 못한다。실제적 현실에 존재하는 현상 자체는 한없이 많은 특징、속성、특수성들을 소유하고 있는바 이것들은 자체의 총체와 무한한 다양성에 걸쳐서 예술적 형상속에 들어가지 않으며 들어갈 수도 없다。이러할 필요성도 없는바 그것은 예술의 매개 형태에 있어서 사실주의적 형상은 오직 사물의 일부 성질만을 고착시킴으로써 사물 전체에 대한 표상을 인간들 속에 불러 일으키게 할 목적을 가지고 있기 때문이다。례컨대 회화에 있어서 사물은 오직 시각적으로 지각할 수 있는 그의 성질들의 묘사를 거쳐서만 존재한다。어떠한 사상이나 어떠한 추상적 개념도 회화 작품에서는 눈으로 지각할 수 있는 그 어떤 사실을 통하여 그것이 드러나게 되는 한에서만 존재한다。꽤끝새의 노래 그 자체는 비록 시각적 지각들의 일정한 선택에 의거함으로써 아주 복잡한 련상의 결과로 인간 의식속에 음의 인상을 줄 수는 있다고 할지라도(례위딴의「만종(晩鍾)」을 상기할 수도 있지만)그것을 회화에서 묘사할 수는 없다。

이번에는 사실주의의 예술적 형상이 가지는 특성들을 분석하는 것이 필요하다。그 특성들을 더욱 찬찬히 음미해 보자。

실제적인 현실에서는 구체적이며、개별적인 현상、사실、사건、사물들만이 존재한다。나무「일반」、인간「일반」、바다「일반」은 객관적으로는 존재하지 않는다。오직 일정한 나무、사람、바다만이 존재한다。바꾸어 말하면 온갖 사상은 현상에 대하여 二차적인바 사상은 그 현상들을 포섭하고 그의 본질을 드러낸다。그러나 이는 일반적인 개념은 그 어떤 순전히 주

관적인 것이며 현상들의 무한한 다양이 인간 사유로 하여금 아무 제한도 받지 않는 상대주의에

로 빠지게 함을 의미하지는 않는다. 반대로 리지의 추상력은 현상들의 외피를 뚫고 들어가

그것들을 일반화함으로써 일정한 그루빠의 현상들의 실제적인 내용을 이루는 본질을 천명한

다. 인간『일반』이 존재하지 않고 오직 실제적인 인간만이 있는 이상『인간』이란 개념은

오직 주관적이라는 (결국 자의적이라는!) 결론을 내릴 수는 없다. 이 개념은 수많은 사람

들의 실제적인 본질에 부합되며 이 객관적이며 과학적인 개념은 그 수많은 사람들에 대한

관찰로부터 추상된 것이다. 이와같이 현상들의 본질은 객관적이나 이 본질은 오직 현상속에

서만 그리고 현상을 통하여서만 존재한다. 본질의 인식은 일련의 개별적이며 구체적인 사실

들과의 접촉으로부터 시작된다. 리성은 이러한 현상들에서 우연적인 모멘트들을 사상(捨象)

해버리고 추상화의 방법에 의하여 본질에 이른다. 임의의 과학과 일반적으로 임의의 인간적

인식의 원칙은 이러하다. 『루넷쌍쓰』— 이는 예술 과학의 완전히 객관적인 개념이다. 루넷

쌍쓰는 비록 사실에 있어, 례컨대 마조초와 도나쩰로,'레오날도와 라파엘, 브라만쩨와 쌍쏘위

노 등의 창작과 같은 바로 이러한 구체적인 현상들만이 존재하였음에도 불구하고 그 수많은

개별적인 예술적 현상들의 본질을 포괄하고 있다.

바로 그렇기 때문에 온갖 인식은 개별적 현상에 대한 생생한 직관으로부터 시작된다.

인간들은 현실적인 실천에서 구체적이며 일정한 수많은 사물들과 현상들에 부닥치게 된다.

세계를 실천적으로 변혁하면서 인간들은 바로 개별적인 사물들과 사실들에 작용하며 이것들

을 자기의 리익에 알맞게 개조한다.

이러한 세계의 변혁 자체가 작용받는 현상들의 내적 본질을 다소간 심오하게 인식한 결

파로써만 가능하다는 (이것 없이는 인간 활동이 합목적성을 상실한다!) 그 가장 중요한 모멘트에 대해서는 좀 보류하고 인간의 활동 과정이 실제적인 개별적 현상들과의 접촉을 통하여 실현된다는 데 주의를 집중하려 한다。 바로 여기에 즉 구체적인 현상 세계를 자기의 대상물로 삼는 실천에 온갖 인식이 시작되는 인간적 경험의 원천이 있다。 감성적 경험과 감성적 실천은 세계를 자각하는 임의의 형태의 기본으로、 더 정확히는 출발점으로 된다。

인식은 현실적인 사물、 개별적인 현상들의 감성적 지각으로부터 시작하여 합리적인 일반화에로、 개념을 통한 본질의 해명에로 이르게 된다。 개념들은 만약 그것들이 실제와 부합될 때는 직접적인 표상보다 더욱 심오하게 현실을 반영하게 되는바 이는 그러한 개념들이 「보편 타당성」을 띠기 때문이다。 그러나 현상、 개별적 사실들의 세계에 대한 이 리론적 인식을 통하여 실현되는 실천 자체는 브·이·레닌의 아주 심오한 지적에 의하면 리론적 인식보다 더 높은바 그것은 이 실천이 비단 보편 타당성을 가질 뿐만 아니라 또한 직접적 현실성도 가지기 때문이다。

감성적 경험의 「직접적 현실성」이 가지는 이러한 우점이 우리들에게 있어 극히 중요한 의의를 가지는 것은 바로 이렇기 때문이다。 과학의 일반적 개념들은 감성적 지각에 의하여 얻어지는 개별적 사물들과 현상들의 면모에서 추상되지마는 사실주의의 예술적 형상은 그러한 사물 및 현상들과 항상 불가분적으로 련결되여 있다。 기하학에서 원의 개념은 어떤 일정한 원에 관한 표상과는 독립적으로 존재하나 회화에서는 적어도 그 회화가 현실적인 기초에서 출발할 때는 그 원은 오직 구체적인 원형(圓形)적 대상물의 묘사에 의하여서만 표상될 수 있다。 여기에서 형식주의가 가지는 가장 중요한 내적 모순의 하나가 뚜렷하게 된다。 일찌기 쎄잔느는 현상들의 다양성을 추상적 관념들의 총체에로, 례컨대 머리도 원으로, 사과도 원으로 귀착시키려고 시도하였다。더 나아가 형식주의는 자체의 그릇된 견지로서는 아주 론리적으로 사물의 감성적 확실성과 완전히 절연하였다。

이는 예술의 기본 법칙들의 위반으로 된다。

지난 세기 중엽의 로씨야 전제—농노 제도는 인민에 대한 가장 가혹한 착취와 압박에 의거하였다는 이 과학적 명제는 력사상 무수히 많은 실제적 사실들의 일반화에 근거하고 있다。그러나 우리는 이러한 일반적인 과학적 명제를 반드시 이 개별적인 사실들과 바로 직접적으로는 접촉할 필요가 없이도 그것을 리해하며 파악한다。그러나 문제가 동일한 진리의 예술적 자각과 판여될 때에는 그 진리는 반드시 구체적이며 일정한 사실, 개별적 현상 즉 화물선을 끄는 부를라끼, 수리 작업에서 비탄에 잠긴 제절 로동자, 있는 힘을 다하여 무거운 통을 끄는 어린이들 등등의 형태를 통하여 표시되여야 한다。이러한 것은 직접 관찰할 수 있는 것이다。

예술가에 의하여 예술적 형상을 통하여 인식된 생활 현상의 본질은 직접적인 관찰의 대상물로 즉 감성적인 경험에 의하여 리해되는 것으로서 출현한다。사실주의 예술은 사물, 사실, 현상들을 바로 우리들의 실천적 활동을 통하여 보게 된 그대로 그것들을 표시하려고 노력한다。

여기에 세계에 대한 리론적 (과학적) 인식과 예술적 파악방법—한때 맑스가 예술적· 실천적 수법이라하고 한—과의 가장 중요한 원칙적인 차이의 하나가 있다。

예술가들에 의한 생활의 직접적 관찰의 풍부성과 깊이가 현실의 완전한 사실주의적 재현의 필요 조건으로 되는 원인이 바로 여기에 있다.

예술가는 그 자신이 진실로 내용이 풍부한 생생한 관찰의 축적을 소유하게 될 때에야만 인식된 생활이 관찰된 대상물의 온갖 명료성과 직접성을 통하여 나타나는 그러한 화폭을 창조할 수 있다.

그러나 이상에서 지적한 바와 같이 우리들은 생활에서 일정한 현상과 접촉하게 될 때 불피코 감성적으로 지각하게 되는 그 무수한 개별적인 특정들과 속성들 및 우연적인 특성들을 매개 개별적인 현상을 통하여 분별할 수 있다. 일정한 현상의 본질을 적발하기 위해서는 분석적 기능의 일정한 노력과 추상하는 솜씨가 필요하다. 이때에 각이한 개별적 현상들과 사실들은 결코 한결같이 뚜렷하고도 여실하게 자체의 본질을 나타내는 것은 아니다. 그 밖에 동일한 현상도 자기 존재의 각이한 모멘트들에 따라 각이한 측면들과 각이한 완전도를 발로한다.

한때 고대 희랍인들은 자유인의 미와 완전성에 대한 아주 심오하고 훌륭한 사상에 도달하였다. 그러나 이와 동시에 희랍인들의 예술적 의식의 소박성은 비단 그들이 마치도 인간의 정신적 미가 그의 육체적 미로부터 뗄 수 없으며 곱지 못한 사람은 자기의 외적 추태를 극복하여야만 선(善)하게 될 수 있다고 간주한 거기에만 있는 것은 아니다. 희랍 예술의 비반복적인 소박성은 적지않게 다음과 같은 데서 표현되었다. 즉 비록 실제적으로 고대 희랍에 곱지 못한 사람이 물론 아주 적지었었다 할지라도 고전 시기의 희랍 예술이 육체적으로 아름다운 사람들만을 묘사하려 했고 또 묘사하였다는 데서 표현된다.

고전적인 조각가들은 인간의 본질을 탐구하면서 일정한 현상에만 자기의 관찰 능력을 집중하고 다른 현상들은 보지 않았다。

바꾸어 말하면 예술가ー 사실주의자의 생생한 관찰의 성격과 구체적 내용은 일정한 현상

의 본질을 가장 선명하고 완전하게 관중들에게 보여주는 그러한 사실들과 사건들을 그가 생

활속에서 발견함에 도움을 준다。

예술가의 재능은 생활을 볼 줄 알며 관찰할 수 있는 능력을 보장하는 예리하고 풍부한

감정과 정서적 분야를 전제로 한다。예술가의 천품은 직접적으로 관찰하고 포착하는 능력 즉

수많은 사실들이 보여주는 바와 같이 때로는 자연 발생적인 성격을 띨 수 있는 그러한 능력

에 의하여 많이 조건지어진다。예술에서 우리들이 직관 또는 환상이라고 부르는 그것은 비록

창작 과정에서 직관적인 지각 (물론 선행한 경험과 지식에 기초한 것까지도)을 옳지 못하게

필수적으로 우세하게 보는 일이 있기는 할지언정 예술 창작의 필요한 조건인 것이다。

그러나 환상、직관 및 직흥 등의 광범한 여지를 주는 창작 과정의 이러한 명백한 자연 발

생성은 예술적 형상의 구체적 감성적 형태와 이러저러하게 긴밀히 결부되여 있다。화가는 마치

구체적인 사실들을 관찰하여 그것들을 많은 점에 있어서 뵈이는 그대로 즉 이 사실들을 마치

도 다른 사람들이 관찰할 수 있는 가능성을 주는듯이 (비록 대다수의 경우에 있어서 이 사실

들이 예술가가 생활속에서 관찰한 것과 꼭같이 그렇게 완전히는 재현되지 않는 것은 물론이

지만) 그림속에 직접 재현함에 있어서 그가 현상을 더욱 심각히 통찰하면 할수록 보다 예리

하고 보다 확신성있게 본질을 천명하게 된다。

레삔은 자기의 친우이며 스승인 브·브·쓰따쏘브의 훌륭한 형상을 창조하였다。소위 드

레즈덴의 인물화에서 우리들은 전적으로 용감하고 격렬한 사상에 불타고 있는 열정적이고 불

굴의 성격을 가진 강력하고 생활을 즐기는 사람을 본다。쓰따쓰브가 매 순간마다 항상 이러한 창조적 빠포스 상태에 있었다는 것은 물론 아니었다。그는 그의 본성이 가장 완전하게 발현되였음을 그때에 이와같은 내적 광명으로 불타게 되였다。…그리고 레삔의 모든 천재는 그가 쓰따쓰브를 이 사람의 본성이 잠자고 있거나 적어도 조형적으로 그와같은 힘으로써 발현되지 않고 있는 생활의 평범한 순간에서 묘사한 것이 아니라 가장 열렬한 전투의 하나에 준비된 쓰따쓰브가 우리 앞에 나타나도록 바로 그렇게 묘사한 거기에서도 드러나고 있다。쓰따쓰브의 형상은 그의 내적 내용의 최대한의 충만에서 『포착되여 있다』

예술가— 사실주의자에게 있어서 생활의 연구는 개별적 현상들을 미리 주어진 일반적 사상에 따라 선택하는 것에 귀착되는 것이 아니며 사상의 형상적 재현이 그 어떤 여실히 볼 수 있는 형태로 개념을 표현하는 것이 아니라는 것을 반드시 강조하여야 할 리유가 바로 여기에 있다。

예술가들이 현실을 천명하기 위해서는 본질에 대한 일반적이고 추상적이며 또 흔히 이러저러한 리론적 추리를 위하여 충분한 표상에 국한되지 않고 현상의 본질을 조것부로 말하여 『관찰』할 수 있는(주)가능성을 반드시 가져야 한다。이는 예술을 위해 이중적인 의의를 가진다。즉 예술적 형상에서는 묘사된 현상을 통하여 본질이 천명되게 되므로 그때에 있어서 현상은 죽고 무차별적인 사실로 보이는 것은 아니며 이와 동시에 본질은 오직 현상을 통하여,

———

(주) 물론 이는 예술가가 매개 생활 현상에서 따로따로 본질을 관찰하여야 함을 의미하지는 않는다。그러나 예술에 의하여 묘사되는 현상에서는 본질은 반드시 관찰될 수 있어야 한다。

현상속에서만『살아있게』되느니만치 본질은 공허하고 생기없는 추상으로는 보이지 않게 된
다。 자연주의적 예술에서는 본질과 구체적인 묘사간에 그와같은 결렬이 있다。 즉 자연주의
적 예술의 병접은 사상을 추상화하며 말하자면 생기없는 자연성을 묘사하는 데 있다。 이러한
례로서 최근의 싸론적 아까데미즘의 무수한 실례들을 회상할 수도 있는바 거기에서는 소위
『고상한 것』을 참망하는 추상적 리념이 가장 진부한 자연 현상에 의하여 표현되고 있다。

이리하여 생활은 구체적 표현 형태를 가지는 그의 무한한 다양성을 통하여 예술가—사
실주의자 앞에 펼쳐지게 된다。 현실의 심오한 인식과 천명을 지향하는 예술가들의 과업은
이와같은 수많은 사실들을 분석하여 주요하고 기본적이며 본질적인 것을 발견하고 들추어내
며 중시하는 데 있다。 예술가—사실주의자는 생활에서 제기되는 실천적 과제로부터 출발하
여 해결하여야 할 가장 중요하고 긴절한 문제에 자기의 주의를 집중하여야 한다。

현상들의 선택, 이 현상들의 본질이 여실히 표현되도록 그것들을 묘사하는 것, 임의의 관
찰된 사실로부터 그의 진의를 끌어낼 줄 아는 것, 환상에 의하여 구체적 현상들의 필요한 총
체를 재현할 수 있는 능력—이러한 것이 예술가가 전형적인 것을 묘사하는 방도이다。 예술
가가 생활에서 포착한 것과 포착한 생활 현상을 통하여 보여지고 표시된 그것에 의하여 예술
가의 립장과 그의 사상적 지향과 사물을 판단하는 그의 수법이 뚜렷이 드러나게 된다。 체르
늬쉡쓰끼의 표현에 의하면 예술가의 파업은 생활 현상을 판결하는 데 있다。

이와 같이 무엇보다도 먼저 예술가가 그의 주의 생활에서 무엇을 전형적인 것이라고 간
주하며 그가 무엇을 전형적인 것으로 묘사하며 그리고 또 그가 이 전형적인 것을 어떻게 적
발하고 천명할 수 있는가 하는 바로 거기에서 그의 당성이 드러나게 된다。

밖으로부터 작품에 가져다 붙인 피상적인 경향은 실제적으로 확증되지 않은 공허한 선언

파도 같다. 二○년대에 있어서 쏘베트 예술에서의 형식주의적 류파의 대표자들은 흔히 이와

류사한 종류의 『경향적』인 그림을 창조하였는데 이는 사실에 있어 진정한 공산주의적 리념

파는 천양지차로 인연이 먼 것이다. 왜냐하면 그 속에서의 생활 표시 자체가 전혀 판이한 것

으로 즉 선진적인 현상들에게는 특히 적대되는 사상과 감정으로 일관되여 있기 때문이다. 형

식주의적 예술도 임의의 다른 반사실주의적 예술과 같이 반동계급의 리익을 옹호하기 때문

에 그 역시 당적이다. 형식주의자들도 비록 그 판결이 실제에 있어서는 생활에 대한 비방이

기는 하나 어떻든 생활 현상에 대하여 자신의 『판결』을 내린다. 그러나 이로부터 아주 명

백한 것은 형식주의자들이 전형적 형상을 창조하지 않을 뿐만 아니라 창조하려고 시도하지도

않으며 따라서 반사실주의적 예술에서는 생활에 의거하지 않고 있는 가장 자의적인 주관주

의로 일관되며 허위적이고 깊은 병접을 가지고 있으며 진리와는 적대되는 사상들이 당성 발

혁의 기본 분야로 된다는 그것이다.

이와는 반대로 사실주의 예술에 있어서 예술가의 당성은 전형적 형상들을 통하여 이러

저러한 사회 현상의 본질이 재현됨으로써 표현된다.

쿠르베의 《석공》 (一八四九—五○년의 작품)의 형상은 전형적인바 그것은 아주 직접적

인 편견없는 판찰에 의하여 재현된 이 구체적이며 개별적인 현상을 통하여 부르죠아 사회에

서의 로동의 본질과 근로자들의 처지가 드러나 있기 때문이다. 바로 이 솔직하며 직접적인

묘사에는 그림의 경향이 내포되여 있으며 그 그림에는 ·····는 조그마한 감상적인 애수도 허위적인

과장도 없다. 여기에서는 문자 그대로 결론이 일목료연하며 우리들은 생활을 그의 심오한

본질속에서 본다。

쎄잔느의 예술에서의 형식주의적 원칙은 항상 쿠르베를 근심시켰던 생활의 첨예한 문제
들을 의식적으로 묵과한 데서만 표현되는 것이 아니다。쎄잔느의 정물화들에는 존재의 진정
한 본질이 천명되여 있지 않으며 그 본질이 여기에서는 세계가 불변하며 활기없으며 생기없
다는 데 관한 추상적인 관념론적, 주관적 고찰로 슬쩍 바꾸어지고 있다。

이와같이 사실주의적 예술 작품에서의 전형적인 것은 현상의 본질에 대한 천명이며 동시
에 현상에 대하여 판결을 내리는 것이다。왜냐하면 전형적인 것의 묘사에는 사물의 본질에
대한 인식 결과가 기록되기 때문이다。

여기서 반드시 고려하여야 할 것은 제一九차 당대회에서의 그•므•말렌꼬브의 보고에
내포되여 있는 전형적인 것의 본질에 대한 명제의 원칙적인 중요성이다。

만약 전형적인 것을 ≪통계학적으로≫ 관찰하게 되면 다음과 같은 주요한 것을 리해할 수
없다。즉 전형적인 것은 생활에서 보다 많이 일어난다거나 보다 적게 일어난다든가 하는 거
기에 있는 것이 아니라 전형적인 것은 사회적 세력의 산술적 확대 여하를 불구하고 일정한
사회적 세력의 본질에 상응한다。

가장 광범히 보급되고 가장 자주 보게 되는 것만이 전형적이라는 주장은 왜 옳지 못한가?
무엇보다도 먼저 그것은 본질, 온갖 발전의 기초, 새 것과 낡은 것과의 투쟁을 천명할 데 대
한 문제를 전적으로 제거하기 때문이다。새 것이 아직도 겨우 발생할 뿐일 수도 있고 또 그것
이 아직도 대중적이 못된다 하여, 과연 예술가들이 새로운 생활 형태들의 맹아들을 관찰하고
찬양하는 것을 꼭 거절하여야만 되겠는가。만약 통계학적으로 문제를 고찰하게 되면 一九세

기 七〇—八〇년대 로써야 인테리들 가운데는 혁명적 기분을 가진 사람들이 비교적 적었었다。 그러나 바로 그들의 사업과 사상에서는 조국의 민주주의적 개조를 위하여 투쟁하는 훌륭하고도 선진적인 사상들이 체현되였다。 바로 그렇기 때문에 혁명가를 형상화한 일련의 레쁜의 그림은 그 당시 로써야 생활에서 전형적인 것을 심오하게 천명하고 있다。 그와 반대로 낡은 것은 기본적으로는 이미 구축될 수 있으나 아직도 살아 남아있으며 그것이 결코 지배적인 생활 형태를 이루지는 못하나 역시 전진을 방해하고 있다。 파연 이것이 예술가로 하여금 아직도 아 남아있는 이 낡은 잔재들을 관찰하거나 폭로할 것을 거절하도록 강요하겠는가。 그리고 또 낡아빠진 것이 사멸하도록 전력을 다하는 것이 파연 선진적인 예술가의 의무가 아니겠는가。 결국 여기에서 산술은 타당하지 않다。

광범히 보급된 것을 묘사하는 그 자체로서 그가 전형적인 것을 묘사하고 있다고 생각하는 예술가는 의식적이건 무의식적이건 가장 중요한 것으로부터 물러간다。 물론 흔히 생활의 전형적 현상이 광범히 보급된 것으로 될 수도 있다。 전형적인 것이 반드시 빈번히 보는 것이 아니라고 주장하는 것도 역시 옳지 못할 것이다。 이것은 대체로 량의 문제가 아니기 때문에 옳지 못하다。 우리 생활에서 그것이 숫자적으로는 지배하지는 못하고 있을지언정 우리들을 방해하고 있는 적지않은 허위적인 인간들이 있다。 허위적인 인간들에 대하여 격노하고 그들을 폭로하는 뚜렷한 묘사는 심오한 전형적 묘사로 될 것이다。 왜냐하면 이 묘사는 일정한 사회 세력의 본질을 그의 산술적 보급정도와는 상관없이 그의 사회적 의의에 따라 드러내기 때문이다。 우리에게는 아주 선진적이며 훌륭하고 선량한 극히 많은 사람들이 있으나 만약 예술가들이 이러한 사람들의 본질을 완전히 천명하고 표시할 줄 모를진대 그는 전형적

형상을 창조할 수 없을 것이다. 전형적인 것을 묘사하기 위해서는 선진적 인간의 형상을 그

림에 취하면 충분하다고 생각하는 사람이 가끔 있다. 실제적으로는 이러한 례들이 적다. 선

진적인 사람을 선진적인 것으로 보여줄 줄 알아야 한다. 그럴 때에야만 오직 그러한 때에

야만 형상은 전형적인 것으로 된다.

따라서 문제의 본질은 통계학에 있는 것이 아니라 예술가가 묘사된 것에서 무엇을 천명

할 수 있었으며 일정한 사회 세력의 본질을 천명할 수 있었는가 하는 데 있었다.

전형성에 관한 문제가 수량이 아니라 질에 관한 문제이며 예술가가 자기 작품을 무엇을

주제로 묘사하는가 하는 문제일 뿐만 아니라 그가 묘사된 것에서 어떠한 내용을 천명할 수

있었는가 하는 문제로도 되는 리유가 바로 여기에 있다. 이러한 의의를 달리 즉 전형적인

것은 현상의 본질을 천명하는 예술에 있어서의 특수한 형태라고 표현할 수도 있다고 생각한

다. 과학이 일정한 현상들의 총체에서 본질적인 것을 적발하는 일반적 개념으로서 정식화하

는 그것을 예술가는 형(型)으로서 즉 가장 충분하고 명료하게 본질이 발현되여 있는 개별적

현상으로서 표시한다.

이와 동시에 다음과 같은 것이 무엇보다도 중요하다. 즉 일반적 개념에서는 개별적 현

상들의 모든 우연적이며 개별적인 특수성들이 깎이여 나가게 되나 전형적인 것에서는 이상에

서 지적한 예술적 형상의 성격에 따라 그러한 특수성들이 반드시 보존된다.

전형적인 것—이는 현상들 자체에서 직접 관찰할 수 있는 현상의 본질이다. 이와 관련

하여 아•므•고리끼에게 보낸 브•이•레닌의 극히 심오한 교시를 회상하여야 한다. 레닌은

고리끼에게 왜 예술가로서의 그가 一九一九년에 레닌그라드에 있으면서도 진행되는 과정 즉

낡고 반혁명적인 것과 새롭고 혁명적인 것과의 투쟁의 본질을 리해할 수 없었던가를 해명하면서 다음과 같이 썼다. 『거기서는 마땅히 적극적인 정치가로서 살든지 혹은 만약에 정치에 마음이 끌리지 않으면 예술가로서 생활이 어떻게 새로이 건설되고 있는가를 관찰하여야 한다……』(주一) 레닌은 관찰이 예술가에게 무엇을 의미하는가를 다음과 같이 설명하였다. 『만약에 관찰할 때는 생활의 새로운 건설을 훑어볼 수 있는 지방의 로동자 마을 혹은 농촌에서 밑으로부터 관찰하여야 하며 거기에서는 극히 복잡한 자료들의 총체를 정치적으로 끼여 안아들일 필요는 없고 오직 관찰할 수 있을 따름이다.』(주二) 레닌은 계속하여 말하기를 『거기서는 단순한 관찰만으로도 부패한 낡은 것을 새로운 싹으로부터 손쉽게 분별해 별 수 있다』(주三)고 하였다.

물론 레닌의 이 고귀한 말에서 예술가는 순전히 과학적인 방법으로 생활을 연구할 수 없다거나 또 연구하여서는 안된다는 결론은 결코 내릴 수 없을 것이다.

실로 블라지미르 일리이치의 편지 자체에는 위대한 예술가로 하여금 과학적 분석의 힘으로써 사물의 본질을 포착하고 해명할 수 있도록 방조하려는 위대한 학자—사상가의 지향이 포함되여 있다. 그럼에도 불구하고 브·이·레닌의 말에는 복잡한 현실(주四)의 과학적 『포착』과

(주一) 브·이·레닌 저작전집 제三五권, 三四九페지.

(주二) 상동서 三四八—三四九페지.

(주三) 상동서 三五〇페지.

(주四) 레닌은 『철학 노트』에서 다음과 같이 썼다. 『…개념, 법칙 등은 (사유, 과학=《론리적 관념》) 영원히 운동하고 발전하는 자연의 보편적 합법칙성을 조건부로 근사적으로 포착한다.』(브·이·레닌, 철학 노트, 一九三八년, 一七六페지).

관찰에 의한 예술적 『개판』 과의 차이에 대한 극히 중요한 교시가 내포되여 있다。 만약 세계에 대한 예술적 파악의 가장 본질적인 방법의 하나가 이러할진대 일정한 개별적 현상을 통하여 해당한 사회 세력의 심오한 본질을 직접적으로 드러내는 전형적인 것의 특성이 가지는 원천의 하나도 이러하다。

예술적으로 전형적인 것을 통하여 본질을 드러내는 이러한 직접적이고 개별적인 형태는 반드시 비반복적인 개별화를 전제로 한다。 일반적인 것은 일정한 사건의 예술적 재현에 의하여 천명된다。 브•이•레닌은 예술적 수단에 의한 일정한 일반적 문제의 가공은 과학적 수법에 의한 그의 가공보다는 다른 방법을 요구한다고 간주하였다。 브•이•레닌은 개별적 사실을 통한 일반적인 것의 천명은 『…거기에서는 개별적 환경에、 일정한 형의 성격과 심리의 분석에 모든 중심이 있다는 것』 (주) 에 대한 리해를 전제로 한다고 교시하였다。

예술에서 일반적인 것이 파악되며 천명되는 것은 바로 그러한 개별적 환경과 그러한 성격과 그러한 사회적 전형이 우리 앞에 재현되기 때문이다。 레삔이 그린 자뽀로지예인들의 매개 형상에서 쾌활한 기백과 자유 애호적 자주성에 대한 공통적 감정이 얼마나 각이하게 첩명되고 있는가! 즉 이 그림에서는 각이한 사람들은 제가끔 각이하게 행동하고 있는바 이는 레삔이 완전하고도 빈틈없이 명확하게 매개 성격을 규정하고 있으며 일반적이며 본질적이고 전형적인 것이 적절하게 천명되였기 때문이다。

생활 자체에서도 일반적인 것은 오직 개별적인 것에만 그리고 개별적인 것을 통하여서만

―――――

(주) 브•이•레닌 전집 제三五권、 一四一페지。

존재한다。 예술가는 감성적으로 관찰되는 현실의 존재 형식을 보존함으로써 그 형식을 통하여 그리고 그 형식 속에서 사물의 본질을 본다。 이것이 또한 전형적인 것이다。 바로 그렇기 때문에 일반적 리념과 본질은 오로지 그 모든 풍부하고 다양한 개별적인 것이 보존되는 조건 하에서만 예술에서 천명된다。 전형적 형상에서의 이 개별적인 것을 일반적 리념의 단순한 『체현』에로 귀착시킬 수는 없다。

일부 예술학자들이 그러했던 바와 같이 『부를라끼』에서의 라리끄의 형상을 풍유(諷喩)적으로 해석하는 것은 옳지 못하다。

이 젊고 성급한 청년의 형상을 순전히 도해(圖解)적으로 해석해서는 안된다。 즉 닺출의 중하를 내던지는 『듯한』 라리끄의 형상에서 마치도 레삔이 압박을 반대하는 항의를 묘사하며고 시도한 것이라고 해석해서는 안된다。 만약 이 그림이 진실로 그와 같이 그려졌으며 그리고 그 위대한 예술가가 자기의 매개 주인공들에게서 그 어떤 일반적 사상、어떤 일반적인 테제를 풍유적으로 묘사하는 보조역들을 보았더라면 그 모든 주인공들은 단순히 생기없는 인형으로 떨어지고 말았을 것이다。 실로 전형적인 형상에 있어서 일반적인 것과 개별적인 것과의 련계는 훨씬 더 복잡하다。

라리끄가 그와 같이 날뛰게 된 것은 그의 어깨에 멘 닺출이 그의 몸을 지치게 했고 그 일에 익지 않음으로 하여 참을 수 없었기 때문이였다。 일정한 정황하에 있는 일정한 개인에 대한 이와같은 특히 구체적인 파악을 통하여서만 우리들은 격노한 항의도 많은 기타의 것들도 리해할 수 있다。

제가끔 명백하고 뚜렷하게 표현하고 있는 아주 선명한 개성의 성격 묘사가 사철주의의 적 작품의 성과를 위한 주요 조건의 하나로 되는 리유가 바로 여기에 있다。 끼쁘렌쓰끼로부터 쎄로브에로, 페도또브와 이와 노브로부터 쑤리꼬브까지에 이르는 一九세기의 모든 로써야 화가들은 자기 시대를 가장 완전히 표현하고 있는 거대하고 내용이 풍부한 일정한 인간 성격의 연구와 재현을 위하여 꾸준히 노력하였다。

일부 예술학자들은 성격의 『전형성』을 요구하면서 묘사를 『평균적 수준』에로 귀착시키는데서 흔히 이러한 전형성을 찾았다。 인간은 일부러 『평범한 사람』으로 묘사되였으며 아무 보잘 것없는 이 『평범성』을 전형성으로서 내놓았다。

여기로부터 자연주의에로의 길이 곧바로 열리게 되였다。 바로 자연주의는 현실의 심오한 사실주의적 천명을 반대하여 투쟁함으로써 그의 작품들에서는 보잘 것없고, 평범한 ≪평균적인≫ 인물들이 참가하는 그 어떤 보잘 것없는 사건들이 묘사되는 결과를 초래하였다。

자연주의적 화폭의 그와 같은 『평균』적 인물에서는 진실로 전형적인 것 자체가 천명되지 않는다。 만약 이 인물이 커다란 열정을 요구하는 그 어떤 진정한 사업도 할 수 없고 온 본성을 포착하는 그 어떤 높은 감정을 표시할 수도 없으며 격렬한 사상의 대담한 비약을 할 능력이 없을진대 정말 달리 될 수 있겠는가。

한때 크람스꼬이는 다음과 같이 썼다。 『이제는 소위 쟌느르라는 것은 문제가 다르다。 우리들에게 우선 중요한 것은 (최소한 리상적으로) 처지상 필연성에 의하여 이루어진 성격과 개성인바 거기서는 가장 깊은 모든 내적 측면들이 뚜렷하게 표현된다。』(주) 이 사상은 선격

─────
(주) 이•엔• 크람스꼬이 서한 二권 一九三七년, 三五─三六뻬지。

묘사의 파업을 천명함에 있어 아주 유익한 것이다. 이 오간쏜의 『낡은 우랄공장에서』, 라쮸쓰끼의 『녀(女) 위원장』, 쎄로브의 『레닌곁에 있는 호도프브』, 네멘쓰끼의 『멀리 떨어져 있는 사람과 가까이 있는 사람에 대하여』, 부브노브의 『꿀리쯔브 전야의 아침』, 그리고리예브의 『꼼쏘모르에로의 가맹』 및 기타 많은 작품들과 같은 쏘베트 예술가들이 거둔 수많은 성과들의 원천은 생활의 적접적인 구체적 묘사를 통하여 본질을 표현할 줄 아는 그 솜씨에 있다.

이 모든 작품들에서는 묘사된 인간들의 『모든 내적 측면들이』 직관적이고 조형적으로 아주 명료하고도 확정적으로 표현되여 있다. 화폭에서 묘사된 개성이 더욱 풍부하고 농후하게 천명되면 될수록 그의 내적 본질이 더욱 심오하고 뚜렷하게 된다.

5

사실주의 예술에서 전형적 형상을 통하여 지각되는 『생활의 진실』은 아주 중요한 특성들을 가진다는 것, 즉 생활의 진실은 일정한 현상에 관한 판단과 판결을 자체속에 내포하고 있다는 것을 이미 지적하였다.

예술에서의 현실의 객관적 인식은 그것이 진실로 정당하게만 되면 즉 사물의 본질을 반영하기만 하면 어떤 현상 또는 인간을 (조건부로 요약하여 말하면) 아름답게나 혹은 추하게 묘사하는 것이 찬동 또는 부정의 형식으로 되느니만치 묘사된 것에 대한 판단도 그 속에 내포되여 있는 것이다.

여기서 나는 사실주의 예술의 혁명적 역할에 대한 아주 중요한 문제들에 언급하겠다.

한때 맑스와 엥겔쓰가 발자끄의 창작에 대하여 내린 아주 심오한 지적을 회상하게 된

다. 맑스의 의견에 의하면 발자끄는 『현실적 관계의 심오한 인식에 있어서 뛰여난』(주一)예

술가이다. 맑스주의의 창시자들은 이 위대한 작가의 창작을 높이 평가하였다. 우리들은 발

자끄에 대한 맑스와 엥겔쓰의 견해를 분석함으로써 보통 문제의 한개 측면을 강조하게 된다.

즉 발자끄는 『사회 과학의 박사』였다는 그것이다. 사실、발자끄의 작품들에서 자본주의적 현

실이 가지는 모순들이 아주 선명하고 심오하게 천명되여 있다. 생활을 천명하는 그 깊이는

작가가 가지는 사실주의의 가장 본질적인 면을 이루는바 이는 또한 『발자끄 옹(翁)』(엥겔쓰

의 표현에 의하면) 으로 하여금 지난 세기 사실주의의 대 예술가의 한사람으로 되게 한다.

맑스와 엥겔쓰는 강조하기를 발자끄에게는 앞을 내다볼 줄 아는 능력과 미래에 가서야만

발전하게 될 것이고 현재는 맹아적 현상으로 나타나고 있는 그것을 찾아낼 줄 아는 능력이 있

었다고 하였다. 라파르그가 말한 바와 같이 맑스의 의견에 의하면 『발자끄는 비단 그 당시의

세태 작가였을 뿐만 아니라 또한 그는 류드버그—필립쁘 시기에는 아직 맹아 상태에 있었던

것이 그 후 나뽈레온 三세 시대에 가서야 발전하게 된 그러한 원형의 창조자이기도 하

였다.』(주二) 여기서 말하게 되는 요점은 제二 제국 시대에 가서야 비로소 그 모든 추악한 본

질이 뚜렷하게 된 그러한 부르조아 사회의 『주인공』들을 발자끄는 이미 三〇년대에 분별하

(주一) 칼 맑스、『자본론』 三권、국립 정치 서적 출판사、一九五〇년、四三페지.

(주二) 예술에 관한 『칼 맑스와 에프•엥겔쓰』、六六二페지.

여 묘사할 수 있었다는 것이다。 따라서 발자끄는 부르죠아 사회의 전형적인 것을 심오하게 적발하였다。

그러나 중요한 것은 이 뿐이 아니다。

발자끄는 정통 왕조주의자이며 귀족 계급의 옹호자이면서도 상층 귀족 대표자들을 신랄한 풍자로써 추궁하였다。『그가 항상 감출 수 없는 환희로써 이야기한 유일한 사람들은 그의 가장 맹렬한 반대자들인 공화주의자들 즉 산매리 수도원 거리의 주인공들이였던바 이 사람들은 그 당시 (一八三〇—一八三六년) 에 진실로 인민 대중의 대표자들이였었다。 나는 발자끄옹의 사실주의의 위대한 승리의 하나、 가장 고귀한 특성의 하나는 다음과 같다고 생각한다。 즉 그가 자기 자체의 계급적 동정과 정치적 편견을 반대하여 나아가지 않으면 안되게 되였으며 자기가 애착하는 귀족들이 붕피코 몰락한다는 것을 보았고 그들을 훌륭한 운명을 가질 가치가 없는 사람들로 묘사했으며 미래의 진정한 사람들을 오직 유일하게 발견할 수 있었던 그 곳에서 찾았다는 그것이다。』 (주) ·라·고· 엥겔쓰는 지적하였다。

이와같이 사실주의적 예술가에게 있어서 볼 줄 알고 관찰할 줄 안다는 것은 현실의 모순을 분별할 줄 알며 꾜쓰모뽈리찌즘적 평론가들이 즐겨 옹호하는 그 현실의 결함을 적발할 줄 안다는 것을 의미할 뿐만 아니라 또한 생활 속에서 선진적인 것을 볼 줄 알고 『미래의 진정한 인간들을』 볼 줄 안다는 것을 의미한다。 제한된 또는 심지어 보수적인 정치적 견해를 가지는 예술가들이 흔히 맹목적이고도 무자각적으로 선진적인 사람들을 묘사하는 수가 있다는 것

(주) 칼 맑스 에프 • 엥겔쓰 전집 二八권、二八—二九페지。

은 문제가 다르다。 이러한 경우들에 있어서 사실주의적 예술가의 그 능력은 진실로 사실주의적 예술 방법의 승리의 결과로 된다。 자유주의적 견해를 가진 작가 뚜르게네브가 그린 주인공 인싸로브도 필요할 때는, 작가의 정치적 견해에 거슬러서까지도 뚜르게네브의 창작 방법의 진실성에 따라 그의 모든 긍정적 내용을 통하여 창조되였다。

이와같이 발자끄의 사실주의는 그로 하여금 심오하고도 광범하게 자본주의 사회의 모순을 폭로하고 그의 수많은 심각한 병접들을 보여 주도록 한 데만 있는 것이 아니라 그의 보수주의적이며 정통 왕조주의적 립장에도 불구하고 력사적 발전 경향을 탐지케 한 데도 있다。 그리고 사실주의 예술은 그것이 이러한 력사적 경향을 더 많이 천명할 수 있으면 있을수록 보다 풍부하고 내용있고 고귀하게 된다。

똘쓰또이의 창작에 대한 레닌적 특정화의 본질은 바로 이러한 모멘트를 강조함에 있다。

이 위대한 예술가는 이상에서 인용한 브•이•레닌의 사상에 따라 자기의 창작을 통하여 현대 사회 생활의 본질적 측면들과 기본적인 문제들과 그리고 그의 주도적인 력사적 경향을 반드시 반영하고 있다。

브•이•레닌은 이 위대한 예술가가 부르죠아 사회의 모순을 천재적으로 찾아볼 줄 알았다는 것을 강조하면서 자본주의에 대한 똘쓰또이적 비판에 대하여 말함과 동시에 레닌은 똘쓰또이가 자기의 창작을 통하여 『불타는 증오, 훌륭한 것에 대한 성숙한 지향, 파거로부터 해방되려는 욕망을 반영하고 있으며…』 (주) 『이러한 비판은 진실로 수백만 농민들의 견해

─────────

(주) 브•이•레닌 전집 一五권、一八五페지。

에서 일어난 전환을 반영하고 있다.」(주) 고 교시하였다.

이와같이 진실로 위대한 예술가가 자기의 창작을 통하여 반영하는 생활의 진실은 세기의 력사적 경향의 본질에 깊이 침투하는 모멘트를 자체안에 내포하고 있다. 왜냐하면 생활을 천명하는 그 수법 자체속에는 생활에 대한 일정한 판단이 들어 있기 때문이다.

사실주의는 일정한 사회 세력의 본질의 천명을, 따라서 생활속에서 선진적이며, 장성하는 것과 동시에 사멸하여 물러가는 것들을 볼 줄 아는 능력을 전제로 한다.

예술에 관하여 말한다면 생활속에서 새로운 것을 발견하는 솜찌는 오직 사회주의 레알리즘 예술에서만 그의 완전한 발전을 보게 된다. 그러나 지난 세기의 사실주의에게는 생활의 선진적 경향과 로후한 경향을 분별할 수 있는 능력이 없었다고 하는 것은 옳지 못할 것이다.

물론 지난 세기 예술은 실제적인 현실 자체에서 생활을 개혁하며 사람들의 자유와 행복을 성취하기 위한 실제적인 방도를 보여줄 수 없었으며 부르죠아 사회의 예술가—사실주의자는 엘•똘쓰또이와 같이 그가 흔히 유토피아적으로만 생각하고 있던 생활의 정당한 형태에 대한 선전에서 보다 사회 제도의 부정당성과 결함에 대한 비판에 있어 더욱 강력할 수 있었다. 예술가—사실주의자에게 있는 확인의 힘—이는 우선 인민의 의의를 볼 줄 아는 능력이며••인민의 리익을 옹호하는 힘이며 가증스런 압박을 반대하는 진지하고 선진적인 사람들의 투쟁을 묘사하는 힘이다. 지난 세기 예술가들이 흔히 가지고 있는 정치적 세계관과 창작 방법과의 모순으로 말미암아 그들의 작품에는 일련의 망상과 력사적인 오해가 존재하게 된다. 그럼에도

(주) 브•이•레닌 전집 一六권, 三〇二페지.

불구하고 현실에 대한 심오하고 진실한 묘사는 그것이 진실하기 때문에 그 자체내에 새로운 사회적 력량 또는 경향과 그 당시의 긍정적인 주인공들의 묘사를 내포하고 있다. 사실주의자는 그의 주위 현실에서 사회적 부정의와 사회적 추악 등등을 보기만 하면—사실주의자는 자본주의 사회에서 이러한 것을 보지 않을 수 없다.—그는 이러한 사회 자체의 옹호자로는 될 수 없으며 인민의 대표자들에게나 혹은 현존 질서를 반대하여 나선 그러한 사람들에게 자기의 동정을 기울이게 된다. 심오한 긍정적 형상들의 무수히 많은 실례들을 우리들은 一九세기 로씨야의 예술가—사실주의자들에게서 즉 크람스피이와 레삔과 쑤리피브와 웨·마야꼽쓰끼와 싸이쯔끼와 야로쉔꼬 등등의 창작에서 발견한다.

이와같이 진실로 사실주의적인 예술은 생활을 단순히 복사하는 것이 아니다. 즉 현존하는 것을 단순히 확인함에 만족하지 않고 전형적인 것을 묘사함으로써 생활을 판단한다. 지난 시기의 사실주의가 자기의 「생활 현상에 대한 판결」(체르늬쉡쓰끼)을 표현하는 형식은 각 이하나 현실의 진실한 반영, 따라서 현실에 대한 진실한 판단은 생활에 대한 온갖 진실한 사실주의적 천명의 기초로 된다.

우리들이 만약 레삔의 예술을 실례로, 들어불때 중요하게 느껴지는 것은 그의 회화에는 온갖 복잡한 모순들을 가지고 있는 개혁된 로씨야의 생활의 광활한 정경이 천명되여 있다는 아주 정당한 지적으로써만 꾹한할 수 없다는 그것이다. 레삔에게는 현실을 객관적으로 묘사하는 무비의 힘이 있다. 그러나 위대한 로씨야 예술가의 모든 의의는 그의 예술에서 력사적 발전 경향이 천명되여 있다는 것을 포착할 때야만 명료하게 된다. 「십자가 행진」—이는 농촌 위계급 분화에 대한 묘사일 뿐만 아니라 또한 사회적 불평등의 놀랄만한 대비에 대한 격렬한 비난이며 그리고—아마도 가장 중요한 것은—전제-농노 제도로부터 로씨야를 해방시킬 앞날의 해방자인 인민의 강력한 도덕적 력량의 표시인 것이다。 바로 레삔의 사실주의적 진실성은 그로 하여금 인민파의 랑만주의적 주관주의를 극복하고 로써야 혁명가들에 관한 자기의 그림에서 그 당시에 찾아볼 수 있었던 오직 그곳에서만 자기 시대의 선진적 사람들을 묘사할 수 있게 하였다。

지난 시기의 온갖 대 사실주의적 예술에 있어서 현실에 대한 부정과 비판 자체는 무조건적인 부정이나 공허한 항의는 아니다。 그와는 반대로 사실주의 예술은 우리들이 이미 본 바와 같이 바로 자체의 진실성에 따라 생활에서 그의 진정한 주인공을 분별할 수 있는 것이다。 심지어 엄밀한 비판적 묘사에 있어서도 사실주의는 결코 긍정적인 실례의 규범을 간과하지 않는다。 삐로브의 『십자가 행진』에는 단 한사람의 긍정적 주인공도 없다。 그대신 궁핍과 암흑으로 짓밟히고 불구로 된 사람들만이 있다。 그러나 삐로브의 그림이 가지는 폭로하는 힘 자체는 해당 현상을 비난하는 립장에 선 긍정적 리상 (이 경우에는 민주주의자—계몽자) 의 존재를 전제로 한다。 더 나아가 세기의 궁정적 주인공들이 직접 표시되고 있는 그러한 작품—그람쓰끼, 삐또브, 레삔 등이 그린 로씨야 선진적 활동가의 초상화들과 그들이 그린 농민과 혁명적 인테리의 형상들—에 대하여서까지 말할 필요가 있겠는가

모든 경우들에 있어서 력사적 발전 경향을 천명하고 사회적 결합을 비판하며 결국 진보의 립장에서 훌륭한 미래를 위해 투쟁하는 투사들을 표시하는 바로 거기에, 적대 계급 사회의 조건하에서 온갖 사실주의의 창작이 가지는 거대한 힘이 있다。 사회적 악을 반대하는 항의의 객관적인 예술적 형식을 통하여—쉑쓰피어의 드라마, 발자끄와 똘쓰또이의 소설, 레삔과 수리

피브의 회화를 통하여—예술에 나타난다.

사실주의의 혁명적 힘은 이 모든 경우들에 있어서 사회 생활, 사회적 갈등 및 새 것과 낡은 것과의 투쟁에 대한 직접적인 묘사를 통하여 다소간의 차이는 있으나 충분히 천명된다. 그러나 사실주의적 방법의 바로 이러한 경향들은 서정시와 때로는 회화 혹은 조각에서는 보다 복잡하고 보다 은폐된 형태를 통하여—력사적 사회 생활을 직접적으로 묘사하는 형태로서가 아니라 현실의 주관적 (그러나 주관주의적이 아닌) 해석의 형태로서— 표현될 수 있다. 례컨대 쎄로브의 신화적 슈제뜨들 특히는 그의 『오딧쎄이와 나웨지까야』는 그 당시의 로써야의 현실에 대한 직접적인 묘사는 아니다. 이 슈제뜨들은 시가에서의 서정시와 근사하다. 그러나 아무른 사실주의자 쎄로브와 『예술 세계』의 반동적 양식론자들과의 온갖 모순이 여기에서 아주 뚜렷하게 발로되고 있다. 박끄스뜨는 자기의 회탑 벼행에서 소위 『고대의 공포』란 문화의 파괴와 사멸의 철학을 끌어 내놓음으로써 혁명적 사건에 대한 자기의 태도를 명백히 표현하였다. 쎄로브는 고대 전설에서 악과 폭력이 없는 나라를 찾는 피로한 사람의 방랑에 대한 이야기를 찾아냈다. 물론 여기서 우리는 그가 사건을 인테리겐차적으로 협소하게 지각하고 있는 것을 보게 되나 그러나 역시 거기에서는 사실주의자를 찾아보게 된다.

이와같이 온갖 사실주의의 예술은 생활을 진실히 반영함으로써 의식을 혁명화하는 힘을 얻게 된다. 사실주의의 예술은 전형적인 것을 발견하고 표시함으로써 생활에서 무엇이 악한 것이며 무엇이 선한 것인가를 즉 바꾸어 말하면 무엇이 추하고 무엇이 아름다운가를 여실히 보여줌으로써 생활에 대한 판결을 내린다.

이상에서 지적한 바와 같이 사실주의의 경향성이 왜 그의 불가분적 특성으로 되는가 하는 리유가 바로 여기에 있다。 지난 시기의 온갖 위대한 사실주의는 그 자체내에 경향성을 내포하고 있다。 그러나 이 경향성을 단순히 자기의 리상을 선언하고 확인하려는 예술가의 열렬한 리해관계로서 리해하여서는 안되며 만약 그렇게 한다면 그것은 문제를 너무도 유치하게 리해하는 것으로 될 것이다。 온갖 대 예술가들은 적든 많든 열정을 가지고 자기의 견해를 주장하나 사실주의 작품의 사상성은 여기에 귀착되는 것은 아니다。 사실주의의 경향성은 력사적 발전 경향의 본질을 천명함에 즉 사실주의가 매개 현상의 내적 의미를 여실히 드러내는 데 있다。

이 경향성은 고대 조형 미술에서와 같이 모범적이며 리상적인 형상들의 창조에서도 표현될 수 있으며 루넷쌍스의 예술에서와 같이 생활과 향락에 대한 권리를 장엄하게 뚜렷이 주장한 데서도 표현될 수 있다。 또한 이 경향성은 一九세기 예술에서와 같이 현존 사회 제도에 대한 과감하고도 철저한 비판에서와 생활을 민주주의적으로 개조하기 위해 싸우는 투사들에 대한 찬양에서도 표현될 수 있다。 그러나 모든 경우에 있어서 예술가의 진실성과 세계를 심오하게 볼 수 있는 그의 능력은 예술가로 하여금 적든 많든간에 해당 사회적 현상의 본질을 드러내게 한다。 이는 인간 의식을 혁명화할 자기의 력사적 사명을 이러저러한 정도로 수행할 수 있는 사실주의적 예술이 가지고 있는 력사적 현명성이다。 그·므·말렌꼬브가 지적한 바와 같이 전형적인 것에 대한 문제가 항상 정치적인 문제로 되는 리유가 바로 여기에 있다。 뜰쓰또이는 예술이 생활의 교사(敎師)로 되며 전진 운동의 길을 가르치게 될 것을 넘원하였다。 사실주의 예술、 전형적 환경에서 전형적인 성격들을 천명하는 예술만이 이러한 역할을 수행할 수 있다。

물론 사실주의 방법의 이러한 측면은 지난 시기에 있어서는 모순적으로 밖에 실현될 수

없었다。 뜰쓰또이는 바로 자기의 도덕론에서는 사실주의와 아주 멀리 떨어져서 심히 반동

적 강령을 제시하고 있으나 모든 그리고 온갖 가면을 벗어버리고 자기의 모든 사실주의적 천

재에 의하여 사회제도의 모순을 폭로하고 농민 대중속에 성숙된 항의를 자기 창작을

통하여 체현할 때는 생활을 정당하게 분석할 것을 가르치고 있다。

특히 부르죠아 사회의 조건하에서는 흔히 사실주의의 혁명적 측면과 그의 전투적인 경향

성은 자본주의 제도에 대한 대담하고 직접적인 비판으로서 표현된다。 그러나 이러한 형태의

사실주의의 힘은 예술가로 하여금 『분노없이 조심스레』 현존하는 것을 단순히 표시하도록

하는 그 공명한 객관성에 있다고 생각하는 것은 헛된 일일 것이다。

어미 상술한 바에서 명백한 바와 같이 매개 현상 속에서 전형적인 것을 발견하고 표시하

는 그 솜씨 자체는 이 현상에 대한 당적 판단을 동반한다。

부르죠아 제도의 진정한 본질의 표시 자체는 부르죠아 제도와 투쟁하며 그의 내적 결함을

폭로하고 자본주의적 리윤을 추구하는 『주인공』들에게 진정한 인민적 주인공 즉 인간적 가치

와 자유와 행복을 위한 투사들을 대치시키는 걸로 예술가를 객관적으로 인도하는 부르죠아

제도에 관한 판결이다。 사실주의는 그 본질상으로 보아 예술의 혁명적 방법이다。 부르죠

아들이 지배권을 장악하게 되자마자 사실주의의 기치를 내던지고 오늘에 이르기까지 그와

투쟁하고 있는 것도 우연한 일이 아니다。

이제 나는 사실주의의 사회적 의의에 관한 가장 중요한 문제를 상세히 연구하여 보기로

하겠다。 만약 一九세기로써야 예술사를 실례로 들어 보게 된다면 확인된 예술가―민주주의

자들과 함께 사실주의자이면서도 자기의 정치적 견해에서는 민추주의와는, 더우기는 혁명적 민주주의와는 거러가 훨씬 떨어져 있는 그러한 예술가들을 발견한다。 그러나 어떻든 이러한 예술가들도 대 사실주의자들이 였었다。 문학 분야에서는 곤챠로브와 뚜르게네브까지도 이러한 예술가로 회상할 수 있을 것이다。 六○년대에 사실주의를 위한 투쟁을 진행한 것은 삐로브와 같은 사상적으로 선진적인 예술가들 뿐만 아니라 야꾀비와 같은 중립적인 사람들도 그런 투쟁을 진행하였다는 것을 상기할 수 있다。 이로부터 지난 세기 중엽의 로씨야의 사실주의 예술이 그 자체의 깊이와 절로 보아 각이하였었다는 결론, 말하자면 엔·우·쓰뻰쓰끼의 사실주의는 『혁명적—민주주의적 사실주의』였었고 뚜르게네브의 사실주의는 『자유주의적 사실주의』였었다는 결론을 내릴 수 있는가? 이와같은 도식화는 사실에 있어서 력사—예술적 과정을 속류—사학적으로 외곡하는 데로 이끌어간다。 민주주의적 사상은 혁명적—민주주의적 투쟁 방법의 정치적 옹호자들이 였던 그러한 예술가들의 창작에서 가장 뚜렷하게 표현되였던 것은 물론이다。 그러나 이러한 사정에 의해서도 문제 해결의 복잡성은 역시 달라지지 않는다。

그 자체의 방법상 사실주의적인 예술이 그 시기의 사상 생활과 투쟁에서 어떠한 역할을 노는가? 하는 문제를 제기함으로써 이 문제들을 해명할 수 있다고 본다。 또한 이 예술은 누구에게 『유용한가』 즉 어떠한 사회적 력량을 방조하는가? 사실주의의 혁명적 힘은 바로 이러한 점에서 뚜렷하게 표현된다。 체르늬쉡쓰끼와 도브롤류보브의 평론—정론적 활동은 임의의 분석되는 예술 작품이 민주주의적 운동을 위하여 가지는 의의를 해명함에 목적이 있었다。 그리하여 체르늬쉡쓰끼와 도브롤류보브는 바로 사실주의 예술가가 해당 사회 현상의 본질을 폭로할 줄 알았기 때문에 혼히 자기의 정치적 견해와는 반대로 생활을 가장 사실주의적으로 묘사함으로써 인민들의 의식을 각성시키고 해방 운동을 방조한다는 것을 훌륭하게 증시할 수 있었다。 례컨대 오쓰뜨롭쓰끼는 물론 『체르늬쉡쓰끼 당』 의 사람은 아니였으나 도브롤류보브는 자기의 천재적인 론문들에서 『암흑 왕국』 에 대한 무자비한 폭로가 로씨야의 어떤 사회 세력에 유용하였던가를 증시하였다。

바로 이러한 점에서 一九세기 로씨야의 사실주의는 그 자체의 심오한 본질에 있어서와 력사적 경향으로 보아 민주주의적 특성을 띠고 있다고 말할 수 있다。 그 사실주의가 민주주의적이였었던 것은 생활의 진실한 반영이 첫째로 민주주의 사업에 유용했고 사실주의 예술이 민주주의적인 해방 운동을 위해 『일했으며』 그 해방 운동을 방조하였고 응당한 방향으로 사람들을 교양하였기 때문이다。 이러한 점에서 또한 주관적으로는 보수주의의 사상적 립장에 선 이러저러한 예술가의 창작이 가지는 진보적 성격을 설명할 수 있다。 만약 이러한 립장이 사실주의적 방법의 기초를 뒤집어 놓지 않는다면 이 방법 자체는 예술가의 의사와는 별개로 생활을 재현하고 평가하는 혁명적, 민주주의적 방법의 의의를 가질 수 있다。 주지하는 바와 같이 웨··바쓰네쪼브는 그 생애의 후반에 가서는 뛰여나게 선진적인 사회—정치적 견해를 가지지 못하였다。 바로 그 때문에 비록 사실주의자 바쓰네쪼브가 『세명의 용사』, 인민의 힘과 위력에 대한 뜨에마를 창조할 수 있었고 그의 회화가 인민의 사업에 복무하였고 계속 복무하고 있다 할지라도 그의 창작에서는 레삔의 작품에서와 같은 혁명가에 대한 찬양을 찾아볼 수 없는 것이다。

바꾸어 말하면 사실주의적 묘사 자체는 그 자체내에 (그것이 진실하기 때문에 또한 그의 진실성에 따라) 선진적인 경향을 가지고 있다.

이와같이 예술에서의 사실주의는 항상 진보를 촉진하며 있어서 민주주의적이며 인민적이다。 진실로 사실주의적인 예술은 언제나 소박하고 가장 광범한 대중들에게 알맞으며 리해될 수 있다는 것은 우연한 일이 아니다。 사실주의적 작품에서의 예술적 형식 자체는 민주주의적이다。

이와같이 방법으로서의 사실주의의 본질 자체와 그의 내용과 그의 형식에는 인민의 리해관계와 진보를 위한 사업에 대한 그의 친밀성이 내포되여 있다。 바로 그렇기 때문에 현실을 사실주의적으로 재현하는 경향성은 결코 외부로부터 그에게 끌어 붙인 것이 아니며 그 경향성은 생활의 진실속에 뿌리박고 있을 뿐만 아니라 이 진실 즉 사물의 의의를 천명하는 것 자체는 생활에 대한 정당한 판결도 포함하고 있다。 사실주의적 작품에서의 경향은 작품의 조직 자체와 전형적 형상속에 내포되여 있는바 이렇듯 그 경향성은 현실의 력사적 전망과 그의 진보적 발전의 력사적 경향을 통하여 현실을 객관적으로 표시하는 진실한 측면으로 된다。

6

여기서 나는 대단히 흥미있고 중요한 사실주의 예술의 일련의 현상들에 대하여 언급하기로 하겠다。

일정한 사회적 현상의 본질을 천명하기 위하여 사실주의자들이 형상을 과장하고 첨예화하게 되는 것은 정당한 것이다。 이는—사실주의 예술론의 가장 중요하고 가장 흥미있는 방

면의 하나다。 우리들은 사실주의의 거장들이 현상의 본질을 더욱 여실히 뚜렷하게 표현하기

위하여 작품에서 현상의 면모를 그의 『자연 형태』에 외적으로 일치시킴을 흔히 위반하였던

사실을 예술사를 통하여 실제적으로 알고 있다。

사실주의적 예술은 항상 형상을 과장하고 첨예화하는 여러가지 형태들을 리용하고 있는

바 이러한 수법들은 해당 사회—력사적 현상의 본질을 천명함에 도움을 주기 때문이다。 이와

동시에 지적하여야 할 것은 예술적 과장의 아주 다양하고 복잡한 형태들이—유감하게도 아직

까지도 아주 불충분하게 연구된—력사적으로 형성되었다는 것이다。

형상을 사실주의적으로 과장하는 아주 『극단』한 형태의 하나인 그로테쓰크에 판하여

이 문제를 분석하여 보기로 하겠다。 그로테쓰크는 사실주의 예술에서 형상을 첨예화하는 가

창 광범히 보급된 형태는 아니며、 따라서 일부 사람들은 심지어 그로테쓰크는 사실주의와는

인연이 먼 수법이라고까지 그릇되게 간주하고 있다。 그러나 사실주의 예술은 형상의 전형성

을 가장 완전히 천명하기 위하여 많은 경우에 있어 형상을 과장하고 첨예화하는 수단으로서

환상과 그로테쓰크의 갸이한 형태들을 자용하고 있다。 우리들은 이미 레오나르도 다 윈치

의 그림 가운데서 이를 찾아 보게 되며 또한 이는 고꼴리와 쌀띄피브—쉐드린、 고오이와도

미예의 예술에서도 가장 본질적인 축면을 이루고 있다。 쏘베트 풍자 작가들의 로작들에

서는、 그로테쓰크가 적지않은 비중을 차지하고 있다。 그로테쓰크에 판한 문제는 사실주의

예술 발전의 가장 중요한 문제의 하나다。 왜냐하면 사실주의와 절연하려는 부르죠아 예술

의 수많은 시도들이 그로테쓰크에 대한 문제와 결부되여 있기 때문이다。 반동적 평론은

바로 그로테쓰크의 존재에서 이러저러한 예술가의 사실주의적 특성을 반대하는 론증을 찾

으며 한다。 브레이낄리의 그로테쓰크 때문에 혼히 그의 예술의 사실주의를 부정하며 도미-

역의 그로테쓰크에서 그의 사실주의의 특성을 보는 것이 아니라 랑만주의의 『극복되지 못

한』 잔재를 본다。 페도또브와 뻬로브의 그로테쓰크에 대해서도 동일하게 말하고들 있다。

그러나 만약 이 그로테쓰크가 사실주의적이며 현실의 기형화를 지향하지않으며 주관적이며

형식주의적인 자의의 결과가 아니라면 그로테쓰크의 발현 자체는 결코 사실주의로부터의 퇴

각을 의미하지 않는다。 예술사에서 사실주의적 그로테쓰크는 사회적 현실의 본질을 천명하

며 그의 일정한 측면을 폭로하는 중요한 수법의 하나로 된다。

그로테쓰크의 예술에서는 이러저러한 사물과 현상들의 외적인 감각적 풍모가 변형된다。

만일 이 그로테쓰크가 사실주의적이라면 그러한 변형은 생활 자체속에 있는 기형적인 것의 음

폐된 본질을 가장 여실하게 드러내기 위하여 수행된다。 그로테쓰크는 추악한 것, 비도덕적인

것, 범죄적인 것, 사회적으로 기형적인 것을 예술의 일반적인 원칙에 적응하여 직접적이며 감

각적으로 관찰될 수 있게 하여야 한다。 고이의 묘사는 그로테쓰크적인바—이 모든 것은 위대

한 사실주의자가 환상적 현상들의 힘을 빌어 서반아를 괴롭게 했던 중세기적 사회 세력의 무

시무시한 암문성을 우리들에게 보여준 기형적인 괴물들이다。 고오이에게 있어서 그의 형상들

의 그로테쓰크적 룍성은 가지각색으로 발현되는 낡아빠진 생활 양식의 기형적인 본질을

여실히 감성적으로 묘사할 수 있게 하는 수법이다。

그러나 적대 관계들과 기본적인 결함—인간에 의한 인간의 착취의 존재—을 가지는 임의

의 계급 사회에서는 사회 구성 자체가 미적 개념으로 표현될 때는 『그로테쓰크적』으로 된

다。 즉 불피코 발생하는 기형성의 화폭을 제공한다。 때문에 그로테쓰크는 혹독한 사회

적 모순이 특히 첨예하고 여실하게 표현되는 일련의 력사적 발전 단계에서 사실주의 예술에 있는 현실의 각이한 측면의 합법칙적인 묘사 형태이다。따라서 사실주의 력사에서 그로테쓰크는 현실을 진실하게 묘사하기 위하여 불가피할 뿐만 아니라 극히 중요한 형식으로 되지 않을 수 없다。그로테쓰크는 단순한 파장으로서만 존재하는 것이 아니다。그로테쓰크는 궤변어 아니며 일부 부르죠아 미학자들、특히는 베르그쏜이 주장한 바와 같이 현실을 희롱하는 인간적「자아」의 주관적 자의의 표현도 아니다。사실주의적 그로테쓰크는 결코 자의가 아니다。그로테쓰크는 예술가가 현실을 중요시하기를 싫어한다는 의미로는 그 어떠한 주관주의적 요소들도 가지고 있지 않다。그와는 반대로 이는 예술가가 부딪치게 되는 세계에 실제적이며 합법칙적으로 존재하는 추악한 것을 예술적으로 파악하려는 시도이다。그리고 예술사의 일정한 시기에 있어서는 그로테쓰크가 특히 예리한 성격을 띤다。

쉐쓰피어의 말에 의하면、시대의 명맥이 끊어졌고 낡은 봉건 사회가 붕괴되였고 새로운 부르죠아적 관계가 배태되던 一六、一七세기의 예술을 회상하여 보장。바로 이 시기에 그로테쓰크는 사실주의 예술의 가장 강력한 무기의 하나로 되였다。이에 대해서는 문학에서의 라불레와 쎄루반테스나 또는 조형 예술에서의 깔로의 이름만을 들어도 충분할 것이다。이 시대의 예술가들도 一九세기의 예술가들과 같이 현실의 병접을 흔히 직접적으로는 폭로하지 않고 쓰거운 조소와 기지있는 조롱、꾀이하고 몽매한 것에 대한 묘사 등은 그들에게 있어서 생활 현상에 대한 자기의 판결을 내리는 수단으로 되였었다。그로테쓰크는 현실의 묘사 형식일 뿐만 아니라 현실에 대한 비난 형식이기도 하다。이 시대의 예술이 풍차방아와 싸우는 주인공들의 형상들、허수아비로 전환된 사람들、무늬비단과도 근사한 누데기들、누데지와도 근사한 무늬비단들로써 얼룩달룩한 것은 우연한 일이 아니다。이러한 ·모·든 것들은 사람들에게 새로운 불행과 비애를 가져오는 생활 양식을 예술적으로 표현하며 ·비·난·하·는 수단이였다。

그러나 그로테쓰크의 예술에는 아주 중요한 모순 즉 **감각적으로 지각하는** 현실에 직접 존재하는 것과 이 현실에 대한 예술적 반영간의 모순이 발생하였다。그로테쓰크적 묘사의 수법은—《이것은 있을 수 없다!》고 강조하는 수법이다。도미예가 때때로 묘사하는 것과 같은 육체적으로 기형적인 인물들은 결코 현실적으로는 존재하지도 않았고 존재할 수도 없으나 그들의 그로테쓰크적 기형성은 그들의 내적、정신적 추악을 표현하기 위하여 정확히 찾아낸 형태였다。그러나 지난 시기의 예술에서 표현되였고 과거 예술이 진화하는 전체 행정에서 사실주의의 발전도 동반케 한 그로테쓰크적 형상들은 그 자체내에 어떤 내적 모순을 감추고 있었다。그로테쓰크적 형상들은 실지로 현실 세계에는 존재하지 않음으로해서 그것들 자체는 환상의 열매이나 역시 그것들은 《현실성》을 떠고 있으며 실제적 현실의 정수이며 현상의 본질을 이루는 것을 아주 집중적으로 묘사한 것이라는 확신을 불러 일으킨다。예술은 사물과 현상들을 직관적이고도 감각적으로 지각되게 함으로써 사물의 은폐된 련계와 현상의 내적 내용을 묘사한다。이러한 관점에서 보면 그로테쓰크는 직접적으로 관찰할 수 있는 감각적인 면모를 현실적으로는 가지지 않는 그러한 사회적 결함과 사회적 병집들을 외적으로、조형적으로 표현하는 수법이기도 하다。즉 쌀띄꼬브—쒜드린의 환상적 형상들에는—두뇌 대신에 고기 덩어리로 가득찬 머리들과 기관을 가지는 그의 시장(市長)의 형상에는—그 본질 자체에 의하여 우습고도 망측한 우둔성의 형태로 묘사할 것을 요구하는 심오한 사실주의적 진실이 들어 있다.

바로 그 어떤 현상을 《이것은 있을 수 없다》라는 그로테쓰크의 원칙에 따라 묘사한다는 것은 언제나 《이렇게 되여서는 안된다!》라고 폭로하는 격분의 힘을 울리고 있는 것이다.

여기에서는 또 하나의 사정에 대하여 주의를 돌릴 필요가 있다. 사회적 현실의 모순들은 각이한 시기에 따라 각이한 외적 형태들을 가진다. 따라서 예술도 각이한 수법들에 의해서만 이러한 각이한 형태들을 정당히 묘사할 수 있다. 만약 一六, 一七세기를 실례로서 들어 본다면 낡은 것과의 투쟁에 나서며 한동안 승리적인 행진을 하는 새 시기의 기본적인 인물들로서 《원시 축적의 무사들》이 우리 앞에 나타난다. 이들은— 콘퀴스따도르 (서반아 및 포도아의 남미 개척자) 들이였던바 그들은 상업과 강탈로써 혹은 더 정확히 말하면 상업—강탈에 의하여 부자가 되기 위하여 아메리카 또는 동인도의 그 어떤 곳에로 진출하며 《꿈도 재채기도 까마귀 울음소리도》즉 어떠한 미신도 믿지 않는 거세고 고도 명확한 인물들이였다. 이들은 그 어떠한 도덕적 원리도 가지고 있지 않은 제가끔 뚜렷하고도 정력적인 사람들이였다. 이러한 인물들의 얄미운 강탈적인 본질은 아주 감각적이며, 예술적인 직관으로, 곧바르고 예리하게 눈에 들어온다. 이 형상들은 극히 명료하며 조형적으로 표현되여 있다. 때문에 우리들은 그 당시의 예술에서 이런 형상들을, 리베인과 안또니스 모르의 인물화에서 이러한 형상을 본다. 그 시기의 예술은 이러한 《자기 시대의 주인공》들의 본질을 비교적 손쉽게 직관적으로 재현할 수 있었다.

그러나 만약 우리들이 一九세기의 발전된 자본주의 사회의 시기를 례로 들어 보게 되면, 여기서는 《잉여 가치의 비밀》이 직접적인 관찰자의 눈으로부터 은폐되여 있다는 것을 보게 된다。 여기서는 콘퀴스따도르가 지배하지 않는다。 자본주의는 사물에 대한 ≪규범적인≫ 질서로 되였으며 생활의 ≪주인공≫은 전혀 다른 기질과 다른 성격 및 다른 생활상 처지를 가진 사람들이였다。 그들은 황금을 얻기 위해 거센 파도를 따라 무장한 함선을 타고 떠돌지 않았으며 그들의 활동 무대는 추식 시장이였다。 그들은 독(毒)과 단검으로써 경쟁자들을 제거하지 않았다。 그들의 독(毒)은 경쟁이였으며 그들은 ≪황금 해안≫에서 노예를 수렵하지 않았다。 곤궁에 견디지 못하게 된 노예 자신들이 그들의 공장에로 가게 되였다。 만약 발자끄가 자기의 형상 보뜨렌의 형상에서 즉 지난 시기의 콘퀴스따도르의 마지막 잔재를 통하여 그 어떤 정도로 또다시 자본주의 세계의 야수성을 보여주려고 시도하였다면 그것은 발자끄가 보뜨렌의 만화경적 잡다한 세계의 승리를 그린 것이 아니라, 곱쎄그나 뉴씬젠의 외적으로 허울좋은 ≪질서≫의 승리를 중시하였다。

자본주의적 착취의 본질, 잉여 가치의 횡취 등은 직접 감각적으로는 특히 그 어떤 시각적 형상으로는 관찰될 수 없다、 다만 이러한 것들이 일어나게 되는 조건들과 그의 결과만을 포착할 수 있다。 자본가가 로동자의 로동의 열매를 횡취하는 그 방법을 ≪비밀≫이라고 맑스가 부른 것도 우연한 일이 아니다。 자본주의적 착취의 기구, 잉여 생산물의 횡취는 어떤가 부기의 비밀속에 음폐되여 눈으로는 보이지 않는다。 때문에 여기에서는 사회의 기본적인 모순이 직접적으로나, 직관적으로나 감각적으로는 표현될 수 없으며, 이 모순은 적어도 조형 예술에서는 불가피하게. 그로테쓰크적 표현 형식을 요구하게 된다。 이러한 것으로서 모르와 덴의 만화를 상기하여 보자。

사실주의적 방법에 있어서는 반드시 창조적 환상을 가장 광범하게 리용할 필요가 있다는 것이 이로부터 벌써 명백하다。그러나 문제는 예술가—사실주의자가 형상의 직접적인 첨예화를 위하여 의사를 자기의 환상으로 표현할 수 있으며 또 표현하여야 한다는 데만 있는 것이 아니다。문제는 예술 창작의 필연적인 조건으로서의 환상에만 있는 것이 아니라 말하자면 현실 자체에 객관적으로 고유한 『환상성』에도 있는 것이다。

상품의 마술성에 대하여 맑스가 말한 다음의 구절을 회상하여 보기로 하자。『례컨대 목재의 형태는 그것으로 책상을 만들게 될 때는 변경된다。그럼에도 불구하고 책상은 목재라는 일상적인 유형물임에는 틀림이 없다。그러나 그것은 상품으로 되자마자 곧 유형적이면서도 초유형적인 하나의 사물로 된다。그것은 이제는 네다리로써 마루우에 서 있을 뿐만 아니라 또한 다른 일체의 상품들에 대하여 거꾸로 서는 것으로도 되며 그것이 자발적으로 춤추게 될 때보다도 훨씬 더 괴상한 환상이 그 나무 대가리에서 일어나게 된다。』(주)

맑스가 상품의 마술성과 그의 비밀을 비유적으로 특징지으면서 본질에 있어서는 그로테쓰크적인 예술적 형상에 의거하고 있다는 것은 교훈적이다。

여기에 있어 중요하게 강조해야 할 것은 사실주의적 그로테쓰크에는 언제나 사물의 내적 본질과 묘사의 감각적 면모와의 일치가 보존되고 있다는 그것이다。랑만주의자들과 상징주의자 등등도 역시 그로테쓰크에 의거하였으나 이는 공포의 그로테쓰크이였다。현상의 본질과 감각적으로 지각되는 그 면모가 여기에서 불일치하게 되는 그 근원은 예술가가 마치도 ≪사물 속에≫ 존재하는듯한 신비력을 드러내려고 시도한 데 있다。이러한 그로테쓰크는

(주) 칼 맑스、자본론 1권、국립 정치 서적 출판사 1950년판、七七페지。

진실의 천명을 방조하는 것이 아니라 그를 몽롱하게한다。이러한 그로테쓰크를 룹쁘스나 문호의 작품에서 볼 수 있다。사실주의자들이 묘사하는 인간과 현상들의 그로테쓰크적 기형은 본질을 폭로하고 적발하는 수법이다。부르죠아—반동적 예술학자들이 임의의 그로테쓰크에서 찾아내려고 애쓰는 그 신비는 사실주의적 예술가에게는 하나도 없다。실로 문제는 바로 현실적인 사물자체에 있는 것이다。즉 례컨대 부르죠아 사회에서 모든 관념들을 도립(倒立)시키는 화폐의 전도력(顚倒力)은 흔히 예술에서는 환상적 형상들로 반영된다。직접적인 조형적 표현을 가질 수 없는 그것은 불피코 환상적 형상 형태를 띠게 된다。부르죠아 대표자들의 비렬성、매수성、탐욕성、교활성 등은 흔히 아주 허울좋은 외피에 의하여 음폐될 수 있다。바로 그렇기 때문에 도미예는 자기의 작품『립법의 배(腹)』에서 용모의 환상적 과장에 의거하고 있다。

　문제는 다음과 같은 데 있다。즉 현실이 보통 모순을 가지고 있으며 복잡하고 적대 관계들로 충만되여 있으니만치 이 현실을 파악하는 객관적이며 진실한 형태로서 발생하는 사실주의의 예술적 형상은 일정한 조건하에서 표현의 환상적인 그로테쓰크적 표현 방법을 요구한다는 그것이다。여기서 한가지 꼭 잊지 말아야 할 것은 사실주의적 그로테쓰크에 있어서는 언제나 가장 중요한 것이 비난이라는 그것이다。마치도『자연성』을 옹호한다는듯이 가장하는 부르죠아적 자연주의가 이러한 그로테쓰크를 반대하여 집요하게 싸우는 것도 우연한 일이 아니다。이러한 의미에서 자연주의도 전형적인 것을 산술적 평균으로서 인식하는 데서 출발하고 있다。자연주의자는 만약 그가 단꺼번에 아주 많은 사람에게 근사한 인간들을 묘사하게 된다며는 이는 곧 전형으로 될 것이라고 생각한다。그러나 이와같은 관념은 옳지않다。여기에서는 주

되는 것―즉 『중간적인 것의』 애매한 진부성을 거부함이 없이는 불가능한 본질의 심오한 천명

이 사라져버린다。

　내가 이상에서 예술적 파장의 가장 신랄한 형태인 그로테쓰크의 실례에서 그것은

훨씬 더 광범한 범위의 현상들에서도 중시될 수 있는바 그것은 사실주의 예술에 있어서는 형

상의 파장 및 첨예화가 본질을 해명하는 가장 중요한 수단의 하나를 이루기 때문이다。 즉 례

컨대 사실주의 예술에서의 긍정적 주인공은 그로 하여금 모방의 대상으로 되게 하는 아주 힘

찬 표현력을 가지게 된다。 이를 위해서 또한 필요한 것은 형상을 파장하고 첨예화함으

로써 그 주인공들이 가지고 있는 명료성과 독창성과 성격의 힘을 철저하게 천명하는 것이다。

　그런데 이것은 긍정적 인물들에게만 해당되는 것이 아니라 부정적인 인물들에도 해당되는

것인바 그 부정적인 인물들은 고골리가 그린 치치꼬브 (아긴이 그린 주인공도 여기에 첨가할

수 있다)、 쉐드린이 그린 이우두슈까 골로블레브, 페도또블의 소좌나 레삔의 보제장(補祭長)과

같이 뚜렷한 특성과 특정적인 개성을 가진 인물로 되는 그러한 경우에 있어서만 자체의 본질

을 충분히 표현하게 된다。 진정한 예술가의 솜씨에 의해서는 심지어 미미한 인간도 마치도 확

대경으로 본듯이、 예술적 파장의 선명한 빛으로 끝까지 비쳐진듯이 『창조의 정화』로 될 수

있다。 사소한 사람은 반드시 사소하게 묘사되여야 하고 진부하고 평범한 정황은 바로 그와

같이 평범하게 예술적으로 재현될 것을 요구한다고 간주함은 잘못이다。 체호브의 단편들은

이러한 허위적이며 자연주의적인 규칙에 대한 훌륭한 반박으로 되는바 이 단편들에서는 생

활、인간 관계、인간적 공상과 열정의 극히 심오한 본질이 사소하고 평범한 것을 통하여 천

재적인 혜안으로써 표시되여 있다。

무엇으로써 이러한 싫증나는 진부성으로부터 구원되는가? 물론 이는 휘날리는 깃발、

일부러 꾸며낸 연극적 제스쩌야、허위로 표현된 자태 등과 같은 외적인 호언장담식 미사여구

에 있는 것이 아니다。관찰과 사상의 빈곤、생활 및 인간 묘사의 빈곤성을 교식에 의해서

음폐할 수는 없다。예술적 파장과 첨예화는 사실주의 예술이 가지는 불가분적 특성이며 전형

적인 것을 천명하는 중요한 수법이다。그러나 이러한 첨예화는 생각컨대 천박하고 싫증나는

인간들과 마음껏 소란스럽게 호언장담하는 몽상가들이 저지르는 흥미없는 사건들을 아무거나

덮어 놓고 확인하는 것과는 어차피 반대된다。

형상의 파장과 첨예화에 관한 문제는 조형 예술에 대해서는 특수한 연구를 요구한다。

때문에 우리들은 어차피 선결적인 지적들만을 내놓는 것으로 국한하지 않을 수 없다。그러나

반드시 문제 자체의 중요성을 고려에 두고 이러한 지적들을 하여야 한다。

형상의 첨예화와 파장은 전형적인 것을 천명해야 할 파업과 불가분적이다。이는 전형적

인 것을 예술적으로 재창조하는 중요한 수법의 하나다。실제 생활에서는 현상의 본질이 흔

히 어떤 따로따로 파악된 개별적인 사실에서 아주 불분명하게 표현된다。때로는 현상 속에

잠자고 있는 근본적인 질을 「소생시키기」위한 특별한 조건이 필요하게 된다。인간의 성격

은 심각한 시련을 겪으며 중요한 결정을 짓는 순간에서와 그리고 등장 인물의 온 정신력을

완전히 발휘할 것이 요구되는 그러한 대 사업을 수행하는 순간에 진정으로 이를 표현된다。그러나

개성은 생활의 영웅적 모멘트에 있어서만 발로된다는 것으로 이를 리해해서는 안된다는 것은

물론이다。인간은 아주 「정상적이며」、일상적인 환경하에서도 아주 완전한 자기의 본질을 보

여주면서 생활할 수 있다。

예술가의 파업은 일상적인 것의 외피를 뚫고 들어가 관찰과 일반화의 힘에 의하여 현상에서 본질을 적발하며 발생하는 것의 진의(眞義)가 가장 뚜렷하고 힘차게 표현되고 있는 그러한 모멘트와 그러한 정형과 우선 그러한 성격을 발견하거나 창조적으로 창작하는 데 귀착된다. 여기에도 파장과 첨예화가 필요하다. 잡다하고 다양한 현상들 속에서 대체로 적게 눈에 떠우는 임의의 생활면은 만약 그것이 본질을 심라하게 표현하고 있다면 예술가에 의하여 포착되고 강화될 수 있으며 이른 바 청천백일하에 드러낼 수 있을 것이다. 그와는 반대로 보는 사람으로 하여금 현상의 본질을 관찰할 수 있도록 하지 못하는 그 모든 것은 후면에로 물러가 숨어버릴 수 있다. 왜냐하면 그러한 것은 다만 본질을 엄폐하고 있기 때문이다.

전형적 형상의 사실주의적인 파장과 첨예화는 **관중들** 앞에 묘사되는 것의 내적 본질을 되도록 뚜렷하고 풍부하고 생동적으로 확신성있게 드러내야 할 과제의 주위에 집중된다. 때문에 여기에서는 생활 자체의 모든 『웅변적』인 모멘트들은 내용과 불가분적이며 따라서 임의의 디테일은 그것이 이 내용을 얼마나 자체내에 내포하고 있는가 하는 그 정도에 따라 확신된다.

이러한 견지에서 볼때는 예술에 있어서 례컨대 회화에서의 모든 형식적 요소들—공간적 해결, 색조, 조형술, 리듬 등등—은 결코 『예술적 표현』의 가정적 수법이나 또는 일정한 사상과 감정에 대응하는 『부호』가 아니라 화가들이 전형적인 것과 사물의 본질을 직접 관찰될 수 있게끔 즉 직관적인 것으로 만드는 유일한 수단이다. 왜냐하면 이러한 형식적 요소들은 현실 자체의 성질이며 그것 없이는 현실의 구체적인 존재와 그의 실제적인 살(肉)을 생각할 수 없기 때문이다. 현실의 이러한 성질과 측면의 재현은 형상 창조의 한개 조건인바 거기에서는 시뚜아찌야와 성격이 철저하게 리해되며 표현된다. 즉 나는 사상성과 기교와의 련계, 그것들의 통일을 다시 한번 확인하여 보겠다. 전형적 형상의 창조 즉 현상의 본질과 사상을 가장 완전히 표현하고 있고 따라서 일정한 인간, 일정한 사건, 일정한 정황의 다시없는 선명성을 가장 힘차고도 완전하게 천명한 데 의거하고 있는 형상은 일반적인 것과 개별적인 것, 사상과 형식의 유기적인 결합을 요구한다.

전형적 형상은 예술가에 의하여 인식된 현실이다. 그러나 인식된 것은 형상을 통하여 직접적 관찰의 대상으로 출현한다. 때문에 본질은 직접적 경험에 의하여 리해할 수 있는 개별적 현상을 거쳐서 형상으로 표현된다. 그러나 예술가는 자기의 감각적 지각과 인상을 단순히 형상으로 옮겨 놓거나 현실을 단순히 복사하는 것이 아니라 그는 본질을 적발하며 그를 위해 과장하고 첨예화하고 강화하며 혹은 약화한다.

이러한 결과로 예술적 묘사는 자연과 생활 자체의 모방이 아니다. 현실에서의 『사물의 형체』와 예술에서의 『사물의 형체』는 본질적으로 다르다. 첫째 경우에 있어서는 이러한 현상들은 그 자체로서 존재하며 인간측으로부터의 인식 대상으로 될 수 있을 따름이다. 예술적 형상의 형체속에는 관찰되는 현실과 산 생활의 단편만이 존재하는 것이 아니라 거기에는 즉 이 생활의 단편속에는 인간적 사유와 판단과 판결이 들어있다.

사실주의적인 예술적 형상이 그 자체내에 묘사되는 생활 현상에 대한 판결을 내포하고 있다는 것은 그의 불가분적인 내적 특성이다. 이 가장 중요한 사정에 대하여 나는 이미 우에서 지적하였다. 지금 예술적 과장과 첨예화도 이러한 판결을 내리는 수법이라는 것에 주의를 놀리면서 또 한번 이를 강조할 필요가 있다.

페도또브가 묘사한 귀족은 아주 단정하다는 인상을 줄 수도 있었을 것이다. (전력을 다하여 주려고 원했다.) 그러나 페도또브는 시뚜아찌야를 첨예화하고 붉은 나무로 만든 소탁우에 놓인 검은 빵조각을 표시하며 누구앞에서도 희극을 연출하지 않는 그런 순간에도 사냥군이 야조(野鳥)를 내몰듯이 자기의 주인공을 《내몰므로써》 곧바로 천박하고 사소한 인간의 본성을 폭로하고 있는바 완전하고도 선명하게 표시된 그러한 주인공은 우리에게 웃음끼리이며 싫증나게 한다.

부정적 형상도 예술 작품으로서는 역시 아름다워야 한다는 것은 주목할만 하다. 즉 홀레스떠꼬브나 보제장의 묘사는 비록 예술가가 그들을 생활에서의 추악한 사람들로 보이기는 했을지언정 아름답기는 하다. 이것은 고골리가 부른바 임의의 악한을 창조물의 정화에로 끌어 올리는 것이다. 예술가는 형상을 첨예화하며 그의 외적 표현을 과장함으로써 흔히 외부의 허울좋은 가면뒤에 숨어 있는 허위적인 인간들의 진정한 본질을 무자비하게 폭로한다.

긍정적 인물과 부정적 인물의 본질을 천명하는 형태에는 중요한 차이가 있다는 것은 특별한 의의를 가진다. 긍정적인 주인공에 대해서는 생활 속에서도, 실지로 그가 있는대로 보지 않을 것이 요구되지 않는다. 따라서 여기에서는 예술가의 과제가 그의 외적 면모로 나타난 것이 내적인 것에 아주 완전히 일치하고 있는 그러한 형상의 특징들을 첨예화하는 것이다. 부정적인 인물은 현실에서 흔히 도덕적 가면을 쓰지 않을 수 없게 된다. 「가장 사랑스러운」빠벨 이와노위치 치치꼬브는 모든 사람들에게 바로 그렇게 보이도록 애쓰지 않을 수 없었다. 때문에 여기서는 사실주의적 과장의 과제가 이 도덕적 가면을 벗겨버리고 조소

와 풍자와 격분으로써 폭로하는 데 있다. 사실주의적 묘사에서는 음폐된 비렬성이 사람들의

·눈을·피할·수·없으며 범죄행위는 백일하에 드러나게 된다. 이와같이 예술적 묘사는 악에 대

한 승리로 된다. 우리들은 위선적인 인간을 정확히 묘사하기를 즐긴다. 그것은 이러한 묘사

는 그 자체내에 정의의 승리를 내포하고 있을 뿐만 아니라 더 나아가 이는 보복 행위이며 결함

을 무자비하게 추궁하는 예술적 수법이기 때문이다. 바로 그렇기 때문에 진정으로 사실주의

적인 부정적 형상도 아름다운 것이다.

이와같이 형상의 첨예화와 과장은 예술가가 진실하게 묘사하는 본질적인 생활 현상에 대

하여 그가 판결을 내리는 수법이다. 사실주의적인 예술적 형상에는 생활의 반영과 그에 대

한 판결이 함께 융합되여 있는 동시에 거기에는 필연적으로 수행되는 현실적 과정의 진실한

묘사와 욕망되는 것으로서의 새 것에 대한 확인이 포함되여 있다. 즉 다시 말하면 아름다운

것으로서의 예술에 있어서는 사실주의적 과장의 채찍을 피할 수 없으며 그 모든 보기 싫은

기형성을 통하여 작품에 출현하는 그 결함과 기형에 대한 무자비한 추궁이 모든 사실주의적

인 예술적 형상속에 내포되여 있다.

이와같이 우리는 사실주의 예술의 교양적 역할에 관한 문제에 아주 접근하여 있었다. 예술

가ー사실주의자는 첨예화와 과장에 의하여 세계에서 무엇이 아름답고 무엇이 추한가를 증시

함으로써 사람들에게 현실을 알려주며 의식을 교양하며 투쟁에로 호소하고 인도한다. 공산

주의 교양의 강력한 무기로서의 예술은 우리 시대에 와서 그것이 높은 기교로써 더 정확히

말하여 높은 기교로 말미암아 생활의 본질과 그 속에서 발생하는 과정의 본질 및 새 것과 낡

은 것과의 투쟁을 묘사하게 되면 자기의 거대한 과업을 성과적으로 수행하게 된다. 바로 그

렁기 때문에 전형적인 것에 대한 문제는 정치적 성격을 띤다. 예술가—사실주의자는 사람들

의 의식을 혁명화함으로써 진보를 촉진하는 자기의 창작으로 말미암아 생활에서의 새 것을 위

한 적극적인 투사로 되며 자기 시대의 선진적인 사회적 및 정치적 운동의 적극적인 참가자로

된다. 사실주의자 자신이 원하건 원치않건 그의 예술은 진보적인 사회 세력의 수중에, 있는

전투적인 무기로서 복무한다. 그에 의하여 창조된 전형적 형상들은 사람들에게 생활을 밝혀

주며 사람들로 하여금 그 생활을 분석하여 활동하며 투쟁하도록 방조하여 준다. 바로 여기

애 혼히 사실주의로 가장하기 쉬운 자연주의와 사실주의 간의 결정적인 대립이 있다.

7

자연주의—이는 그것으로하여 극히 많은 혼란들이 존재하는 술어이다. 사람들은 흔히

생각하기를 그림에서 매개의 가장 사소한 디테일까지도 명백하게 모든 것이 그려져 있으면—

이것은 『자연주의적 묘사』이고 또 만약 모든 디테일이 명백하지 않고 회화가 일반화되여 있

으면 이는 사실주의라고 한다. 바꾸어 말하면 가끔 우리에게는 비판적 평론의 우아한 형태를

통하여 지나친 디테일화라는 말로써 표현되는 그것을 자연주의로 리해하는 사람이 있다.

그러면 이것이 무엇을 의미하는가를 깊이 생각해 보기로 하자. 지나치다는 것은 어떠한

견지에 의하여서인가? 『지나친』 디테일이 표현되는 그 한계는 어디에 있는가? 나는 자연주

의의 이러한 규범이 극히 피상적이라고 생각한다. 실로 디테일화가, 만약 자연주의의 표징

으로 된다면 아마 우리들은 과거 예술의 아주 많고 극히 현저한 현상들을 어쩔 도리없이 자

연주의의 계렬에 편입시키는 모험을 하게 될 것이다. 레로서 페도또브와 혹은 뻬로브의 회화를 들어 보자. 속류 사회학자들은 이러한 예술가들의 그림에는 마치도 지나친듯한 디테일들과 사소한 묘사들이 있었다는 바로 그러한 리유로써 이 예술가들을 자연주의자들 속에 포함시켰던 것이다. 레뻰은 그가 굵은 필치로써 그리니만치 사실주의자이고, 뻬로브는 그가 그런 사물, 특히는 초기의 것이 면밀히 묘사되여 있기 때문에 자연주의자라는 삭으로 되였다. 이러한 도식은 더욱더 나쁜 결과를 가져왔다. 즉 페도또브의 작품들에는 즐겨 그린 물체들이 많았으니만치 그는 자연주의자였고 클로드·모네는 그의 작품들에서 흔히 디테일들이 혀 상실되였고 더 나아가 형식의 온갖 명확성이 없기 때문에 마치도 가장 진거난 사실주의자인듯이 간주하게 되였다. **여기에서는** 모든 문제가 전도되고 있으며 놀랄만한 불합리에 문제를 이끌어가고 있다.

강조하게 되는 것은 자연주의가 어떤 기술적이나 형식적인 수법에 의하여 규정되는 것이 아니라는 것이다. 자연주의자들의 작품들은 례컨대 초기 불란서 인상파들의 작품들에서 볼 수 있는 바와 같이 지나치게 세밀하고도 광범한 수법으로 묘사될 수 있다. 우리가 문제를 규정함에 있어서 필요한 것은 형식적 요소들의 총체에서가 아니라 현실에 대한 자연주의 예술의 태도의 분석에서 출발하여야 한다는 그것이다. 완결된 예술적 체계로서의 자연주의는 부르죠아 세계의 혈육이며 따라서 우리들은 자연주의의 기본적 속성을 결코 『지나친 디테일화』에서 찾아서는 안되는 것이다. 자연주의—이는 무엇보다도 먼저 현실을 무미건조하게 평면적으로 지각한 것이다. 자연주의는 『사실앞에의 굴종』, 중용과 정확성에 대한 변호, 혁명적 개혁에 적대되는 자기 만족 등을 의미한다. 자연주의는 한걸음 더 나아가 현존하는 것에 대하여 확인하지 않으며 어떠한 생활 현상도 찬양하지 않으며 비난하지도 않는다。사실에 대하여 굴종한다는 것은 『환상하는 것』을 원치 않으며 『현실성』을 준수하려고 노력한다는듯이 가장하면서 사물의 깊은 곳에 파고들어 갈 것을 원치 않으며 또 그렇게 파고들어 갈 능력도 없다는 것을 말해 주는 것에 불과하다。이러한 의미에서 예술에서의 자연주의는 철학사에서의 반동적—부르죠아 실증주의와 동일하다。자연주의는 주장하기를 세계에는 일반적으로 아무런 중요한 것도 위대한 것도 없으며 모든 것은 보잘 것 없고 사소한 일상적인 것으로써만 구성되여 있다고 한다。때문에 자연주의는 회화에 있어서 흔히 디테일의 묘사에 즉 말초적인 것의 추구에 의존하고 있다。그러나 이러한 말초적인 것에 대한 추구도 자연주의의 본질이 아니라 아주 흔히 볼 수 있는 자연주의적 수법의 하나다。자연주의의 본질 자체는 그의 사상적—미학적 보수주의, 낡은 것을 반대하고 새 것을 위하는 투쟁의 거부, 모든 그리고 온갖 생활 형태의 『용납』 등에 있다。지난 세기 三〇—四〇년대의 독일 소부, 르죠아지의 비겁성과 속물성으로 말미암아 소위 『비데르마이에르』(一九세기 三〇—四〇년대에 독일에서 발전된 예술의 한개의 류파) 예술가들에게 있어 현실에 대한 비판의 최초의 시도들은 일련의 경우에 있어서 현존하는 것에 대한 속물적인 자연주의적 변호로 되여 버렸다。

직접적인 관찰이 『확실하다』는 주장에 기초한 자연주의는 그 모든 모순들을 가진 생활을 심오하게 천명하거나 력사적 발전 경향을 감축하려고 애쓰는 것이 아니라 오직 감각적으로 지각되는 현상들을 피상적으로 기록하려고 애쓸 뿐이다。이로부터 현존하는 것은 동일한 의의를 가지며, 임의의 생활 현상은 동일하게 존재할 수 있는 권리를 가진다는 결론이 나온

당 이와같이 현상의 본질을 천명할 능력이 없다는 것 즉 말하자면 암중모색적인 경험주의가 사실주의의 기초에 놓여 있다. 바로 그렇기 때문에 자연주의는 투쟁하지도 비판하지도 않으며 다만 책상은 책상이고 나무는 나무다라고 하는 따위의 진부한 『진리』를 피상적으로 주장할 수 있을 따름이다.

사실상 자연주의는 부르죠아적 현실의 변호자인바 그는 부르죠아적 현실을 『자연적』이며 『합법칙적』인 현상으로 보고 있다. 이에 근거하여 사실주의와 자연주의와의 대립을 손쉽게 리해할 수 있다. 사실주의는 항상 부르죠아 사회를 비판하는 데로 나아가며 자연주의는 모든 생활 형태, 결국은 자본주의적 질서의 확고성과 불변성의 확인에서 출발하고 있다. 자연주의의 본의는 결국 부르죠아 제도를 옹호함에 있다. 따라서 이 점에서도 부르죠아적 자연주의의 사회적 기초가 천명된다. 졸라의 사회주의적 경향에도 불구하고 엥겔쓰가 그에 대하여 느꼈던 적의는 이 대 작가가 생활의 역압을 반대하는 로동자들의 분노가 자연과 사회에 있는 임의의 다른 현상과 동일하게 존재하는 그러한 자연—력사적 과정으로서 생활을 묘사하며 원했다는 그것으로써 설명된다고 생각한다. 졸라는 혁명적 기분을 묘사할 수 있었으나 혁명적 변혁의 력사적 필연성을 묘사할 수 있은 것은 아니였다. 바로 이러한 의미에서 자기들의 예술의 내적인 혁명적 힘을 가지고 있는 비판적 사실주의의 대가들은 엥겔쓰가 말한 바와 같이 『과거, 현재, 미래의 모든 졸라를』(주) 훨씬 릉가하고 있다. 자연주의는 《사실들》을 진부하게 확인하고 미래가 없는 불변적 세계를 묘사하는 것에 국한됨으로써 생활의 모순과 력

(주) 칼 맑스 및 에프·엥겔쓰 전집 二八권, 二八페지.

사적으로 필연적인 발전 경향의 천명으로부터 물러가고 있다。

이러한 관점에서 볼 때 자연주의는 형상을 사실주의적으로 과장하고 첨예화하는 모든 기타 형태들과 같이 온갖 환상파 그로테쓰크도 제거하고 있다。

여기서부터 사실주의 본질의 천명과 관련하여 반드시 언급하여야 할 최후의 모멘트 즉 사회적 현실의 사실주의적 묘사와 우리들이 예술에서 공상이라고 부를 수 있으며 흔히 랑만 혹은 랑만주의라고 불리우는 것과의 호상 관계가 제기된다。 사회주의 레알리즘 예술에서의 사실주의와 랑만파의 호상 관계는 앞으로의 고찰을 위하여 잠간 동안 보류하고 이 개념들의 호상 관계를 지난 시기 예술에서만 들어보기로 하자。 여기에서 오직 강조할 것은 사회주의 레알리즘 예술은 뻔에지야와 진실, 현실적인 것과 리상적인 것간의 상호 관계에서 새로운 단계로 된다는 것이다。 즉 이는 사회주의 사회에서 조성되였으며 력사에서 처음으로 공상파 현실간의 대립이 종국적으로 청산된 전혀 새로운 사회 관계에 의하여 우선 규정되는 단계인 것이다。 만약 지난 시기 예술을 들어 보게 되면 항상 현실의 사실주의적 묘사와 랑만주의적 공상간의 그 어떤 모순을 보게 된다。

이를 지난 시기에 있어서는 사실주의와 랑만주의가 항상 분리하여 존재하였거나 호상 배제하였다고 리해하여서는 안 된다。 이와는 반대로 흔히 지난 시기 예술이 가지는 많은 거대한 현상들은 마치도 랑만주의와 사실주의의 그 어떤 융합같이 보인다。 발자끄 또는 렌브란뜨만을 회상하여도 이를 충분히 알 수 있다。 후자의 창작에는 생활에 대한 가장 전전하고 엄격한 산문과 공상적 뻔에지야가 결합되여 있다。 따라서 이 결합은 그의 《다나이》 혹은 《불룬든의 아들》이 가지는 매력의 중요한 부분으로 되고 있다。 그러나 지난 시기의 매개 《랑만주의자ー사실주의자》의 창작에서 우리들은 항상 아주 손쉽게 내적인 갈등을 볼 수 있다。즉 일방으로는 현실의 모순속에 더욱 더 깊이 파고들어가며 현실을 더욱 더 심오하게 분석하고 현실의 내적 결합을 천명하고 있으며 타방으로는 진정한 뽀에지야를 생활의 비통한 측면에 대치시키려 하고 있다。모순이 없이는, 참을 수 없이 고통스러운 내적 갈등없이는 진정한 예술이 있을 수 없기 때문에 지난 시기 예술에서의 랑만과 사실주의의 결합이 있을 수 없었다는 것은 아주 당연한 일이다。지난 시기 예술에서의 《랑만주의자ー사실주의자들》은 가장 복잡하고 모순적인 예술가들이였으며 그들의 창작에는 갈등이 충만되여 있었다。

지난 시기 예술에서의 랑만은 그 자체가 二중적이였다。이에 대하여는 상세히 말하지 않겠다。우리들은 반동적 랑만과 혁명적 랑만을 갈라 놓게 된다。그러나 여기에서는 문제의 미학적 본질을 해명함에 있어서 아주 중요한 하나의 악쎈트를 들 필요가 있다。

지난 시기 예술에서의 랑만의 본질은 대체로 무엇에 귀착되는가。랑만은 당해 현실이 자체의 모순으로 말미암아 이 랑만을 만족시키지 못하니만치 그 현실을 용납하지 않는데로부터 출발한다。一九세기 랑만주의에 대하여 말하면서 우리들은 랑만주의와 사실주의의 출발점의 공통성 즉 부르죠아 사회에 대한 비판적 태도를 지적할 수 있다。그러나 랑만주의에 있어서는 현실에 대한 전전하고 직접적인 비판이라기보다는 현실을 반대하는 주관적 항의와, 현실로부터의 리탈이 특징적이다。즉 델라끄루아는 자기의 저명한 사실주의 예술인 《바리께트에서의 자유》를 창작한 후에 있어서는 특별한 열정과 물불을 가리지 않는 정력적인 성격을 가지고 중세기적 세계에로 물러갔거나 부르죠아 문명에 의하여 파괴되지 않은 시적 소박성을 가지는 동방에로 물러가고 말았다。

그러나 당해 현실을 그의 기형성으로하여 부인하면서 랑만주의는 이로부터 각이한 결론을 내릴 수 있다. 공상의 날개를 어디로 돌리는가 하는 것이 기본적인바 이 문제에 대한 해답 여하에 따라 랑만주의는 반동적인 것으로도 되며 혁명적인 것으로도 된다.

반동적 랑만주의의 리상들은 언제나 지나온 과거에 놓여있으며 반동적 랑만ー이는 『황금시대』의 랑만주의이며 이는 지난 시기의 어떤 곳에서 인간의 리상적 상태 즉 현재는 찾지 곳하고 있는 그러한 상태를 찾고 있다. 반동적 랑만주의는 환상으로 충만되여 있다. 또한 이는 중세기를 옹호하며 독일의 나자레이과들이나 노발리쓰와 류사하게 기독교적 신비주의에로 물려간다. 때문에 이러한 랑만주의는 반동적이다. 이러한 반동성은 사멸한 과거에 대한 동경에서 뿐만 아니라 그의 리상이 비현실적이고 공상적이며 가부장적ー감상주의적이라는 데서도 드러나고 있다.

반동적 랑만주의는 샤또브리안 백작과 같이 혁명을 두려워하며 낡은 질서의 부흥을 갈망한다. 이는 사회적 투쟁으로부터 물려가며 나중에는 그 당시의 가장 반동적인 측면을 변호하게 된다. 혜컨대 중세기에 돌아가는 것으로부터 시작하여 푸로씨야 왕국을 찬양하는 데서 끝난 나자레이과의 지도자 피로네러우쓰가 바로 이러하였다. 온갖 반동적 랑만주의는 진보에 적대된다. 방동적 랑만주의외에 있어서는 항상 생활과 그의 발전에 직면하여 무력하게도 공포를 느끼는 것ー연약한 항복, 공상 세제 즉 무의미한 망상과 근거없는 아름다운 정신 세계에로 물려가는 것 등이 지배하고 있다.

반동적 랑만주의는 사회의 모든 사상 생활 분야에서 과거와 현재를 비교하면서 뒤로 물려

갈 뿐만 아니라 현재에 대하여 손상을 준다。 바로 이러한 사실물이 반동적 랑만주의로 하여금 사실주의와 원칙적으로 적대되게 한다。 전자는 생활로부터、 그의 선진적 경향으로부터 고개를 돌리며 후자는 생활의 『비밀』 속에 용감히 꿰뚫고 들어가려고 노력한다。 즉 전자는 과거에로 달아날 것을 호소하며 후자는 의식을 혁명화한다。

혁명적 랑만주의에서는・반동적 랑만주의와는 전혀 다른 것 즉 그 당시의 갈등으로부터의 해방을 미래에서 찾으려는 지향을 보게 된다。 혁명적 랑만주의자들의 공상은 앞을 지향한다。 때문에 그들의 예술은 죄리꼬의 예술이나 델라끄루아의 초기예술 및 도미에의 예술과 같이 혁명적 정신으로 충만되여 있다。 그러나 지난 시기의 모든 혁명적—랑만주의적 예술 운동에서 역시 특정적인 것은 그 어느 때에 도래할 것이며 그를 위하여 이 혁명적 랑만주의가 투쟁하는 리상적인 제도에 대하여 불명료하며 뚜렷하지 못한 그 관념이다。

・혁명적 랑만주의가 가지는 우점은 미래에로의 진로를 개척할 것을 원하고 있다는 그것이다。 그러나 혁명적 랑만주의도 많건 적건 추상적인 공상을 가지고 있다는 그러한 근본적인 결함과 그러한 제한성이 있다。 이러한 혁명적 랑만주의를 미적 유토피아주의라고 부르는 것이 적절할 것이다。 이 미적 유토피아주의는 미래에 대한 예술가의 지향이라는 의미에서는 극히 고귀한 현상이지만 그러나 바로 이러합으로써 리상과 현실과의 결렬、 리상 자체와 이러한 시적 공상 및 과거의 사회적 유토피아주의자들의 불명확성 때문에 제약되는 제한성을 가지고 있다。

이렇기 때문에 지난 세기의 사실주의는 바로 혁명적 랑만주의나 또는 우리가 말하는 미적 유토피아주의와 결합할 수 있다。 왜냐하면 반동적 랑만주의는 당대의 갈등으로부터 과거에로 물러가면서 생활의 모순을 공상적— 미학적으로 제거하려는 목적을 추구하며 어떤 『황금 시대』에로 즉 어느 한 때 있었던듯한 사람들의 그 어떤 리상적 상태에로 돌아가는 것이 이를 위한 수단으로 되기 때문이다.

이와는 반대로 혁명적 랑만주의는 현실의 변혁을 지향한다. 혁명적 랑만주의에는 생활의 모순을 미적—환상적으로 제거하려는 시도가 없으며 과거에 대한 변호가 없다. 혁명적 랑만주의는 사회의 미래의 리상적 완성에 대한 지향으로 충만되여 있다. 혁명적 랑만주의자들의 불명확하며 애매한 공상은 현저한 정도로 『자연적』이며 (랑만주의자 자신들의 술어를 리용하여) 행복한 인간 호상 관계의 탐구로 된다. 다른 편으로 혁명적 랑만주의—이는 결국 현실에 대한 생동적이며 완전한 예술적 관계의 탐구인바 이는 사회적 적대 관계를 미적으로가 아니라 현실적으로 제거하는 때에 있어서만 즉 사회 구성의 적대적인 계급적 형태를 사회주의적인 사회 제도로써 교체하는 그때에 있어서만 가능하다.

이와같이 혁명적 랑만주의는 과거 예술에서의 사실주의의 한개 형태로서 고찰될 수는 있으나 그러나 미숙하고도 유토피아적이며 극도로 환상들이 충만되여 있는 형태라고 불 수 있다. 적대적 계급 사회의 한계내에서 혁명적 투쟁이 아직 현실적으로 인간에 의한 인간의 예속을 결정적으로 숙청하는 데에 이므기전까지는 예술 분야에서의 미래에 대한 공상도 훈히 『미학적 유토피아주의』의 성격을 띠게 된다. 과거에 항상 불 수 있었던 사실주의와 랑만주의의 진실파 공상의 결합속에 존재하였던 그러한 모순의 원천은 바로 여기에 있다. 혁명—랑만주의적 경향 이는 결국 사회주의의 제도의 조건하에서만 가능하며 사회주의적 사실주의의 구체적인 형태를 통하여서만 표현될 수 있는 그러한 예술적 상태와 미래 사회에 대한 유토피아적 공상이다.

사회주의 레알리즘 예술의 제문제

1

사회주의 레알리즘의 제 문제는 맑스—레닌주의 미학의 중심적인 문제이다. 실로 맑스— 레닌주의 예술학의 모든 문제는 사회주의 레알리즘에 대한 문제와 이러저러하게 관련된다. 우리 쏘베트 미학은 사회주의 레알리즘의 미학이다. 사회주의 레알리즘 미학은 그가 제기하고 해결하는 문제들을 우선 쏘베트 예술 발전의 경험, 사회주의 사회의 문화의 경험에서 포착한다. 쏘베트 미학은 이러한 경험들을 리론적으로 일반화한 것이다. 이러한 관점에서 볼 때 예술 문화사의 제 문제들은 사회주의 레알리즘의 리론에 비추어서만이 그의 진정한 해결을 얻을 수 있다. 지난 시기의 예술적 현상들의 본질, 그의 내용 및 력사적 경향은 그것들이 사회주의 레알리즘의 리론적 제 문제들과 그의 발전의 실천적 과제에 비추어 리해될 때야만 진정하게 천명될 수 있다. 예술 리론가는 그가 임의의 리론 문제를 과거 예술의 자료에 대한 연구와 사회주의 이전 시기에서의 예술 문화 발전의 경험의 연구 분야에만 의거할 것이 아니라 사회주의 시기의 예술의 성격 및 과업의 분석에도 근거하여 연구할 때야만 문제의 해결은 응당한 완전성을 기할 수 있다.

고전 예술, 과거 예술의 총체적 문제들이 사회주의 사회에서의 예술 문화 발전의 총체적인 문제에 비추어서만이 리해될 수 있는 것과 마찬가지로 쏘베트 예술의 본질도 역시 인류의 모든 예술 문화의 력사적 발전의 전망에 비추어서 설명될 수 있다는데 문제의 본질이 있는 것

같다. 이는 물론 사회주의 레알리즘 예술을 척도로 하여 지난 시기 예술가들의 예술을 척정해야 한다는 것을 의미하지는 않는다. 이는 인간에 의한 인간의 착취가 청산되고 인간들의 전면적인 발전을 위한 무제한한 가능성이 열려지며 『……한 조각의 빵에 대한 격정과 「이 세상의 강자」에게 아첨하여야 할 필요성으로부터 해방된 개성이 참으로 자유롭게 되는』(주)●그러한 사회의 전설 리론에 비추어서만이 예술 발전의 법칙들이 완전히 천명될 수 있음을 의미할 따름이다.

사회주의 레알리즘 예술의 문제를 력사적인 문제로, 바꾸어 말하면 자본주의를 전복하고 사회주의 사회와 그 다음으로는 공산주의 사회를 전설하기 위한 투쟁 시기의 레알리즘의 문제로 고찰하여야 한다는 리유도 여기에 있다고 생각된다.

그러나 사회주의 레알리즘의 문제를 아직도 흔히 사회주의 레알리즘이 가지고 있는 특징들의 총체라는 견지에서 고찰하고 있다. 이리하여 사회주의 레알리즘은 예술에 있어서 어떠한 뛰여난 특수성들을 가지고 있는가? 하는 식으로 문제를 설정하고 있다. 많은 경우들에 있어서 사회주의 레알리즘 예술이 가지고 있는 이러한 특수성과 특징들은 정확하게 지적될 수도 있으나 (이러한 특징들에 대해서는 다시금 보기로 하겠다.) 아무리 그것들이 정확하게 렬거되고 확인된다 할지라도 역시 문제의 본질은 여기에 귀착되지는 않는다. 문제의 본질은 우선 사회주의 레알리즘의 전 세계사적 의의를 지난 시기의 예술, 고전 예술의 유산과의 ●의 불가분적 련관속에서 리해하는 동시에 사회주의 레알리즘이 가지고 있는 본질적으로 새로운 내용에서 리해하는 데 즉 그것을 형식적인 문제로서가 아니라 력사적인 문제로서 리해하

(주) 이●브●쓰딸린 전집 一〇권, 一三四페지.

여야 한다는 데 있다고 생각한다. 따라서 사회주의 레알리즘에 관한 제 문제를 이와같이 고찰하게 되면 이 문제들의 해석이 어느 정도로 확장되게 된다. 우리들은 사회주의 레알리즘에 대하여 말하면서 사회주의 예술의 제 원칙과 그의 발전의 합법칙성과 그의 본질에 대하여 그와같이 말하지 않으면 안된다. 바로 이러한 방법으로, 다만 이러한 방법으로써만이 사회주의 레알리즘에 대한 문제 자체를 정확히 설정할 수 있다고 생각한다.

그러나 여기에서 적지 않은 곤난들이 생기는바 그것은 사회주의 시기의 예술론이·그의 구체적인 문제들에서, 특히는 예술의 개별적인 형태들에 적용함에 있어서 아직 불충분하게 연구된채 남아있기 때문이다. 사회주의 레알리즘 미학의 제 문제에 대한 심오한 연구는 아직도 예술 리론가들의 긴요한 과제의 하나로 남아있다.

이미 언급한 것을 이 장에서 개괄하고, 부분적으로는 전혀 연구되지 않은 약간의 문제들을 제기하려고 시도하는 리유도 바로 여기에 있다.

이리하여 우리들의 견해에 의하면 사회주의 레알리즘에 관한 문제는 창작 방법의 견지에서 제기된 사회주의적 예술 문화에 대한 문제라고 말할 수 있는 것이다. 바로 그런 까닭에 사회주의 레알리즘에 관한 문제는 사회주의 레알리즘에 고유한 일정한 특징들의 렬거에 의하여서가 아니라 우리 예술 발전의 근본적 문제들 즉 사회주의 사회에서의 현실에 대한 예술의 관계, 쏘베트 예술의 인민성, 그의 공산주의적 당성 등등에 관한 문제들을 해명하는 견지에서 천명되여야 할 것이다.

최초부터 강조하고싶은 것은 사회주의 레알리즘의 구체적인 내용이 발전하는 개념이라는 그것이다. 만약 그 어떤 불변한 특징들이 더우기는 형식적인 특징들이 사회주의 레알리

즘에 고정 불변하게 고유하며, 이 특징들에 『모든 전에서 一〇〇%』로 들어 맞는 그러한 작

품들만이 사회주의 레알리즘 예술이라고 부를 수 있고 기타의 모든 것은 사회주의 예

술이 아니라고 간주하게 된다면 이는 아주 옳지 못할 것이다。 만약 우리들이 그와같이 간주

한다면 이는 형식 론리의 법칙에 따라 사고하게 될 것이며 사물에 대한 력사적인 태도를 요

구하는 변증법을 아주 위반하게 될 것이다。

실로 그렇다。 우리들은 그·라쥬쓰끼의 『녀 위원장』、 뜨·야블론쓰까야의 『곡물』、 브·

이오간쏜의 『우랄의 낮은 공장에서』를 사회주의 레알리즘 작품들로 볼진대 이는 확실히 이

그림들이 가지고 있는 형식적인 공통성에서 출발하는 것은 아니다。

이상 렬거한 작품들이 가지는 형식적 특징들은 각이하다。 그 작품들이 가지는 공통적인

것은 그의 사회주의적 내용, 그의 사실주의적 형식의 진실성인바 이는 그 작품들을 사회주

의 레알리즘 예술의 모범으로 되게 한다。 사회주의 건설, 공산주의를 위한 인민들과 당의 투

쟁, 우리 문화와 예술의 발전 등을 위하여 예술 작품이 가지는 의의, 그리고 그 내용의 생생한

진실성, 그의 사상적 지향성―바로 여기에 예술가가 얼마나 자기의 과제를 리해하였고 생활

문제를 정확히 해결하기 위한 방도를 찾았는가에 대한 공통적인 규범이 있으며 또한 이로써

어느 정도로 그의 창작이 사회주의 레알리즘 예술의 범위에 들어가는가 하는 규범이 있다。

이에 있어서 우리 예술의 형성 및 장성을 고려함은 중요하다。 사회주의 시대의 회화가

二〇년대의 회화와는 다른 발전 단계로 된다는 것을 보지 않을 수는 없다。 그렇다고 이러한

근거로써 초기 혁명―로씨야 화가 협회의 일부 화가들이 사회주의 레알리즘 예술의 개화에 기

여한 혁저한 공헌을 부인할 수야 있겠는가, 여기에서는 현상들에 대한 구체적인 력사적 태도

가 요구된다.

시인 베리모프쓰끼에게 주는 회신에서 이·브·쓰딸린이 예술 작품의 구체적 력사적 평가에 대하여, 혁명적 쓰베트 예술의 전진 운동의 일정한 매개 모멘트의 발전 수준에 부합하는 평가를 내릴 필요성에 대하여 강조한 것도 우연한 사실이 아니다.

쓰베트 회화 작품을 력사적으로 평가함에 있어서 반드시 해명하여야 할 것은 그것들이 열마나 해당 시기의 사실주의 장성의 요구에 적응하고 있는가 하는 그것이다. 례컨대 혁명 로씨야 화가 협회의 초기 전람회에서는 아직도 형식상으로나 내용상으로 빈약하고 견실치 못한 작품들이 적지 않았고, 그 작품들에서는 아직 쓰베트 사람들의 새로운 생활 내용이 불충분하게 반영되였었다면 一九二八년경에 와서는 사상의 중요성, 사실주의적 형식의 상당한 정확성이 표현되여 있는 일련의 거대한 그림들이 나왔던바 거기에는 이미 국내에서 일어난 심각한 혁명적 변혁과 개혁들이 반영되여 있었다. 사생(寫生)에서 아주 면밀한 정확성을 기하고 있는 예·까쯔만의 초기의 풍속 초상화와 그·라쥬쓰끼의 「녀 위원장」 및 「녀 대의원」을 비교하면 라쥬쓰끼의 그림들은 인민 출신 녀성들의 면모와 성격에서 일어난 극히 심각한 변화, 즉 위대한 사회주의 一〇월 혁명의 결과인 그 변화를 뚜렷이 감촉한 것으로서 보다 힘이 있다는 것을 볼 수 있다. 만약, 블라지미로브, 쩨르쁘씨호로브, 뻬렐리만 및 기타 화가들의 수많은 력사―혁명적 그림들이 사전의 순전한 외적 묘사에서 더 나가지 못하였다면 브이·오간쏜의 「분기역(分岐驛)」과 므·그레꼬브 및 기타 화가들의 작품들은 진정한 일반화의 결과였었던바 그 작품들에서는 벌써 묘사된 사건들의 전형적 내용이 천명되기 시작하고 있다.

물론 이러한 작품들을 전후(戰後) 시기의 작품들과 비교할진대 많은 점에서 불완전한 것

으로 보여질 것이다。 라쮸쓰끼의 녀 주인공들의 얼굴은 좀 도식적으로 묘사되었으며 이오간

쑨의 『분기역』에서는 앉았던 자리에서 밀려나와 피로워하고 당황한 사람들을 지배하고 있는

혼잡성에 악쎈트가 주어져 있다。 그러나 역시 기본적인 것은 현상의 혁명적 본질, 낡은 것

의 파괴와 새 것의 산생을 포착하려는 지향에 있는 것이다。 현상에 대한 력사적 태도는 이 작

품들에서 사실주의 예술의 중요한 장성 단계를 찾아볼 의무를 우리에게 부과하고 있다。

우리돌은 이러한 작품들을 二○년대 말에 있어서 쏘베트 사람들을 교양하는 당의 무기로

된 혁명적 예술의 모범으로 간주할 수 있다。

이로부터 다음과 같은 결론을 내릴 수 있다。 즉 우리가 문제에 대한 구체적이며 력사적

인 태도를 거부하고 일정한 발전 단계에 속하는 그 어떤 하나 또는 몇몇 예술 작품들에서

사회주의 레알리즘의 『특징』들을 끌어 내며고 시도하게 되면 이 특정들이 다른 시기 또는

다른 예술가들의 작품들에는 적합하지 않게 된다는 그 사실을 무시하게 된다。

우리 예술의 제1급의 작품이 아니라 보통 작품들에 관하여 언급하게 되면 문제는 더욱

첨예하게 된다。 이러한 경우에 평론은 흔히 지나치게 신중하게 된다。 이러한 평론은 그

수준으로 보아 쏘베트 예술의 중간적 작품들 즉 그것들이 비록 방법의 기본적인 요구는 충족

시켰으나 역시 거대한 예술적 일반화로는 되지 못하는 그러한 작품들에 대해서는 사회주의

레알리즘이라고 말하는 것을 두려워하고 있는 것이다。

물론 훌륭한 작품들에서는 예술적 방법이 아주 뚜렷하고 완전하게 표현되고 있으나 이

려한 사실들이 사회주의 레알리즘의 개념을 오직 그리고 전적으로 쏘베트 예술의 훌륭한 작

품들에만 적용하여야 한다는 권리를 주지는 않는다。 이·레삔의 창작에서나 고·싸워쓰끼의

창작에서도─비록 레삔의 창작에서는 전반적으로 훨씬 더 완전하고 심오하게 비판적 사실주의가 표현되여 있다 할지언정─비판적 사실주의가 표현되고 있다。『철로에서의 보수 작업』은 비록 생활 반영의 심도와 중요성에 있어서 두말할 것없이 레삔의 『배그는 사람들』에 뒤멸어진다 할지라도 그 자체로 보아 이 그림은 아주 뚜렷하며 특징적인 작품이다。각이한 질의 작품들에 대하여도 만약 그 작품들이 오직 공산주의적 사상성과 진실성의 기본적 요구에 부합되기만 한다면 전적으로 사회주의 레알리즘이라고 말할 수 있을 것이다。그 어떤 추상적 규범우로부터 출발하는 것은 심각한 오유를 범하게 될 것이다。예술 작품의 본질 속에 있는 주되는 것、결국 그 작품 속에서 우리 인민의 생활에 대한 선진적 공산주의적 사상의 표현에 의하여 규정되는 그 주되는 것을 항상 고려에 넣어야 한다。례컨대 아·막씨멘꼬의 『토지의 주인』은 가교에 있어서나 선진적 쏘베트 인간들의 형상을 천명하는 심도와 선명성에 있어서 두말할 것없이 뜨·야블론쓰끼의 『곡물』보다 뒤멸어진다。그러나 이는 막씨모브의로작이 사회주의 레알리즘 예술의 훌륭한 모범이 아니라는 것을 의미하지는 않는다。

이와같이 우리는 사회주의 레알리즘의 발전하는 원칙을 그 어떤 추상적인 기준에서 출발하여 분석할 것이 아니라 예술 자체에서 연구하도록 시도하여야 한다。생활 자체가 변하고、우리 인민들 앞에 새로운 과제가 나서고 있음에 따라 비록 쏘베트 예술의 기본 원칙들은 변하지 않고 남아있다 할지라도 쏘베트 예술의 면모 자체도 변하는 것이다。사회주의 레알리즘의 기본 원칙들은 사실주의적 진실성、공산주의적 당성 및 인민성의 원칙들이다。그러나 예술의 구체적인 성격과 룩수성은 우리 문화와 우리 생활 자체의 발전에 따라 항상 변화하며 발전한다。그리고 만약 우리가 一九三五년도의 작품들에서 풀어낸 그 형식적인 특징들로써 만족

하고 그 특징들을 一九五二년도의 작품들에 적용시키려고 시도한다면 그 특징들이 어느정도

이 작품들에는 벌써 완전히는 들어맞지 않는다는 것을 확인하게 될 것이다。 또한 반대로 만

약 一九五二년도의 작품들에서 끄집어낸 일정한 특징들을 그 이전 시기의 작품들에 끌어 붙

인다면 역시 이 특징들도 그 이전 단계에 완전히 적합하지는 않다는 것을 알게 될 것이다。

우리들의 견해에 의하면 사회주의 레알리즘의 개념을 력사적으로 취급할 필요성이 문제

분석의 원칙을 조건지운다。 간단히 말하면 사회주의 레알리즘을 일정한 형식적 징표들로써

특징지어지는 『스타일』로서가 아니라 우리 시대 예술의 주도적인 력사적 경향으로서, 프로

레타리아 혁명 시기와 자본주의로부터 공산주의에로 이행하는 시기의 예술 문화 발전의 내적

합법칙성으로서 고찰하며는 것이다。 제一차 쏘베트 작가 대회에서 아·아·쥬다노브와 아·

므·고리끼에 의하여 천명된 사회주의 레알리즘의 방법으로서의 쏘베트 예술의 방법에 대한

천재적인 쓰딸린적 규정은 여기서 우리들의 출발점으로 될 것이다。

2

사회주의 레알리즘의 개념 자체는 一九三二년 이·브·쓰딸린에 의하여 처음으로 정식화

되였다。 쏘베트 예술의 방법을 규정함에 있어서 二〇년대 말로부터 三〇년대 초에 이르기까지

존재한 온갖 곡해와 외곡에 대하여 종지부를 찍은 이 고귀한 규정은 우리 예술 문화 활동가

들에게 공산당의 령도하에 인민들을 위하여 그들이 행한 사업들의 기본 의의와 방향을 명확

히 제시하였다。

이·브·쓰딸린이 쏘베트 예술의 방법을 사회주의 레알리즘의 방법이라고 규정하였던. 그

구체적인 력사적 조건들은 어떠하였는가?

一九三〇년—一九三三년경에 인민에게 접근한 사실주의 예술의 승리가 결정적으로 나타

났다. 이 년간에 형식주의자들은 자기들의 사상적 립장의 불안전성을 감축함으로써 활동을

적극화하려고 시도하였다. 붕괴된 형식주의자 그루빠의 잔존 분자들로써 『옥짜브리』 단체가

조직되였다. 사실주의적 예술가들이 많이 들어있던 로씨야 프로레타리아 예술가 협회(라쁘)를

에서는 형식주의자들, 협회 지도부에 잡입한 정치적 동요 분자들, 인민과 당의 적들이 우세를

차지하고 있었다. 그러나 형식주의자들의 이러한 소생은 결코 그들의 력량을 증시하는 것이

아니라 오히려 이는 그들이 약화된 결과였다. 승리하며 강화되고 있는 사실주의에 대하여

형식주의는 최후의 도전을 시도하였던 것이다.

사회주의적 재건 시기에 예술 앞에 나선 수다한 새로운 문제들은 두말할 것없이 비록 짤

막한 기간이나마 일정한 탐구없이 단번에 해결될 수는 없었던 것이며, 더군다나 쏘베트 나

라의 생활에서 자라난 새로운 것을 천명함에 있어서는 거대한 예술적 경험이 이미 이 시기에

와서 축적되여 그의 일반화가 요구되였던 것이니만치 예술의 새로운 방법의 형성은 일정한

곤난 즉 장성을 위한 곤난과 결부되여 있었다.

리론적 고찰은—예술학적 및 평론적—이와같은 아주 중요한 과제모부터 몹시 뒤떨어져

있었다. 이 시기에는 아직 이러한 리론적 고찰은 일방으로는 탐미주의에, 타방으로는 속류

사회학에 아주 몹시 감염되여 있었다. 맑스—레닌주의 학설의 혁명적 본질을 아무 것도 리해

하지 못한 무식한 혼란분자들의 적지 않은 방조를 받은 횡포한 형식주의자들은 이상과 같은

사태를 리용하려고 시도하였다。 로씨야 프로레타리아 예술가 협회 회원들은 쏘베트 예술을 구체적인 사활적 과제의 해결로부터 죽은 스콜라 철학의 막다른 골목에로 끌어가려고 했으며, 예술 발전의 현실적 요구는 혼란된 추상적 론의들에 의하여 가리워졌었다。

一九二九——一九三一년대에 와서 예술가들 속에서 방법에 대한 론쟁이 격렬하게 벌어지게 되였는바, 이 론쟁들은 우리 예술의 절실한 리해 관계를 표현하는 것이였다。 그러나 이때에 로씨야 프로레타리아 예술가 협회와 『옥쨔브리』의 평론가들은 문제를 최대 한도로 혼돈시키면서 『변증법적 유물론』이 쏘베트 예술의 방법이라는 론제를 제기하였었다。 이리하여 로씨야 프로레타리아 예술가 협회의 『리론가』들은 맑스—레닌주의의 사상적 보물고를 파악하는 것이 예술가에게 필요하다는 구체적 요구를 슬쩍 가로채여, 조잡하고 유치한 류추(類推)에 매달림으로써 『유물—변증법적 형식』을 창조할 것을 요구하게 되였으며 바로 이렇게 함으로써 본질적으로는 맑스—레닌주의의 철학을 조롱하였다。

때로 그들이 일시적으로 개별적인 사실주의적 예술가를 혼란시킬 수는 있었다。 례컨대 예술가 쁘·쏘꼴로브—쓰깔랴는 그림 『과란』을 그렸는바, 거기에서 그는 『리론가들의』 요구에 따라 사전을 『모두다 관련시키며 간접화하는』 방법으로 묘사하려고 시도하였다。 이 그림에서는 마르쪗식 용광로가 그의 중심에 그려져 있으며 그 주위에서 일부러 『동적(動的)인』 자세를 취한 (정적인 형태가 《형이상학적 방법》의 표징으로 나타났다。) 돌격대원들이 일하고 있으며, 좀 떨어져서 돌격대원들의 대렬에 휩쓸려 들어가지 못한 로동자들이 있고 좀 더 떨어진 곳에는 게으름뱅이들이 있으며, 변두리에 아주 가까운 곳에는 작업에 착수할 준비를 하고 있는 전문가가 그려져 있고 마지막으로 어둠 침침한 맨 가장자리에는 은폐되여

있는 해독분자가 묘사되고 있다. 전체 인물들이 일부러 도식적으로 묘사되여 있으며 형상의

개성화는 『부르죠아 사상의 표정』이라고 주장하는 『리론가들』의 비위에 꼭 알맞도록 묘사 되여 있다. 그 결과에 소박한 우화와 명백한 도표의 피이한 혼합물이 나오게 되였다.

형식주의자들은 그들의 공허하고 내용없는 예술이 변증법적 유물론의 한 작품 인듯이 증명하려고 몹시 애썼다. 례컨대 예술학자 이·이오폐는 가장 광신적인 형식주의자—

신비파의 한사람인 필리노브의 그림들이 『프로레타리아적 세계관』의 진정한 표현이라고 론 증하였는바 그것은 그의 예술이 『동적이며』 『경험적 현실』을 묘사하는 것이 아니라 현실의

『변증법적 본질』을 묘사하였기 때문이라고 하였다.

예술 단체들의 협소하고 그루빠적인 충들이 인민에게, 그리고 쏘베트적 특성을 가진 예 술의 급격한 발전을 위하여 자기의 예술로써 성심 성의 복무하려고 노력한 쏘베트 예술가들

의 공고한 단결을 방해하였기 때문에도 형식주의자들과 그들의 동료들에 의하여 선언된 이 모든 괴이한 혼란은 더욱 강화되였다. 로씨야 프로레타리아 예술가 협회에 잠입한 인민의

적들은 의식적으로 예술가들간의 불화를 고취하면서 예술가들을 교양하고 재 교양하는 당의 꾸준한 사업이 아무런 결과도 가져오지 못하게 하려고 애썼으며 꾸며낸 일정한 정치적 표제

에 의하여 예술가들을 구분하고 그들 가운데서 『우경적』 및 『좌경적』 편향들을 추구하면 서 예술가의 기본 군중들이 사실주의에로, 인민에게로 접근하려는 운동을 백방으로 방해하며

고 발악하였다.

공산당은 정치적 개념을 예술 분야에 옮겨 놓으려는 이러한 시도를 신랄하게 비난하였다.

이·브·쓰딸린은 빌리—벨로쩨르꼽스끼에게 보내는 편지에서 다음과 같이 썼다. 『우익』 또

는 「좌익」—이는 순전히 당적인 로선에서 리탈하여 어느 한쪽으로 기울어진 자들이다. 때문에 이 두개의 개념을 문예, 연극 등등과 같은 비당적인 또 비할 데 없이 광범한 그런 부면에다 적용한다는 것은 기괴한 일일 것이다.』 그리고 더 나아가 계속하여 쓰기를 『……문예 발전의 현 단계—이에는 반쏘베트적이고 또는 직접 반혁명적인 것까지 포함한 가지가지의 모든 조류들이 있다—에서 이런 개념들을 사용한다는 것은 모든 개념을 전도시킨다는 것을 의미한다.』(주) 고 하시였다.

예술가의 기본 군중들이 쏘베트 정권의 편에 견고히 서서 인민에게 접근한 예술의 새로운 양양에로의 길을 찾던 그 시기에 이러한 그루빠주의자들의 팽창이 얼마나 해독적인 역할을 놀았는가는 이러한 당적 교시에 비추어 보면 명백히 알 수 있다. 쏘련에서의 착취자 계급의 청산으로 말미암아 비록 형식주의가 발붙이고 있던 지반은 기본적으로 청산되였다 할지라도 반인민적인 형식주의적 경향은 아직도 대단히 활기를 떠고 있었으며, 그들의 노력이 선진적 쏘베트 예술의 리해관계에 적대되는 각이한 류파들을 양육할 수 있었고 또 양육하고 있었기 때문에 이러한 경향을 반대하는 결정적 투쟁이 시작되였다.

이러한 조건하에서 쏘베트 예술의 발전을 방해하고 있던 낡은 조직적 형태들을 분쇄하고 쏘베트 예술을 사상—창작적 방법의 명확한 인식으로 무장시킬 것이 필요하였었다. 공산당은 一九三二년에 이와같은 중요하고 거대한 과업들을 수행하였다.

一九三二년 四월 二三일에 전련맹 공산당(볼쉐위크) 중앙 위원회 결정『문학—예술 단

(주) 이·브·쓰딸린 전집 一一권, 三二六페지。

체의 개조에 대하여」가 발표 되였다。 이 결정은 쏘베트 예술의 가일층의 발전을 방해한 그 무빠주의자들에게 종말을 고하였다。 이 결정에 의하여 쏘베트 정권의 정강에 의지하며 자기 외 창작으로써 사회주의 건설에 참가하려고 열망하는 모든 예술가들이 유일한 동맹에 통합되였다。

이리하여 쏘베트 예술의 기본적이며、 생동적인 강령은 결정되였다。

같은 해인 一九三二년에 이•브•쓰딸린은 작가들과의 담화에서 쏘베트 예술의 방법은 사회주의 레알리즘의 방법이라고 규정하였다。

이•브•쓰딸린의 규정은 선진적 쏘베트 예술의 앞길을 밝혀 주었다。 이 규정은 전망의 명료성、 원칙의 정확성、 인민들의 리해관계와 공산주의 건설의 리해관계와의 련계의 공고성을 보장하는 향도선(嚮導線)을 예술가들에게 부여하였다。

이 규정은 또한 사회주의 건설의 조건하에서 쏘베트 예술이 걸어온 장성의 길과 그의 발전의 성격을 심오하게 과학적으로 일반화한 결과이기도 하였다。

아•쥬다노브는 그 얼마 후인 一九三四년에 제一차 전 련맹 쏘베트 작가 대회에서 쓰딸린적 규정의 본질을 다음과 같이 설명하였다。 「쓰딸린 동지는 우리의 작가들을 인간 정신의 기사라고 불렀다。 이것은 무엇을 의미하는가? 이러한 칭호는 어떠한 의무를 당신들에게 부과하는가?

이는 첫째로 예술 작품에서 생활을 진실하게 그릴 줄 알며、 스콜라적으로 생기없게 혹은 단순히 「객관적 현실」로서 묘사할 것이 아니라 현실을 그의 혁명적 발전에서 묘사할 줄 알기 위하여 생활을 리해하여야 한다는 것을 의미한다。

이에 있어서 예술적 묘사의 진실성과 력사적 구체성은 근로하는 사람들을 사회주의 정신

으로 사상적으로 개조하며 교양하는 과업과 배합되여야 한다。예술 문학과 문학 평론의 이러

한 방법은 우리들이 사회주의 레알리즘이라고 부르는 그것이다。」(주一)

이 완전한 특징화에서는 사회주의 레알리즘 방법의 기본 원칙들과 본질 자체가 천명되여

있다。

쏘베트 예술은 진실하다。그런 까닭에 그의 수법은 반드시 사실주의로서 규정되여 있어

야 한다。그러나 쏘베트 예술의 사실주의—이는 사회주의적 사실주의이다。즉 일방으로는

사회주의 사회 전설 시기를 진실하게 반영하며 타방으로는 사회주의 사상으로 침투되여 있으

며 인민들과 그의 공산당의 리익을 지침으로 하는 그러한 사실주의이다。므·이·깔리닌은

이러한 사상을 다음과 같이 아주 뚜렷하고 명확하게 표현하였다。「사회주의 레알리스트들은

반드시 현실을, 산 현실을 분식함이 없이 묘사하여야 한다。그러나 이와 동시에 그는 자기

의 작품으로써 인간 사상의 발전을 반드시 앞으로 추동시켜야 한다。」(주二)

공산주의적 사상성、공산당이 우리 나라 앞에 제기한 그 과업들、즉 공산주의 건설의 과

업들과 우리 사실주의 예술의 진실성과의 결합、이 결합 즉 인민들의 긴요한 요구와의 이 긴

밀한 련계도 또한 사회주의 레알리즘 방법의 기본적이며 결정적인 모멘트로 된다。이여의 모

든 것은 오직 그 결과일 따름이다。

(주一) 아·아·쥬다노브、쏘베트 문학은 세계에서 가장 사상적이며 가장 선진적인 문학이다、국립 예술 문학 출판 사、一九三四년、一三페지。

(주二) 므·이·깔리닌、쏘베트 인테리겐챠의 과업에 대하여、국립 정치 서적 출판사、一九三九년、六三페지。

3

　이번에는 사회주의 레알리즘의 가장 본질적인 문제의 하나인 쏘베트 예술에서의 현실의

진실한 반영의 의의에 대한 문제로부터 시작하기로 하자.

　우리들은 지난 시기의 예술에 대하여 말하면서 적대적 계급 사회의 예술 발전에 있어 력

사적으로 불가피한 발전 형식이였던 사실주의적 경향과 반사실주의적 경향과의 투쟁에 대하

여 지적하였다. 현실의 객관적 인식을 거부하려고 애쓰는 계급들이 존재하느니만치—왜냐

하면 현실이 그들을 반대하기 때문에—반사실주의의 예술적 경향은 이러한 조건하에서 많건

적건 항상 새로이 재현된다. 이러한 반사실주의의 예술적 경향은 적대적 계급 사회의 본질

자체에 의하여 산생된다.

　바꾸어 말하면 사회주의 이전 사회에 있어서는 사실주의와 더불어 그에 적대되는 경향이

병존하는 것이 력사적으로 불가피하니만치 사회주의 이전 사회의 지반우에서는 반사실주의

적인 예술적 경향들이 합법칙적이며 필연적으로 자라난다는 것이다.

　사회주의 나라에서는 이와는 원칙적으로 다른 상태가 조성된다. 만약 시초에는 낡은 것

에 매달리고 자본주의의 재생을 기대한 착취 계급들이 쏘베트 예술에서 형식주의

및 기타의 반사실주의적 경향을 산생시키고 양육할 수 있었다면 이러한 계급들이 청산된 이

후부터는 이와같은 경향의 재생을 위한 내적인 사회적 지반은 소멸되는 것이다. 이리하여 쏘

련에서 쏘베트 인민들이 정치—도덕적으로 통일된 조건하에서는 진실을 은폐하려고 애쓰는

사회 세력이 없으니만치 사실주의는 예술의 점진적 발전을 규정하는 합법칙성으로 된다.

二〇년대에는 형식주의를 고수하는 개별적인 예술가들 뿐만 아니라 조직적으로 형성된 그루빠들이 아직도 우리 나라에 많았다면 三〇년대 특히 三〇년대 후반기에는 사회주의 레알리즘의 길로 나아가는 예술 창작이 뚜렷한 첫 개화기를 이루었다는 사실은 바로 이러한 까닭이다.

물론 아직도 반사실주의적 경향의 부스러기들의 상대적 생활력을 오늘까지도 조성하는 원인들이 많이 남아있다. 그것은 사람들의 의식속에 남아있는 자본주의 잔재, 부르죠아적 서구라파의 유해한 영향, 그리고 끝으로는 새로운 내용에 대한 형식의 자연적 락후 등이다. 그러나 이와같은 원인들은 낡고 로쇠한 예술적 형식을 일시적으로만 연명시킬 수 있을 따름이며 반사실주의 예술의 새로운 형식들을 창조할 수는 없다. 쏘베트 나라에서 오직 사회주의, 사회주의 레알리즘만이 발전하는 것은 력사적으로 필연적인 것이다. 이와같이 사회주의 레알리즘의 강화를 위한 당의 투쟁은 예술에서의 력사적 진보의 내적으로 필연적인 경향을 실현하기 위한 투쟁이다. 사회주의 레알리즘의 표어는 바로 그에 대한 규정이다. 사회주의 레알리즘의 개념은 선행한 경험의 일반화인 동시에 쏘베트 예술의 앞으로의 장성의 진로를 규정하는 것으로도 된다. 이러한 정형은 리론적으로나 실천적으로나 극히 중요한 것이라고 생각된다.

이·브·쓰딸린이 자기의 로작 『쏘련에서의 사회주의 경제제 문제』에서 폭로한 주관적이며 주의주의(主意主義)적인 오유는 다른 사회 과학에서와 같이 예술학에도 있었다. 어떤 동무들은 사회주의 레알리즘의 요구를 오직 우리 당의 주관적 지향의 표현이며, 처음에는 예술가들 앞에 제기되었다가 생활에 인입되는 그러한 요구로서 고찰하였다. 환언하면 이들은 사회주의 레알리즘을 마치도 당에 의하여 창조된 쏘베트 예술 발전의 법칙인듯이 고찰하였다。

그러나 문제의 이러한 리해는 몇몇 동무들이 쏘베트 인민들의 모든 생활 분야에서의 공산당의 향도적어며 지도적인 역할을 강조하려는 순박한 욕망에서 출발한 것인듯 하나 이러한 리해는 우리 당의 정책이 일반적으로 특히 예술 분야에서는 현실의 객관적 법칙을 연구하며 그 법칙들을 쏘베트 사회의 리익을 위해 가장 철저하고도 혁명적으로 적용함에 기초하여 세워진다는 사실을 모호하게 하느니만치 사실에 있어서는 그러한 역할을 훼손시키는 것이다。

따라서 사회주의 레알리즘의 길로 나아가는 쏘베트 예술 발전의 합법칙성의 규정에서 예술 발전 법칙을 「창조」한 실례를 찾아본다는 것은 주의설적 주관주의로 될 것이다。

예술에서의 사회주의 레알리즘은 사회주의와 그의 강화를 위한, 또한 사회주의로부터 공산주의에로의 이행을 위한 광범한 근로 대중들의 투쟁을 령도하는 로동계급의 생활과 사상적 지향의 반영이다。 사회주의 레알리즘은 二〇세기 초엽에 전제와 자본주의를 반대하는 거센 혁명 운동의 발전과 직접 관련하여 로써야에서 발생하였으며 (고리끼의 「어머니」) 위대한 사회주의 一〇월혁명후 쏘련에서의 사회주의의 승리적 건설의 첫 一五년간에 가일층의 거대한 발전을 보게 되었는바 그것은 문학에 있어서 뿐만 아니라 영화、연극、회화、건축、조각 등에도 다소의 차이는 있으나 확고하게 뿌리박게 되었다。 사회주의를 위한 투쟁이 새로운 거대한 규모에서 전개되고 있는 제二차 세계 대전후에 있어서는 사회주의 레알리즘이 전세계의 진보적 예술의 기치로 되었다。

쏘베트 예술의 방법에 대한 쏘딸린적 규정의 깊이는 이 규정이 자본주의의 전복과 공산주의의 승리를 위한 투쟁 시기에 있어서 선진적 예술 발전의 내적, 객관적 경향을 아주 완전하고도 명료하게 확정한 데 있다. 특히 이러한 규정의 발견은 쏘베트 예술 발전의 길의 발견이다.

이와같이 사회주의 레알리즘의 표어는 당의 주관적 요구만을 표현하는 구호가 아니다. 그와는 반대로 당은 사회주의 레알리즘의 원칙이 예술 실천에서 확인될 것을 「요구하며」 이를 위하여 투쟁하며 이에 적응하여 예술 분야에 대한 자기의 정책을 수립하는바 이는 그가 력사적 행정에 대한 과학적 일반화로 무장되고 프로레타리아 혁명 시기와 공산주의 건설 시기에 있어서의 예술사의 객관적 법칙에 대한 지식으로 무장되여 있기 때문이다.

여기서부터 사회주의 레알리즘을 위한 당의 투쟁이 나오는바 그 투쟁은 사회적 제 법칙의 리용의 특수성에 의하여 규정되며, 그의 적용이 보통 보수적인 사회 세력의 반항에 부닥치게 되느니만치 이 투쟁은 보수적 사회 세력을 반대하는 적극적인 투쟁을 통하여 필연적이며 합법칙적으로 발전된다.

三O년대 초기는 새로운 예술의 거대한 승리의 시기였다.

그러나 이 시기에 국내, 국외의 낡아빠진 사회 세력들은 가지각색의 수많은 반사실주의적 경향들을 계속 걸러내고 있었을 뿐만 아니라 사회주의의 승리가 보다 거대할수록 자기의 적대적인 이데올로기야 활동을 보다 적극화하였다.

당은 쏘베트 예술 발전 법칙의 실현을 되는대로 방임할 수 없었다. 형식주의, 탐미주의, 자연주의 등등으로부터 가하여지는 발광적 반항을 극복하여야 하였으며 사회주의의 기치하에 나서려고 지향하는 모든 예술가들의 힘을 조직하고 향도하여야 하였었다.

이리하여 당은 쏘베트 예술 문화 발전의 객관적 경향의 가장 급속한 침투를 방조하기 위하여 사회주의 레알리즘을 위한 투쟁을 전개하였다.

이제 나는 사회주의 레알리즘의 력사적 본질을 리해함에 있어서 가장 본질적인 모멘트의 하나를 지적하여야 하겠다. 과거의 사실주의 예술에 대한 사회주의 레알리즘의 관계, 특히는 一九세기 후반기의 민주주의적인 사실주의에 대한 쏘베트 예술의 관계를 해명하는 것이 중요하다.

최근에 각이한 예술학적 및 문예학적 연구들에서는 이 문제에 적지 않은 주의가 돌려지고 있다. 많은 예술 리론가들은 쏘베트 예술의 특성을 규정하려고 노력하면서 과거의 예술에 대치되는 그의 특성을 탐구하였다. 이리하여 이 문제에 대하는 태도의 원칙 자체는 대체로 다음과 같았다. 즉 사회주의 레알리즘이 고전 작가들의 사실주의와 어떠한 점에서 근사하지 않으며 더 나아가서는 대치되는가 하는 문제를 설정하게 되면 사회주의 레알리즘의 특성이 규정될 수 있다는 것이였다. 우리들의 관심을 일으키는 문제에 대한 태도의 이와같은 원칙은 특히 이 글줄의 저자에게도 고유한 것이였다. 나는 몇몇 자기의 저작들에서 (주) 사회주의 레알리즘의 특징적 특성들을 해명하려고 시도하였으며 사회주의 레알리즘이 레삔과 쑤리꼬브 및 기타의 레알리즘과 다른 점을 설명하려고 노력하였다.

나는 이미 그 당시에 사회주의 레알리즘의 개념을 추상적으로 구성하는 것을 반대하기는

─────────

(주) 특히 《전 련맹 공산당 (볼셰위크) 중앙 위원회 직속 사회 과학 아까데미야의 학보》 二분책 (一九五一년, 모쓰크바)에 게재된 론문에서.

하였지만 실천에 의거하여서라기 보다는 오히려 단순히 추리에 의거하여 순전한 론리적 방법

으로써 고전 작가들의 예술에 대한 쏘베트 예술의 방법을 분석하게 되였던 것이다.

그러한 립장은 그릇된 것이였다. 그 결합은 내가 그것을 원했든 원치 않았든 간에 쏘베

트 예술을 유산으로부터 분리시켰으며 민족적인 예술적 전통의 위대한 의의를 훼손시켰다는

데만 있는 것이 아니라, 이와같은 그릇된 태도로 말미암아 사회주의 레알리즘 예술의 몇몇

가장 중요한 원칙적 특성들을 모호하게 하고 심지어 외곡하기까지 하였다는 데도 있었다.

이미 우에서 본 바와 같이 사실주의 예술은 원칙적으로 사회적 의식을 혁명화할 수 있는

예술이다. 현실의 진실한 묘사는 선진적 사회 세력들로 하여금 그들의 력사적 사업을 실현

하도록 촉진시킨다. 당시의 사회적 조건들과 세기의 가장 중요하며 주도적인 문제에 적응한

진보적 사회 의식 앞에 나서는 과제들은 사실주의 예술의 력사적인 구체적 형태를 규정한다.

이태리의 대 수공업적—상업 도시에서 봉건주의를 숙청하며 새로운 자본주의 제도를 확

립하기 위한 약간의 전제 조건들이 조성되였고 봉건적 관계를 전면적으로 비판하고 인류

의 자유와 행복의 사상을 용감히 주장할 대 대한 과업이 제기되였던 그 시기에 사실주의 예

술은 낡아빠진 사회적 관계와의 투쟁의 강력한 무기로 되였다. 투넷쌍스의 사실주의는 시대

의 가장 선진적인 사상과 그 자체와의 유기적인 련관을 뚜렷이 보여주고 있다.

다른 례를 들어보자. 一九세기 후반기 로씨야에서는 농노 제도와 그의 모든 잔재들을 숙

청하고 국가를 철저하게 민주주의적으로 개조하는 문제가 주되는 문제였다. 로씨야에서의

이 시기의 사실주의적 예술은 혼히 이러저러한 예술가의 사상적 립장들에도 불구하고 민주

주의를 위한 투쟁을 촉진시켰다. 농민 민주주의의 「리설」과 「편견들」을 표현한 네크라

쏘브、쌀띄꼬브ー쒜드린、뜰쏘또이 뿐만이 아니라 자유주의자들인 뜨루게네브와 곤차로브도 자기들의 예술의 진실성의 정도에 따라 로씨야를 민주주의적으로 개조하는 사업을 방조하였다。바로 고골리도 그 자체의 정치적 견해로써는 결코 혁명적 민주주의자는 아니였지만 일찌기 벨린쓰끼가 극히 심오하고도 명백하게 립증한 바와 같이 이 위대한 사실주의자의 작품들에서 보여준 생활의 진실은 농노 제도에 대한 비판의 예리한 무기였을 뿐만 아니라 객관적으로는 사회적 사상의 철저한 민주주의적 조류에 포함되는 그러한 비판의 예리한 무기였었다。바로 그런 까닭에 一九세기 로씨야 예술에서의 사실주의는 그것이 구체적으로는 어떻게 표현되였든지간에 결국에 있어서 나라의 민주주의적 개조 사업에 복무하였던 것이다。이러한 사정은 비록 一九세기에 사실주의의 대표자들 가운데서 혁명적 민주주의자들의 사상을 직접 소유한 사람들은 그리 많지 않다 할지라도 그것을 민주주의적인 사실주의라고 부를 수 있는 권한을 우리에게 부여한다。

우리들은 사실주의 예술 방법이 당시의 가장 중요한 과업들에 대하여 가지는 관계의 이러한 특성에 비추어 전반적으로는 사회주의적 사실주의 제 문제의 일부 새로운 측면들을、특수적으로는 그가 갖는 파거 사실주의와의 련관에 대한 몇몇 새로운 측면을 설명할 수 있다。

로씨야에서 사회주의 레알리즘이 언제 형성되기 시작하였는가? 그것은 로씨야 현실 자체에서 민주주의에 대한 문제 뿐만이 아니라 사회주의적 프로레타리아 해방 운동에 대한 문제도 아주 광범하고 강력히 제기되였을 때였다。브·이·레닌은 로동자들이 자기의 력사적 사업을 자각함에 있어서 고리끼의 소설 「어머니」가 가지는 의의를 강조하였다。사회주의 레알리즘 예술이 발전되고、모든 새로운 예술가 그루빠들이 이 방법을 소유하게 된 것은 사회주의를 위한 투쟁이 예술파의 련계를 공고화하는 과정을 표시하는 것이였다。 사회주의의 최초의 전 세계사적 승리의 결과에 사회주의 건설을 위한 투쟁에 궐기한 인민 대중들과 예술을 분리시키던 기본적인 사회적 장애가 분쇄되고 숙청된 위대한 10월 사회주의 혁명후에 이 과정이 더욱 더 급속히 진행되였다는 것은 당연한 일이다。

만약 一九세기에는 사실주의 예술이 로씨야의 민주주의적 개조 사업에 복무하였다면 지금에 와서는 이것은 사회주의 사업에 복무하기 시작하였다。 지난 시기의 사실주의적 예술파 사회주의 레알리즘 예술은 서로 불가분적이며 유기적인 련계를 가지고 있다。 우리의 견해에 의하면 (적어도 발전의 기원에 있어서는) 이는 예술의 동일한 사실주의적 형태들이지만 새로운 력사적인 조건하에 있는 사실주의라고 말할 수 있다。 로씨야의 회화에서는 력사적 발전의 이러한 특성들을 느·아·까싸뜨낀의 창작에서 명백히 살펴볼 수 있다。 一八九〇년대 떼뻬드위쥬니끄의 첫 세대들의 사업의 철저한 계승자의 한 사람인 그는 쏘베트 시대에 와서 사회주의 레알리즘 예술의 창시자의 한 사람으로 되였다。 회화에 있어서 사회주의 레알리즘의 요람이였었던 혁명 로씨야 예술가 협회(AXPP)가 또한 조직적으로 뻬레드위쥬니끄과의 직접적인 계승자이기도 하였다는 것은 우연한 일이 아니다。

물론 혁명 로씨야 예술가 협회 화가들의 회화에서는 一九세기 로씨야 사실주의자들의 작품에 비하여 벌써 새로운 특징들이 나타나있다。 이 새로운 특징들은 새로운 력사적 현실에 의하여 조건지어진 것이다。 뻬레드위쥬니끄들은 착취의 철쇄를 던지고 열심히 새 생활을 건설하는 인민들을 관찰할 수도 없었으며 그릴 수도 없었다。 이럼에도 불구하고 이 새로운 특징들은 혁명 로씨야 예술가 협회 화가들의 사실주의와 뻬레드위쥬니끄들의 사실주의와의 긴밀한 련계를 제거하지 않을 뿐만 아니라 이 특징들은 무엇보다도 먼저 민주주의적인 사실주의의 우수한 전통들에 대한 로씨야 혁명 예술가 협회 화가들의 충실성의 정도에 따라 표현되고 있다。

쏘베트 예술과 고전적 전통과의 이와같은 관련은 쏘베트 예술 발전의 초기 뿐만 아니라 그것이 훨씬 더 성숙된 시기에 있어서도 뚜렷이 나타나고 있다。 프·레쏘뜨니꼬브, 쓰·그리고리예브 및 기타 예술가들의 전후 풍속화의 방법과 뻬레드위쥬니끄들의 쟝르와의 련계가 파연 뚜렷하지 않단 말인가。 기본적인 차이점은 뻬레드위쥬니끄들의 예술이 사실주의적 방법을 우선 모든 또는 온갖 부르죠아적—농노제적 기초를 비판하며 전제와 자본주의를 반대하는 인민들의 투쟁을 찬양함에 돌렸다면 지금에 와서는 그 사실주의적 방법이 사회주의 사업과 쏘베트 인민들에 대한 공산주의적 교양 사업에 복무한다는 데 있다。

따라서 요점은 쏘베트 예술의 방법과 고전 작가들의 방법의 실제적인 상위점이나 또는 가상적인 상위점을 발견하는 데 있는 것이 아니라(이미 언급한 바와 같이 이 개요의 저자의 오유도 포함한 많은 오유들의 근원이 여기에 있다。) 고전 작가들의 방법이 어떻게 사회주의를 위한 선진적인 쏘베트 예술의 투쟁의 출발점으로 되고 있는가를 연구함에 있다。 쥬다노브가 쏘베트 음악 활동가들의 회의에서 말한 바 있은—고전작가들을 『따라가는 것』이란 오직 사실주의적 방법에 튼튼히 립각하여 전진하기 위하여 과거에 도달된 사실주의적 방법의 모든 부의 극치를 체득하기 위한 노력의 과정이다。

이리하여 평론가의 과업은 쏘베트 인물 화가 레삔의 인물화와 얼마나 다른가 또는 우리 풍경 화가들이 어떠한 점에서 싸브라쏘브와 레비딴의 교훈을 피하여야겠는가를 『발견』하는 데 있는 것이 아니라 바로 그와 반대로 고전 작가들의 방법을 사회주의적 예술 문화 건설의 실천적 제 과업에 적용하기 위한 방법과 형식을 연구함에 있다.

오직 이 기초에서만 사실주의적 방법의 가일층의 발전 즉 생활의 현실적 실천에서 진행되는 발전이 가능한 것이다.

우리 시대의 사실주의적 방법의 기본의 기본은 오늘날에 있어서는 생활의 진실한 묘사가 공산주의를 위하여 싸우는 인민들의 근본적 리해관계에 부합한다는 데 있다. 사회주의적 전설은 현실에 대한 정당한 파악을 요구한다. 또한 반대로 생활의 진실하고도 사실주의적인 묘사는 때로는 작가의 기도에 거슬려서까지 사회주의 사업에 복무한다. 이·브·쓰딸린은 불가끄브의 『뚜르빈 일가의 한 시절』과 관련하여 『빌—벨로쩨르꼽쓰끼에게의 회신』에서 이에대한 훌륭한 실례를 지적하였다.

라쁘 회원들의 도식주의의 죄악의 하나는 그들이 생활에 대한 진실한 묘사의 사상적 의의와 객관적 의의를 의문에 붙였다는 데 있다. 라쁘의 가련한 리론가들은 예술가들에 대한 당적 요구—현대의 가장 선진적인 사상인 맑스-레닌주의 사상을 소유하라는—를 비속화하고 외곡하면서 예술에서의 현실의 재현을 예술가의 사상성에 대치시켰다. 이는 사실주의의 본질에대한 맑스-레닌주의적 인식의 기본을 외곡한 것이었는바 왜냐하면 그것은 예술의 당성을 생활의 진실한 반영으로부터 분리시킬 수 없기 때문이다.

라쁘적 도식주의자들은 『당성』에 대한 자기들의 외곡된 기형적인 인식에 근거하여, 자기들이 날조한 『프로레타리아 이데올로기야』의 인공적인 척도에 맞지 않는 모든 예술가들을 반대하여 투쟁할 것을 호소하였다. 그 결과 라쁘 회원들은 실제적으로는 쏘베트 예술에서의 사실주의의 발전을 저해하였다。 바로 당은 예술가가 옳지 못한 또는 심지어 패덕적인 주관주의적 지향을 가지고 있음에도 불구하고 어느 정도 현실을 진실하게 반영하였다면、 그런 경우에 있어서조차도 그의 예술 작품의 사실주의적 특성을 평가해야 한다고 항상 가르쳤다。 례컨대 이·브·쓰딸린은 라쁘 회원들을 비판하면서 예술 작품을 그 본질에 따라 평가하여야 한다고 한때 다음과 같이 교시하였다。 즉 『희곡 「뿌르빈 일가의 한 시절」에 대하여 말한다면 이것은 그리 나쁜 것은 아닙니다。 왜냐하면 그것은 해를 끼치는 것보다는 리(利)를 더 많이 주기 때문입니다。 이 희곡이 관객들에게 남기는 기본 인상은 불쉐위크들에게는 유리한 인상이라는 점을 잊지 말아야 할 것입니다。 즉 「만일 뿌르빈 일가와 같은 자물까지도 자기들의 일이 완전히 실패하였다는 것을 자연하고 부득이 무기를 놓고 인민의 의사에 굴종하지 않을 수 없었다면 그것은 불패의 존재이며 그들 불쉐위크들에 대해서는 어찌할 도리가 없다는 것을 의미한다」는 인상입니다。 「뿌르빈 일가의 한 시절」은 모든 것을 타승할 수 있는 불쉐위즘의 력량의 시위입니다。

물론 그 희곡 작가는 이와같은 시위에 대해서는 조금치도 「죄가 없는」 것이당。 그렇다고 해서 그것이 우리에게 무슨 관계가 있겠습니까?』(주)

물론 불가피브의 패덕적인 사상적 지향이 그의 희곡에 반영되기는 하였으나 이·브·쓰딸린이 교시한 바와 같이 주요한 것은 작가가 불쉐위크들과 혁명의 불패성을 진실하게 보여줌에 어느 정도 성공하였다는 데 있다。

(주)　이·브·쓰딸린 전집 一一권、 三二八페지。

공산주의 정신으로 인간들을 교양함에 있어서 쏘베트 예술에 필요한 것은 진실이다. 무

엿보다 진실이 요구된다. 따라서 당이 형식주의의 모든 발현들과 견결한 투쟁을 진행하고

있는 것은 우연한 일이 아니다. 실로 형식주의는 생활의 외곡인 것이다. 쏘베트 예술가는

전형적 형상들을 통하여, 생활 내용의 본질을 통하여 생활을 묘사함으로써 사전의 의의를

보여주며 현실을 충분히 리해할 수 있도록 하여주는바 이것은 가장 강력한 교양 수단으로

되는 것이다.

브·이·레닌은 일찌기 一九一九년에 작가들이 생활을 연구하여야 할 필요성을 강조하였

다. 『정치에 관한 요설은 좀 적게 하고—그는 「위대한 발기」에서 썼다.—가장 단순하나 생

생하며, 생활에서 취해지고, 생활에 의하여 검열된 공산주의 건설의 제 사실에 더많은 주의

를 돌리라—이 구호는 우리들 모두에게, 우리 작가, 선동원, 선전원, 조직자 등등에게 부단

히 반복되여야 한다.』(주)

나는 이상에서 현실의 본질을 심오히 드러내는 진정한 전형적 형상들을 창조함에 있어

서 생활의 관찰, 면밀하며 자세한 그의 연구가 얼마나 거대한 역할을 노는가에 대하여 말하

였다. 만약 자기가 묘사하려는 것을 예술가가 주의깊이 연구한다면 진정한 예술이 나오며

그런 연구가 없으면 『비예술적으로 나타나게 된다』(레닌). 쓰·그리고리예브는 훌륭한 풍

속화가이며 그의 훌륭한 작품들은 생활의 깊고 시적인 관찰에 근거하고 있다. 그러나 이 화

가가 대상을 잘 연구하지 않고 따라서 그것을 리해하지 못하고 『까호브까의 열정가들』의

(주) 브·이·레닌 전집 二九권, 三八六페지.

묘사에 착수하였을 때에는 공허하고 부자연한 작품이 나왔던 것이다. 생활에 대한 온갖 『고안』은 예술가로 하여금 엄중한 창작상 실패를 초래케 한다. 생활을 진실하게 묘사한다는 것은 그 속에서 본질적인 측면과 경향을 천명할 줄 안다는 것 즉 거기에서 무엇이 긍정적이며 무엇이 부정적인가를 천명할 줄 안다는 것을 의미한다.

훌륭한 쏘베트 예술 작품들의 힘은 어디에 있는가? 그것은 이 예술 작품들이 전형적인 형상들을 통하여 우리 현실의 어떤 중요한 측면들을 천명함으로써 생활을 리해하며 생활의 경향에 대하여 일정한, 당적 판단을 내리는 데 도움을 준다는 데 있다.

때문에 사실주의 즉 생활의 진실한 재현의 요구는 우리 예술의 사상성에 대한 문제와 긴밀히 련결되여 있다. 바로 그런 까닭에 우리 예술은 사상적이며, 그는 사실주의적이다. 반대로 다음과 같이 말할 수도 있을 것이다. 즉 우리 예술이 사실주의적인 것은 바로 그가 우리의 현실을 진실하게 반영하기 때문이며 또 자기의 우수한 작품들을 통하여 불피코 공산주의적 사상성에 도달하기 때문인바 왜냐하면 이것이 생활의 정당한 인식의 직접적인 결과이며 또 그의 직접적인 결론인 까닭이다.

사회주의 레알리즘 예술에서의 진실성과 사상성의 이러한 불가분의 련계 즉 유기적이며 불가분적인 련계는 사회주의 시기의 예술 발전에 관한 몇가지의 전반적인 문제들에 비추어 리해될 수 있다.

사회주의 사회에서는 자본주의 시기의 예술에 비하여 현실에 대한 예술가의 관계가 본질적으로 변화되였다. 자본주의 시기의 사실주의는 바로 자체의 진실성으로 말미암아 공식적 락판주의를 불안정하게 하는 데 복무하였으며 자본주의 제도의 음폐된 모든 독소와 결함들을 폭로함으로써 자본주의 제도의 근간 자체들을 객관적으로 뒤흔들어 놓았다. 자본주의 시대의 예술가들에 있어서 모든 가면을 벗긴다는 것은 그가 살고 있는 사회를 반대하는 투쟁을 의미하였다.

그러나 사회주의 사회에 있어서 현실을 진실하게 묘사한다는 것은 우선 이 사회의 강화와 번영을 위한 투쟁 즉 사회주의 사회를 가일층 전진시키기 위한 투쟁을 의미하는바 우리 예술의 가장 중요하고 진보적이며 사회적인 의의가 이에 귀결되는 것이다. 그리고 우리 예술의 고귀한 애국주의의 근원이 여기에 있다. 쏘베트 애국주의의—이는 사회주의의 레알리즘 예술의 가장 중요한 특성이다. 자기의 사회주의 조국에 대한 사랑, 사회주의 조국의 성과들에 대한 긍지감, 예술 작품들에서의 이와같은 훌륭한 성과에 대한 찬양, 자기 나라의 번영과 위력을 위한 투쟁, 자기 나라의 적에 대한 증오—이러한 것들이 쏘베트 예술의 위대하고도 고귀한 특질이다.

우리 예술의 생활 창조적 근원인 쏘베트 애국주의에 대한 문제는 다음에 다시 언급하기로 하고 지금은 사회주의 레알리즘 예술에서의 생활의 사실주의적이며 진실한 반영이 가지는 특성을 계속 분석하기로 하자. 부르죠아 사회에서의 사실주의 예술의 목적은 이 사회에 고유한 제도상 본질에서 나오는 결함을 들추어 내는 데 귀착된다. 부르죠아 사회에서의 사실주의—이는 지배적 사회 제도를 엄격하고 공정하게 규탄하는 자이다.

사실주의의 예술은 사회주의 사회에 있어서도 부르죠아 사회에서와 마찬가지로 사람들의 상호 관계의 본질, 일정한 사회—력사적 현상들의 본질을 해명할 사명을 가지고 있다. 그러나 상술한 두 경우에 있어서 그 본질은 정반대된다. 자본주의 조건하에서의 이 본질은 인간에 의한 인간의 압박, 『모든 사람이 모든 사람을 반대하는 전쟁』이라는 승냥이의 도덕, 사람들이 가지고 있는 모든 인간적 자질에 대한 비방 등에 있다. 사회주의 조건에서의 그의 본질은 인간 상호간의 평등, 인민들의 정치—도덕적 통일, 사회주의적 인도주의에 있다. 사회주의 사회에서는 사실주의는 이러한 모든 특성을 주장하며 또 바로 이러한 의미에서 비판적인 사실주의로부터 사회주의를 주장하며 강화하는 사실주의에로 전환되는 것은 합법칙적이다.

선진적 생활 형식 즉 사회주의를 위한 투쟁에서 산생되는 새로운 훌륭한 특성에 대한 진실하고 심오한 묘사는 쏘베트 예술에서 거대한 역할을 노는바 그것은 이러한 모든 것들이 쏘베트 사람들에 대한 공산주의적 교양에 있어 위대한 도덕적 및 정치적 의의를 가지기 때문이다.

쏘베트 예술은 우리들에게 불후의 궁정적 형상들을 남겨준 고전 작가들의 위대한 전통에 의거하여 쏘베트 사람들의 정신적 면모의 본질을 강력하고 심오한 전형화로써 천명하면서 우리 사람들에 대한 뚜렷하고 감동적인 형상들을 창조하며 꾸준히 노력하고 있다. 『사실주의 예술의 힘과 의의는 이 예술이 보통 사람들의 높은 정신적 품성과 전형적이며 궁정적인 특징들을 구명하고 밝혀내며 또 사람들의 모범으로 되며 구감으로 될만한 빛나는 예술적 형상들을 창조할 수 있으며 또 창조하여야만 한다는 데 있다.』(주)

맑스주의는 생활에서의 새로운 선진적인 것과 낡고 로쇠하고, 반동적인 것과의 투쟁이 사

(주) 그·므·말렌꼬브, 전련맹 공산당 (볼쉐위크) 중앙 위원회 사업에 대한 제一九차 당 대회의 총화 보고, 국립 정치 서적 출판사, 一九五二년, 七三페지.

회의 력사적 발전의 기본 내용이라는 것을 가르치고 있다. 당은 우리의 사회주의적 현실에서의 낡은 것과 새 것과의 이 투쟁 즉 그를 통하여 우리의 발전이 실현되는 그 투쟁을 전개할 것을 쏘베트 예술가들에게 호소하고 있다. 『극 작가들과 연극은—「극장 레파토리와 그의 개선 대책에 관하여」라는 전 련맹 공산당 (볼쉐위크) 중앙 위원회 결정에는 지적되여 있다.—희곡과 연극에서 쏘베트 사회의 생활을 그의 부단한 전진 운동에서 묘사하여야 하며 쏘베트 사람들의 성격이 가지는 훌륭한 측면들을 가일층 발전시키도록 백방으로 촉진하여야 한다……。」(주) 예술가는 당의 이 지시에 따라 『인간 정신의 기사』로서의 자기의 사명을 수행하고 있는바 그것은 예술가가 일방으로는 쏘베트 사람과 그들의 창조속에 있는 가장 아름다운 것 즉 모범과 표본으로 될 수 있는 것을 보여주려고 노력하고 있으며 타방으로는 낡은 것을 폭로하며 그의 발현에 준엄한 비판을 가함으로써 낡은 것, 로쇠한 것과 루쟁할 사명을 가지고 있으므로서이다. 쏘베트 예술가들의 진정한 혁신자적 활동은 어떤 추상적인 새로운 형태들의 탐구—형식주의적 평론이 이에 대하여 떠벌인 바와 같이—에 있는 것이 아니라 생활에서 새로운 것을 발견할 줄 알며 새 것을 낡은 것과 가릴 줄 아는데 있다.

생활에서 새 것을 능숙하게 발견할 줄 아는 능력—이는 예술가가 거둘 수 있는 성과의 담보이다. 대 예술가며 쏘베트 농촌의 능난한 관찰자인 아·쁠라쓰또브의 그림 『농촌 시장』

(주) 전 련맹 공산당(볼쉐위크) 중앙 위원회, 一九四六년 八월 二六일부 결정, 『극장 레파토리와 그의 개선 대책에 관하여』, 국립 정치 서적 출판사, 一九五○년, 一四페지.

은 실패작이였었는바 그것은 이 그림의 화가가 전후시기의 끌호즈 생활에서의 본질적인 것

즉 전쟁에 의한 상처를 보다 급속히 회복하며, 회생적이며 열정적인 로동으로 조국 강토를

다시금 부흥시키려는 갈망을 꽌찰하지 못하였기 때문이다。 바로 그런 까닭에 아·막씨멘꼬의

회화 『토지의 주인』은 그 자체의 사상적 의의에서 뿔라 쓰또브의 그림보다 우월하다。 막씨멘

꼬의 회화에서의 끌호즈원들은 끌없는 끌호즈 전야에서 환희에 넘치는 창조적 사업을 준비하

는 진정한 땅의 주인이다。 여기에 회화의 진정한 빠에지야가 있다。 프·슈르뺀작 『재생』의

가치도―그의 불필요한 풍유적 수법에도 불구하고―이 점에 있는 것이다。

선진적 쏘베트 사람들, 그들의 공훈, 그들의 도덕적 풍모―바로 이러한 것들이 쏘베트

예술가들의 작품이 가지는 미의 중요 원천으로서 그들의 작품에 들어가는 생활에서의 새로

운 것이다。

그렇다고 하여 생활에서 새로운 것을 능숙하게 볼 줄 아는 능력을 쏘베트 예술가들이 다

만 이 새로운 것만을 묘사할 수 있으며 또 묘사하여야 한다는 것으로 리해할 필요는 없다。

생활속에 존재하며 또 사회적 의의를 가지는 모든 것은 사실주의 예술의 대상으로 된다。

우리 현실에는 아직도 적지 않게 부정적 사실들이 있으며 허위적인 인간들이 존재하느니

만치 예술의 가장 중요한 과업이 락후하고 사멸하여 가는 것을 폭로하는 데 있다는 것을 강

조하는 것도 바로 이 때문에 중요한 것이다。 이 문제에 대해서는 좀 뒤에 비교적 상세히 분

석하기로 하고 지금은 새 것을 볼 능력이 없이는 로쇠한 것을 분별할 수 없다는 것에 주의를

돌리기로 하자。 예술가가 만약 전형적 형상을 통하여 이러저러한 것의 본질을 천명하면서 새

것과 낡은 것과의 투쟁을 보여준다면 그는 바로 무엇이 새 것을 새로운 것으로 만들고 있으

며 낡은 것의 사멸과 같은 상태가 무엇에서 가장 기형적으로 표현되고 있는가에 대한 명확한 인식에 의거하고 있는 것이다.

사회 생활과 풍습에서의 「온갖 죽음」에 대한 마야꼽쓰끼의 분격적인 비타협성은 온갖 새로운 것 즉 「앞으로 올 조국」을 생활에서 예언하는 모든 것에 대한 위대한 시인의 훌륭한 예감과 긴밀히 결부되여 있다.

이와 관련하여 사실주의와 혁명적 랑만주의 및 사회주의 시기의 예술에서의 그들의 상호 관계에 대한 문제가 발생한다.

우리들이 본 바와 같이 부르죠아 예술론은 사실주의를 랑만주의에 절대적으로 대치시킴에 습관되여 있다. 그런데 사회주의 이전의 모든 예술 발전 시기에 있어서의 이러한 대치는 다소간의 의의를 가지고 있었다. 이는 물론 이 두 가지 경향이 반드시 서로 떨어져서 존재하였기 때문인 것이 아니라 한 예술가의 예술 창작에 공존하면서까지도 그것이 서로 대치되는 관계에 놓여 있었다는 점에서이다. 례를 들어 우리들은 알렉싼드르 이와노브의 예술에서 그의 「구세주의 출현」의 본질상 랑만주의적인 유토피아적 구상과 에쓰키쓰들 및 이 회화 자체에서 반영된 자연과 인간에 대한 예술적 과학의 그 천재적인 사실주의적 전취물과의 사이에 촌재하는 뚜렷한 모순을 보게 된다. 과거의 예술에서의 랑만주의적 경향은 당해 사회의 현실에 대한 적대, 현실에 대한 부정, 현실로부터는 유토피아적 환상, 이야기 및 옛 이야기의 세계에로의 도피와 항상 결부되였었다. 사회주의 이전 시기의 온갖 랑만주의적 경향은 이러하였다. 그런데 이와같은 특성은 레컨대 노발리쓰나 델라로샤의 창작에서 뚜렷이 볼 수 있는 반동적 랑만주의에만 있는 것이 아니라 지어 혁명적 랑만주의에도 있는 것이다. 혁명적 랑만주의에서는 부르죠아 사회의 추악한 것들을 반대하는 주관적인 반항으로서의 랑만주의적 환상이 항상 현실로부터 공상적으로 격원(隔遠)하려는 성격을 띠게 되는 경향을 가지고 있다。 례컨대 도미예는 일방으로 가장 뚜렷하고、 무자비하며、 사실주의적인 그로페쓰크의 명수인 동시에 타방으로는 「돈 끼호테」와 같은 그러한 서정적이고 랑만주의적이며 또한 그 본질에 있어 대단히 추상적인 형상들의 창조자이기도 하다。

그러나 생활의 진실하고 현실적인 묘사와 랑만주의적 공상간의 새로운 상호 관계—우리는 이것을 고리끼의 초기 창작에서 아주 잘 찾아볼 수 있다—는 벌써 사회주의 레알리즘 예술의 첫 발전 단계들에서 발현되고 있다。

현존 사회 제도를 부정하는 형식으로서의 과거 예술에서의 랑만주의는 현대 자본주의의 가혹한 조건을 배척하기는 하나 그는 생활 개조에 대한 구체적인 강령을 내놓을 수 없었으며 그가 내놓은 강령은 불피코 유토피아적인 것으로 됨을 면치 못하였다。 이에 대해서는 이미 우에서 언급하였다。

그런 까닭에 랑만주의자들은 현실을 부정하면서 두개의 결론중 그 어느 하나에 도달하였다。 그중 하나는 앞날에 대한、 미래에 대한—비록 그 당시에 이와같은 미래는 자체의 구체적인 력사적 묘사를 보지 못하였으며 또 볼 수도 없었지만—유토피아적 지향이었었다。 체로늬쉡쓰끼에 있어서조차도 그의 소설 무엇을 할가! 의 녀 주인공인 웨라 빠블로브나가 사회주의 하의 생활을 몽상하게 되는 것이 우연한 일이 아니다。 또、다른 하나는 행복한 과거를 남환상하는 반동적인 랑만주의였었다。 사회주의 혁명에 대한 문제가 실제적으로 제기되고 은 것 즉 자본주의적인 것을 전복하고 새롭고 진실로 자유로운 사회의 기초를 축성하는 시기

가 도래한 그 시기로부터야 비로소 예술가의 공상은 유토피아적 공상임을 면할 수 있었으며

세계를 구체적으로 개조할 데 대한 현실적이며 실천적인 강령과 결부된 감득할 수 있는 구체

적인 형태를 띨 수 있게 되었다。

예술가가 사회의 선진적 대표자들의 뒤를 따라, 인류의 『황금 시대』가 지난 시기에 있은

것이 아니라 앞으로 닥쳐올 시기에 있다는 것을 의식할 뿐만 아니라 이 『황금 시대』가 구체

적이며 달성될 수 있는 현실적 생활 투쟁의 목적이라는 것과 자본주의의 전복, 사회주의의 혁

명, 프로레타리아트의 독재를 통하는 이 투쟁의 길이 명료하다는 것을 의식하게 될 때에 비

로소 그 예술가는 현실의 전진한 사실주의적 묘사와 로후한 자본주의 세계의 전복에 대한 열

정적이고 대담한 숙망, 인류가 자본주의 노예의 쇠사슬을 벗어버리게 되는 때 그를 기다리는

아름다운 미래에 대한 공상을 하나로 결합할 수 있게 되는 것이다 사회주의 혁명전의 고리

끼의 초기 예술도 이 기초우에 서 있으며 마야꼽쓰끼의 시적 빠포스도 이에 근거하고 있다。

바로 그런 까닭에 사회주의 레알리즘 예술에서 혁명적 랑만주의는 그 어떤 사실주의적 견

실성에 대립되는 것이 아니라 사회주의 레알리즘의 방법 자체의 필수적인 구성 부분이다。

우리들은 쏘베트 예술에서의 사실주의와 혁명적 랑만주의와의 불가분적 통일을 강조하면

서 공산주의 건설의 가장 위대하고 영웅적인 빠포스가 바로 우리 조건하에서의 인민들의 일

상적인 로동 자체에 귀착된다는 데서 이 통일의 원천을 본다。 타방으로 행복하고 즐거운 미

래에 대한 랑만주의적 공상은 쏘베트 사람들의 구체적이며 일상적인 활동에서 준비되고 실현

된다。

바로 그런 까닭에 파거의 혁명적 랑만주의는 『정상적인』 생활 조건들을 반대하여 전개

하는 주인공의 『비상한』 투쟁우에 섰으며 이전의 랑만주의는 반드시 『보통』 현실의 틀밖으로 벗겨져 나가는 일면적인 형상들을 일부러 만들어냈다. 그로의 나쁠레온에 관한 일련의 그림의 주인공들도 그러하며 멜라크루아의 수많은 『중세기적』 회화에서의 기사들도 그러하다 쏘베트 예술의 주인공들—생산과 꼴호즈 전야의 쓰따하노브 운동자들, 학자들, 군인들—은 보통 사람이며, 쏘베트 인민의 대표자이다. 그들에 아무것도 별다른 것은 없으나 그들은 거대한 력사적 사업을 수행하는 사람들이다.

바로 이러한 전혀 새로운 영웅들이 쏘베트 예술에서의 주인공으로 되였다. 력사에서 인민들은 처음으로 예술가들의 사색의 불가분적 지배자로 되였으며 인민의 력사적 창조는 예술적 령감의 무진장한 원천으로 되였다. 예술가들은 로동자와 꼴호즈원들의 형상을 취급하면서 『……그들의 『겸손』하고 『눈에 띠우지 않는』 로동이 사실에 있어서는 력사의 운명을 결정하는 위대하며 창조적인 로동……』 (주) 이라는 것을 알고 있다.

그 결과 묘사의 가장 전통적인 쓔제뜨들과 모찌브들은 본질적인 새로운 특성들을 띠며 때로는 결정적으로 변경된다. 밀레의 농민 회화들 특히는 그의 『씨뿌리는 사람』과 프·슈르멘의 『재생』 간에는 쓔제뜨상의 근사성이 있다. 이 두개 경우에 있어 쓔제뜨는 대지 우에서의 인간의 영원한, 태고로부터의 로동이다. 그러나 이 두개 그림 사이에는 얼마나 놀랄만한 차이가 있는가!

밀레의 회화들에는 그 무엇인가 정신적인 것이 있다. 그에게 있어서 로동은 사람을 피

(주) 이·브·쓰딸린, 레닌주의의 제 문제 제一一판, 국립 정치 서적 출판사, 一九五二년, 四五八페지.

롭게 하는 고역은 아닐는지 모르나 지구의 영원한 순환 운동에 참가하여야 하는 것이 농민의 신성한, 거의 숙명적인 의무이다. 그리고 농민은 주인이 아니라 풍작의 종복이다. 그가 땅을 가꾸는 온유한 근면에서는 전도서의 그 어떤 구절, 즉 「제때에 씨뿌리고 계때에 수확하라」를 느끼게 된다. 그는 근로하여야 할 자기의 의무에 굴종하고 있다. 이와같은 사정으로 말미암아 밀레의 형상들이 때로는 가부장적인 위풍을 띤 것으로 되고는 있으나 결코 그가 묘사한 로동은 자유로운 창조의 뽀에지야를 가지고 있지 못하며 봉사(奉仕)로 되여 있다.

슈르삔의 주요 쩨마는 전후에 있어서의 나라의 재생이다. 슈르삔의 회화에서의 녀 꿀호즈원은 땅을 재생시키려는 열렬한 갈망에 휩싸여 있다. 그 녀자의 형상은 비록 좀 외적이며 비유적 수법으로 회화에서 묘사되여 있기는 하나 창조적인 빠포스로 충만되여 있다. 화가는 녀 꿀호즈원이 정지하지 않은 땅에 씨를 뿌리게 함으로써 초보적인 농사 절차조차도 위반하였으나 그에 있어서 이것은 인간에 의하여 개간된 토지에 대한 감촉을 일으키며 묵직한 토양층이 인간의 위력있는 노력의 증거로 되게 하기 위하여 필요했던 것이다.

이와같이 우리들은 생활을 그의 전형적인 표현을 통하여 진실하게 묘사함에 있어 랑만주의가 어떻게 불가결의 요소로 되는가를 구체적인 실례를 통하여 볼 수 있다.

오늘에 있어서 구체적이며 실천적으로 건설되는 래일, 즉 매일 현실화되여가는 념원에 대한 찬양―여기에 바로 사회주의 레알리즘의 가장 중요한 특성으로서의 혁명적 랑만주의의 본질적 기초의 하나가 있다.

혁명적 랑만주의는 일정한 리상을 위한 열렬하고 철저한 투쟁을 전제로 한다. 이 관점에서 볼때 사회주의 레알리즘의 랑만주의적 내용은 공산주의 사회의 전설을 위한 투쟁이다. 이 물론 위하여서도 또한 새 것과 낡은 것을 구별할 줄 아는 것이 무엇보다 필요하다. 변증법적 유물론이 가르치고 있는 바와 같이 현실의 심오하고 진정한 인식의 관점에서 볼때 우선 중요한 것은 현 모멘트에 견고한 것으로 보이는 그것이 아니라 발생하고 발전하는 그것이다. 따라서 진정한 의미에서의 사실주의자는 현시에 가장 보급되고 자주 보게 되는 것이 아니라 선진적인 것, 진보적인 것, 래일이 그에게 속하는 것을 생활에서의 주도적인 것으로 취한다.

마야꼽쓰끼의 창작은 현실에 대한 혁명적인 랑만주의적 태도의 뚜렷한 모범을 우리들에게 보여주고 있다. 마야꼽쓰끼의 창작이 유토피아적 성격을 가지고 있다고 자주 그를 힐난들 했다. 즉 그는 사실에 있는 것을 전연 쓰지 않고 있으며 그가 쓴 모든 것은 『공산주의적 미래』에로 달리고 있다고들 말했다. 그러나 마야꼽쓰끼의 창작에서 바로 아주 특징적인 것은 로후한 모든 것, 뒤로 물려가는 모든 것, 우리 사람들의 생활과 의식속에 있는 모든 자본주의적 잔재에 대한 불타는 증오이며 반대로 우리의 현실에 있는 선진적인 모든 것, 오늘의 실천적 창조에서 창조되는 미래에 대한 열렬한 사랑이다.

아직은 생명이 충만되여 있고 지배적인 것 같이 보이나 파거의 산물이며, 새로우나 아직은 미약할 수도 있는 생활 형태의 발전을 저애하는 그것은 사실주의 예술에서 확고 부동하며 주도적인 것으로서 묘사될 수 없다. 이 명제는 브·이오간쏜의 그림 『우랄의 낡은 공장에서』의 례에서 설명할 수 있다. 바로 예술가가 생활에서의 새 것의 발전에 대한 변증법을 정확히 리해했기 때문에 그는 공장주의 형상의 내적 비견고성을 관중들이 뚜렷이 감촉하도록 했으며 로동자의 형상을 통하여 미래의 혁명가를 보여 주었다. 이러한 의미에서 이오간쏜의 화폭은 사실주의와 혁명적 랑만주의와의 통일 더 정확히는 사회주의 레알리즘에 고유한 특성으로서의 랑만주의와 사회주의 레알리즘파의 통일의 실례이다。

우리 생활에서의 새 것、선진적인 것이 뚜렷이 반영되여 있으며 우리 현실에 특징적인 이러한 새로운 현상들이 전형화되여 있는 그러한 쏘베트 조형 예술 작품들은 특별한 인민적 대중성을 떠고 있다。 二〇년대 중기의 거의 동일한 시기에 두개의 그림 즉 예·체쁘쪼브의 『농촌 세포 회의』와 쁘·꾼찰로브의 『시장에서』가 출현하였다。 두개의 그림에는 다로써야 농촌 생활이 그려져 있다。 꾼찰로브의 화폭은 자연에 대한 대단히 명료하고 감성적인 감촉을 보여주고 있다。 체쁘쪼브의 얼마 크지않은 그림은 아주 겸손하고 지어는 금욕적이라고까지도 말할 수 있었다。 그럼에도 불구하고 사회적 진실의 힘이 체쁘쪼브의 작품족에 있다。 체쁘쪼브는 당시 농민 생활에서의 가장 중요한 새로운 특징 즉 수세기에 걸쳐 형성된 농촌 생활 양식의 면모 자체를 교체하는 적극적인 정치 생활에로의 농민들의 각성을 포착하였다。

꾼찰로브의 회화에는 어지러운 부락、헐벗고 음울한 농민、앞뒤를 살피지 않는 청년、수전을 쓴 젊은 신부(新婦) 등、그가 이 그림을 그린 一九二六년 당시에 통계상으로 『전형적인 것』같이 보였던 그러한 농촌이 묘사되여 있다。 그 당시의 농민의 이러한 형상이 전형적인 것인가? 물론 어떤 점에서는 전형적이다。 이는 매일 매 시간 자본주의를 산생하는 농촌이다。 그러나 꾼찰로브는 체쁘쪼브로 하여금 그렇게 환희를 느끼게 한 농민 생활의 가장 중요하고 새로운 요소들에 대해서는 주의를 돌리지 않았다。

혁명적 랑만주의는 일정한 외적인 예술적 태도에 귀착되지는 않는다。 우리들은 혁명적 랑만주의를 내용이 없는 피상적 미에서—휘날리는 구호、감동적인 손짓 등등에서—찾아서는 안된다고 생각한다。 랑만주의는 형식상 아주 각이하게 표현될 수 있다。

우리 예술에서의 혁명적 랑만주의—이는 현실에서 래일을 분별하며 또 그를 위하여 싸울

줄 아는 예술가의 솜씨이다。 래일을 위한 이와같은 투쟁은 우에서 지적한 원인들로 말미암

아 공허한 공상으로는 될 수 없다。 생활 자체에서 새로운 것을 볼 줄 아는 데 문제의 요점이

있다。 브·이오간쏜의 『쏘베트 재판』은 례컨대 아·데이네크의 『뻬뜨로그라드의 방어』

보다 더 많이 진정한 혁명적 랑만주의를 가지고 있다。—(비록 첫째 그림에는 『랑만주의적』

리까의 아무러한 요소도 없고 둘째 그림은 그 그림의 추상적—형식적 빠포스로 하여 가

끔 형상을 랑만주의적으로 해결한 표본인듯이 보이기는 하나)

이 가장 중요한 모멘트를 강조하기로 하겠다。 혁명적 랑만주의는 생활속에서 새 것을 불

줄 아는 숙련이며 (이 새 것을 찬양할 줄 아는 것도 첨가된다。) 동시에 낡은 것, 사멸해가는

것을 증오하며 그의 모든 또한 온갖 가면을 벗겨버리면서 첨예한 예술적 묘사로써 그를 추궁

할 줄 아는 것이다。 그리하여 본질적인 것은 사회주의 레알리즘의 혁명적 랑만주의는 새로

운 것을 주장함에 있어서나 낡은 것을 부인함에 있어서나 다같이 생활의 심오한 연구와 전형

적 형상들을 통한 생활의 진실한 묘사에 근거한다는 그것이다。

온갖 현실은 그의 현상들의 모든 부와 다양성을 통하여 쏘베트 예술가들을 위한 대상으

로 된다。 생활속에 있는 공통적 리해 관계를 가지는 모든 것은 사회주의 레알리즘 예술의 시

야에 반드시 들어있어야 한다。

『진실을 그리라』는 이·브·쓰딸린의 교시는 쏘베트 예술가에 의한 생활의 전면적이며

충분한 연구와 묘사가 가지는 근본적인 의의를 강조하고 있다。 사회주의 레알리즘의 제 과업

을 도그마적으로 제한하려는 어떠한 시도도 예술의 성과적인 발전에 해독을 줄 따름이다.

당은 항상 예술 리론가들과 예술 평론가들이 쏘베트 예술의 길을 인공적이고 도그마적으로 또한 쓰콜라적으로 「기술」하지 않도록 경고하였다.

우리들은 맑스―레닌주의 대가들의 로작에서 "창조적 맑스주의의 훌륭한 표본 즉 구체적인 자료의 연구에 근거하여 사물의 객관적 행정에 적응하는 심오한 리론적 결론들이 내려지는 그러한 표본을 찾아본다. 추상적 론리화는 맑스주의의 불상용적인 적이다. 맑스―레닌주의 리론은 행동에 대한 지침 즉 현실적인 사회적 실천에서의 강력한 힘으로 되는바 그것은 이 리론이 온갖 독단론을 근본적으로 거부하면서 현실적 과정의 본질을 가장 완전하고 심오하게 반영하기 때문이다.

맑스―레닌주의 미학은 죽은, 시간외적 공식과 추상적이고 스콜라적이며 론리적으로 꾸며낸 독단을 그 자체의 구성속에 용납할 수 없다. 규범주의(規範主義)는 쏘베트 예술론 자체의 정신에 적대된다. 미학의 과업은 예술 발전의 객관적 법칙들을 발견하는 데 있는바 이 그 법칙들을 사회주의 사회를 위하여 리용하기 위해서이며 결코 쏘베트 예술가들의 활동을 「규정하기」위해서는 아니다.

유감하게도 추상적 독단주의는 전후 시기에 있어서도 예술 활동가들 가운데서 일정한 정도 보급되였었다. 일찌기 三〇년대 초에 당은 결함있고 해독적인 라쁘적 「리론」을 분쇄함으로써 예술 분야에서의 스콜라적 독단주의를 반대하는 루쟁의 모범을 보였음에도 불구하고 최근 시기에 또다시 라쁘적 행동의 개발을 보게 되였다. 이는 이미 우에서 언급한 바와 같이 특히는 고전적 전통과 사회주의 레알리즘을 대립시키는 데서 표현되였다.

추상적 론리화와 독단주의는 예술학자와 평론가들 가운데서 류행된 기타의 일련의 명제들에서도 다소간 뚜렷이 표현되였다. 나는 리론의 제 문제에 관한 나의 이전의 저서들에 이려한 몇개 명제들이 있었다는 것을 지적하였다. 이상에서 지적한 것 외에 또한 반드시 강조해야 할 것은 내가 사회주의 레알리즘 예술에 대하여 주로 『강조한』 그 성격에 대한 명제가 가지는 오유이다. (주) 나는 비록 부정적 생활 현상을 비판하고、묘사할 필요성을 강조하기는 하였으나 그럼에도 불구하고 문제의 분석에 있어서 구성상 추상적이며 본질상 그릇된 명제 즉、예술가의 과업이 생활에서의 새 것을 불 줄 아는 데 있다는 것은 곧 예술가가 『우선』 『반드시』 이 새 것을 묘사해야 한다는 것을 의미한다는 명제에 이르렀였다.

이러한 도식적인 독단주의는 전형적인 것의 본질에 대한 문제에서도 표현되였다. 전형적인 것을 통계학적으로 평균적인 것이라고 한 그릇된 리해는 본질에 있어서 리론적 결론을 『구성한다』는 바로 그 추상적인 론리적 수법에서 출발한 것이다. 이러한 론제의 옹호자들의 기계적인 사유 과정은 대체로 다음과 같다. 즉 예술가의 과업이 생활을 심오하게 연구하는 것인 이상 그것은 가장 전형적인 것을 천명하여야 한다는 것을 의미하며 그리고 생활에서의 전형적 상황에서의 전형적 특성의 묘사에 대한 엥겔쓰의 요구를 현실에서 가장 자주 보게 되는 현상들을 묘사하여야 하는 것으로 리해하여야 한다는 것이다. 도식적인 척도가 나왔는바 그에 의하면 많은 가장 중요한 쩨마들은 쏘

(주) 예술 아까떼미야 론문집、『쏘베트 조형 예술 리론의 제 문제』 모쓰크바 一九四七년 참조.

베트 예술을 위하여 난해한 책으로 되여야 했었다. 꾸며낸 스콜라적 법규로부터의 어떠한

리탈도 이는 전형적이 아니다! 라는 거센 반항을 일으켰다. 쏘베트 예술의 생생한 발전을

저애하는 이와같은 패턱적인 스콜라적 독단은 반드시 일소되여야 하였는바 이 과업은 제一

九차 당대회에서 진술한 그·므·말렌꼬브의 보고에서 전형적인 것에 대한 문제의 해명을

통하여 수행되였다.

제三장에서 나는 사실주의 예술론의 이러한 가장 중요한 명제를 분석하려 하였다. 그리

하여 다음과 같은 것들을 지적하였다. 즉 전형화라는 것은 또한 예술에서의 일반화의 특수

한 형식이며, 전형적인 것이란 구체적인 것, 개별적인 것을 통한 본질의 발현이며, 사실주의

적인 예술가는 진실로 전형적인 형상을 창조함으로써 현상의 본질과 그의 내적 의의를 천명

하며 바로 그렇게 함으로써 이 현상들에 대한 자기의 판단과 자기의 선고를 내리며, 따라서

바로 전형적인 것의 선택과 해석을 통하여 예술가의 당성이 발현된다는 것이다. 례컨대 브·

이오간쏜의 그림 『우랄의 낡은 공장에서』에서는 생활의 진실에 대한 심오한 천명을 통하여

그 그림의 사상적 경향이 발현되여 있다. 이 작품이 아주 진실하다는 것을 어떻게 리해할

것인가? 그것은 이 그림에서는 로동자에게서 성숙하는 증오, 그의 힘, 그의 내적 진리와 승

리에 대한 확신이 표시되고 있으며 공장주에게서는 그가 신사의 외관을 갖추고 있음에도 불구

하고 공포와 비렬성과 그의 파국의 불가피성을 보여준 데 있다. 과연 여기에 이오간쏜의 화

폭이 가지는 사상적 내용이 있지 않는가.

전형적인 것이 통계학적 평균이라는 『리론』에 대한 폭로는 우리의 예술 과학과 예술적

평론에 있는 독단주의의 잔재들에 대하여 심중한 타격을 주었으며 사회주의 레알리즘 예술의

가일층의 급속한 발전을 위한 새로운 가능성을 열어 놓았다。

이 『리론』이 예술 실천에 어떠한 해독을 주었는가에 대하여서는 한때 『브·라찌쓰의

소설 「새 언덕으로」에 관하여』(주)라는 독자 그루빠들의 편지를 실림으로써 『쁘라우다』

가 보여주었다。몇몇 평론가들은 전형성에 관한 패덕적인 『통계학적』리론을 지침으로 하여

라찌쓰의 소설을 공격하였다。이러한 평론가들은 몇몇 인물들(아이바르 리둠)과 정형(빠쩨

쁠리쓰 가족의 전락)을 『비전형적』이라고 선포하면서 라뜨비야 작가의 작품에 대들었다。

이러한 평론가는 생활의 연구에 의하여서가 아니라 『이렇게 드물게 존재하는 것은 결국 전

형적인 것이 아니다』라는 편견적 도식에 의하여 평가하였다。독자 그루빠들의 편지는 이러

는 에피소드』라고 선언한 그러한 사실들이 사실에 있어서는 묘사된 력사적 시기의 아주 전형

한 럽장이 가지는 결함을 뚜렷이 폭로하였다。편지는 평론가들이 『우연적 현상, 보잘 것 없

적인 특성을 표현하고 있음을 보여 주었다。즉 례컨대 편지에는 다음과 같이 지적되여 있다。

『꼴호즈 운동의 장성하는 시기에 있어서의 꿀라고와 꿀라고 편에 들어 행동하는 농민들의

가정 생활의 파괴는 우연적인 현상이나 단순한 에피소드가 아니라 생활의 법칙이다。』바로

그린 까닭에 라찌쓰의 소설은 전형적 환경에서의 전형적 성격을 훌륭히 보여주고 있으며 그

중에서도 중요한 것은 『낡은 부르죠아적 질서를 파괴하고 새로운 사회주의 질서를 건설하는

라뜨비야 인민의 에뽀뻬야』라고 우리는 말할 수 있다。

전형적인 것이 통계학적 평균이라는 스콜라적 『리론』을 쏘베트 예술에 적용함으로써

(주)　『쁘라우다』 一九五二년 三월 二五일부。

끼치는 해독성은 이미 언급한 사실들이 뚜렷이 보여주고 있다. 일찌기 二〇년대 말에 라쁘

회원들은 본질적으로는 이와 동일한 근거에 의하여 마야꼽쓰끼가 마치도 사실주의의 립장에

서지 않는 것 같이 선언하지 않았었던가!

다른 측면으로는 『좌익 예술 전선』, 『옥짜브리』 및 기타 단체들에 속하는 형식주의

리론가들은 전형화를 『통계학적 일반화』라고 해석하고 이에 근거하여 례컨대 혁명 로씨야

예술가 협회의 사실주의에는 이러한 『전형화』가 부족하다고 『폭로하면서』 흔히 사실주의

원칙을 반대하여 나섰다.

최근에 와서는 소위 『무갈등론』에서 예술학에서의 추상적인 독단론이 특히 뚜렷이 표현

되였다.

비록 이 리론은 그것이 아마 가장 커다란 해독을 끼쳤다고 보는 드라마뚜르기야 분야에

서 우선 폭로되였었고 그의 구체적인 표현들에서는 많은 것이 이 저작에서 우리들이 언급할

수 없는 드라마뚜르기야의 특수한 문제들과 관련되여 있기는 하지만 우리들이 지금 관심을

가지는 문제가 가지는 의의는 연극 리론의 한계를 훨씬 벗어난다.

우리들은 예술적 실천 자체의 발전을 적지않게 저해한 리론에서의 추상적 론리화에 대한

전형적 표본을 가지고 있다.

『무갈등론』의 본질은 무엇이며 그의 근본적인 결함은 무엇인가?

우리들이 이미 본 바와 같이 생활의 요구로부터가 아니라 꾸며낸 사이비 리론적 도식으

로부터 출발하는 예술가의 인공적이며 독단주의적인 구속은 항상 완전한 가치있는 사실주

의적 예술의 창조를 위한 기초를 파괴한다.

악명높은 『무갈등론』은 드라마뚜르기야와 영화와 문학에 적지않은 해독을 끼쳤을 뿐
만 아니라 조형 예술에도 적지 않은 해독을 끼쳤다. 이 리론은 예술가들을 생활의 진정한
연구로부터와 동시에 생활의 다양하고 내용있는 묘사로부터 동떨어지게 하였다. 바로 그리
하여 예술을 우리 현실에서의 주요한 문제로부터 억지로 떼여넘으로써 예술의 진정한 힘도
약화시켰다.

이는 다음과 같은 한개의 문제에 의하여 뚜렷이 설명할 수 있다. 즉 예술이 만약 우리
생활에 아직 남아있는 악을 반대하여 결정적으로 투쟁하게 되지 않을진대 만약 예술이 공산
주의에로의 우리의 운동을 방해하는 허위적인 인간들을 폭로하게 되지 않거나 또는 만약 예
술이 그를 극복함으로써 우리의 발전이 실현되는 그러한 현실적인 모순과 갈등을 적발하지
않게 될진대 우리 예술이 모든 응당한 힘으로 자기의 사회—교양자적 기능을 수행할 수 있겠
는가? 물론 수행할 수 없다. 예술가가 사건의 본질을 보여주며 우리 사람들을 그들의 투쟁
에서 방조하기 위하여 다양하고, 복잡하고 모순된 생활에 용감히 몰두하여야 할 곳
에 공허한 (뿐만 아니라 옳지 못한) 도식을 슬쩍 잡아 넣는 『무갈등론』이 그렇게 해독적인
것은 바로 이런 까닭에서이다.

예술 실천 분야에서의 이러한 패덕적인 리론의 영향은 예술가들이 일련의 실로 중요한
갈등의 묘사를 소심하게 거부하며 때로는 이러한 갈등들은 『드문 것이며』 따
라서 『전형적이 아니다』라는 것으로써 변명하는 데서 표현되었다.

이미 이로부터 『무갈등론』과 전형적인 것을 통계학적 평균으로 리해하는 것 사이의 련
계가 명백하다. 례컨대 우리 사회주의 사회에는 진지한 사람, 공산주의의 위업에 헌신하는

진정한 쏘베트 애국자들보다 허위적인 인간들이 아주 적다는 것은 물론이다. 그러나 허위적인 인간들의 수는 적지않으며 또 그들은 그의 적대적 사업을 수행하고 있다. 허위적인 인간들과의 투쟁—이는 쏘베트 인민들의 공통적인 목적 즉 공산주의 건설과 직접 관련되여 있는 현실적인 과업이다. 따라서 사회주의 레알리즘 예술도 허위적인 인간들이 어떻게 가장하고 있든지 또한 우리 사회에 얼마나 남아있든지간에 그들을 폭로하지 않을 수 없는바, 왜냐하면 바로 생활에서는 각종 적들과의 갈등이 발생하는바 진실로 선진적이며 사실주의적인 예술은 그런 갈등을 묵과하지 않기 때문이다.

『무갈등론』은 비교적 적게 보급된 일정한 생활상 갈등에 의거하여 자기의 구상을 세우고 있는바 이는 실제적으로는 현실을 허식하며 락후한 것, 침체한 것, 모든 보수적인 것, 적대적인 것과의 긴박한 투쟁에서 쏘베트 예술을 무장 해계시키는데로 이르게 한다. 여기에서 전형적인 것에 대한 문제는 정치적인 문제라는 명제의 의의를 다시 한번 뚜렷이 보게 된다.

쏘베트 예술에서 부정적인 인물이 전형적인 것으로 될 수 있는가? 물론 될 수 있다. 비록 그것이 『무갈등론』의 기본적인 원칙에는 고순될지라도 그렇게 될 수 있다. 꼬르네이츄꼬의 희곡 『전선』에서 사령관 고를로브와 전선기자 흐리뿐갈은 인물을 전형적이라고 할 수 있는가? 『무갈등론』에 의하면 그럴 수 없다고 대답하게 될 것이며 분명히 이 훌륭한 희곡의 사실주의적 특성에 대하여 의심을 가지게 될 것이다.

전형적인 것에 대한 맑스―레닌주의적 리론은 이러한 문제들을 취급할 원칙을 우리들에게 가르치고 있다. 물론 우리들은 고를로브를 위대한 조국 전쟁 시기의 쏘베트 군대에 있어서의 전형이라고 말할 수 없다. 그러나 우리들이 반드시 리해하여야 할 것은 고를로브의 형상이 히틀러 강점자들을 반대하는 쏘베트 군대의 전투 작전 제일 계단에서 쏘베트 군대를 방해한 일련의 락후한 지휘판들의 특징적 특성을 그 자체에 뚜렷이 구비하고 있다는 것이다. 그리하여 꼬르네이츄꼬의 희곡은 一九四二년에 커다란 정치. 사상적 역할을 놀았는바 특히는 그 희곡에서는 보수적인 군사 지도자들에게 있어 전형적인 고를로브의 전형적 형상이 묘사되였기 때문이다. 이 형상에는 해당 사회, 력사적 형의 본질이 천명되여 있으며 고를로브와 오그뇨브 및 전체 쏘베트 군대와의 가장 첨예한 극적·갈등은 선진적인 것과 락후한 것과의 전형적인 갈등이였으며 현실 자체에서 그것을 성과적으로 해결하는 것이 그 당시에 긴절한 의의를 가졌던 그러한 갈등이였다. 그리고 꼬르네이츄꼬가 모든 사람들 앞에 고를로브의 진정한 본질을 대담히 털어내놓은 그것은 그의 전형성을 보여준 것이며 또 선진적 쏘베트 예술가의 당성의 주요한 표현이였다.

모든 락후하고 로후한 것, 허위적이고 적대적인 것을 폭로할 데 대한 과업─이는 생활에 간섭하는 사명을 띤 쏘베트 예술의 가장 현실적인 과업이다. 적들에 대한 폭로는 공산주의 사회 건설을 위한 투쟁에서 쏘베트 인민들의 강력한 무기로 된다.

그.므.말렌꼬브는 제一九차 당대회에서 풍자와 중요한 모순들의 대담한 폭로가 가지는 중요한 의의에 대하여 다음과 같이 강조하였다. 「우리 쏘베트 현실이 풍자를 위한 자료를 주지 않는다고 생각하는 것은 큰 오유일 것이다. 우리예게는 모든 부정적인 것 부패한 것 죽어가는 것 전진을 방해하는 모든 것을 생활에서 풍자의 불걸로써 불살라 버릴 수 있는 쏘베트의 고골리, 쉐드린들이 필요하다.」

우리 쏘베트의 문학과 예술은 중대한 모순과 갈등들을 대담히 보여 주어야 하며 현실적

인 교양 방법의 하나로서 비판의 무기를 리용할 줄 알아야 한다」(주)

『무갈등론』은 쏘베트 현실 생활의 묘사에 있어서 예술가들이 가지는 비판과 풍자에 대한 권리를 모호하게 하였다。 조형 예술 분야에 있어서 이것은 특히 쏘베트 현실의 중요한 갈등의 묘사를 취급한 훌륭한 작품들이 극히 적은 데서 표현되고 있다。

지금 우리 당의 중요한 지시로써 무장된 쏘베트 예술가들은 이러한 본질적인 결함을 극복하기 위한 모든 필요한 전제들을 가지고 있다。

예술학 분야에서도 『무갈등론』과 그의 잔재들을 가능한 한 급속히 청산하는 것이 중요하다。 그러기 위하여서는 『무갈등론』의 패덕적인 방법론적 본질과 그의 순전한 스콜라적 기원을 폭로해야 한다。 이 리론이 순전히 론리적 방법으로 『작성되였다』는 것은 비밀이 아니다。 예술에서의 무갈등성의 옹호자들은 론단하기를 만약 적대적、계급적 사회에서 혁명적 간섭을 요구하는 갈등이 있다면 그것은 예술에서 극적、갈등적、중대한 충돌들의 묘사를 통하여 반영된다고 하였다。 그러나 그들은 계속하여 말하기를 사회주의의 조건하에서는 해결되지 못할 사회적 갈등이란 없으며 따라서 사회주의 레알리즘 예술에서도 또한 갈등이 있을 여지가 없다고 하였다。 그들의 론리에서 끌어낸 이러한 것에 대한 ≪고전적≫ 실례가 결코 악의없는 것은 아니다。

사실에 있어서 맑스—레닌주의 대가들이 사회주의 사회에는 갈등이 존재하지 않는다고 지적하는 것은 무엇을 말하는가? 그것은 사회주의 제도는 계급간의 적대관계를 청산하며 이

(주) 그·므·말렌꼬브、전 련맹 공산당(볼쉐위크) 중앙 위원회의 사업에 관한 제一九차 당대회에서의 총결 보고、국립 정치 서적 출판사、一九五二년、七三페지。

제도는 쏘베트 인민들의 도덕—정치적 통일과 인민들간의 친선에 근거하고 있다는 것을 말한

다。이로부터 명백한 것은 사회주의 하에서는 말하자면 로동 계급과 농민간이나 형제적 사

회주의 민족들간의 갈등이 없으며 또 있을 수도 없다는 것이다。예술에서 이러한 갈등을 꾸

며내려는 시도는 현실의 기형적인 외곡에로、쏘베트 인민에 대한 비방에로 이끌어 갈 따름

이다。

그러나 우선 망각하지 말아야 할 것은 우리 시대는 두 진영으로 즉 사회주의 진영과 제국

주의 진영으로 세계가 분렬된 시대이며 자본주의적 포위와 쏘련을 반대하는 전쟁을 도발하려

는 새로운 시도들의 위협이 여전히 존재하며 우리 국내에 아직도 분쇄된 착취 계급의 잔재、

적대적 사상을 가지고 있는 산 사람들이 남아 있다는 것이다。사람들의 의식 속에서 자본주

의의 잔재를 청산할 때에 관한 거대한 사업들이 아직 우리 앞에 나서고 있다는 것을 망각해서

는 안된다。이러한 조건하에서 국내에 있는 온갖 적대적인 것을 반대하는 투쟁은 거대한 정

치적 의의를 가진다。적대적인 갈등은 음폐하고 가장한 적、허위적인 사람들과 쏘베트 사람

들 사이에 있다。그들과의 투쟁은 사회적 력량으로서의 그들을 청산하는 것을 전제로 하며

이는 혁명적 간섭에 의하여서만 가능하다。여기에서는 결코 적대 관계가 없는 것이 아니다。

이를 부정하는 것은 본질적으로 로동 계급의 독재에 관한 리론의 기본들을 시비하며、적대적

이며 객관적으로 반혁명적—부하린적 립장에 전락됨을 의미한다。

이와같이 『무갈등론』은 기본적으로 계급 투쟁의 소멸에 대한 아주 패덕적이며 적대적

인 『리론들』과 결합되고 있다。쏘베트 예술에서의 『무갈등론』의 보급의 모든 위험성을

리해하기 위해서는 이를 고려에 넣어야 한다。실제에 있어서 『무갈등론』은 사회주의 레

알리즘의 전투적이며 비타협적인 정신을 마비시키며 그의 공산주의적 당성의 기본을 파탄시키려는 시도로 나아갔다.

이와같이 몇몇 리론가들은 맑스주의적 리론의 개별적 결론들을 스콜라적으로, 옳지못하게 해석함으로써 생활의 가장 중요한 현상들에 대해서는 소경이 되였으며 『무갈등론』을 선전하기 시작했으며 풍자와 쏘베트 현실에 있는 일정한 현상을 비판적으로 묘사할 데 대한 파제를 모호하게 하였다. 이로부터 아주 조잡한 리론적 오유와 결함이 나왔으며 예술적 실천을 아주 위험하게 오해하게 하는 경향이 나왔다.

결국 이상에서 분석한 옳지못한 개념은 사회주의 레알리즘의 기본 즉 생활의 혁명적 발전을 통한 생활 묘사의 진실성과 력사적 구체성의 망각에 토대하고 있으며 생활의 생생하고 다양한 연구를 추상적인 도식, 즉 생활에 적대적인 도식과 바꾸어 놓는 데 기초하고 있다.

이것은 또한 일부 가련한 리론가들이 쏘베트 예술을 쏘베트 인민들의 전진 운동 즉 공산주의에로의 운동의 실천적 요구로부터 분리시키려고 시도하는 결과를 초래케 하였다. 실로 현실의 진실한 묘사는 사회주의 레알리즘의 가장 중요한 특성과 그의 철저하며 전면적인 인민성의 기초이다.

4

이제는 쏘베트 예술의 인민성에 관한 문제를 분석하여 보자.

우리 사회주의 예술의 가장 중요한 특징은 그의 인민성이다. 우리는 우에서 원시 사회

와 적대적 계급 사회에서의 예술의 인민성에 관하여 말하였다. 사회주의 레알리즘 예술의 인

민성은 과거의 예술의 인민성에 관한 제 원칙들의 가일층의 발전으로 되며 그와 동시에 또한

인간에 의한 인간의 착취를 처음으로 청산한 사회주의적 사회 제도의 특수성에 의하여 이루

어진 새로운 특징들을 가진다.

쏘베트 사회주의 예술은 어떤 의미에 있어서는 인민적 예술이라고 칭할 수 있다.

그것은 우선 쏘베트 예술이 우리의 예술적 실천을 특징지으며 과거 어느 때도 그러한 류

례를 보지 못한 광범하고도 대중적인 수많은 사람들을 포괄하고 있는 데서 인민적이다. 영

화, 문학, 음악, 연극에 관하여는 말할 것도 없거니와 이 방면에서 약간 뒤떨어진다고 말할

수 있는 조형 예술에서조차 비할 바 없이 광범한 대중들을 망라하고 있음을 우리는 보게 되

는 것이다. 회화, 그라피크, 조각에 대한 요구는 진실로·전 인민적인 요구로 되여 있다. 어

느 한 시기도 어느 한 나라도 예술이 이처럼 광범한 사람들을 포괄한 례를 알지 못하며, 국

가 자체가 예술을 인민 대중 속에 이처럼 깊이 침투시키는 데 관심을 가졌던 때도 없었다.

부르죠아 사회에서는 사회—예술적 데마 선전의 가련한 시도들을 제외해 버린다면 예술가

는 자기의 수요자를 자연발생적으로 찾는 것이다. 돈주머니에 대한 예술가의 예속은 벌써

순전히 물질적으로 폭로되고 있는 것이다. 자본주의하에서 예술은 기타의 모든 것과 마찬가

지로 매매의 대상물로 되고 있다. 진정한 예술을 인민속에 침투시키려는 가장 고상한 념원

까지도 여러가지 장애에 부닥치게 되며, 또 이러한 조건하에서는 피압박 대중은 우리가 「전

문가적」 예술이라고 칭하는 그 예술과는 엄청나게 떨어져 있다.

그러나 사회주의적 현실에 있어서는 문제가 원칙적으로 달리 서 있다. 우리 인민의 일상

생활에서 예술이 얼마나 거대한 역할을 놀고 있는가 하는 것은 주지의 사실이다. 자각적인 력사적 창조에로 단합된 인민은 벌써 쏘베트 정권의 첫 시기부터 문화 섭취를 위한 투쟁을 전개하였었다. 브·이·레닌은 다음과 같이 썼다. 『……어느 곳에도 인민 대중이 우리에게서와 같이 그처럼 진실한 문화에 관심을 가지고 있는 곳이 없으며, 어느 곳에도 우리에게서와 같이 그처럼 심오하고 그처럼 철저하게 이 문화에 관한 문제를 설정하고 있는 곳이 없으며, 어느 곳에도 어느 한 나라에서도 자기 대중들의 문화성에 있어서가 아니라 지식에 있어서의 부족점을 훌륭히 리해하고 있는 로동 계급의 수중에 국가 주권이 장악된 곳이 없으며, 어느 곳에서도 로동 계급이 우리에게서와 같이 그처럼 이 방면에 있어서 자기 처지의 개선을 위하여 헌신함에 준비되여 있는 곳이 없으며, 또 헌신하는 곳이 없다.』(주一) 지금 우리 나라에서는 인민의 문화가 비상히 장성하였다. 당과 쏘베트 정부는 대중의 문화적 수준을 가일층 향상시키며, 특히는 인민들에게 가치있는 예술품을 최대한도로 풍부하게 보장하여 줌에 절실한 관심을 가지고 있다.

력사적인 쏘련 공산당 제一九차 대회는 예술도 포함한 사회주의 문화의 제 령역에서의 금후 발전과 장성이 갖는 특별한 의의를 더욱 힘있게 강조하였었다. 이·브·쓰딸린은 『사회주의적 생산의 목적은 리윤인 것이 아니라 수요성을 가진 인간 즉 인간의 물질적 및 문화적 수요를 충족시키는 그것이다』(주二) 라고 지적하였다. 바로 이렇기 때문에 사회주의 사회는

(주一)　브·이·레닌 전집 三三권, 四二三페지.

(주二)　이·브·쓰딸린, 쏘련에서의 사회주의 경제 제 문제, 국립 정치 서적 출판사, 一九五二년, 七七페지.

「예술」이 다른 기타의 모든 것과 마찬가지로 우선 리윤 획득의 원천으로 되여 있는 자본주의에 「고유한」 그러한 예술 발전의 기형적 조건들을 청산하였다.

사회주의 시기에 있어서 예술이 류례없는 개화의 가능성을 갖는 리유는 우선 사회의 바로 그 경제적 토대가 예술에 대하여 가장 광범한 인민 대중에게 거침없이 복무할 수 있는 유리한 기초를 보장하여 주는데 있다. 쏘련에는 예술 문화의 전 인민적 보급과, 예술과 인민의 불가분적 련계의 강화를 위한 경제적 및 사회적 전제들이 조성되였다. 진실로 대중적인 관중을 가짐으로써 우리 예술은 인민의 생활에 견실히 침투하고 있으며, 내용에 있어서나, 차기 사상에 있어서나, 형상에 있어서나 파거 그 어느 때보다도 인민과 아주 밀접하게 련결되여 있다. 이리하여 우리 예술은 갑절 인민적 예술로 된다. 우리 예술은 다만 인민의 선진적 지향만을 표현하는 것이 아니라 또한 그들의 감정과 사상도 직접 표현한다. 지난 시기에 참다운 인민적 예술가들이였던 뻬로브와 레삔은 대중과 직접적으로 련계를 가지지 못하였었다. 뿐만 아니라 대중들 자신은 대체로 아직 선진적 사상을 소유하고 있지 못하였으니만큼 (선진적 사상의 소유는 사회주의와 로동 운동의 결합이 이루어지는 바로 그때에라야만 완전히 수행된다.) 그들의 선진적 사상가들이 당시 인민들의 근본적 요구를 가장 심각하게 사색하면서 정식화한 것과는 많은 점에서 다른 그런 구체적 지향들을 갖고 살았었다.

훌륭한 예술적 가치물을 대중속에 광범히 보급시키기 위한 필수적 조건으로 되는 것은 사회주의 혁명이다. 위대한 사회주의 一〇월 혁명에 의하여 이루어진 세계사적 전환은 수백만 근로 대중으로 하여금 력사적 창조에로 각성시켰다. 레닌은 이것을 혁명의 기본적 성과의 하나로 인정하였다. 착취자물이 물질적 및 정신적으로 되는 二중의 압박하에 얽매여 두고 하였던 인민은 처음으로 몸을 펼 가능성을 가졌다.

물질적 착취의 철쇄를 끊어버린 쏘련의 제 인민은 정신적 예속에도 종지부를 찍어 놓았

다. 노예적 상태에서의 인민의 해방은 경제적, 사회적, 정치적 및 이데올로기적 활동의 전

령역에서 대중의 자립적 활동이 힘차게 발전할 수 있는 원천으로 되였다. 인간 능력의 각 방

면에 걸친 발전과 인민의 재능의 개화는 총명한 레닌—쓰딸린적 민족 정책에 기초하여 자

기들의 문화를 미증유의 높은 수준으로 끌어 올린 쏘련의 모든 인민들의 예술에서 빛나는 구

현을 보게 되였다. 이에 대한 믿음직한 증시는 위대한 一〇월 전까지는 현대적 의미에서

의 회화 예술을 전혀 알지 못하다싶이 하고 있은 많은 인민들—뚜르끄메니야인들, 부랴트인

들, 바슈끼르인들, 따지끄인들 및 기타 인민들이 지금에는 형식에 있어서는 민족적이며 내용

에 있어서는 사회주의적인 자기 회화를 가지고 있다는 그 한가지 사실만을 들어도 충분하다.

혁명의 첫날부터 당은 광범한 인민 대중을 공산주의적으로 교양하는 과업을 내세웠다.

근로자들을 생활의 참된 주인으로 교양해야 하였는바 예술은 이 고귀한 사업에서 크나 큰 위

치를 차지하였다. 처음으로 인민에게 직접 속하게 된 이 예술은 『자본주의에 의하여 훼손

된』 인간 개성을 해방하며 인민의 사상과 의지와 감정을 공산주의 정신으로 교양하는 당과

쏘베트 국가의 수중에 장악된 위력있는 무기로 되였다.

교양 기구로서의 쏘베트 학교의 과업에 관하여 말하면서 레닌은 다음과 같이 썼다. 『부르죠

아지는……학교를 인간 개성의 교양의 기구로 만들 데 대하여서는 조금도 생각지 않으면서……

자기의 부르죠아적 정책을 학교 사업의 주되는 것으로 내세웠다. 지금에 와서는 전체 근로

자 및 피착취자들과 불가분적인 련계를 맺고 있는 사회주의적 학교만이 이것을 (인간 개성을

교양하는 것—역자 주) 수행할 수 있다는 것이 모든 사람에게 명백히 되였다…』(주) 레닌의

이 훌륭한 사상은 예술에도 전적으로 적용된다。 전체 근로자들과 불가분적으로 련결되여 있

는 그러한 예술 창작만이 그들의 리익을 표현하며、 오늘날에 있어 부르죠아적 정책의 가면적

도구로가 아니라 『인간 개성의 교양의 도구』로 될 수 있는 것이다。

레닌의 이 명제는 부르죠아 형식주의적 주관주의 이데올로기들이 마치도 『자립적 개성』

여나 『인간 개성의 자유』 등등의 리익을 표현하는 것처럼 떠드는 그들의 허위적 참망을 결

정적으로 폭로함에 우리를 무장시키고 있다。

이 참망은 거짓이다。 왜냐하면 형식주의는 개성의 진정한 리익을 표현하는 어떠한 수단

으로도 되지 않으며 또 될 수도 없기 때문이다。 오늘날의 초현실주의자들은 인간의 정신적

풍부화를 도와주지 못할 뿐만 아니라 제국주의적 부르죠아지의 리익에 알맞게 인간 정신을

부패시키며 타락시킨다。 그러나 쏘베트 예술은 그와 반대로 대중 속에 고상한 사상과 감정을

주입시키면서 실지로 『인간 개성의 교양의 도구』로 되고 있다。 꾸크릐니크씨 (쏘련의 화가

그루빠—역자 주)의 『최후』는 추악한 전쟁 방화자 히틀러에 대한 수백만 사람들의 분노와 멸

시와 비타협성의 표현이며 또 이러한 의미에서 그들의 작품은 가장 광범한 인민의 지향과

념원과 격동의 명료한 표현이며 이 수백만 대중의 매개 개성의 표현인 것이다。 쌀리와도르

달리의 『침울한 원자 전원시』는 야수적 공포와 감정의 썩은 오물과 중독된 퇴폐적 사상을 정

신속에 주입시킬 것을 자기 목적으로 삼고 있다。 이것이 과연 『인간 개성의 교양의 도구』

(주) 브•이•레닌 전집 二八권、三八六페지。

일가?!

쏘베트 예술과 부르죠아 예술의 명수들이 다 달은 二차 세계 대전의 서로 상반되는 두개의 『총화』는 바로 이러하다.

공산당은 예술이 갖는 거대한 교양적 의의와、 근로자들을 정치적으로、 사상적으로、 도덕적으로 또 미학적으로 풍부케 하며、 착취 계급들에게서 천대받고 무지 몽매한 노예로 있던 그들을 사회주의 사회의 자유롭고 자각적인 건설자들로 전환시키는 도구로 될 수 있는 그의 능력을 항상 높이 평가하여 왔다。일찌기 一九一八년에 블라지미르 일리이츠는 우수한 농촌 꼼무나들을 특히 『……많은 문화적 혹은 미학적 재산과 보물들을 주는 것으로』(주) 표창할 것을 제의하였었다。

예술을 인민에게 가일층 접근시킬 데 관한 이 사상에 기초함으로써만 『선동 수단으로서 예술을 앞으로 전진시킬』 필요성에 대한 브•이•레닌의 사상이 그 기초로 되여 있는 이른 바 『획기적인 선전』계획이 쏘베트 조형 예술의 발전에서 논 그 거대한 역할을 리해할 수 있는 것이다。블라지미르 일리이츠는 이런 광범한 고려에 기초하여 작성된 계획으로서 예술가들을 구체적이며 실질적인、 생활상 중요한 사회적 과업을 해결하는 데로 나아가게 하려고 생각하였다。도시의 거리들과 광장들에 혁명 활동가들과 문화 활동가들의 기념비를 건립하는 것은 예술가들로 하여금 혁명적 인민의 요구와 리익에 직접 접근케 하는 것이였다。

『획기적인 선전』에 관한 레닌적 계획의 실현을 위한 사업은 쏘베트 예술에 아직 남아

(주) 브•이•레닌 전집、二七권、二三二페지。

누락페이지 pp.397~398.

과 같이 썼다。『그것은 자유로운 문학이 될 것이다。왜냐하면 그 문학은 배부른 녀 주인공이

나 비대로 인해 고민하며 권태를 느끼는 「수만의 상류 계층」에게 복무할 것이 아니라 나라

의 꽃, 그의 힘, 그의 장래를 이루는 수백 수천만 근로자들에게 복무할 것이기 때문이다。그

것은 사회주의적 프로레타리아트의 경험과 산 사업으로서 인류의 혁명적 사상의 가장 새로운

말을 창조하는 자유로운 문학이 될 것이다……。」(주)

쓰베트 예술에서는 예술가의 사상과 감정은 직접 인민 자신의 사상과 감정이며 매개 선

전적 공산주의 건설자들이 가지고 있는 그 사상과 감정이다。그리고 이것은 아마도 사회주

의 예술에서 가장 본질적인, 가장 주요한 것일 것이다。

여기서 우리는 혁명전 시기의 예술 사상에서 볼 수 있었던 예술 발전의 두 갈래의 길에 대

하여 회상할 필요가 있다。우에서 이미 언급한 바와 같이 우리는 지난 날의 예술에서 인민으

로부터 앗아내며 지배 제급들의 소유로 만든 예술과 순전한 인민적 창작, 인민의 예술적 경

험과 로동을 자책내에 집중시키면서도 광범한 근로 대중에게 직접적으로는 거의 미치지 않은

예술과 인민에게 직접 복무하기는 하였으나 착취 사회의 제 조건으로 말미암아 자기 발전을

원만하게 수행할 수 있는 가능성을 가지지 못하였던 예술적 구비 문학을 볼 수 있다。이 인

민 창작은 사상의 깊이와 감정의 넓이로 보아 대단히 훌륭한 참된 예술적 보물들을 갖고 있

으나 그러나 이 인민 창작은 주로 소박한 가부장적 서사시적 형식들을 보존하고 있다。지난

세기의 로써야 농민들은 놀랠만치 훌륭한 노래들을 불렀으나 그 농민들은 자기들의 노래들을

(주) 브•이•레닌 전집 一〇권, 三〇—三一페지。

토대로 하여 자라난 글린까의 음악을 거의 혹은 전혀 알지 못하다싶이 하였으며 또 그 농민들은 쓰리꼬브를 그처럼 환희케 하고 감동시킨 매우 아름다운 모양들을 창조하였으나 그림 『귀족 부인 모로조와』는 보지 못하였다.

사회주의 시기에 사는 우리는 『전문가적』 예술과 인민 창작 사이의 대립이 점차적으로 소멸해가는 광경의 목격자로 되고 있다. 바꾸어 말해서 우리는 직업적 예술과 자립적 예술이 그 발전 과정에 있어서나, 사상적 내용에 있어서나, 지어는 구체적인 형태들에 있어서 그들 간의 대립이 소멸되여 가고 있는 것을—물론 이것은 그들 간에서 일반적으로 온갖 차이가 다 소멸되여가고 있다는 것을 의미하는 것은 아니나마—보는 것이다.

쏘베트 문화의 제 조건하에서 인민 창작은 가부장적 소박성의 제한성을 없에버리면서 자기의 기본적 내용, 즉 인민의 공통적 희망과 지향의 종전과 같은 직접적인 시적 형상화를 보존하고 있으며 또 발전시키고 있다.

만일 우리가 잠불이나 혹은 쑬레이만 쓰딸리 쓰끼와 같은 뚜렷한 인물을 례로 들어 본다면 우리는 그들의 예술에서 그야말로 참다운 인민 창작의 뚜렷한 모범을 보게 된다. 이것은 구비 문학, 구두 시가이며 이것은 많은 경우에 있어서 인민들이 수세기에 걸친 오랜 세월을 두고 살아온 그 형태들과 형상들이다. 그러나 인민 가수의 창작에는 인민의 생활의 새로운 가장 풍부한 내용이 더욱 역세게 들어 있다. 그리하여 인민 창작은 현실을 가장 풍부하고 완전하게 반영하는 의미에 있어서 직업적 예술가들의 창작에 떨어지지 않을 뿐만 아니라 더 나아가서는 이러한 일련의 관계에 있어서 흔히 그를 릉가하고 있는 것이다.

그러나 반대의 과정도 있는바, 직업적 예술은 인민 창작의 원천들을 자체내에 섭취함으로써 그 것들로 풍부화해지는 것이다。

특히 이것은 영화와 같은 그런 예술에서 흥미있는 것이다。 영화는 최신 기술 발전의 결과로 발생한 예술이며 오랜 전통을 가지고 있지 않는 청소한 예술인바 그 속에서는 구비 문학예술과의 그 어떤 직접적인 련계도 찾아볼 수 없다。 그러나 만일 우리가 례컨대 『챠빠예브』와 같은 그러한 필름을 실례로 들어 본다면 우리는 이 영화에서 그 어떤 영화 서사시와 같은 그러한 새로운 쟝르가 발생하고 있음을 보게 된다。

직업적 예술과 자립적 예술이 새로운 기초에서 호상 풍부화되며 발전하게 되는 이 량 예술의 점차적인 접근의 원천은 우리 예술이 인민의 리익、전체 쏘베트 인민의 리익 이외에는 다른 어떠한 리해 관계도 가지고 있지 않으며 또 가질 수도 없다는 데 있다。 이와 관련하여 『전문가적』 예술과 인민 창작 사이의 간격은 점차 청산되고 있다。 이 간격의 원천은 사회에 계급 분화를 가져다 주었던 분업이였다。 사회주의 시기에 들어선 우리 나라에는 비록 분업 청산의 추세가 이미 존재하고는 있으나 그 분업은 보존되여 있다。 이·브·쓰딸린이 지적한 바와 같이 쓰따하노브 운동은 정신 로동과 육체 로동간의 대립을 극복하는 방도를 규정하였으며、도시와 농촌간의 본질적 차이가 폐절될 일부 징조들이 생겼다。 그러나 이럼에도 불구하고 우리는 사회적 분업이 종국적으로 소멸될 공산주의 사회 발전의 그러한 단계까지 도달하기에는 아직도 멀다。 그러므로 쏘베트 국가에 아직 예술 활동의 상이한 두 사회적 그루빠、즉 한편으로는 직업적 예술가와 다른 한편으로는 인민 창작의 명수들이 존재하고 있음도 결국 이것으로 규정되는 것이다。

그러나 사회주의하에서의 분업과 특히는 직업적 예술가의 존재는 예술가들을 인민으로

부터 격리시키는 것은 아니다. 이와는 반대로 이것은 소여의 력사적 시기에 있어서 그 직업

적 예술가들이 예술에서 인민의 사상과 감정을 심오하고도 면밀하게 해명할 수 있는 가능성

과 예술적 기교의 완성을 보장하여 준다. 쏘베트 군대의 승리를 묘사한 자립적 화가의 아직

완성되지 않은 그림과 회화의 대가들, 례컨대 그레꼬브, 아빌르브, 크리보노고브 등의 작품

과의 사이에는 사고 방식과 심적 상태에 있어서는 원칙적인 차이가 없는 것이다. 직업적 화

가들은 그들이 자기 사업의 명수이므로 해서 자기의 그림들에서 인민의 지향을 보다 완전

하고 선명하게 구현할 수 있는 것이나 그렇다고 이것으로 해서 문제의 본질이 달라지는 것은

아니다. 쏘베트 예술가들은 인민의 생활과 리해에서 자기의 자료를 직접 섭취하며 또 사회

주의 사회의 구조 자체내에는 서로 떨어진 두개의 예술 조류가 존재할 수 있는 기초가 없다

는 바로 그 리유로 해서 인민 창작과 직업적 예술간의 대립은 원칙적인 성격을 상실하는 것

이다. 다시 말해서 그들에게는 하나의 재료가 있으며 하나의 목적이 있으며 하나의 사상이

있는 것이다. 예술가는 공산당의 지도밑에 공산주의를 건설하고 있는 인민속에서 자기의

령감, 자기의 사상, 자기가 내 세우는 목적을 펴내는 바로 인민속에서 자기 활동의 찬양과

비판을 받는 것이다. 우리 예술의 생기 발랄한 싹은 자기의 그 모든 뿌리를 인민에 뻗치

고 있으며 인민과 련결되여 있다.

그런 까닭에 우리는 우리 예술이 가장 높은 단계에, 예술 문화가 갖는 인민성의 새로운

발전 단계에 처하여 있으며 그 인민성은 선행한 모든 예술 발전 단계에서는 전혀 볼 수 없

었던 그러한 전개력과 포괄성을 갖는다고 말할 수 있는 것이다.

이러한 조건에서 볼 때 예술에서의 형식주의의 타락된 본질과 인민에 대한 그의 적대성이

특히 두렷이 발로된다。 형식주의는 그 본질에 있어서 반인민적이다。

예술 작품은 인민이 인정할 때에라야만 그 참된 불멸성을 갖는다。

따뜰린、 슈떼렌베르그、 띄슐레르의 형식주의적 『작품들』은 다시 돌아오지 못할 망각의 세계로 사라저버렸는바、 왜냐하면 이 『작품들』은 인민과 하두 동떨어진 것이였을 뿐만 아니라 그 사상 체계에 있어서나 리해할 수 없는 무의미한 형식에 있어서 인민에게 적대적이였기 때문이다。

쏘련 공산당(불쉐위크) 중앙 위원회는 쏘베트 예술의 개별적 부문들의 발전 도상에서 나타난 결함들을 폭로하면서 강조하기를 『많은 극작가들은 현대의 근본적 문제들로부터 격리되여 있으며、 인민의 생활과 수요를 알지 못하며、 쏘베트 사람들의 훌륭한 성격과 품성들을 묘사할 줄 모른다』(주) 고 하였다。 자기 예술을 그 내용에 있어서 인민적인 것으로 만든다는 것은 예술가가 쏘베트 사람들의 생활、 사상 및 감정을 백방으로 그리고 선명하게 묘사할 줄 알며 그것들을 인민에게 리해될 수 있는、 친근한 형식에다 담을 줄 안다는 것을 의미한다。

오늘날 쏘베트 예술앞에 서있는 가장 중요한 과업들은 쏘베트 예술의 인민적 특성에 의하여 직접적으로 규정된다。 『사회 생활에서 새롭고 빛나는 것을 집어내며、 낡고 사멸해가는 것을 근절하는 거대한 투쟁에서 우리의 문학과 예술 일군들에게는 거대한 의무가 지워저 있다。 우리의 작가、 미술가、 작곡가、 영화 일군들의 의무는 쏘베트·사회 생활을 깊이 연구하

(주) 『연극 떼파또리와 그의 개선 대책에 관하여』、 국립 정치 서적 출판사、 一九五〇년、 二一—二二페지。

며 우리의 위대한 인민에게 알맞는 예술적 대작들을 창작하는 것이다.」(주)라고 그·므·말렌꼬브는 제一九차 당대회에서의 자기 보고에서 말하였다.

인민의 생활, 사회주의 국가의 리익, 공산당의 지도적 사상과의 쏘베트 예술의 불가분적 련계는 그 내용상으로 보아 쏘베트 예술의 인민성의 기초로 된다. 예술과 사회주의적 사회 제도간에 확립된 관계는 예술이 공산주의 건설의 실천에 직접 참가하며 또 그렇게 함으로써 인민의 력사적 기본 과업 해결을 방조할 가능성을 준다. 문제를 이러한 주요 관점에서 고찰할 때 우리는 쏘베트 예술이 자기의 인민성을 나타내게 되는 것이 첫째로, 그가 공산주의를 위한 전 인민적 투쟁의 시기를 반영하고 있으며, 둘째로, 그가 공산주의를 건설하는 수백만 대중의 사상, 의지 및 감정을 표현하고 있으며, 세째로, 그가 전적으로 인민에게 속하며 인민의 재산으로 되며 그가 가지고 있는 모든 가치물을 완전히 인민의 것으로 되게 하는 데 있다는 것을 확인할 수 있게 된다.

적대적인 지난날의 사회 제 조건하에서는 매개 민족 문화 령역에서의 예술의 이러한 완전한 통일은 존재하지 않았다. 매개 부르죠아적 민족 전체에게 언어와는 반대로 문화는 대립적으로 발전하였다. 예술 사상도 포함한 임의의 사상들은 그 모두가 계급적인 성격을 갖고 있었다. 이것은 사상 투쟁의 위력있는 수단으로서의 예술도 자본주의 사회의 제 조건하에서는 봉건 사회나 노예 소유자 사회와 마찬가지로 적대적 계급 사회에서 문화가 발전하는 그 일반적 법칙에 항상 종속된다는 것을 의미하는바, 역압당하고 착취당하는 대

(주) 그·므·말렌꼬브, 제一九차 당대회에서의 총결 보고, 국립 정치 서적 출판사, 一九五二년, 七三─七四페지.

중이 존재하는 한 착취자들의 문화에 적대되는 그들 자신의 문화도 존재하는 것이다.

그러나 사회주의 사회에서는 문제가 다르다. 쏘베트 예술은 다른 계급들에게는 해를 끼치면서 사회주의 사회 내부의 어느 한 계급에 종사하는 것은 아니다. 쏘베트 예술은 전 인민적 립장에 서는바, 그것은 그가 사회 전체에 복무하기 때문이다. 쏘베트 예술의 이 전 인민성은 예술의 내용과 사회주의 레알리즘의 형식에서 명백히 나타난다.

쏘베트 예술이 이러한 전 인민적 립장에 설수 있게 된 가능성은 위대한 사회주의 十○월 혁명 이후에 조성된 민족 문화 발전의 특수한 제 조건속에서 자라난 것이였다. 맑스—레닌주의는 사회주의 문화의 발전이 부르죠아 민족들을 침식하는 불상용적인 계급적 모순에서 해방되였으며, 어느 한 부르죠아 민족보다도 훨씬 광범한 전 인민적인 민족으로 되는 사회주의 민족의 개화의 토대우에서 달성된다는 것을 가르치고 있다. 쏘련에서의 전 인민적인 사회주의 민족의 발전과 강화의 토대우에서 전 인민적 립장에 선 사회주의 레알리즘 예술도 개화하였는바, 그것은 오직 이것만이 새로운 민족의 사회적 구조, 바로 그 사회 제도에 부합되기 때문이였다.

5

우리는 여기서 사회주의적 예술 문화 전설에 있어서 극히 건요하고 중요한 문제에 언급하게 된다. 이것은 내용에 있어서 사회주의적인 예술이 전체 쏘베트 인민과의 긴밀한 련계하에서 민족적 형식의 대단히 풍부한 다양성을 갖는다는 문제이다. 로씨야, 우크라이나, 우

즈베르, 그루지야, 아르메니야 등등의 예술들은 유일한 사회주의적 내용을 가지면서도 표현

에 있어서는 차기의 **민족적** 형식의 다양성과 다면성으로 구별된다.

우리는 여기서 내용에 있어서 사회주의적이며 형식에 있어서 민족적인 쏘베트 예술에 관

한 문제를 각 방면으로 심오하게 고찰할 파업을 내세울 수는 없다. 그러므로 우리는 여기서

이 문제를 다만 인민성과 관련하여 분석하려 한다.

자기의 고유한 민족적 표현을 갖는 사회주의 예술에 관한 리론의 기초에는 쏘베트 문화

의 사회주의적 내용과 민족적 형식에 관한 이·브·쓰딸린의 학설이 놓여 있다.

이·브·쓰딸린은 예술이 그의 유기적인 일부분으로 되는 사회주의적 문화의 본질과 발

전로정에 대한 심오하고도 명확한 규정을 내렸다. 이·브·쓰딸린은 다음과 같이 지적하였

다. 「우리들은 프로레타리아 문화를 건설하고 있다. 이것은 전혀 옳다. 그런데 내용에 있어

서 사회주의적인 프로레타리아 문화는 사회주의 **건설**에 인입된 각이한 인민들에게 있어 언

어, 생활 풍습 등등의 상이에 따라 각이한 표현 형식 및 표현 방법을 가지게 된다는 것도 또

한 옳다.」(주)

민족성을 갖지 않는 예술은 오늘의 력사적 단계에 있어서나 가까운 장래에 있어서는 없으

며 또 있을 수도 없다. 현 시기에 있어서는 다만 민족 문화의 발전으로써만이 일반적으로는

문화 발전, 특수적으로는 예술 문화의 발전이 가능하다.

현 조건하에서 이 사정은 자기의 고유하고도 극히 중요한 특성을 가진다. 자본주의가

(주) 이·브·쓰딸린 전집 七권, 一三八페지.

형성 발전되던 이전 시기에 있어서는 민족 문화가 공고화되던 그 극히 전보적인 과정은 부로죠아지가 령도적 역할을 노는 조건하에서 진행되였다. 이 시기에 인민들은 부로죠아지의 사회적 및 정치적 헤게모니의 조건하에서와, 지어는 그의 원조와, 지지 밑에서 자기의 민족 예술 전통의 강력한 기초를 만들어 놓았다. 특히는 루넷쌍스 시기의 예술, 이를테면 라블레, 콘싸르, 레쓰끄, 클루의 시기의 불란서 예술과, 一七세기의 화란 예술과 윈헬만, 렛씽그, 설러, 궤뗴 시기의 독일 예술 문화가 이러하였으며 또한 一九세기 전반기의 대부분의 구라파 국가들의 예술이 이러하였고, 고이야와 다비드, 베토벤과 쇼판의 예술이 이러하였다. 이 시기 민족 예술의 발전은 부르죠아지의 리익에 모순되지 않았을 뿐만 아니라 그들에게 유리한 것이였던바, 이런 까닭으로해서 민족적 전통이 특별히 부르죠아적인 것으로는 전혀 되지 않음에도 불구하고 부르죠아지는 이 전통으로부터 자기에게 유리한 적지않은 사상—정치적 리득을 취할 수 있었다.

그러나 지금에는 정세가 근본적으로 변화되였다. 오늘날에 와서 부르죠아지, 제국주의 부르죠아지는 경제적인 면에 있어서나 사회적인 혹은 문화적인 모든 부면에 있어서 온갖 전보의 흉악하고도 상용할 수 없는 적으로 아주 결정적으로 전락해버리고 말았다. 부르죠아지는 자기 인민의 위대한 민족적 전통을 가득찬 증오로써 포기하고 있다. 황당무계한 피쓰모쁠리찌즘은 그의 공식적인 이데올로기로 되였는바 그것은 그 부르죠아지들이 자기의 리득과 특권을 보유하기 위해서는, 가장 비렬한 방법으로 민족의 절실한 리익을 파는 것을 주저하지 않으며 또 매일과 같이 팔고 있기 때문이다. 피쓰모쁠리찌즘은 한편으로는 제국주의적 강탈을 실천하기 위한 사상적 방패로서 (「민족적 자주성을 타도하라!」) 다른 한편으로는 『조국을 모르는』(레닌) 제국주의에 대한 개별적 국가들의 민족 부르죠아지의 굴종 정책을 위한 사상적 방패로서 (『「세계」문화 만세!』) 종사하고 있다. 이러한 조건에서 부르죠아지는 민족 문화의 전통들을 앞으로 발전시킬 데 대하여서는 말할 것도 없거니와, 그것을 유지할 힘도 가지지 못하게 되였다. 이러한 의미에서 현재 이태리, 불란서와 같은 위대한 민족 예술의 전통을 가지고 있는 나라들에 있어서 이루어지고 있는 제 사실들은 이에 대한 명확하고도 비극적인 실례로 된다. 이 나라들의 부르죠아지는 외국제국주의자들에 대하여 아첨하면서 매일과 같이 자기 조국을 배반하고 있다. 이 나라들의 부르죠아지들은 자기 인민의 훌륭한 유산을 위조하거나 또는 단순히 『밝은 것』이라고 선포하면서 그것을 포기하고 있는 것이다. 례컨대 레오나르드 다 윈치에 대하여 최근에 진행된 기념일에 제하여 고용 문사들은 이태리 인민의 이 위대한 아들을 현대 피스모뽈리찌즘의 창시자의 한 사람으로 선포하였다!。

선전적인 민족 예술의 전통을 고수하기 위한 투쟁은 제국주의의 노예로부터 인민들이 정치적 및 사상적 해방을 달성하기 위한 투쟁이다. 우리 시대에 있어서 인민의 민족 문화를 위한 투쟁은 평화와 민주주의와 사회주의를 위한 투쟁과 불가분적으로 련결되여 있다. 「이전에는 부르죠아지는 민족의 수령으로 인정되였다 ─라고 이·브·쓰딸린은 말하였다. ─부르죠아지는 민족의 권리와 독립을 「가장 높이」 내세우면서 그것을 고수하였다. 그러나 지금에 와서는 「민족적 원칙」의 흔적도 남아 있지 않다. 지금에 와서는 부르죠아지는 민족의 권리와 독립을 팔라를 받고 팔아먹고 있다. 민족적 독립과 민족적 주권의 기치는 땅바닥에 던져졌다. 공산당과 민주주의적 정당의 대표들인 당신들이 만일에 자기 나라의 애국자로 되기를 원한다면、 만일에 민족의 지도적 력량으로 되기를 원한다면 이 기치를 쳐들어야 하며 그것을 들고 전진하여야 한다는 것은 의심할 바 없다。 그것을 쳐들 자는 더는 없다。』(주)

그리하여 우리는 바로 공산주의자들이 오늘날 각국에서 자기 민족의 위대한 문화적 전통의 가장 철저하고 헌신적인 옹호자로 되고 있다는 것을 보게 된다。 오늘날의 불란서에서 누가 다비드와 제리피、 쁘쎈과 쇠르젠의 유산을 위하여 투쟁하는가? 그는 민족의 독립과 자유를 위하여、 불란서 인민의 번영과 문화를 위하여 불요불굴하게 그리고 철두철미하게 투쟁하고 있는 공산당의 주위에 자기 력량을 집결하고 있는 선진적 예술가들과 평론가들이다。

만일 우리들이 인민 민주주의 제 국가를 례로 들어 본다면 여기서는 민족 예술의 성과가 사회주의를 위한 투쟁과 불가분적으로 련결되여 있음을 특히 명확하게 보게 된다。 례컨대 파란과 체코슬로바키야의 부르죠아지는『민족』문화를 위한 자기 투쟁에 관하여 적지 않게 떠들어댔었다。 그러나 검열의 결과는 이 나라들의 부르죠아 예술이 二차 세계 대전 이전에 쁘쓰모뿔리찌즘적 형식주의의 부패한 영향에 깊이 물젖어 있었으며 예술 문화의 민주주의적인 민족적 전통은 매일과 같이 멸시받았다는 것이 판명되였다。 파란에서 가장 큰 단체였던 것은『파리 구락부』라는 으리으리한 명칭을 가진 형식주의적 예술가들의 단체였다。 체코슬로바키야에서는 쁘쓰모뿔리찌즘적 형식주의의 지지자들이 마치도 운명의 장난처럼 체코의 유명한 민족 예술가의 이름을 띤 그루빠에 들어갔었다。 그러나 그 당시『마네쓰』구락부는 이 훌륭한 이름 이외에는 인민의 위대한 전통들에 대하여 별다르게 회상한 것이 없었다。

─────

(주) 이・브・쓰딸린、 제一九차 당대회에서의 연설、 국립 정치 서적 출판사、 一九五三년、 七─八페지。

그러나 지금은 다르다. 인민 민주주의 제 국가의 예술가들은 공산당이나 로동당의 지도

밑에 훌륭한 민족적 전통들을 끊임없이 발전시키고 있으며 내용에 있어서 사회주의적이며 형

식에 있어서 민족적인 자기의 자유로운, 참된 인민 문화와 인민 예술을 창건하고 있다.

이러한 가장 중요한 력사적인 제 사실들에 비추어 볼 때 예술 령역에서 끄쓰모뽈리찌

즘의 각종 영향들을 반대하는 투쟁이 얼마나 긴급한 성격을 띠고 있는가가 명백해진다. 당은

끄쓰모뽈리찌즘이 제국주의의 사상적 무기이며 그와의 투쟁을 잠시도 약화시켜서는 안될

물건이라는 것을 항상 지적하였으며 또 지적하고 있다.

내용에 있어서 사회주의적이며 형식에 있어서 민족적인 예술의 건설은 쏘베트 예술에서

형식주의와 기타 끄쓰모뽈리찌즘적 경향들의 모든 잔재와 영향들을 철저하게 근절한 토대우

에서 더욱 더 성과적으로 진행될 수 있는바 사회주의 문화 발전 령역에서의 공산당의 중요

업중의 하나가 바로 이 건설에 있는 것이다.

이와 관련하여 또 하나의 중요한 사정을 강조할 필요가 있다. 형식에 있어서 민족적인

예술의 배양은 예술에서 인민들의 친선에 관한 고상한 사상과 프로레타리아 국제주의 사상을

발전시키는 것과 불가분적으로 련결되여 있다. 쏘베트 예술의 사회주의적 내용은 자기의 기

본적 요소의 하나로서 국제주의의 발전을 가지고 있다.

이와같이 쏘베트 예술이 갖는 내용의 통일은 다양한 민족적인 표현 형식들을 전제로 하

고 있다.

쏘베트 인민의 정치—도덕적 통일, 공산주의로 나아가는 공동 사업에서 동일한 목적과

동일한 리해 관계를 가진 쏘련의 제 민족간의 형제적 관계는 쏘베트 예술의 사회주의적 내용

의 통일을 조건지어준다。 그러나 이 통일적인 내용은 이러저러한 인민과 민족이 갖는 언어、 력사적 전통、 생활 양식、 생활·풍습 및 성격상의 특성들에 따라 각이한 형식을 가진다。

민족 예술을 최대한으로 발전시키며 어떤 민족에게도 자기의 예술 문화를 독창적으로 개화케 할 수 있는 가능성을 보장하여 주는 것이야말로 전체 사회주의 예술이 찬란하게 꽃필 수 있는 중요한 조건이다。

우리가 어떤 인민의 예술을 대할 때 우리는 그 예술의 사회주의적 내용을 담는 민족적 형식을 어떤 점에서 보는 것인가? 그의 중요한 표식은 아주 명백한바、 그것은 언어의 표식이다。 우리가 어떤 인민의 언어로 창작된 문학 작품이나 극 작품을 대한다 해도 그가 갖는 민족적 형식의 가장 본질적인, 말하자면 결정적인 이 요소를 우리는 곧 지적할 수 있는 것이다。

그러나 일련의 예술이 모두 언어에 의존되는 것은 아닌바、 례컨대 조형 예술이나 건축 같은 것이 특히 그렇다。 회화나 건축이 갖는 민족적 형식이란 무엇인가? 민족적 형식의 개념을 단순히 인민 창작、 구비문학、 더우기는 그 민족의 봉건 예술이 사용한 수법이나 모찌브의 리용에다 귀착시키는 것은 아마 옳지 않을 것이다。 우즈베끼쓰딴의 중세기 밀화나 그루지야의 고대 벽화, 이를테면 구지아슈빌리 부근의 고대 벽화에 대한 모방은 민족적인 예술 형식이 성과적으로 발전한 례로는 되지 않는다。

물론 인민적 예술 특히는 중세기의 인민적 예술이 갖고 있은 전통을 숨쩌있게 리용한다는 것은 대단히 유익한 것이다。 실례로 예례완에 있는 따마냔의 건축을 회상해도 충분하다。 건축 장식의 중요한 요소가 인민적 문양의 리용이라는 것은 의심할 바 없는 것이니 이에 대한 례를 우리는 우크라이나, 우즈베끼쓰딴, 그루지야 및 기타 등지에서 찾아볼 수 있다。

그러나 첫째로 건축과 조형 예술에서의 민족적 형식에 관한 전체 문제를 다만 전통적

인 예술적 모찌브, 특히는 중세기적 모찌브의 재현으로 귀착시켜서는 안되는 것이며, 둘째로

중세기 예술과 같은 것은 특히 수다한 제한성을 가지며 이 제한성에 대한 파소 평가는 우리

사회주의적 현실과는 거리가 무한히 먼 중세기적 형상들을 무비판적으로 재생시키는 우리

의를 초래할 것인만큼 엄밀한 선택이 있어야 하는 것이다. 그루지야, 우크라이나, 또 다른

나라들에서 부르죠아 민족주의자들이 중세기적 『고대』 민족 형식을 부흥시킨다는 가면밑에

서 쏘베트 인민에게 적대되는 자기 사상을 끌어넣었던 것은 주지의 사실이다. 우크라이나 인

민의 적인 보이츄크 도당은 자기들의 형식주의를 옛 우크라이나 예술에 대한 모방으로서 집

요하게 가장하였었다. 그런데 이와 관련하여 중요하게 지적해야 할 것은 이런 모든 경우에

있어서는 그 어떤 진실한 민족적 전통의 참된 부흥도 이루어지지 않았으며 또 이루어질 수도

없었다는 것이다. 보이츄크는 우크라이나 초상화에 대하여 지껄이기는 하였으나 그 자신은

꾀쓰모쁠리찌즘적 형식주의로 그림을 그렸던 것이다.

예술에서 민족적 형식이 발전하는 기초는 오늘날의 현실의 실천으로 풍부화되는 소여 인

민의 예술 문화의 생생하고도 유익한 모든 전통의 부흥과 발전이다. 시간과 공간밖에서, 사

회주의적 내용밖에서 그 어떤 추상적인 민족적 형식, 민족적 특성을 선포하는 것은 흔히 민

족주의적 성격에 대한 엄중한 오유를 범하게 하였으며 또 범하게 하고 있다. 례컨대 당 출판

물은 얼마전에 우크라이나 시인 브·쏘쓔라의 시 『우크라이나를 사랑하라』를 정당하게 비판

하였는바, 그 시에서는 예술가의 애국주의 감정이 『시간과 공간밖에서』 표현되였었다. 때

문에 우리는 이러한 작품에서 쏘베트 애국주의의 고상한 감정의 체현을 보게 되는 것이 아니

라, 부르죠아 민족주의적 사상에 물젖은 객관주의적 립장을 보게 되는 것이다.

가장 훌륭한 민족 문화 유산과 특히는 수세기에 결쳐 형성된 일정한 형식 및 수법과 불가분적으로 련결되여 있는 쏘련의 매개 사회주의적 민족의 민족적 형식은 인민 생활의 새로운 조건들과 쏘베트 예술의 사회주의적 내용에 상응하여 풍부화되며 발전하고 있다.

내용에 있어서 사회주의적인 쏘베트 예술의 민족적 형식—이것은 다만, 이를테면 색조의 체계, 장식의 류형 등등의 이러저러한 형식적 모찌브나 특성인 것은 아니다. 물론 이 면에 있어서도 일정한 차이들이 있기는 하나 그러나 우리는 그것이 조형 예술 령역에서 주되는 것이라고는 생각지 않는다. 쏘베트 아르메니야의 예술이 까자흐 공화국의 예술과 구별되는 점은 비단 예술 작품들 속에 반영된 회화적 수법에만 있는 것이 아니라 오히려 그 수법보다는 예술 작품 속에 반영된 인민 생활의 특성과 양식에 있는 것이다. 우리는 까자흐 예술가에게 아름다운 남방의 자연속에서 사는 포도 재배 꼴호즈들의 생활 묘사를 요구할 수 없으며 또 그와 마찬가지로 아르메니야의 예술가에게 말을 다루는데 능숙한 기사들이 달리는 광활한 초원의 시가를 요구할 수는 없는 것이다.

그러나 물론 그렇다고 해서 이 점에 대하여 예술에다 그 어떤 틀을 제정해 줄 수는 없는 것이다. 아르메니야의 예술가라도 북국에 관한 그림을 그릴 수 있는 것이며 까자흐의 그라피크도, 례하면 『범의 가죽을 쓴 용사』와 같은 삽화를 그릴 수 있는 것이다. 소여 인민의 민족적 형식에서 그 인민의 문화와 다른 인민의 문화를 갈라 놓는 그러한 것을 찾으며는 태도로 민족적 형식에 대하는 것은 위험하다. 매개 민족은 크거나 작거나간에 전 인류 문화에 기여를 하는 것이며 이 점에 그 민족의 민족적 독특성과 진실한 독창성이 있다. 그러나

이로부터 민족적 형식이란 소여 인민의 예술이 기타의 모든 인민들의 예술과 구별케 하는 바

로 그것 뿐이라는 결론을 내릴 수는 없는 것이다.

민족적 형식의 문제를 이와같이 취급하는 것은 맑스주의자—국제주의자들의 태도라기보

다는 부르죠아—민족주의적 『리론가들』의 태도에 보다 가까운 것이다.

우크라이나 쏘베트 회화를 실례로 들어 보자. 과연 우크라이나 화가들

과 자기예를 반드시 구별케 하는 그러한 어떤 특별한 민족적 형식을 고안해야 할 것인가? 례

컨대 뜨·야블론쓰까야의 『봄』이나 혹은 쓰·그리고리예브의 그림 『二점의 심의』가 갖는

그 특수성이란 무엇인가? 우리는 이 작품들 속에서 그것들을 로써야 쏘베트 회화의 대표작

들과 원칙적으로 구별케 하는 그런 형식적인 요인들을 찾아 보지 못한다. 여기에는 그 어떤

특별한 우크라이나 색조도 그 어떤 『민족적』인 구성도 없는 것인바, 다만 부르죠아 민족주

의에 감염된 자만이 이런데 근거하여 우에서 말한 화폭들이 우크라이나 사회주의 문화에 속하

는 사실을 부인할 수 있는 것이다.

쏘베트 예술에서의 민족적 형식—이것은 결코 쏘련의 사회주의 제 민족들을 서로 갈라놓

는 것이 결코 아니다. 그와 반대로 각 인민에 의한 형식에 있어서 민족적인 자기 문화의

자유로운 발전은 공산주의를 공동으로 건설하고 있는 사회주의 국가 제 인민들간의 반석같은

친선의 조건이다.

소여 인민의 공산주의에로의 운동을 촉진시키는 그 모든 것, 소여 민족의 문화, 예술에서

사람들의 의식을 사회주의 정신으로 개조함에 방조를 주는 그 모든 것은 내용에 있어서 사회

주의적인 예술이 가지는 민족적 형식의 가장 중요한 구성 부분으로 되는바, 여기에는 언어

도 포함되며、자기 인민의 선진적인 예술적 전통의 육성도 포함되며、장식에서의 민족적 형식 및 인민의 생활 양식과 관련된 형상들과 또한 호상간의 문화 교류에 의하여 예술을 풍부화시키는 그 모든 것、개중에서도 먼저 위대한 로써야 인민의 선진적 예술의 유용한 영향과 관련된 모든 것이 포함된다。

로써야 건축가인 쓔쎄브가 건축한 따슈껜트의 극장에 있는 간츠 (차들과 흡으로 만든 내화성 재료—역자 주) 조각의 민족적 장식、인민적 멜로디를 리용하여 창조된 일찌기 인민의 문화에서 보지 못한 우즈베크의 오페라、우즈베크 극장에서 우즈베크어로 진행한 오쓰뜨롭쓰끼의 작품의 상연、사실주의적 회화의 『구라파』어로 그려진 화폭—이 모든 것은 형식에 있어서 민족적인 사회주의적 우즈베크 민족 문화의 불가분적 요소들이다。

각 민족의 사회주의적 예술 문화 발전에 있어서 그 민족이 갖고 있는 지난날의 풍부한 예술이 제一차적인 의의를 가진다는 것은 더 말할 필요도 없는 것이다。그러나 중요한 것은 이 과거의 것을 정당하게 취급하는 것이다。

레닌은 다음과 같이 썼다。『현대의 매개 민족에는 두개의 민족이 있다고 우리는 모든 민족 사회 당원들에게 말할 것이다。각개 민족 문화에는 두개의 민족 문화가 있다。뿌리슈께위츠、구츠꼬브 및 쓰뜨루베의 대 로써야 문화가 있는 한편 또한 체르늬쉡쓰끼、쁠레하노브의 이름으로 특징지어지는 대 로써야 문화도 있다。독일、불란서、영국 및 유태인 등등에게서와 마찬가지로 우크라이나에도 이러한 두개의 문화가 있다。』(주) 두개의 문화에 관한 맑스—

(주) 브·이·레닌 전집 二〇권、一六페지。

레닌주의 학설은 쏘베트 조건하에서의 민족적 전통의 발전 문제에 대한 태도를 ⊕규정한다。

블라지미르 일리이츠는 매개 민족 문화로부터 그의 민주주의적 및 사회주의적 요소들을 섭취

할 것을 요구하였다。 물론 이것은 례하면 로써야 예술에서 삐레드위쥬니크들의 전통은 발전

시켜야 하며、 귀족 문화 시기인 一九세기 초의 예술가들— 끼쁘렌쯔끼、 마르또쓰 및 기타의

전통은 그렇게 하지 않아도 된다는 것으로 리해하여서는 안된다。 모든 유산 가운데서 인민과

련결된 진보적 경향을 섭취하는 것만이 중요한바、 그것은 사회주의 예술 자체가 과거에 창

조된 진실로 가치있는 모든 것의 철저하고도 완전한 발전인 까닭이다。 프·로꼬또브와 드·

레비쯔끼의 초상화들은 로써야 민족 예술의 가장 훌륭한 보물에 속한다。 그러나 그것들이 유

산으로서 우리의 흥미를 끄는 것은 그의 귀족적인 계급적 제한성인 것이 아니라 그 속에 포

함되여 있는 객관적인 인간적 내용인 것이다。

매개 민족 예술이 갖는 위대한 진보적 전통들은 사회주의 조건하에서 자기 발전의 무한

한 가능성을 받고 있다。 오늘날 그것들은 과거에 『뿌리슈께위츠, 구츠꼬브 및 쓰뜨루베의 문

화』를 배양하던 착취 계급들이 청산된 것만큼 유일한 생활력을 가진 전통들로 되고 있다。

오직 진실로 인민적인 예술、 수백만 대중의 리익을 표현하는 예술만이 쏘베트 조건하에서

광범하고도 생기 발발하게 발전하는 것이며 또 이것은 그 예술로 하여금 지난 시기 예

술이 가지고 있던 인민적 전통들에 대하여 특히 민감하게 대하게 하며、 매개 민족의 쏘

베트적 예술을 지난 시기의 인민적 예술 문화의 우수한 표현들과 불가분적으로 련결케

한다。

우리 시기에 진행되고 있는 인민적 예술 전통들의 발전은 쏘련에서 새로운 사회주의적

민족들이 개화한 데 기인한다。로써야에서 일어난 사회주의 혁명은 낡은 부르죠아 민족들을 청산하였는바、이 청산의 토대우에서 새로운 쏘베트 민족、사회주의 민족들이 발생하였다。

전 인민적인 사회주의적 민족의 발생은 진실로 전 인민적인 예술의 미증유의 개화를 위한 전제와 또한 이를 토대로 하여 지난 시기 예술 문화가 갖고 있은 민주주의의와 사회주의의 생생한 전통들을 발전시키며、부흥시키며、풍부케 할 수 있는 전제들을 축성하였다。중 아세아 인민들의 경탄할만한 인민적 예술의 가지가지들은 자본주의 조건하에서는 사멸의 운명을 지니고 있었다。사회주의 제도는 그들을 멸망에서 구원하였는바 우리는 오늘날의 화려한 뿌르크메니야 탄자、우즈베크의 조각、따지크의 수예물에 대해서 환희를 느껴 마지않는 것이다。

옛날의 예술적 형식들은 새로운 내용으로 보충되면서 새 생활을 찾아 발전하며、풍부화되고 있다。인민의 진보적인 예술적 전통이 그 기초、토대、출발점으로 되여 있는 내용에 있어서 사회주의적인 예술의 새로운 민족적 형식의 형성 과정이 진행되고 있다。쏘련의 제인민들의 특성、생활 양식、문화 수준에서 일어나고 있는 거대한 변화들은 파거 예술의 모든 진보적인 요소들을 발전시키며 또 그와 동시에 새로운 사회주의적 인민 생활의 내용에 적응하는 민족적 형식의 새로운 요소들을 인입할 것을 필수적인 것으로 제기하고 있다。

이것은 우리로 하여금 민족의 모든 창조적 력량이 해방된 사회주의 시기에 있어서 특히 왕성하고도 급속하게 진행되는 민족적 전통과의 격리를 의미하지 않는다。이것은 그 전통의 발전이며 그 전통의 훌륭한 경향들의 풍부화이다。파거의 로써야 문화에 대한 천대、사회주의의 보는 바와 같이 이것은 민족적 전통 문화의 진보적 발전에 관심을 돌리게 한다。

문화에 대한 그 문화의 대치, 이와같은 것은 맑스주의와는 아무런 공통성도 없다。로써야 문화, 이는 위대한 선진적 전통을 가진 문화인바 『……반동적 로써야 외에 또한 혁명적 로써야, 라지쉐브와 체르늬쉡쓰끼, 젤랴보브와 울리야노브, 할뚜린과 알렉쎄예브의 로써야가 존재하였다。이 모든 것은 로동자들의 심장속에 태산이라도 옮길 수 있으며 기적이라도 만들어낼 수 있는 혁명적인 민족적 긍지감을 주입시킨다 (주입시키지 않을 수 없다!)。』(주)는 것을 결코 잊어서는 안되는 것이다。제미얀 베드늬이에게 보낸 이•브•쓰딸린의 이 훌륭한 말씀에는 선진적 쏘베트 문화와 위대한 로써야 인민의 훌륭한 민족적 전통과의 불가분적 련계가 강조되여 있다。

이 훌륭한 전통들은 전체 쏘련 인민들의 재산이며, 그것들은 민족 예술의 장성 발전을 방조하며, 내용에 있어서는 사회주의적이며 형식에 있어서는 민족적인 매개 쏘련 민족들의 예술 문화의 공고화를 방조한다。

북방에 거주하는 일련의 인민들은 혁명 전까지 그 문화가 극히 낮은 발전 단계에. 처하여 있었다는 것은 주지의 사실이다。이 인민들 자신은 족장 제도의 붕괴 단계나 혹은 봉건 제도의 붕괴 단계에 처하여 있었으며, 따라서 그들은 골제품, 편작물 등등과 같은 공예 예술의 해당 형식들을 가지고 있었다。그러나 우리가 만일 그들의 예술 문화의 『민족적 형식』을 보존한다는 구실밑에 인민의 문화적 장성에 알맞는 예술의 새로운 형태、쟝르 및 수법들을 점차로 침투시켜야 하는 것을 부정적으로 간주한다면 그것은 괴이한 일일 것이다。혁명전의 부

(주) 이•브•쓰딸린 전집 一三권、二五페지。

랴트―몽고인들에게는 현대적 의미에서의 회화가 없었다. 제·쌤뻴로브의 창작은 비록 그가 자기 회화의 기초를 로씨야 예술의 선진적 경험에서 가져오고 있기는 하지만 부랴트 인민의 사고 방법, 생활 양식 및 생활 풍습을 명료하게 표현하고 있는 형식에 있어서 심오하게 민족적인 예술의 선명한 표본을 우리에게 보여 주고 있다.

형식에 있어서 민족적인 쏘련 인민들의 예술의 발전과 풍부화에 있어서 로씨야 예술이 노는 역할은 거대하다. 일찌기 혁명전에도 쏘련의 수많은 인민들은 자기 조국의 예술 문화가 갖고 있는 선진적 요소들의 발전을 위하여 로씨야 예술이 준 유익한 영향을 직접 체험하였다. 례하면 바모 뻬레드위쥬니끄들의 예술의 영향하에 그루지야에서는 가바슈빌리와 므레블리슈빌리를 선두로 하는 회화에서의 사실주의적 류파가 형성되었다. 위대한 사회주의 一〇월 혁명 이후에는 이 영향이 더욱 더 장성하였는바, 그것은 이제 와서는 민족 문화 발전을 위한 그 영향이 아무런 저해도 받지 않고 실현되었기 때문이다. 그 당시까지 사실주의적 회화에 대하여 알지 못하던 많은 민족들이 지금에 와서는 로씨야 쏘베트 예술가들의 방조밑에 사실주의적 회화를 발전시키고 있으며, 자기의 민족 간부들을 육성하고 있다. 바로 이러한 례를 끼르기즈의 회화에서 볼 수 있는바 거기서는 끼르기즈의 화가들과 함께 로써야 민족 출신의 쓰·추이꼬브가 일하고 있는 것이다.

6

예술의 새로운 사회주의적 내용은 새로운 형식의 발생을 조건지어준다. 그러므로 모든

문제는 이 새로운 형식이 민족적인 것으로 되며 과거의 선진적 예술 경험에 립각하여 그를

발전시키며, 인민의 선행한 모든 예술적 및 문화 일반의 경험을 허무주의적으로 부인하는 그

려한 것으로 결코 되지 않도록 하게 하는 데 있다. 쓔쎄브는 따슈껜트에서 극장을 건설할 때

유명한 우즈베크의 간츠 조각가들의 창조적 협조를 받았는바 그 결과 고대로부터 내려오는

기교의 전통은 여기서 새로운 형식과 새로운 형상들 속에서 재현되였었다.

예술에서의 민족적 형성에 관한 문제는 다른 문제, 즉 과거의 예술적 유산을 섭취하는

문제와 불가분적으로 련결되여 있다. 우리는 이 문제를 부분적으로나마 민족적 전통의 문

제와 관련하여 이미 언급한바 있었다. 그러므로 이번에는 이 문제를 좀더 세심히 검토해 보

기로 하자. 유산에 관한 문제—이는 우리 사회주의 문화의 발전과 사회주의 레알리즘 예술

형성에 관한 가장 중요한 문제 중의 하나이다. 과거의 문화에 관한 정확한 지식이 없이, 유

산의 연구와 리용이 없이는 사회주의 레알리즘 예술은 발전할 수 없다. 유산에 관한 문제는

우리 예술 문화의 실천적 건설의 관점에서 볼 때 가장 중요한 문제의 하나이다.

그런데 유산에 관한 문제란 무엇을 의미하는가? 과거의 예술을 계승한다는 것은 무엇을

의미하는가? 우리는 여기서 과거의 예술 작품들이 문자 그대로 쏘베트 인민의 재산으로 되

면서 우리의 현실에서 직접 살고 있다는 데 대하여, 즉 다시 말해서 고전 작가들의 저서가 읽

히워지고 있으며, 박물관들에는 이전 예술가들의 그림이 걸려 있으며, 위대한 로씨야 건축

가들이 건축한 건물들에서는 쏘베트 사람들이 살고 있으며 일하고 있다는 데 대하여 지금

말하려는 것은 아니다. 문제는 이보다 더 복잡하게 제기되여 있는 것이다. 이를테면

차이꼽쓰끼의 씸포니가 연주되는 음악이나 혹은 오쓰뜨롭쓰끼의 희곡이 상연되는 연극은

고전적 창작의 단순한 재생인 것이 아니라 쏘베트 예술 문화의 한 사변으로 되는바, 그것은 오쓰뜨롭쓰끼의 작품을 무대에 상연한다는 것이 다만 쏘베트 관중에게 고전적 희곡을 볼 수 있는 가능성을 준다는 것을 의미할 뿐만 아니라 또한 쏘베트 연극 예술 작품을 창작할 수 있는 가능성을 준다는 것을 의미하는 까닭이다. 그러므로 여기서 언급되는 것은 고전적 예술의 『두번째 생활』에 대하여 언급하는 것과 같은 것이다. 이와같이 고전은 쏘베트 사람들의 예술 문화의 본질적 측면을 이루며, 인간의 교양과 각 방면으로 되는 그의 정신적 재능의 발전을 위한 위력있는 수단으로 되면서, 직접 간접으로 우리의 시대에 살고 있는 것이다. 그러나 우리가 유산에 관하여 말할 때에는 우리는 보통 다른 것 즉 쏘베트 예술가의 창작 사업에서의 고전적 유산의 직접적 리용을 념두에 두고 있는 것이다.

당은 항상 우리에게 유산에 대하여 주도면밀한 태도로 대할 것을 가르치고 있다. 그런 즉 통례로 반인민적인 형식주의적 경향과 련결된 유산에 대한 온갖 허무주의적인 사회주의 레알리즘 예술인 쏘베트 예술의 기초를 파괴하려는 경향으로 고찰되여야 하며 또 그렇게 고찰될 수 있는 것이다.

형식주의자들이 『고전 작가들을 쓰레기통에 내던지』려고 발악하면서, 유달리 큰 소동을 일으켰던 바로 그때에 브・이・레닌이 유산을 섭취할 필요성을 힘차게 강조하였던 것은 일반이다 아는 사실이다.

레닌은 새로운 프로레타리아 문화와 낡은 문화와의 호상 판계의 기초를 설명하면서 다음과 같은 자기의 유명한 명제를 정식화하였다. 『프로레타리아 문화는 공중에서 떨어진 것도 아니며 자신을 프로레타리아 문화의 전문가로 자칭하는 사람들이 꾸며낸 것도 아니다. 이 모든 것은 터무니없는 공담이다. 프로레타리아 문화는 인류가 자본주의적 사회, 지주적 사회, 관료적 사회의 역압 밑에서 쌓아 놓은 그 지식의 축적의 합법칙적인 발전이 되여야 할 것이다.』(주一)

이와같이 레닌은, 마치도 전적으로『부르죠아적』인 것으로 보는 옛 문화와 새로운 프로레타리아 문화를 대립시키는 보그다노브적인 프로레트꿀뜨(무산 계급 문화)적 대렬의 무근거성과 해독성을 강조하였다. 브·이·레닌의 이 규정에는 우선 과거의 훌륭한 전통들의 합법칙적 발전의 필요성과 인류의 문화적 경험으로부터의 출발의 필요성이 강조되여 있다.

브·이·레닌은 고전 작가들에 대한 관계에서의 형식주의적 허무주의를 반대하여 다음과 같이 항의하였다. 『어째서 우리는 진실로 아름다운 것에서 눈을 떼야 하며 앞으로의 발전을 위한 출발점으로 되는 것을, 오로지 그것이「낡았다」는 것으로해서 거부해야 하는가? 어째서 우리는 새로운 것에 대하여, 오로지「그것이 새롭다」하여 그에게 복종해야 한다는 신 앞에서처럼 굴종해야 하는가? 무의미하다, 전혀 무의미하다.』(주二)

브·이·레닌의 이 불멸의 교시는 조금도 낡지 않았다. 그 교시에는 고전적 유산, 그 중에서도 써야 사실주의의 유산에 립각한 쏘베트 예술 건설 사업에서의 당의 모든 실천적 활동의 기초가 정식화되여 있다.

유산을 반대하는 형식주의자들의 투쟁이 쏘베트 예술에 얼마나한 해독을 가져다 주었는가는 모두가 다 아는 바이다. 이 해독스러운 반맑스주의적 리론이 예술에서 사회주의 레알

(주一) 브·이·레닌 전집 三一권, 二六二페지.
(주二)『문화와 예술에 관한 레닌』、二九八페지.

리즘의 발전을 저애한 바로 그러한 까닭으로 당은 이 리론을 분쇄하였으며, 과거의 위대한 대가들의 창작 경험을 심오하고도 면밀하게 연구하며 섭취하도록 광범한 투쟁을 전개하였다.

쏘베트 회화의 제 성과는 전적으로 고전적 유산의 연구와 섭취에 기인하고 있다. 이와 같은 것은 혁명 로씨야 예술가 협회에 속하는바 이 협회의 예술가들은 뻬레드위쥬니크 화가들의 경험에서 출발하려고 노력하였었다. (그리고 그 노력은 헛되지 않았었다.) 그리고 또 이것은 三〇년대의 예술에 속하는바, 이 시기에 전개된 고전에 대한 광범한 연구와 보급은 쏘베트 예술가들의 거대한 성공의 출발점으로 되였었다. 그리고 마지막으로 이것은 형식주의와 유미주의의 잔재들을 반대하는 투쟁, 기교 수준의 제고와 같은 과업들이 일반적으로 유산을 항구적으로 철저하게 섭취하는 조건하에서만 성과적으로 해결되고 있는 전후시기에 속한다.

과거의 것이라도 그 모두가 다 계승될 것이 아니라는 것은 두말할 것도 없다. 두개의 문화에 관한 맑스—레닌주의 리론에 립각하여 우리는 과거에 인류가 창조하여 놓은 모든 훌륭한 것을 섭취하며 발전시키며 풍부화한다. 예술 문화의 인민적 원천들과 긴밀히 련결된 현실의 사실주의적 묘사의 위대한 전통, 바로 이것이야말로 사회주의 레알리즘 예술의 출발점이며 생기를 주는 주요한 원천이다.

이것은 사회주의 레알리즘 예술 그 자체가 바로 일정한 력사적 조건에서의 사실주의적 방법의 합법칙적인 발전 단계이라는 것을 상기해도 충분하다.

사회주의 혁명 전까지에 인류가 발전해온 전 행정에서 예술에는 거대한 경험이 축적되였으며, 위대한 보물들이 창조되였으며, 가장 중요한 미학적 문제들이 설정되고 또 그 대부분이 해명되였다. 예술은 수천년간이나 존재해오는 과정에서 현실의 다종 다양한 측면들의 본질을 옳이 해명하였다는 의미에서 가치있는 많은 예술품들을 창조하였으며, 인류는 세계의 그 수다한 측면들의 습득으로 풍부화되였다. 그리하여 생활에 대한 예술적 인식의 이 막대한 경험은 앞으로의 예술이 자기 발전을 실현함에 있어서 의거해야 하며 또 의거할 수 있는 그 기초로 된다.

이와같이 우리 화가들은 쏘베트 인간의 정신적 풍부성을 천명함에 있어서, 인간의 정신적 풍부성을 묘사함에 있어서 과거에 축적된 그 경험으로부터 출발하고 있는바, 그들은 레삔, 크람쓰꼬이, 끼쁘렌쓰끼, 렘브란뜨 및 기타 많은 사람들의 모범에서 배우고 있다. 아•게라씨모브는 자기의 초상화들에서 레삔의 경험으로부터 출발하고 있으며, 부브노브는 『꿀리크 평야의 아침』에서 쑤리꼬브의 창작에 의거하였으며, 로마진은 자기의 풍경화에서 와씰리예브, 싸브라쏘브 및 레비딴에 의거하였다. 쏘베트 예술가들은 물론 자기들의 예술적 해결의 완성을 기하는 의미에서 고전 작가들을 『따라잡기』 위하여 아직 많은 것을 해야 하는 것이나 이들은 현실에 대한 사실주의적 인식의 거대한 전통에 참여하고 있는 것이다. 뿐만 아니라 쏘베트 예술이 거둔 가장 큰 성과들은 고전적 예술에 대한 심오하고 면밀한 연구의 결과로 달성된 것이다. 고전에 의거한다는 것, 유산을 섭취한다는 것—이것은 물론 지난날의 대가들이 해결해 놓은 것을 기계적으로 반복한다는 것을 의미하는 것은 아니다. 그러나 쏘베트 예술가들의 창작은 인류가 과거에 축적한 예술적 경험을 자기의 전제로 삼지 않을 수 없는 것이다.

쏘베트 예술이 형식에 있어서 민족적인 사회주의적 민족들의 문화의 한 부분으로서 발전한다는 이것은 민족 유산이 가지는 특별한 역할을 규정하여 주는 것이다.

간단히 말해서 이것은 민족적 전통이 그의 가장 진보적인 력사적 경향에서 발전한다는

것을 말하는 것이다.

이것은 민족 유산의 비판적 섭취 문제를 원칙적인 본질적 문제로 만들고 있다.

이 문제의 정당한 해결은 오로지 사회주의적 민족에 관한, 또 내용에 있어서 사회주의적

이며 형식에 있어서 민족적인 문화에 관한 맑스—레닌주의 학설에 립각함으로써만 가능하다.

사회주의적 내용과 민족적 형식에 관한 문제를 고찰함에 있어서 흔히 이 문제를 로써야

를 제외한 쏘련에 거주하는 모든 민족들에게 국한시키면서 로써야 예술은 전혀 부당하게 제

외하는 현상이 있다.

그러나 로써야 쏘베트 예술도 역시 자기 작품 속에 사회주의적 내용을 표현함에 있어서

다른 민족들에게서와 마찬가지로 민족적 형식을 취하고 있는 것이다.

우리가 실제로 로써야 예술의 유산에다 부여하고 있는 그 의외는 이러한 정형을 확증하

여 준다. 쏘베트 로써야 예술은 자기의 민족적 면모의 관점에서 볼때 그 어떤 무정형적인

『전 구라파적』예술의 결가지로 되는 것이 아니다. 쏘베트 로써야 예술이 가장 찬란한 민족

예술의 하나로서 인류의 전체 문화의 뗄 수 없는 한 부분으로 되는 것은 물론이나 그렇다고

이것은 그 속에 명료하게 표현된 『민족적 개성』이 없다는 것을 의미하는 것은 전혀 아니다.

쏘베트 예술은 세계 고전의 모든 성과들을 연구하며 리용하는 것을 거부하지 않는다. 뿐

더러 전 력사 행정에서 모든 인민들에 의하여 창조된 예술적 가치의 거대한 축적은 무시할

수 없는 것이다.

그러나 우리가 형식에 있어서 민족적인 예술 문화를 건설하고 있으며 또 이것으로 해서

민족 유산이 가지는 구체적 파업과 의의도 규정된다는 것을 념두에 두는 것이 중요하다.

로써야 예술의 유산이 그처럼 본질적인 의의를 갖는 리유는 또한 로써야 문화 전체가 쏘

베트 예술 발전에 있어서 특별한 역할을 노는 데 있는바, 이 문화의 보유자인 로써야 민족은

이·브·쓰딸린이 명확히 특징지은 바와 같이 비상히 풍부한 자기의 문화 유산을 가지고 있는

것이다. 로써야 민족—이것은 『쁠레하노브와 레닌, 벨린쓰끼와 체르늬쉡쓰끼, 뿌쉬낀과 똘스

또이, 글린까와 차이꼽쓰끼, 고리끼와 체호브, 쎄체노브와 빠블로브, 레삔과 쑤리꼬브, 쑤

워로브와 꾸뚜조브……』(주)의 민족이다. 로써야 인민은 불멸의 로써야 예술이 그렇듯 훌

릉하게 체현한 위대한 혁명적 해방 전통을 가지고 있으며, 로써야 인민은 인류 문화의 최고

봉에 속하는 위력있는 문화를 창전하였다.

로써야 예술이 갖는 훌륭한 전통들의 발전은 우리 나라에서 사회주의 레알리즘 예술이

고도로 개화될 수 있는 필수적이며 불가결의 조건인 것이다.

로써야 예술의 민족적 형식에 관한 문제는 극히 복잡한 문제이다. 로써야 예술의 민족

적 특성은 어디에서 가장 명확하게 표현되는가? 로써야 예술이 발전의 견지에서 볼때 『가장

민족적인 것』으로 되는 것은 무엇인가? 끼쁘렌쓰끼의 회화인가, 페도또브의 회화인가, 레

삔의 회화인가 또는 쎄로브의 회화인가?

물론 이 대가들의 창작은 로써야의 민족적 예술 문화 발전의 각이한 측면들과 각이한 단

계를 보여주고 있다. 그러나 때로 민족적 특성을 예술 자체의 발전에 선행하여 미리 주어진

―――――

(주) 이·브·쓰딸린, 쓰련의 위대한 조국 전쟁에 관하여 제五판, 모쓰크바, 一九五〇년, 五四페지.

그 어떤 추상적인 것, 그 어떤 이데야처럼 항구적으로 변함없이 존재하면서 다만 각이한 시,기에 따라 각이하게 자기를 나타내는 그 어떤 것으로 간주함으로써 오유를 범하는 경우가 있다. 본질에 있어서 관념론적인 이러한 개념은 민족 형성 과정의 력사적 특성에 관한 맑스—

레닌주의 명제와는 모순되는 것이다.

문제를 력사적 기초에 설정하는 태도만이 정당할 것이다. 우리는 루블레브의 중세기적 예술이 갖는 심오한 민족적 특서을 감소시켜서는 안되는 것이나 그러나 레벤의 창작에서는 루블레브의 시기에는 력사적 원인으로 말미암아 분명히 그럴 수 없었던 그러한 크나 큰 힘으로 로씨야 예술의 민주주의적 제 요소가 드러나 있는 것이다.

로씨야 예술의 민족적 형식은 발전에서 보아야 한다.

그러므로 사회주의적 조건하에서의 로씨야 예술의 발전은 로씨야의 옛 예술 문화의 사상, 형상, 형식의 기계적 재생으로 되는 것이 아니라, 새로운 조건하에서의 그의 유기적 발전인 것이다. 새로운 사회주의적 현실과 새로운 문화는 민족적 전통의 풍부화를 요구한다. 사회주의 레알리즘 예술은 생활상 요구의 견지에서, 우리 시대의 특징으로 되는 력사적 현실의 긴급한 문제들과 갈등의 견지에서 사실주의의 고전 작가들의 유훈의 완성인 것이다.

혁명전의 민주주의적 예술과 쏘베트 예술과는 생생한 련계로 련결되여 있는바, 이것은 자기의 창작 활동을 이미 위대한 사회주의 10월 혁명 이전부터 시작한 느 · 까싸뜨낀, 아 · 아르히쁘브, 쓰 · 말류찐, 끄 · 유온 및 기타의 사실주의의 대가들이 우리의 사실주의적 회화 형성에서 어떠한 직접적인 역할을 놀았는가에 대하여 주의를 돌리기만 해도 명백하게 나타난다. 그러나 이로부터 뻬레드위쥬니크 화가들의 작품들과 혁명 로씨야 예술가 협회 예술가들

의 작품들과의 사이에는 내용면에 있어서나 형식면에 있어서나 아무런 차이도 없다는 결론을

내려서는 옳지 않을 것이다.

지주—부르죠아적 로씨야에서 예술가들이 묘사한 것과는 근본적으로 반대되는 새로운 현

실과, 예술가들의 실제 사업에서 또는 사회주의 건설을 위한 전 인민적 사업과의 불가분적

련계 속에서 형성된 세계에 대한 새로운 태도는 새로운 방법의 형성을 규정지었었다.

위대한 사회주의 10월 혁명은 사회에서의 근로자의 처지를 근본적으로 변경시켰으며,

근로자의 로동에 의하여 창조되였으나 지배 계급들에 의하여 탈취당하였던 모든 물질적 및

정신적 보물들을 그에게 반환해 주었다. 뿐만 아니라 착취의 청산은 대중들에게 광범한 정

신적 발전의 가능성을 보장하여 주었다.

종전의 예술은 인민 출신의 인간이 착취의 기반하에 처하여 있으며 그의 정신적 힘은 생

활 조건으로 말미암아 기형화되여 있음을 보아야 하는 불가피성 앞에 놓여 있었다. 레삔은

까닌에서, 쑤리꼬브는 사수들에서 예속적이고 억압적인 루씨의 제 조건하에서는 자기의 모든

능력을 마음껏 발휘해 볼 수 있는 운명을 지니지 못하였던 인간 정신의 위력있는 제 능력을

보았었다.

뻬로브, 크람스꼬이, 레삔 및 쑤리꼬브에 대하여는 말하지 않고라도 우리는 끼쁘렌쓰

끼, 웨네찌아노브, 뜨로삐닌에게서도 인민 출신의 인간들의 훌륭한 형상들이 있음을 알고 있

는 것이다. 이 모든 것들은 정신적 내용이 풍부하게 깃든 형상들이나, 그러나 이들에게는

시대의 혼적이 불가피하게 찍혀 있는 것이다. 위대한 로씨야 사실주의자들은 자기 작품들에

서 아름다운, 그러나 예속된 사람들을 보여주고 있다. 그렇다고 이것은 이전 예술의 제한성

인 것이 아니라 짜리 로씨야 시대에 지배하고 있었던 계급적 압박, 인민 속에서 나타나는 모든 인간적 재능을 억압하고 질식시킨 압박에 의하여 규정된 지난날의 예술의 진실성인 것이다. 예술가들은 인민의 념원과 지향의 의식적 표현자들을 우선 선진적인 진보적 인테리충의 전체 형상들에서 찾았는바 이 점에 끼쁘롄쓰끼로부터 쎄로브에 이르는 로씨야 예술가들의 전체 훌륭한 초상화 화랑에서 볼 수 있는 위력있는 그 정신적 힘의 강한 매력이 가지는 주요 원천의 하나가 있다.

어느 한 착취 사회도, 특히는 자본주의 사회가 인간을 인간답게 평가할 수 없었다. 과거 사회는 인간에 대한 자기 개념을 계급, 인종, 재산 혹은 기타의 그 어떤 당치않은 요인들과 반드시 련결시켰었다. 다만 사회주의 사회만이 이 모든 제한적 조건들을 분쇄하며, 인간에 대한 진정한 평가의 무제한한 가능성을 열어준다.

적극적이며 자각적인 매개 공산주의 건설자들의 그 풍부한 정신적 부를 보여주는 강활한 전야가 예술 앞에 열려졌다. 『인간—이는 자랑차게 울린다』라고 한 고리끼의 훌륭한 말은 우리 나라에서 처음으로 힘차게 또 당당하게 울리고 있다.

이·브·쓰딸린은 『……우리는 우선 사람들을 귀중히 여기는 것을 배워야 한다』(주) 고 가르치고 있다. 사람들을 그의 실제적 본질에 의하여, 그의 개성에 의하여, 그의 창조력에 의하여, 그의 사업에 의하여 평가한다는 것은 사람들을 인간답게 평가한다는 것을 의미한다. 바로 생활을 지배하고 있는 중심적인 것이 사회주의 레알리즘 예술가들을 위한 령감의

____

(주) 이·브·쓰딸린, 레닌주의 제 문제 제 11 판, 국립 정치 서적 출판사, 一九五二년, 五二九 페지.

원천으로 되다.

　쏘베트 예술에는 인테리의 형상을 로동자나 혹은 농민의 형상에다 대립시킬 아무런 객관적 기초도 없는 것이다. 쁘·끄또브의 작품인 아까데미크 쩰린쓰끼의 초상과 쓰따하노브 운동자 싸브끼나야의 초상과의 사이에는 원칙적인 차이는 없는 것인바, 이 량자는 모두 거대한 창조적 로력의 인물들이며, 그러므로 해서 거대하고 풍부한 내용을 가진 인물들이며 또 그렇기 때문에 예술가의 눈에 아름다운 것이다.

　쏘베트 예술은 계급, 민족, 직업의 차이에는 관계없이 인민 출신의 인물들을 자기 작품의 주요 주인공으로 내세우고 있다. 사회주의 국가의 자유로운 인간— 이것이 쏘베트 예술의 기본적 내용이다. 그리고 예술은 이런 인물을 쏘베트 사람들이 생활하고, 투쟁하고, 창조하고, 사고하는 곳이라면 어디서나 찾아보는 것이다. 우리는 이러한 사람을 브·이오간쏜의 『공산주의자들에 대한 심문』, 브·찌쁠라꼬브의 『레닌』, 아·라끄찌오노브의 『전선으로부터의 편지』, 야·로마쓰의 『뗏목 우에서』, 브·네멘쓰끼의 『먼 사람과 가까운 사람들』, 아·쁠라쓰또브의 『꼴호즈의 명절날』, 브·무히나야의 네쓰쩨로브 초상화에서와 그·고렐로브의 『낮과 마치의 쓰따하노브 운동자들의 초상화, 브·예파노브의 초상화들에서와 유·네쁘린쩨브의 『전투후의 휴식』 등에서 본다. 공산당의 령도밑에 공산주의 건설의 위대한 사업을 끝까지 수행하려는 단일하고 유일한 지향을 품은 창조자이며 승리자인 인민의 아름다운 형상은 이와같이 수많은 작품들에서 우리앞에 전개된다.

　평범한 근로자인 인민 자신이 예술의 가장 중요하고 아름다운 내용으로 그 속에 들어갔다. 쏘베트 예술은 공산주의를 위한 투쟁에서, 부단한 승리적 전진에서, 낡은 것과의 결정적 투쟁에서、인간에게 남아 있는 자본주의 잔재의 마지막 흔적까지 소탕하면서 인간을 무한히 풍부화시키는 생활에서의 새로운 것의 창조에서 자기의 리상을 보고 있다.

과거의 로씨야 예술에는 쏘베트 예술가들이 이미 최초의 一五년간에 창조한 그러한 인민의 형상이 없었으며 또 있을 수도 없었다. 억압을 반대하여 일어섰으며、자기 투쟁의 목적을 인식하며、당의 령도를 받으며、투쟁에서 고상하고 자각적인 영웅주의를 발휘하며、평화적 생활에서 용감하며 결단성있는 인민—이것이 므·그레꼬브、그·싸비쯔끼、므·아빌로브 및 기타 많은 예술가들의 화폭에서 우리들 앞에 전개되는 인민의 형상이당. 이 작품들은 자기의 사상적 심오성에 있어서 기교의 수준에 있어서、흔히는 아직 그리 높지 못하며 그것은 때로 아직 조심스러운 첫 발자국에 지나지 않지만 그러나 이들의 작품들에 새로운 특징들이 있다는 것은 의심할 바 없는 것이당.

이렇듯 사회주의 레알리즘 예술이 고전 작가들의 예술과 본질적으로 구별되는 차이점은 『새로운 형식』의 그 어떤 선천적으로 끄집어낸 특징에 의하여서가 아니라 무엇보다도 먼저 새로운 현실을 정당하게 반영하는 데서 이루어진 새로운 사상적 내용에 의하여 규정된당. 사회주의적 예술은 결국 그 언제인가는 레삔과 쑤리꼬브의 예술이 라파엘과 레오나르드 다 윈치의 창작과 구별되는 것과 같이 그들의 예술과 구별될 그러한 예술적 전일체로 이루어지게 될 것이당. 그러나 현재에 있어서는 우리의 선진적 예술이 레삔과 쑤리꼬브에게서 자기의 직접적인 교사와 방조자를 보는 것이 중요하며 따라서 회화에서 사회주의 레알리즘을 특정짓는 새로운 것은 우선 『사고 형식』에 있는 것이 아니라 사회주의 레알리즘이 해결할 사명을 지니고 있는 그 실천적 생활 과업들에 있는 것이당.

이와같이 유산에 관한 가장 중요한 문제 중의 하나인 사실주의적 기교에 관한 문제는 오

늘날 래삔에게서 어떤 것은 받아들일 수 있고 또 어떤 것은 마치도 받아들일 수 없다는 듯이

말하고 있는 그러한 립장에서가 아니라 고전적 예술가들의 기교를 가장 심오하게 섭취하는

립장에서 해결되여야 하는바, (물론 이것은 성과적으로 해결될 수 있는 것이다) 이것 없이

는 쏘베트 예술의 앞으로의 전진은 실천적으로 불가능한 것이다.

7

과거의 위대한 대가들은 류례없는 탁월한 예술적 기교의 완성에 달하였었다. 그들의 예

술은 예술가에게 있어서 웅장한 학교이다. 고전 작가들의 작품들에서 협의에서의 예술적 솜

씨를 배울 수 있으며 또 배워야 한다. 우리는 우리 예술가들이 로써야의 위대한 고전적 화

가들의 수법의 연구에서 얼마나 많은 것을 얻었는가를 잘 알고 있으며 례하면, 이오간쏜과 같

은 그러한 많은 우리 예술가들의 창작에 준 레삔의 영향, 그의 묘사 수법의 영향을 지적할

수 있다. 그러나 사실주의적 기교의 습득은 기술의 소유에 귀착되는 것은 아니다.

솜씨의 습득―이것은 극히 중요한 문제이다. 솜씨 없이는 일반적으로 어떠한 예술도 있

을 수 없으며, 만일 예술가가 자기 일의 기술을 소유하는 면에서 명수가 못된다면 그는 제아

무리 천성적 재능을 가진 화가라 할지라도 자기의 구상을 현실화시킬 수 없는 것이다. 과거

의 예술가들에서 자기의 솜씨를 배운다는 것은 기교 습득의 찬란한 절정에 오른다는 것을 의

미한다. 그러나 만일 협의에서의 예술의 기교, 그의 솜씨, 그의 기술만을 받아들인다면 이

것은 물론 유산의 리용을 충실히 한 것으로는 결코 될 수 없다. 과거의 예술에서 우리의 흥미를 끄는 것은 다만 기술뿐이 아니다. 고전적 예술가들에게서 생활에 침투하는 심오성, 관찰하며 그 본 것을 일반화하는 기능, 예술적 형상을 창조하며 그 형상에다 부여할 명확한 외적 형식을 발견하는 기능을 배울 수 있으며 또 배워야 한다.

자기 예술에 대하여 솜씨있는 기술을 갖고 있지 않는 예술가는 물론이나 그렇다고 해서 자기 일을 할 줄 아는 사람이면 그 모두가 대가로 되는 것은 아니다. 하물며 예술가의 솜씨란 무감각하고 순전히 기술적인 숙달인 것은 전혀 아닌 것이다. 조각가에게 있어서는 궤떼의 의견과는 반대로 그가 대리석에 가공을 하든지 청동에 가공을 하든지 간에 차이가 없는 것이 전혀 아니며, 시인에게 있어서 시 창작 과정은 현실에 대한 전체적인 시적 재현의 총체에서 떨어질 수는 없는 것이다. 그러나 그렇다고 해도 기술적 묘기가 기교의 기본을 이루는 것은 아니며, 그것은 기교의 불가결의 조건, 요소일 따름이며 핵심은 아니다. 회화의 기술은 훌륭하게 소유하나 화가로는 되지 못하는 경우도 있는 것이다. 이를 위하여서는 보다 큰 무엇인가가 필요하다.

화가의 기교는 우리의 견해에 의하면 다른 모든 예술의 기교와 마찬가지로 일련의 측면 혹은 국면을 가지고 있는바 이 측면 혹은 국면들은 다만 그의 총체에서만 예술가를 사실상 완성된 명수로 만든다.

만일 우리가 기교에 관한 문제를 기계적 집행의 문제로 고찰하는 것을 그만두기만 하면 우리는 곧 대단히 중요한 일반적인 원칙적 결론에 도달하게 된다. 기교에 관한 문제는 예술의 사상성에 관한 문제와 분리해서 해결할 수 없는 것이며, 형식의 문제를 내용의 문제와 분

라 시킬 수 없는 것이다. 기교의 문제는 사상—예술적 문제이다. 앞으로 우리는 이 명제의

의미와 이 명제로부터 나오는 결론들을 더 세밀히 분석하게 될 것이다. 여기서 지금 주요하

게 강조해 두어야 할 것은 예술가의 기교가 생활 반영에 있어서의 그의 기교이라는 것이다. 과

거의 위대한 사실주의자들이 우리의 환희와 존경을 불러 일으키게 되는 것은 그들이 생활을

진실로 십오하고 완전하게 드러내 보일 수 있었기 때문인 것이다.

한때 형식주의자들은 예술을 「물품의 제작」에 귀착시킴으로써 예술가의 기교를 「예술적

물품」을 만드는 기능으로 보았었다. 그들은 이에 있어서 그러한 기능이 가지는 내용면을 무

시하였으며, 그렇게 함으로써 그들은 주지하는 바와 같이 문자 해득이란 것을 문자들을 가지

고 단어를 구성할 줄 아는 것이라고 한 고끌리의 뻬뜨루슈까의 립장에 섰던 것이다.

그런즉 간단히 말해서 예술을 「만들줄」 알기 위해 필요되는 모든 것은 기교 문제의 법

위에 들어가는 것이다. 오늘날 이 문제는 특히 긴급한 것으로 되여 있는바 그것은 오늘날

의 우리 예술의 새로운 성과들은 작품이 갖는 예술적 질의 수준을 가일층 높이는 것과 련결

되여 있기 때문이다. 최근 년간에 진행된 전람회들은 예술가들의 기교가 활목할만한 장성

을 보았으며 또 그것은 동시에 사회주의 레알리즘이 새로운 보다높은 단계로 올라서기 위해

앞으로 전진하기 위하여서는 반드시 해결해야 할 일련의 복잡한 문제들이 제기되였음을 보여

주었다.

그렇다고 하여 기교의 문제들이 다만 지금에 와서 비로소, 즉 말하자면 불의에 제기되였

으며 이전에는 마치도 이러한 문제들이 전혀 제기되지 않았거나 혹은 이를테면 실지 행정

에서 다만 실천적으로 제기되였을 뿐이라고 생각하는 것은 옳지 않을 것이다. 물론 기교의

문제는 오늘날과 같은 그러한 형태로서는 전후 시기에 와서야 비로소 제기된 것이나 그러나 사실을 말하면 쏘베트 사실주의 예술의 전 력사는 또한 기교를 위한 투쟁의 력사임을 잊어서는 안된다.

형식주의는 예술의 사상성과 내용의 풍부성에 대해서 막대한 손실을 가져올 뿐만 아니라 예술적 형식의 완성에 대해서도 큰 타격을 가져다 주었었다. 쏘베트 예술 문화의 발전 초기에 있어서 형식주의를 반대한 사실주의의의 투쟁에 관한 문제를 고찰함에 있어서는 이 점을 념두에 둘 필요가 있다.

형식주의자들은 예술 형식의 령역에 대하여서는 자기들이 독점하고 있는 듯이 당치않은 자부를 가지고 진출하였었다. 그들은 말하기를 자기들은 예술의 내용은 경시한다쳐도 그 대신 자기네 작품들은 예술적 형식, 기교의 실험실로 되며 자기네는 이를테면 예술의 언어를 만들어내며 그것을 실험하며, 맛본다고 하였었다.

형식주의를 위한 이 매혹적인 사이비적 리론은 한 때 대단히 광범히 류행하였었다. 이 사이비적 리론이 그러한 보급을 보게 된 것은 흔히 형식주의. 그 자체를 마치도 내용을 희생시키면서 형식에 더 치중하는 것으로 고찰함으로써 이루어졌던 것이다. 말하자면 만일 형식에 대하여 보다 많은 주의가 돌려졌다면 이 령역에 있어서는 형식주의로부터 온갖 리로운 것을 기대할 수 있지 않는가고 옳지않게 생각되였던 것이다.

그런데 문제는 바로 형식주의가 사실상으로는 생활의 객관적 내용을 외곡, 기형화한 것을 마사지고 외그러진 예술적 형식과 결합시킨데 있다. 회화에서의 형식주의자들의 모든 실험은 문학 령역에 있어서 흘레브니꼬브와 크루체늬이가 피운 말재주가 무의미하며 엉터리

인 것과 마찬가지로 한푼의 가치도 없는 것이다. 그것은 사실에 있어서 그렇다. 따뜰린의 수법의 력학, 말래위츠의 쑤쁘레마찌즘의 기하학적 부조화, 깐진쓰끼의 색채의 부조화가 가지는 어떠한 실제적 의의에 대하여 견지한 말을 할 수가 있단 말인가? 두말할 것도 없이 그들에게는 그러한 의의가 조금도 없는 것이다.

이 원인은 진실로 완성된 풍부한 예술적 형식은 오직 사실주의적 예술 형식으로써만 존재할 수 있다는 데 있다.

우리가 과학적 연구의 편의를 위하여 추상해 내는 회화에서의 소위 형식상의 모든 요소들 즉 색채, 공간, 리듬 등등은 조형 예술 작품에 있어서는 불가분적인 통일에서 존재하는 것이다. 그것들은 객관적으로 존재하는 현실의 실제적 측면들과 속성들의 예술적 반영으로 된다. 색은 정밀한 물리적 기구에 의하여 측정될 수 있는 사물의 실제적 특성이다. 개별적 색들 사이의 색조상 차이는 전혀 객관적인 것이다. 화가는 자연의 이 객관적 특성을 색채의 도움을 받아 포착하고 전달한다. 사물의 공간적 넓이, 그의 형태, 리듬 등등도 이와 꼭 마찬가지로 객관적으로 존재한다. 그러므로 예술·작품에서의 그의 형태상 조성물은 만인 이 작품이 옳게만 되여 있다면 자기의 특유한 제반 물질적 속성들을 가지고 있는 실제적인, 예술가의 의식밖에 존재하는 현실에 일치하는 것이다.

회화는 세계의 시각적 형상을 창조하는 것이니 만큼 사람의 눈에 지각될 수 있는 그의 모든 속성들과 특성들은 예술적 묘사의 출발점으로 되는 객관적 전제로 된다. 이 상호 련관은 만일에 작품이 진실로 고상한 창작일지대 그 작품이 아무리 추상적인 것으로 보인다 해도 엄연히 존재하는 것이다. 그리고 이 련계가 바로 예술적 반작용의 기초로도 된다.

우리는 루블레브의 성상(聖像)들의 선(線)의 리듬의 비상한 풍부성에 매혹된다。외심

할 바 없이 조건부적인 추상적인 이 리듬은 신체의 실제적 운동、의상(衣裳)의 외형、사물의

륜곽들의 그 어떤 대수학적 공식을 회상시킨다。그러나 수다한 생활 현상의 그 어떤 『접약』

이 대수학적 공식에 내포되여 있는 것과 마찬가지로 그것은 또한 놀랄만치 예리한 관찰의 거

대한 풍부성이 엿보이는 루블레브의 리드미칼한 대 조화에도 내포되여 있다。우리는 늘 루블

레브의 성상물의 형태들을 그 어떤 주어진 구체적인 인상에다 결부시킴으로써 주관주의로 떨

어질 모험을 저지른다。바람에 흔들리운 어린 봇나무들이 그로하여금 균형잡힌 녀자의 자

태의 리듬을 조성케 하였는지 혹은 실제적 인간 동작이 그 리듬을 조성케 하였는지는 분간하

기 곤난하다。이것이나 저것이나 또 그밖에 많은 것들이 모두 그럴듯 하긴 하나 그러나 중요

한 것은 이 훌륭한 리드미칼한 음악같은 것의 기초에는 현실 자체가 놓여 있다는 그것이다。

우리는 중세기의 제한적인 예술을 의식적으로 례로 들었다。그것은 형식주의자들이 그

예술의 권위자로 자칭하여 나서려고 하였기 때문이다。그러나 봉건 시대의 소박한 예술이

가졌던 고대식 체제를 『재생』시키려는 시도가 력사적으로 무의미하다는데 대하여서는 말할

나위도 없거니와 루블레브의 창작과、고대 로써야 성상에 관하여 적지않게 떠벌여대였던 그

어떤 그리쎈 쁘란 자의 『회화』와의 사이에는 형식면에 있어서 전자가 관찰과 실제적 『현실에

의거하여 출발하고 있는 반면에 후자는 색채도 리듬도 형식도 모두 『자기 정신의 깊숙한 곳』

에서 『창조』해 넘으로써 그 실제적 현실과 아주 리탈되여 있다는 점에 원칙적인 차이가 있는

것이다。

현실의 객관적 속성을 반영하는 형식으로서의 자기 존재를 그친 그려한 형식은 사상없는

음 (音)、 악명 높은 미래파의 『제멋대로 비꼬아 놓은 단어』와 같은 것이다。이것은 공허한 추상이며、변덕스럽고 무의미한 주관적 전황 그 자체의 결과이다。퇴폐적 부르죠아 예술의 형식상에서의 전황은 실재적 세계의 객관성을 부인하는 반동적인 관념론 철학이 갖고 있는

그와 꼭 같은 토대에 기초하고 있는 것이다。

이렇듯 형식주의는 형식을 파괴하고 있으며、현실의 다양한 속성과 특성을 재현하는 수단의 총체로서의 그 형식을 파괴하고 있다。형식주의는 형식을 공허한、따라서 기형적인 방법으로 무의미한 장난꺼리로 전환시킨다。형식주의가 불가피적으로 기교의 파편을 가져오는 원인은 바로 여기에 있는 것이다。문제는 극히 간단한 데서부터 시작되는바 형식주의는 예술가들로 하여금 무엇인가를 할 줄 알아야 한다는 의무로부터 『벗어나게』하는 것이다。이것은 사실에 있어서 그러하다。만일 형식이 자의적인 『사유 형식』의 총화에 지나지 않는다면

관찰하고、구분하고、대조할 줄 안다는 것이 불필요하게 되며、그런다든가 공간에서 구성한다든가 하는 것 등등을 알 필요가 없어지게 되는 것이다。만일 이렇게 된다면 형식주의는 무능(無能)에다 길을 열어 주며 재능을 타락케 하는 것이다。

형식주의자들 가운데서도 의심할 바 없이 예술적인 재능을 가진 사람들이 있었으며 또 지금도 있는 것이나 이들의 재능은 몹시 그리고 때로는 희망을 걸 수 없을 정도로 기형화되여 있다。형식주의자는 『창작적 감흥』에 대한 자기 자신의 재능에 의거하기 때문에 습작이나

학교 등을 필요로 하지 않는다。그들의 재능은 때로 마치 아름다운 것 같이 보이는 색채의 결합을 고안해내며、표현성있는 것 같은 선을 긋는 것을 도와준다。그러나 매일 매시의 관찰과 자연과 현실에 의하여 공부와 되지 않는 재능은 쇠약해지고 고갈해버리려는 것이다。만례

위츠는 과연 재능있는 사람이 아니였던가? 그러나 만일 그의 초기 풍경화들에서, 그때도 방향을 잘못 취하긴 하였으나 그래도 아직 회화적 재능을 감촉할 수 있었다면 그후의 그의 쁘레마쯔즘적 작품들에서는 이 예술가가 한때 희망을 주었던 그런 예술가였다는 것을 말할 수 있는 아무런 건덕지도 찾아볼 수 없는 것이다. 말레위츠는 자기 생애의 마지막에 와서 묘사 형식에로 돌아가려고 시도하기는 하였으나 그가 얻은 것이란 보잘 것 없는 기형 외에는 아무것도 없었다는 것은 의미 심장한 것이다. 즉 다시 말해서 그 재능은 이미 죽어버렸던 것이다.

모든 형식의 원천으로 되는 것은 현실 그 자체이며, 『형식의 요소들』은 예술 작품에서 바로 그 현실 자체의 속성과 특성의 반영이라는 것을 강조한다고 하여 우리는 예술가의 역할을 말하자면 자연의 단순한 재현자의 역할로 귀착시키거나, 현실에 대한 창조적 관계에서의 예술가의 권리를 거부하려고 하는 것은 결코 아니다.

환따지야, 창작적 상상은 예술에 있어서 거대한 역할을 논다. 그러나 문제는 그것들이 어떠한 방향으로 돌려져 있는가에 있다. 만일 그것들이 현실과 떨어진 방향으로 돌려지며 그것들이 그 자체로서만 존재한다면 그것들은 불을 붙일 대상을 가지지 못한 불처럼 소멸해 버리고 마는 것이다. 그러나 만일 예술가의 창작적 상상이 현실속에서 풍부한 자료를 부단히 찾는다면 문제가 다르다. 그때에는 타고난 천품이 찬란한 개화를 보게 되는 것이다.

바로 현실속에서 새롭고 새로운 예술적 발견을 항상 찾고 있는 예술가에게는 형식에 대한 감각을 무한히 풍부케 할 수 있는 가능성이 열려진다.

형식주의는 생활과 현실에 대한 바로 이러한 참여를 반대하여 나서고 있으며 지어는 모데르를 연구하는 데서 출발하는 그러한 경우에 대해서까지도 반대하여 나선다。주지하는 바와 같이 쎄잔느는 자연에 대한 자기의 태도를 언명하면서 사물의 모든 다양성이 초보적인 체적 측정의 도식, 즉 구(球), 립방체, 원주 등등에 귀착된다고 선언하였었다。이것은 사물의 실제적 형식에 대한 감각의 괴이한 령락을 가져오지 않을 수 없었다。레삔이 그린 삐로고브의 초상화에는 사람의 머리의 『구상(球狀)』이 쎄잔느의 유명한 자기 초상화에서 보다도 더 정력적으로 그리고 명료하게 나타나 있다。그런데 쎄잔느는 머리의 가상적 구형에다 사람의 얼굴의 모든 실제적 외형을 잡아넣으려고 애쓴 것 같으나 레삔은 이와는 반대로 기본적인 조형・형식을 무한히 풍부하게, 또 그와 동시에 둘도 없는 구체적인 개성적 면모를 떠도록까지 발전시키고 있다。쎄잔느는 형식적 도식의 한계밖에 나오는 모든 것을 잘라 버림으로써 전설에서 보는 삐로고브・쓰트와 같은 태도로 모델에 대하고 있으나, 레삔에게 있어서는 형식은 생기에 가득찬 맥박속에서 꽃피고 있다。쎄잔느의 수법은 사물의 마비된 도식의 죽어버린 세계가 그의 화폭들을 지배하게 하는 데로 이끌어가나 레삔의 사실주의적 수법은 그로 하여금 생생한 현실의 무한한 풍부성을 포착케 한다。

우리는 본제(本題)에서 멀리 떨어져 나와 많은 점에서 이미 언급된 문제들에 되돌아가지 않으면 안되게 되었으나 그러나 이것은 형식 령역에 있어서 형식주의가 거두었다는 그 가상적인 성과에 대한 전설이 아직 끝까지 소탕되지 않았음으로 말미암아 쏘베트 예술에서 형식주의와의 투쟁이 오랫동안 저애되고 있었으니만치 확실히 필요한 것이였다고 생각한다。

이러한 견지에서 볼 때 二○년대의 사실주의 예술가들의 그 첫 진출은 다만 쏘베트적 째마찌까, 생활과 인민에의 예술의 참여를 위한 투쟁으로만 된 것이 아니라 그것은 또한 형식이

나 기교면에 있어서도 형식주의를 분쇄하기 위한 투쟁의 시작이였던 것이다。二〇년대 초기

에 발표된 혁명 로씨야 예술가 협회의 많은 그림들은 기교면에 있어서 아무리 미숙한 것이였

다 할지라도 객관적으로 볼 때 이 작품들은 로씨야 사실주의 고전의 위대한 전통에 돌아가며

는 지향을 보여주었으며 또 이 작품들은 옳은 출발점에 서 있었던바、 그것들의 형식은 우선

현실의 실제적 화폭을 전하려는 지향에 의하여 규정되였었다。

쏘베트 회화에서 전개된 사실주의적 형식과 사실주의적 기교를 위한 투쟁의 력사는 비록

그것을 간단히 고찰한다 하여도 그것은 우리의 과제에는 들어오는 것이 못된다。그러므로 여

기서는 다만 우리 예술이 장성과、 이 사회주의 레알리즘의 방법을 소유하는 정도에 따라 기

교에 대한 요구도 높아진다는 것만을 지적해둔다。사실인즉 이 도상에 있어서 사실주의의 예

술이 거두는 매개 승리는 형식주의에 대한 새로운 타격. 그의 종국적인 축출에로의 새로운

전진을 의미하는 것이다。

이처럼 우리 예술계는 三〇년대에 이미 『그림』의 문제를 아주 광범하게 제기하였던바

이것은 아·게라씨모브의 『크레믈리에서의 이·브·쓰딸린과 끄·예·워로씰로브』、 브·이오

간쏜의 『우랄의 낡은 공장에서』、 브·예파노브의 『잊을 수 없는 상봉』 및 기타와 같은 구상파

작품 완성에 있어서 종합적이며 완전한 것의 출현과 불가분적으로 련결되였었다。

그림을 위한 투쟁에서 특히 고전적 화가들 즉 렘브란뜨、 레삔、 쑤리꼬브의 전 련명적 대

전람회는 적지않은 역할을 놀았는바、 쏘베트 예술가들은 이 고전 작가들의 모범을 받아 다

만 사상에 있어서 풍부하며、 쓔제트에 있어서 생동적이며、 내용에 있어서 정당할 뿐만 아

니라 또한 자기의 기교에 있어서도 종합적으로 완성된 그러한 화폭을 창조하는 것을 배웠다。

이것은 사회주의 레알리즘 예술의 발전을 위해서 극히 필요한 것이였다.

기교를 위한 투쟁은 위대한 조국 전쟁 이후에 와서 새로운 단계에 도달하였다. 현재 우리는 이 단계를 두 시기로 갈라 볼 수 있는바, 첫 시기는 완전성에 관한 구호와 관련되여 있다. 형식 령역에 있어서 형식주의적 주관주의의 마지막 피난처였던 인상주의를 반대하는 데 자기의 창끝을 돌린 이 구호는 인민 속에서 광범한 환영을 받은 일련의 작품들이 전람회들에 출현하는데 적지않은 자극을 주었었다. 이러한 작품들로 야·로마쓰의 『뗏목 우에서』, 아·락찌오 노브의 『전선으로부터의 편지』, 그·멜리호브의 『브률로브 곁에 있는 쉡첸꼬』 및 기타 일련의 작품들이 있다. 최근에 개최된 전 련맹 전람회들에서 이미 자기 성과들을 보여준 바 있는 이 완전성을 위한 투쟁이 가진 의의는 우리의 견해에 의하면 다만 작품을 —우선 그림의 면에서 —완성할 데 대한 순전한 기술적 요구에만 있은 것이 아니라, 그것은 또한 보다 심각한 점, 즉 자기의 사상을 철저하게 표현하며 관중들로 하여금 예술적 형상을 명료하고도 직관적으로 리해할 수 있게 할 필요성을 제시한 데도 있다. 이것은 넓은 의미에서의 리해할 수 있는 형식에 대한 요구였다. 사회주의 레알리즘 예술에 있어서 이러한 형식은 불가결의 특성으로 된다.

완전성에 관한 문제는 예술가들의 주의를 주요한 기본적 과업에 돌리게 한 중심적 문제였다. 그리하여 면밀히 제작되었고 실지로 완벽을 기한 많은 작품들이 나타난 一九四九년의 전람회 이후에 와서는 이 문제의 범위가 확장되여 우리가 한결음 더 나아가 쏘베트 회화앞에 제기되여 있는 과업의 총체에 대해서 전반적으로 이야기하기 시작하게 된 것은 전혀 당연한 것이였다. 다시 말해서 예술앞에는 기교의 문제가 그 모든 복잡하고도 다양한 면에서 전반적으로 제기되었던 것이다。

우리가 이미 지적한 바와 같이 기교에 관한 문제는 회화의 기술적 파업에 귀착시킬 수 없는 것이다。

물론 할 줄 안다는 순전한 기술적 기능밖에서、 또 그것을 제외하고서는 기교에 관하여 어떤 말도 하지 못하며 또 할 수도 없다는 것은 자명한 것이다。

이 기능은 임의의 다른 인간 활동의 영역에서와 마찬가지로 회화에서도 반드시 필요한 것이며 또 이것은 예술적 기교의 필수적 조건을 이루는 것이다。

그러나 예술의 기술적 기능은 예술적 형상의 창작을 위한 사업의 총체에서 분리될 수는 없다。 기술적 기능은 우리가 다만 조건부로서만 회화에 관한 지식과 숙련의 특별한 범주로서 갈라 놓을 수 있을 뿐이다。

환언하면 예술의 기술이란 진정한 기교의 필수적 조건이나、 그러나 기교의 개념은 훨씬 더 광범한 것이다。

바로 이러한 의미에서 크람스꼬이의 다음과 같은 유명한 말을 리해하여야 하는바、 즉 크람스꼬이는 다음과 같이 말하였다。『사람들은 이를테면 「차를 타고서라도 기술을 배우겠다」고 말들 한다。오、마음대로 해보시오! 그들은 기술이 어딘가에 걸려 있으며 누구인가의 웃장못에 걸려 있다고 생각하면서 기술을 얻어쥐기 위하여서는 열쇠가 어디 있는가를 찾아내기만 하면 되며、그 기술이란 호주머니에 넣어둘 수 있는 것이여서 필요한 때에 그저 고집어내기만 하면 된다고 생각한다。그러나 그들은 위대한 기술자들이 기술에 대하여는 가장 적게 생각하였으며、또 각자마다 특수성을 가지고 있는 그 인상의 총체를 오로지(그렇다 오로지!

전하고자 하는 영원한 희망이 그들을 괴롭혔다는 것을 리해하지 못하고 있다。 이 희망이 성취되였을 때, 그들이 리지적인 눈이 본 것과 일치되는 것을 화판에다 그려 놓을 수 있었을 때, 기술은 바로 그때에 자연히 나타나는 것이다。」(주)

바꾸어 말해서 예술에서의 기술은 그 자체에 목적이 있는 것이 아니라 예술가의 구상을 가장 완전하고 정확하게 재현하는 수단이며, 생활을 가장 명료하고 확실하게 전달하는 수단이라는 것이다。

그런즉, 만일 이렇다면 기교의 개념에는, 많은 문제들, 엄밀히 말해서 회화 예술이 가지는 기술적 문제들의 령역밖에 있는 많은 문제들이 들어간다。 기교의 개념에는 두말할 것도 없이 생활을 관찰하는 기능, 생활속에서 주요한 것, 본질적인 것, 특징적인 것을 포착하는 기능이 들어가며 그리고 또 이 개념은 현실에 대한 자기의 연구를 일반화하며, 구상을, 이를테면 묘사하려는 작품의 주관적 형상을 창조하는 예술가의 능력도 포괄한다。 그리고 마지막으로 구상한 것을 화판에다 재현하며 현실에서 받은 『인상의 총체를 전달하며』(크람스꼬이의 표현) 작품속에다 생활 인식의 결과를 객관화하는 기능ㅡ다만 기술적 면에서만이 아닌ㅡ도 기교의 중요 측면으로 된다。

생활에 깊이 침투하기 위하여서는 예술가는 생활을 연구하여야 하는바, 이것은 예술가에게 있어서 우선 관찰할 줄 알아야 한다는 것을 의미한다。 솜씨 있는 관찰은 모든 위대한 사실주의 예술가들의 창작을 뛰여나게 하고 있다。 레오나르드와 렘브란트, 아·이와노브와 페

(주) 이·느·크람스꼬이 서한집 제二권, 국립 조형 예술 출판사, 一九三七년, 四三三페지。

도또브、도미에와 쿠르베、레삔파 쑤리꼬브는 모두가 예리한 관찰자였던바 이에 대하여는

자기들의 그림을 통하여 다만 외계를 『탐구』하였을 뿐만 아니라 자기들의 관찰을 고착시킨

그들의 그림이 특히 증명하여 주고 있다. 레오나르드는 자기의 그림들에서 세계를 아주 다

양한 측면에서 연구하고 있으며、 렘브란드의 스켓취는 현명한 대가의 예리한 인상과 심오

한 통찰을 비상한 정확성으로 고착시키고 있다. 페도또브의 그림들― 이것은 『랭혹한 관찰

의 리지와 비애의 상처를 가진 심장』의 표현들을 우리에게 보여 주는 수첩이다. 레삔의 그림

들은 이 위대한 대가가 얼마나 통찰의 다면성과 위력을 가지고 있었는가를 명백히 보여

준다.

생활에 대한 직접적 관찰이 예술에서 노는 역할은 일반적으로 대단히 크다. 쏘베트 화

가들의 많은 작품들이 거둔 그 성과들은 그것들 속에 생활이 얼마만큼 잘 보여졌는가에 많

은 정도로 관련되여 있다. 례컨대 드·모찰리 쓰끼의 『그들은 쓰딸린을 보았다』、쓰·그리고 리

예브의 『문직이』와 같은 아동 쟝르의 기초에는 관찰의 보다 큰 예리성이 놓여있다.

그러나 단순히 관찰할 줄 아는 것만으로는 부족하다. 생활의 재료는 일반화되여야 하

며、그 속에서 주요하고 본질적이며 전형적인 것을 찾아내야 한다. 관찰―이것은 그 자체로

서는 소재인바、그것은 반드시 사유、사상으로 되여야 한다.

바로 이것이 우리가 생활의 창조적 개작이라고 부르는 그것이다.

로써야 고전적 예술가들은 예술 작품에 나타나는 생활 판찰의 일반화의 기교와 지혜의

진정한 깊이와 상상의 힘을 항상 높이 평가하였으며 또 높이 평가하지 않을 수 없었다. 일

반화되고 작품의 사상으로 된 생활 재료야말로 예술적 형상의 생동하는 기초로 된다. 사상

성、 시대의 선진적 사상과의 련계、 사업에 대한 예술가의 진지한 태도―이는 로씨야 예술의

독특한 민족적 전통인 것이다.

예술은 이러한 길을 걸음으로써 사회적인 복무자로 되였던 것이다.

생활 관찰은 그것이 오로지 일반화되고 심각하게、 완전하게 인식됨으로써만 진실로 정당

하고 사물의 객관적 파정에 적응하는 사상의 필요 불가결한 기초로 된다. 예술가의 관찰이

제아무리 훌륭하고 정확하다 할지라도 종합하는 커다란 사색없이、 『창조적 개조』 없이는

그는 고상한 작품을 창조할 수 없는 것이다.

쏘베트 회화의 모든 훌륭한 작품들을―이것은 거대한 사상적 내용의 화폭들이며、 또 그럼

으로 해서 관람자들에게 사상에 사상을 불러 일으키는 화폭들이며、 생활에 대하여 사색케 하

며 탐구적 지혜에 풍부한 영양을 주는 화폭들이다. 이러한 작품의 가장 뚜렷한 례의 하나로

브 • 이오간쏜의 창작을 들 수 있는바 그는 『쏘베트 재판소』로부터 시작하여 『공산주

의자들에 대한 심문』 빛 『우랄의 낡은 공장에서』를 거쳐 『제三차 공청 대회에서의 브•이•

혜닌의 연설』에 이르는 그 모든 훌륭한 작품들에서 항상 거대하고 고상한 사상의 명수、

로 나타나고 있다. 이오간쏜의 창작의 례에서 우리는 사상성과 기교란 것이 불가분적 관계

를 맺고 있는 것이며 사상성을 제거하고는 기교에 관한 어떠한 진지한 이야기도 할 수 없으

며 또 그런 것은 있을 수도 없다는 것을 뚜렷하게 확신하게 된다.

우리는 특히 이 점을 강조하고 싶다. 왜냐하면 우리의 예술적 실천에 있어서 기교의 문

제가 혼히 사상성과 떨어져 있기 때문이다. 그러나 이 량자는 서로 분리될 수 없는 것이다.

브•브•이오간쏜은 『공산주의자들에 대한 심문』을 그릴때 사용한 창작 방법에 대하여 말

하면서 표현 수단의 전 체계, 회화의 조형적 측면이 그림을 창조하는 과정에서 사상적 구상에 의하여 조건지어진 것을 훌륭하게 보여 주었었다. 만일 형식을 작품의 사상에서, 그의 사상적 내용에서 분리시킨다면 기술적 실천 그 자체에 있어서나 기술적 숙련에 있어서 아무 것도 리해할 수 없게 된다는 것은 론쟁할 여지가 없는 것이다.

이오간쏜의 창작은 이러한 면에 있어서와 또 다른 측면에서 우리의 흥미를 끈다. 예술가가 현실의 재료를 일반화할 때 사용하는 기교, 사유의 기교 (이렇게 표현할 수 있다면)는 우리가 우에서 언급한 바 있는 『직관물』에로의 그림의 합리적 전화와 동일하게 볼 수 없는 것이다. 우리가 『훌륭한 그림』이라고 부르는 것은 생동하는 생활이 일반적 명제의 『직관적인』재현에 의하여 구축당하고 있는 그러한 작품을 가르쳐 말하는 것이 아니다. 바로 그렇기 때문에 진실로 사실주의적인 그림이 가지는 예술적 표현성의 본질적인 기초의 하나는 사유와 그의 구체적 표현, 환언하면, 사상과 형식과의 필수적 통일이라는 것을 강조하는 것이 중요한 것이다.

이와같이 심오한 사유에 대한 요구를, 모든 조형 수단을 추상적 사상에다 도식적으로 종속시키라는 요구와 혼돈하여서는 안되는 것이다. 이오간쏜에게 있어서도 그림이 일반적 사상을 설명하는 것이 아니라 반대로 그림에 대한 통찰의 자연적 결과로 일반적 사상이 발생하고 있는 것이다. 그림 『우랄의 낡은 공장에서』는 로쎄야에서의 로동 운동의 시초에 대한 사고를 직관적으로 설명하고자 그려진 것이 아닌바, 이 작품에서 사유, 사상은 구체적인 묘사에서 발생하고 있는 것이다.

우에서 지적한 명제가 감정의 풍부성 및 선명성에 대한 예술에서의 특별한 요구와 련관되여 있음을 지적하기는 그리 어려운 것이 아니다. 루넷쌍스 예술은 그 리성적 명료성으로 하여 특이한 것이나, 그러나 라파엘의 마돈나는 그 모두가 다 론쟁할 여지없는 직접적 설 특성을 풍기고 있다. 다만 고전주의만이 적지않은 경우에 있어서 생생한 이 감성적 한계를 넘어서 차디찬 사변적 세계에 잠기고 있는 것이다. 쏘베트 예술은 우리가 『시적 허구』의 령역이라고 조건부로 부를 수 있는 자기 기교의 이 측면에 아직도 더욱 더 심각하게 파고들어가야 한다는 것을 지적해 두어야 할 것이다.

우리는 일반화의 기교 문제에 오래 머물러 있었다. 그것은 이 문제가 우리의 관심을 끄는 문제를 해명하기 위한 중심 고리의 하나이기 때문이다. 풍부한 생활 관찰이 거대한 사상으로 변하지 않는 그러한 곳에서는 기교는 있을 수 없는 것이다. 현실에서 얻어진 것이 아니라 꾸며낸 구상의 공허한 추상을 받들어 주는 지팽이처럼 산 생활을 취급하고 있는 그러한 작품도 나쁜 작품이다.

표현의 기교는 일반화의 기교와 불가분적으로 련결되여 있다. 사유는 그것이 어떻게 표현되든지간에 물질적 형태로 표현되지 않는 동안은 존재하지 않는다는 것은 주지의 사실이다. 자연적인 물질과 떨어진 벌거벗은 사유란 존재하지 않는다. 따라서 조형 예술 분야에서도 문제는 비단 관찰된 것의 총체가 일정하게 일반화되도록 한다는 데만 있는 것이 아니라 또한 이러한 일반화의 결과가 명백하고 완전하게 표현되도록 한다는 데도 있는 것이다. 이러한 두개의 측면 사이에 명백한 한계를 긋기는 곤난하다. 레삔의 그림 『기다리지 않았다』에서는 로씨야 혁명가의 운명파, 그의 도덕적 의무와 그의 개성에 관한 사상, 즉 심오한 일반화가 어디에서 끝났으며 이 작품의 시각적 형상의 총체를 통한 이 사상의 표현이 어디서부터 시작하고 있는가를 말하기는 곤난하다。

따라서 중요한 것은 일반화할 줄 알고 사상을 밝혀할 줄 알되 크람스꼬이가 말한 것처럼 주석을 닳지 말고、『훈계함이』없이、그리고 에프·엥겔쓰가 결정적으로 강조한 바와 같이 외부로부터 작품에 여지로 끌어 붙인 『경향성』없이 바로 일정한 형태、즉 예술적 형상의 형태로 구현될 수 있는 그러한 사상을 찾아낼 줄 아는 그 솜씨인 것이다。뿐만 아니라 사상은 실로 예술적 형상 일반을 통하여 체현되는 것이 아니라 그것은 일정한 예술적 형상、즉 시가、회화、필림、악곡 등등으로 적합한 형태를 취한다。

바로 이렇기 때문에 이·예·레삔은 그림을 성공시키기 위해서는 반드시 『조형적으로、형상들로 주조(鑄造)될 수 있는 그러한 심오한 사상에 덤벼들어야 한다……』(주)고 간주하였다。이것은 사실이다。매개의 일정한 사상은 바로 그와 같은 형태를 통해서만 가장 훌륭하게 표현될 수 있는 것이며 어떤 다른 형태로는 표현될 수 없다。조형 예술 일반에 있어서、특히 회화에 있어서、형상을 통하여 일정한 사상을 『조형적으로』 체현시킬 수 있는 능력은 극히 중요하다。므·브·네쓰쩨로브는 그와같은 조형적인 표현력을 가진 훌륭한 명수였다。

훌륭한 혜안으로 포착되고 빈틈없이 정확하게 묘출된 위대한 학자의 성급한 두손의 날카로운 손짓이 이·뻬·빠브로브의 형상을 드러냄에 있어 얼마나 커다란 역할을 놀고 있는 것인가、아·므·세웨르쩨브의 초상화의 점잖고도 화려한、동시에 심히 불안스러운 그 색채는 묘

(주)『이·예·레삔과 브·느·똘스또이』제1권『예술』모쓰크바ー레닌그라드、 1949년 10페지。

사된 인간의 성격을 얼마나 선명하게 표현하고 있는 것인가.

조형 예술에 있어서는 조형적으로·표현될 수 없는 사상이란 존재하지 않는다. 조형적으

로·표현되지·못한 사상은 회화에서도 심오하고 내용 풍부한 사상으로 될 수 없다. 따라서

기술적인 수행의 기교가 노는 아주 중요한 역할이 명백하게 된다. 이러한 수행의 기교없이

는 작품이 있을 수 없다. 왜냐하면 세계를 예술적으로 파악한 임의의 결과는 반드시 객·관·화

되여야 하며 물질적이며 물체적인 존재를 가져야 하기 때문이다. 만약 그림이 정당하게 그려

지지·못했으면 그것은 그림이 아니다. 그러나 역시 이러한 기교는 목적을 달성하기 위한 수

단에 불과하다. 왜냐하면 예술에서는 항상 그 무엇이 수행되기 때문이며 그리고 비록 예술가

에게 있어 캔바스우에 색갈을 칠하는 작업 자체는 관찰과 관찰한 것에 대한 숙고와 불가분적

이기는 하나 역시 이 수행은 목적 자체가 아니다.

관찰, 일반화, 표현 및 수행 등 네개의 각이한 기교들이 우리의 사유 속에 존재한다고

리해하여서는 물론 안된다. 우리는 그 자체로서 완전히 통일적인 문제의 오직 각이한 측면들

을 특징지으려는 것에 불과하다. 상술한 것에서 이미 명백한 바와 같이 기교 문제의 이러한

각이한 분야들을 서로 분리시킬 수는 없다. 이것들은 서로 불가분적이다. 그리고 통일적인

기교의 이러한 네개의 측면들을 마치도 예술가의 창작 파정의 단계들로 고찰하여서는 안된다는

것도 역시 의심할 바 없다. 예술가가 최초에는 관찰하고 그 다음에 일반화하며 또 다음으로

는 표현을 찾고 오직 그 다음에야만 수행하게 되는 일이란 생활에서는 일어나지 않는다. 실

지에 있어서 그림에 대한 작업이 끝나는 최후 순간까지 관찰하는 것이며, 또 체현

시키는 솜씨는 일반화하는 등의 솜씨와 불가분적인 것이다. 기교의 각이한 측면들은 창작가

인 예술가의 산 통일 속에서 항상 통합되여 있는 것이니만치 이러한 의미에서 기교의 측면들을 갈라 놓는다는 것은 인공적이다.

그러나 문제의 해명을 위하여 중요한 것은 과학적 분석 방법을 리용하면서 문제의 내적 본질을 더욱 심오하게 천명할 수 있도록 통일적인 기교의 개념을 그의 각이한 측면들로 구분해 보는 것이다.

8

이제 사회주의 레알리즘의 각이한 측면에 대한 우리의 분석을 총화하면서 우리는 사회주의 레알리즘의 중심 문제인 쏘베트 예술의 당성 문제를 해명하여야 할 것이다.

우리는 제1장에서 이 가장 중요한 문제를 일반적 형식에서 해명하려고 하였었다. 그런즉 우리는 지금 이 문제의 일련의 측면에 대하여 더 한층 세밀한 분석을 해야 할 것이다.

우리는 우에서 인민성을 사회주의 레알리즘 예술의 기본적 특성이라고 말하였다. 그러면 우리 예술 작품의 인민성은 무엇에 있는가? 그것은 무엇보다도 먼저 인민의 행복과 번영을 위한 예술의 투쟁, 우리 조국 건설에로의 그의 참여, 공산당의 령도를 받아 달성한 사회주의의 제 성과들을 긍정하며 찬양하는 데 있다.

사회주의 레알리즘 예술의 인민성과 그의 당성과의 불가분적 련계는 바로 이와같이 나타난다. 맑스-레닌주의 사상, 공산주의 사상-이것은 쏘베트 인민의 가장 중요하고 가장 심오하고 또 가장 고무적인 사상이다. 브·무힌나의 작품인 『로동자와 녀 꼴호즈원』의 조각군(群)이 인민속에서 그처럼 광범한 인기를 끌게 된 것은 무엇으로 인해서였던가? 그것은 무엇보다도 먼저 그 속에 공산주의 건설의 사상이 크나한 빠포스와 령감으로 표현되였다는 그 점에서였다.

우리가 우에서 언급한 바 있는 인민성의 두개의 형태간의 본질적인 차이는 사회주의의 제 조건하에서 점차적으로 소멸되기 시작한다. 쏘베트 사회에서의 『전문가적 예술』은 우리가 이미 본바와 같이, 사회주의 레알리즘 예술가들의 창작이 수백만 공산주의 건설자들의 선진적 사상을 직접 표현하고 있다는 바로 그것으로서 인민적 창작과 접근하게 시작하게 된 것이다.

이와같이 사회주의 레알리즘 예술이 갖는 공산주의적 사상성, 당성은 무엇보다도 먼저 그 예술이 철저하고도 완전한 인민성을 가지고 있다는 표현인 것이다. 쏘베트 예술에서 그의 당성과 인민성을 분석적으로 분리하기가 그처럼 곤난한 것도 바로 이때문이다. 공산당은 쏘베트 인민의 당이며, 레닌주의의 기치밑에서 공산주의를 건설하는 우리 인민은 공산주의를 자기의 사상으로서 산생시키는 그 사회적 력량으로 되며 또 그는 자기의 그 대규모적인 력사적 실천 속에서 공산주의자들의 당 그 자체를 창건한 창건자이며, 따라서 당은 인민 속에서 자기의 힘을 펴냄으로써 강한 것이다.

사회주의 레알리즘 예술의 당성 문제, 브·이·레닌이 一九〇五년에 발표한 자기의 불후의 론문 『당 조직과 당 문학』에서 처음으로 정식화한 그 문제의 사회적 기반은 바로 여기에 있는 것이다.

그러면 쏘베트 예술의 당성은 어디에 있는가? 만일에 예술의 당성이라는 것을 예술가가 공산주의 사상으로 고무된다는 것으로 리해한다면 공산주의 사회 건설을 위한 투쟁에 적극적으로 참가한 우리의 예술은 두말할 것도 없이 인민과 공산당과 유기적으로 불가분적으로 련결되여 있지 않을 수 없는 것이다. 생활파의 련계, 근로 대중의 실천적 투쟁에로의 직접적 참가, 쏘베트 사람의 훌륭한 지향의 구현—이와 같은 것들이 사회주의 예술 문화의 사상적 기초를 규정하는 기본적 모멘트들이다.

쏘베트 예술은 공산주의 건설자들이며, 새 생활의 창조자들인 수백만 근로 대중을 자기의 주되는 주인공으로 내세웠는바, 이것은 타방으로 쏘베트 예술 자체를 근로자들의 정신적 풍부화의 무기로 만들게 하였다. …그리고 이것은 예술에 대하여 바로 이 수백만 대중의 사상과 감정, 그들의 지향과 열망을 직접적으로 일반화하고 형식화할 것을 필연적으로 요구케 하였다.

우리 나라에서의 사회주의의 제 성과는 인민의 물질적 및 정신적 수요의 부절하고도 끊임없는 장성을 조건짓고 있다. 인민의 정신적 수요를 충족시킴에 있어서 예술에도 적지않은 자리가 제공되였으며, 또 그에 대하여 수다한 요구들이 제기되였다. 그러므로 쏘베트 예술 발전의 여러가지 특징적 특성들과 그의 력사적 경향들은 사회주의의 기본적 경제 법칙에 비추어 볼 때 아주 명백하게 되는 것이다.

이•브•쓰딸린은 이 법칙을 다음과 같이 정식화하였다……『사회주의의 기본적 경제 법칙의 본질적인 특징 및 요구는 대략 다음과 같이 정식화할 수 있을 것이다. 즉 높은 기술적 로대우에서 사회주의적 생산의 부단한 장성 및 개선에 의한 전 사회의 부단히 장성하는 물질적 및 문화적 수요의 최대한의 충족의 보장이라고』.(주)

(주) 이•브•쓰딸린, 쏘련에서의 사회주의 경제 제 문제, 국립 정치 서적 출판사, 一九五二년 四〇페지.

이로부터 우리는 일련의 중요한 결론들을 내릴 수 있게 된다。 우선 지적해 두어야 할 것은 사회적 존재의 一차성과 사회적 의식의 二차성의 법칙도 포함한 력사적 유물론의 기본 법칙들이 사회주의 시기에서도 유효하다는 그것이다。 사회주의의 기본적 경제 법칙의 천명은 맑스주의를 주관주의적으로 외곡하는 자들이 사회주의 사회의 사상、특히는 예술을 사회—경제적 발전으로부터 독립한 것으로 보이려는 시도들에 대해서 한계선을 그어 놓는다。 사회의 문화적 수요의 충족은 사회주의적 생산의 부단한 장성 및 갱신에 의하여 보장된다。 그런즉 쏘베트 예술의 장성 및 발전의 항구적인 추세는 결국 사회주의적 토대의 부단한 발전 및 공고화에 의하여 해명되는 것이다。

三○년대 후반기에 예술이 그처럼 찬란한 개화를 본 것이 사회주의 건설의 완성에 의하여 (직접 또는 착취 계급들의 청산의 결과로) 불러 일으켜진 것이며、혹은 또 전후 시기에 이루어진 쏘련 예술 문화의 제 성과들은 만일에 사회주의적 생산의 그 미증유의 발전 규모와 템포에 의하여 보장되지 않았었더라면 결국 그것이 불가능하였으리라는 것을 회상만 해도 충분하다。

다음으로 이·브·쓰딸린의 규정은 사회주의의 경제가 전 사회의 수요를 충족시키는 것을 목적으로 삼고 있느니만큼、사회주의의 제 조건하에서의 전 인민적 문화의 발전은 합법칙적이라는 것을 지적하고 있다。

그리고 마지막으로 (아마도 이것은 예술을 위해 가장 중요한 의의를 가질 것이다。) 사회주의는 인간과 인간의 물질적 및 문화적 수요의 충족을 자기의 목적으로 한다。 사회주의적 생산이 가지는 바로 이 기본 특성 속에 쏘베트 예술의 가장 주요한 사상적 원칙중의 하나이며、쏘베트 예술의 전 력사를 붉은 실처럼 관통하고 있으며、그리끼 및 마야꼽쓰끼가 그의 선포자로 되여 있는 사회주의적 인도주의의 물질적 기초가 잠재하고 있는 것이다.

이와같이 사회주의적 토대의 발전은 그 자체의 내면적인 본질로 보아 예술 발전을 위하여 유리하며, 예술 개화의 광범한 가능성을 보장한다. 사회주의 사회는 자본주의로 하여금 예술을 적대시하게 하는 그 사회—경제적 제 관계를 깨끗이 청산하였다. 맑스는 자기가 활동하고 있은 당시에 예술 및 시와 같은 일부 정신적 생산의 령역에 대한 자본주의적 생산 방식의 적대성의 법칙을 밝혔었다. 이 법칙은 자본주의가 쇠퇴하기 시작한 시기에 있어서의 문화에 대한 그 파괴적인 힘을 특히 날날이 폭로하였다. 우리 시대에 와서는 예술에 대한 제국주의의 사회—경제적 제 조건의 파멸성이 가장 기괴한 형태들을 취하고 있다.

이 원인은 이·브·쓰딸린이 밝힌 현대 자본주의의 기본적 경제 법칙에 비추어 볼 때 특히 명확하게 된다. 『현대 자본주의의 기본적 경제 법칙의 주요 제 특징 및 제 요구는 대략 다음과 같이 정식화할 수 있을 것이다. 즉 소여의 나라의 인구의 대다수의 착취, 령락 및 빈궁화, 다른 나라들, 특히 락후한 나라의 인민들의 노예화 및 계통적 략탈, 끝으로 최고 리윤의 보장을 위하여 리용되고 있는 전쟁 및 국민 경제의 군사화에 의한 최대한의 자본주의적 리윤의 보장이라고』 (주) 현대 자본주의의 기본적 경제적 특수성들에 비추어 볼 때 현대 반동적—부르죠아 예술의 패덕성의 기본 원천들이 명확하게 드러난다. 즉 사실주의의 제 원칙에 대한 거부, 각양 각색의 반인민적 형식주의의 경향들의 발전, 끄스모뿔리찌즘의 이데올로기야, 제국주의의 전쟁 선전자들의 전쟁 방화 선전, 민족과 인종, 주인과 종복의 불평등에 관한 설

(주) 이·브·쓰딸린, 쏘련에서의 사회주의 경제 제 문제, 국립 정치서적 출판사, 一九五二년 三八페지.

교, 비인간적인 탐욕의 무자비성, 그리고 매수와 파렴치한 자본주의적 착취의 희생물로 된 예술가들의 도덕적 퇴폐 등이 명확히 드러나는 것이다.

자본주의적 생산―이는 수요를 가진 『인간이 시야에서 사라지는』(주) 사회의 기초이다. 이로부터 대중의 의식을 마비시킴에 수단 방법을 가리지 않으며 제국주의적 전쟁 도발자들에게 유리하게 인민들을 정신적으로 령락시키려고 백방으로 날뛰는 반동적―부르죠아 예술의 반인도주의적 원칙들이 나오는 것이다.

현대 부르죠아 사회가 문화에 대하여 감행하는 그 기괴한 범죄들을 배경으로 하여 볼때 사회주의 사회의 지도적 경향은 특히 뚜렷하게 나타나는바 그에게 있어서는 인간의 복리가 목적으로 되며, 생산의 발전은 이 고귀한 목적을 달성하기 위한 수단으로 된다.

이렇듯 사회주의 경제 제도의 토대에서 발생하는 전체 인민을 위한 풍부한 정신 문화성의 객관적 경향은 쏘베트 예술의 인민성의 원천으로 된다. 그리고 이와 동일한 과정의 다른 측면으로서 쏘베트 예술의 사상적 본질, 그의 공산주의적 당성이 나타나는바, 이것은 새 생활의 주인이며 창조자인 쏘베트 인간의 온갖 물질적 및 문화적 수요에 대한 우리 당의 배려의 표현으로 나타나는 것이다.

이러한 견지에서 볼 때 당성 문제는 우리에게 또 다른 주요한 면에서 밝혀진다. 예술 분야에서의 당의 정책은 사회주의 사회 발전의 객관적 합법칙성에 대한 타산과, 이 사회의 리익을 위하여 그것들을 리용하는 데 기초한다. 사회주의적 생산의 목적이 인간이라

(주) 이·브·쓰딸린, 쏘련에서의 사회주의 경제 제 문제, 국립 정치 서적 출판사, 一九五二년 七七페지.

는 이 사실은 객관적인 것이며 사람들의 희망이나 의지와는 독립적인 것이다. 당은 이 사실을 맑스―레닌주의 리론에 기초하여 설명하면서 자기의 정책을 쏘베트 인민에게 행복을 가져다 주는 이 법칙이 광활한 무대우에서 작용할 수 있도록 내세운다. 그리고 이것을 위하여 일정한 물질적 전제들이 조성되고 있는바, 그것은 즉 예술 기관들인 영화관, 극장, 박물관, 각종 교육 기관망이 확장, 공고화되고 있으며, 각 민족 공화국들에서 예술이 발전하도록 광범한 물질적 및 조직적 방조가 제공되고 있는 것이다. 당은 이를 위하여 쏘베트 인민의 예술적 수요를 더욱 더 완전하고 풍요하게 충족시키는 것을 방해하는 그런 사상적 경향들을 반대하여 부단한 투쟁을 수행한다. 형식주의, 유미주의, 무사상성, 부르죠아 피스모뻴리쯤의 타락적 사상과의 투쟁은 이것으로써 규정되는 것이다. 특히 一九四六―一九四八년간에 발표된 사상 문제에 관한 전 련맹 공산당 (볼쉐위크) 중앙 위원회의 력사적 결정들은 그 예봉을 이 방향에로 돌린 것이였던바 이 결정들에는 쏘베트 예술이 사회주의 레알리즘의 길로 발전해야 할, 또 공산당이 우리 예술가들에게 가장 완전 무결하게 실현하라고 호소하고 있는 훌륭한 강령이 제시되여 있다.

이 강령은 음악의 재료에 립각하여 결정한 『브 • 무라멜리의 오뻬라 「위대한 친선」에 관하여』에서 아주 완전하게 정식화되었는바 그 결정서에는 『…쏘베트 음악에서 고전적 유산 특히는 로씨야 음악과의 전통이 갖는 거대한 진보적 역할의 승인, 이 유산의 리용 및 그의 가일층의 발전, 음악에서의 고상한 내용과 음악 형식의 예술적 완전성과의 결합, 음악의 진실성과 현실성, 인민과 또한 인민의 음악적 및 가요적 창조와의 음악의 심오한 유기적 련계, 음악 작품의 소박성과 친근성이 동시적으로 보장되는 고상한 전문적 기교가 그 기초로 되는 사실주의를 발전시킬……』(주) 필요성이 언급되여 있다。

우리 예술의 실천을 살펴볼진대 우리는 예술 작품이 이 뚜렷한 당적 강령에 보다 더 상응하면 할수록 우리 예술의 성과가 더욱 큼을 보게 된다。 그 어떤 임의의 실례도 이것을 확증한다。『챠빠예브』나 『위대한 공민』이나 막씸에 관한 삼부작이 어찌하여 쏘련 영화 예술의 고전으로 되였는가? 그는 다름 아니라 그것들이 로씨야의 고전적인 문학、연극、회화、음악의 훌륭한 전통에 립각한 것이기 때문이며、 또 그것들이 사상성이 높은 동시에 기교면에서 완성되여 있으며 현실 묘사에 있어서 정당하며 인민성이 심오하며 수백만 대중에게 친근하게 되여 있는 동시에 전문적인 면에서 완성되여 있기 때문이다。

一九차 당대회의 력사적 문헌들은 쏘베트 인민의 복리를 위하여、공산주의의 승리를 위하여、 쏘베트 예술을 가일층 장성시킬 데 관한 공산당의 부단한 배려를 실증하는 새로운 빛나는 증거이다。 당대회는 우리 예술가들이 거둔 거대한 업적들을 지적하면서 동시에 그들의 사업에서 시급히 퇴치하여야 할 엄중한 결함들을 명확하게 지적하였다。 『우리는 쏘베트 문학、조형 예술、연극、영화의 발전에서 커다란 성과들을 거두었다』라고 그·므·말렌꼬브는 一九차 당대회에서 진술한 자기 보고에서 지적하면서 다음과 같이 강조하였다。『그러나 커다란 성과들에 현혹되여 우리 문학과 예술 발전상에서 존재하는 많은 결함들을 보지 않는다면 그것은 옳지않을 것이다。 그 결함이란 문학 예술 발전상에서 다대한 성과들이 있음에도

(주) 『잡지 [별] 과 [레닌그라드]에 대하여』、『연극 례파토리와 그의 개선 대책에 대하여』、『영화 [위대한 생활]에 대하여』、『브•무라델리의 오페라 [위대한 친선]에 대하여』 전 련맹 공산당 (볼쉐위크) 중앙 위원회 결정、 국립 정지 서적 출판사、 一九五〇년、 二九—三〇페지。

불구하고 많은 작품들의 사상―예술적 수준은 아직도 충분히 높은 경지에 도달하지 못하고 있다는 것이다。문학과 예술에서는 아직도 쏘베트의 현실을 외곡하고 조잡하고 또 때로는 단순히 돈벌이를 위한 많은 작품들이 나타나고 있다。일부 작가들과 예술가들의 창작에서는 다채롭고 홍성한 쏘베트 사회의 생활이 생기없게 따분하게 표현되고 있다。(주)

당이 쏘베트 예술가들에게 제기하는 요구성은 사회주의의 력사적 경향의 본질에 의하여・・한 규정되는바 사회주의의 법칙 그것은 바로 사회와 매개 쏘베트 인간의 문화적 수요의 최대한의 충족이다。一九차 당대회의 문헌들은 공산주의 건설을 위한 투쟁、제국주의적 침략、민족들의 예속、광범한 인민 대중에 대한 무자비한 착취의 진영을 반대하는 평화와 민주와 사회주의 진영의 투쟁에서 쏘베트 예술의 주요 전망과 초미의 과업들을 밝히였다。

이 강령은 자기 발전에서 공산당에 의하여 지도되는 예술의 개화의 장엄한 강령이다。

사회주의 시기에 있어서의 예술의 찬란한 개화와 그의 항구 부단한 장성은 사회주의 사회제도、결국은 사회주의적 생산의 제 성과들에 의하여 보장되는 것이다。쏘베트 예술은 사회주의적 토대에 의하여 발생된다。그러나 일단 발생된 예술은 이 토대에 대한 상부구조로 되면서 위력있는 적극적인 력량으로 된다。사회주의 레알리즘 예술은 공산주의 사회 건설을 위한 투쟁에서의 당의 강력한 무기이다。사회주의의 사

주지하는 바와 같이 사회주의에로의 이행은 일정한 예비적 조건들의 준수없이는 불가능하다。이・브・쓰딸린이 지적한 바와 같이 이러한 기본적 조건들 중의 하나는 사회의 결정적인 문화적 장성、사람들의 육체적 및 정신적 기능의 발전이다。

(주) 그・므・말렌꼬브、제一九차 당대회에서 진술한 전 련맹 공산당・(볼쉐위크) 중앙 위원회 사업 총결 보고、국립 정치 서적 출판사、一九五二년、七二페지。

이와같이 사회 성원들의 육체적 및 정신적 기능의 전면적 발전을 위해서 온갖 수단 특히 는 사회적 의식의 모든 형태들을 동원하는 것은 오늘날 가장 긴급한 과업의 하나이다. 쏘베 트 인민의 공산주의적 교양은 현 조건하에서 공산주의에로의 이행을 위한 필수적 전제의 하 나이다. 예술이 오늘날 우리의 생활에서 차지하고 있는 그 거대한 의의도 또한 바로 이것으 로써 설명되는 것이며 전체 예술 일꾼들이 자기의 창작을 인민의 사업, 당의 사업, 공산주의 건설 사업과 불가분적으로 련결시킬 것을 호소한, 이데올로기 문제에 관한 쏘련 공산당 중앙 위원회의 력사적 결정들이 갖는 의의와 내용도 또한 이것으로 규정되며 력사적인 一九차 당 대회가 내세운 예술 발전의 강령도 또한 이것으로 규정되는 것이다.

예술은 인민의 공산주의적 교양의 수단 가운데서 첫 자리를 차지한다. 인간의 리지와 감정 및 의지에 대한 강력한 영향력을 갖고 있는 쏘베트 예술은 오직 공산주의 건설 자들인 쏘베트 사람들의 의식성, 공산주의적 사상성의 장성을 백방으로 촉진하는 그때에라야 자기의 고상한 사회적 사명을 참답게 수행하게 되는 것이다.

오늘날 우리가 예술가들에게 제기하는 그 요구의 높이도 또한 이로부터 나오는 것이다. 우리는 쏘베트 예술이 사람들에게 공산주의 건설자로서의 사상, 감정 및 지향을 교양하는 자 기의 위대한 사명을 최대한으로 수행할 것을 희망한다.

이로부터 출발할 때 임의의 예술적 현상에 대한 평가 기준을 일반적 형태에서 규정하기는 그리 어려운 일이 아니다. 이 공산주의적 교양의 과업들을 해결함에 이바지하는 모든 것은 응 당 지지를 받고 발전돼야 하며 이 과업들을 해결하지 않거나 더 나쁜 경우에 있어서는 그 과업 들의 해결을 방해하는 모든 것은 쏘베트 예술 발전의 대로에는 올라설 수 없는 물건인 것이다.

인민의 리익, 그의 사회적, 정치적 리상, 공산주의의 리상, 공산당의 리상을 위한 자각적인 투쟁—이것이 우리가 말하는 강령이며 이것이 선진적 쏘베트 예술가의 의무이다。이 강령은 예술과 생활과의 련계, 예술과 인민과의 공개적인 련계를 예견한다。『세계에서 가장 선진적 문학인 쏘베트 문학의 힘은 그것이 인민의 리익과 국가의 리익 이외에는 다른 리익이 없으며 또 있을 수도 없는 그러한 문학이라는 데 있다』(주)—라고 공산당 중앙 위원회,는 결정서 『잡지 「별」과 「레닌그라드」에 관하여』에서 지적하였다。

사회주의 혁명은 수백만 근로 대중을 력사적 창조에 인입하였으며, 근로 대중을 의식적 생활에로 각성시켰다。그리하여 이것은 처음으로 예술가에게 자기의 목소리를 직접 전체 인민에게 돌리며, 예술의 엄격한 수요자들인 쏘베트 국가의 수백만 근로자들에 대한 자기의 친밀감을 매일 매시 느낄 수 있는 위대한 행복을 가져다 주었다。

오늘날 예술가는 진실로 수백만 인간 정신의 기사로 될 수 있게 되었다。사상은 그가 대중을 파악하자마자 물질적 력량으로 된다。사회주의 사회에서 예술은 공산주의를 위한 인민의 투쟁에서 물질적 력량으로 되는 그러한 사상들을 체현할 수 있으며 또 반드시 체현해야 한다。쏘베트 예술에서 온갖 예술적 『오작품』이 왜 그렇게도 참을 수 없는가 하는 리유는 바로 여기에 있는 것인바 그러한 오작품은 수백만 사람들의 정신에 해독을 줄 수 있는 것이다。그러므로 쏘베트 예술의 공산주의적 사상성을 위한 투쟁은 중요한 사상—정치적 과업으로 된다。이것은 사회주의 사회에서 쏘베트 예술이 차지하는 그 위치와 의의로부터 흘러 나온다。

(주) 『잡지 「별」과 「레닌그라드」에 관하여』, 一九四六년 八월 一四일부 전 련맹 공산당 (볼쉐위크) 중앙 위원회 결정중에서, 국립 정치 서적 출판사, 一九五〇년, 六페지。

쏘베트 예술은 그 내부에 포함되여 있는 내용으로 보아 정치에 무관심할 수 없는 것이며

계급들과 제도의 성격에 대하여 무차별적인 것으로 될 수 없다。 그러므로 사회주의 레알리

즘 예술의 전투적인 적극적 성격은 그의 불가분적 특징으로 된다。

이렇듯 우리 예술은 공산주의적 사상성 없이、 또는 그 밖에서는 존재하자 않으며 또

존재할 수도 없다。

만일에 우리가 쏘베트 예술의 당성을 바로 공산주의의 제 원칙을 생활에다 실현시키는

투쟁으로、 인민들을 공산주의의 정신、 쏘베트 애국주의 및 인민들간의 친선의 정신으로 교

양하는 것으로 고찰한다면、 이것은 예술가가 현대 생활의 가장 중요하고 의의있는 문제들로

풍부화돼야 한다는 것을 의미하게 되는 것이다。 브·므·몰로또브는 다음과 같이 말하였다…

『오늘날 훌륭한 문학 작품들이 공산주의와의 자기의 불가분적인 사상적 련계를 감촉하는

그러한 작가들의 펜에 속한다는 것은 우연한 것으로 인정할 수 없는 것이다。 우리 나라에서

공산주의는 감동적인 로동과 조국을 위한 영웅적인 투쟁과 고상한 사상적 창조를 고무한다。

(주) 예술가가 위대한 공산주의 사상과 리탈하며、 그가 자기를 인간 정신의 기사、 공산주의

사회의 평등한 참가자、 건설자임을 느끼지 않게 된다면、 그가 자기의 예술에 포함시키는 판

심과 문제들의 범위는 지극히 좁아지며、 또 이로 말미암아 바로 예술로서의 그것은 보잘 것 없

는 것으로 되며、 예술이 그것 없이는 존재할 수 없는 주요하고 긴박하며 전 인민적인 사업으

로 되는 것이 아니라 내용으로 보아 다만 시간이나 보내기 위해 소용

되는 보잘 것 없는 것으로 되여버리고 만다。 무사상성、 예술을 위한 예술의 리론 등등의 가

(주) 브·므·몰로또브、 위대한 사회주의 一〇월 혁명 三〇주년、 국립 정치 서적 출판사、 一九四七년 二九페지。

지는 해독성은 이처럼 명백히 드러난다.

전 련맹 공산당(볼쉐위크) 중앙 위원회의 그 유명한 결정에서 폭로된 아흐마또바와 죠쉔꼬의

죄악의 원천은 어떠한 것인가? 그것은 우리의 투쟁과 우리 건설의 기본 문제로부터의 리탈이다.

우리 예술 문화의 훌륭한 특성은 예술이 그 엄밀한 예술적 의의에 있어서도 바로 그가 어

떻게 공산주의적 사상성으로 무장되며, 또 그가 기본적인 지배적 **주요** 생활 문제들을 포착 해

결하려고 어떻게 또 얼마나 노력하는가 하는 정도에 따라서 풍부화된다는 데 있다. 쏘베트

예술의 전 력사는 이 명제를 확증한다. 브·마야꼽쓰끼의 『오쁜 로쓰따』로부터 **시작**하여

우리 예술가들에 의하여 창조된 온갖 훌륭한 작품들은 사회적으로 큰 의의있는 사상을 가진

예술로서 창조되였다. 이·브로드쓰끼의 『뿌찔로브 공장에서의 브·이·레닌의 연설』과 므·

그레꼬브의 붉은 군대에 바친 그림들, 아·게라쎄모브의 『一六차 당대회에서의 이·브·

쓰딸린의 **연설**』과 쁘·꼬또브의 『붉은 쏘르모브』, 드·슈마리노브의 『해방된 땅에서』와

뜨·가쁘넨꼬의 『독일인들이 물려간 다음』, 그·싸쩰리의 『새로운 쩨마』와 아·쁠라니꼬

브의 『평화로운 전야에서』 등 매 시기의 특징적인 것을 훌륭하게 선택한 이 모든 작품들은

례외없이 생활과 또한 공산당에 의하여 지도되는 인민의 투쟁과의 심오한 **사상적 련**계속에서

자기의 힘을 얻어내고 있다.

그러나 예술가가 『상아탑』 속에 칩거하거나, 자기에게 지극히 고귀하고 고상한 **것으**로

보이는 그 어떤 『개별적인』 주관적 문제를 찾기 시작만 한**다면**, 사실에 있어서 이것은 고귀

하지도 고상하지도 않으며 평범한 통속적인 수준과, 예술적 형식을 가지고 있는 귀족적인 아

유 이상을 넘지 못하는 것으로 된다. 폰비진은 쏘베트 인간의 참된 형상을 찾으려고 할 때 신

예 실내에서의 닥달에만 몰두하였기 때문에 자기의 비범한 재능을 망쳐버렸었다。그 결과 그의 수채(水彩) 초상화들은 자기의 온갖 세련성에도 불구하고 그 쌀론적인 유미주의로 보아 공허하다。한 때 띠슐레르는 기형적인 표현파적 류형의 회화들을 창작하면서 인간 및 사물 속에서 그 어떤 특별한, 『심오한』 사상을 주관적으로 탐색하였다。그 결과 나타난 것은 가장 비속한 신비주의였다！ 선전적 사상으로부터 리탈된 예술은 비단 적대적인 예술로 될 뿐만 아니라, 졸렬한 예술로도 되는바, 그것은 예술은 오로지 생활과 인민의 투쟁의 기본적인 주도적 문제들과 산 련계를 맺을 때에라야만 실제적으로 의미가 있는 것으로 되기 때문이다。여기에 우리 예술의 사상성이 그의 불가결의 특성으로 되는 리유가 있다。

그런즉 사회주의적 토대에 대한 상부 구조의 유기적 요소로서의 사회주의 레알리즘 예술앞에 제기되는 기본 과업은 『인간 정신의 개조』를 도움으로 하여, 다시 말해서 우리 나라 인민을 공산주의 정신으로, 공산당의 사상에 대한 충실성의 정신으로, 쏘베트 애국주의와 국제주의 정신으로, 즉 공산주의에로 나가는 우리 인민의 전진 운동의 가장 급속한 장성을 보장하는 정신으로 교양함으로써 인민의 실천적 생활, 우리 나라에서의 공산주의 건설에 직접 참가하는 것이다。

쏘베트 예술앞에 제기된 이러한 사명을 수행하는 최선의 방법은 현실을 정당하게 묘사하며, 예술가의 당성이 우선적으로 밝혀지는 전형적인 형상을 창조하는 데 있다。

이로부터 쏘베트 예술의 당성과 그의 사실주의적 정당성의 불가분적 련계가 나오는바 이 문제에 대하여서는 좀더 상세하게 분석할 필요가 있다。

레닌주의 대가들이 몇번이고 지적한 (발자끄에 대한 맑스와 엥겔쓰의 지적, 똘쓰또이에 대한 레닌의 지적) 하나의 극히 중요한 특성을 보게 된다。이 특성은 지난 세기의 기타 여러 예술가들에게 있어서도 지적될 수 있는 것이므로 여기서 언급하는 것은 어떤 례외적 현상에 대해서라기보다도 오히려 아주 특징적인 하나의 계기에 대해서 말하는 것이다。우리가 이미 우에서 지적한 바와 같이 비판적 사실주의 예술에서는 일련의 경우들에서 현실의 예술적 사실주의적 재현과 작가의 정치적 세계관과의 사이의 모순이 크나 작으나 뚜렷하게 관찰된다는 것이다。엥겔쓰는 발자끄를 분석하면서 발자끄가 자기의 정치적 견해에 있어서는 정통 왕조과였다는 것을 강조하였다。그러나 엥겔쓰는 더 나가서 다음과 같이 말하였다。『나는 발자끄 옹(翁)이 자기 자신의 계급적 애착과 정치적 편견들을 반대하여 나가지 않으면 안되였으며、자기가 애고하던 귀족들의 몰락의 필연성을 통찰하고 그들을 좋은 운명을 타고나지 못한 사람들로서 묘사한 것은 사실주의의 최대의 승리의 하나이며 발자끄 옹의 가장 고귀한 특징의 하나라고 생각한다…。』(주)

이와같이 엥겔쓰는 발자끄의 사실주의적 방법의 승리를 강조하면서 그것은 예술가의 계급적 애착에 역행하여、그의 정치적 견해에 역행하여 달성되였다는 것을 지적하였다。

레닌은 똘쓰또이의 정치적 세계관과 예술적 방법과의 제 모순을 특별히 심오하게 분석하였다。그리하여 우리는 여기서 악에 대한 무저항과、가부장적 유토피아가 엿보이는 똘쓰또이의 정치적 반동적 세계관아 현실을 극히 심오하게 사실주의적으로 폭로하는 것과、지주―

(주) 칼 맑스 에프·엥겔쓰 전집、二八권 二八페지。

부르죠아적 개혁기의 로씨야의 생활로부터 온갖 가면들을 벗겨내는 것이 어떻게 모순되는가를 간취하게 된다.

만일 우리가 발자끄나 똘쓰또이의 작품을 들어 그것들을 읽어 본다면 우리는 항상 생활을 예술적으로 관찰하는 데서 직접 일어난 것은 어디서 끝나며, 외부로부터 예술 작품에 강요된 것, 묘사된 생활의 내용 자체로부터는 결코 필연적으로 류출하지 않는, 예술상의 반동적인 정치적 강령으로서 작가가 고안하여 예술 작품에다 『삽입한』 것은 어디서 시작되는가를 아주 명확하게 느끼게 된다. 레닌은 특히 똘쓰또이의 예술로부터 어떠한 객관적 결론들이 흘러나오며, 또 그 결론들이 예술가 자신의 주관적 결론들과는 전연 일치하지 않는다는 것을 증시하였다. 만일 똘쓰또이의 정치상의 반동적 경향들이 작품 속에 반영되지 않았더라면, 그의 작품들은 예술성에서 승리를 거두었을 것이다. 그러나 똘쓰또이의 실제적 면모는 외곡할 수 없는 것이며, 또 누구도 이제 똘쓰또이에게서 그의 반동적 의견들과 그의 『무저항주의적』 경향성을 『축출』하고, 그리하여 그를 현대화할 것을 요구하는 사람은 하나도 없다. 문제는 여기에 있는 것이 아니다. 우리가 여기서 중요하게 말하려는 것은 예술가의 정치적, 철학적, 륜리적 및 지어는 직접적으로 미학적 견해들이 흔히 예술적 묘사 자체와의 모순 속에 놓여 있으며, 또 예술적 형상의 산 내용을 어지럽히거나 때로는 지어 훼손시키기까지 하였다는 것이다. 바꾸어 말해서 그러한 경우에 있어서 예술가의 반동적 세계관은 현실을 사실주의적으로 묘사하는 데서 필연적으로 흘러나오는 그 객관적 결론들과 모순되였다는 것이다. 그려나 예술가가 진보적인 정치적 세계관을 소유할 때에는 사정이 다르다. 이런 경우에 있어서는 그것은 례컨대 로씨야의 예술가—민주주의자들인 크람스꼬이와 무쏘로그쓰끼, 네크라쏘브와 쌀띄꼬브―쒜드린처럼 사실주의의 심도와 철저성을 촉진시킨다.

이처럼 우리는 일련의 경우에서 현실의 사실주의적 반영과 이러저러한 예술가의 **불철저**하며 일면적이며 력사적으로 제한된, 그리고 때로는 또 단순히 반동적인 견해들과의 제 모순을 간취한다. 례를 들어 쑤리꼬브의 정치적 견해는 그 견고성이 특출하지는 않으나 그렇다고 해서 이에 기초하여 그의 예술이 로씨야에서의, 민주주의를 위한 투쟁과 인연이 없는 것이라는 결론을 내린다면 그것은 어리석은 일이라는 것은 주지의 사실이다. 쑤리꼬브의 사실주의의 승리는 그가 언제나 철저하다고는 말할 수 없는 자기의 정치적 견해를 극복하면서 진실성에 있어서 극히 심오하며, 본질에 있어서 민주주의적인 폭동, 인민의 형상을 묘사한 데 있다.

이것이 자본주의 사회에서 예술이 발전할 때 부닥치는 그 첨예하고 복잡한 모순의 하나이다.

만일 우리가 이제 사회주의 레알리즘 예술에 주의를 돌린다면 우리는 그 속에서 그의 기본적인 특징적 표징의 하나가 우에서 언급한 바 예술가의 정치적 및 철학적 세계관과 그의 창조적 실천과의 모순이 없는 데 있다는 것을 보게 된다. 뿐만 아니라 모든 참된 사회주의 레알리즘 작품에는 예술가의 정치적 세계관, 다시 말해서 그의 공산주의적 사상성과 그의 예술적 방법과의 아주 공고한 불가분적 련계가 존재한다. 우리 시대에 있어서는 공산주의적 사상성없이는 훌륭한 가치를 가진 어떠한 예술 작품도 존재하지 않으며 또 존재할 수도 **없**는바 그것은 이 공산주의적 사상성이 바로 예술적 방법의 힘과 산 정신과 골격을 이루기 때문이다. 쏘베트 예술의 모든 대작들은 명확한 **사상적 경향성**으로 특출한 것이다. 조국에 대한 사랑, 자기 인민과 국가에 대한 충실성의 고상하고도 고귀한 사상없이는 아・뿔라스또브의 『**독일인**은 사라졌다』, 뜨・가쁘넨꼬의 『독일인들이 물러간 다음』, 드・슈마리노브의

『해방된 땅에서』와 같은 전쟁 년간의 그림들은 창작될 수 없었을 것이다. 이러한 그림들이 갖는 예술적 영향력은 그것들의 사상적 깊이와 불가분적으로 련결되여 있는 것이다. 더욱 튼튼히 쏘베트 예술가들이 전투적인 맑스—레닌주의의 무기로 무장되면 될수록 그의 수중에 있는 현실 묘사의 사실주의적 방법은 더욱 더 강력해질 것이다. 여기에 사실주의 레알리즘 예술이 갖는 매우 중요한 측면이 밝혀지는바, 공산주의적 사상성이 그의 불가분적 특질로 된다는 것은 가끔 어떤 자들이 생각하는 것처럼 이것이 예술적 방법에 첨가되는 그 어떤 것으로서가 아니라 이 방법의 내용, 원칙, 본질로 되는 것으로서이다. 그러나 공산주의적 세계관 그 자체만으로써는 아직 예술가의 창조적 성과를 보장하지 못한다. 이것은 아래에서 보게 될 것이지만 보다 복잡한 문제이다.

우리는 아직도 우리 예술 작품의 사상적 경향성을 그 작품의 예술적 의의와 떨어져서 분석하는 그런 평론들을 때때로 보게 된다. 『사상적』 분석과 『예술적』 분석과의 이러한 분리는 마치도 질적으로 높은 쏘베트 예술 작품이라도 선진 사상이 빈약하며 그 내용이 따분하거나 혹은 지어 패덕적인 것일 수도 있다는 옳지않은 견해로부터 출발하는 것이다. 이것은 형식주의의 도피처이다. 사실인즉 사회주의 레알리즘 예술 작품은 그것이 공산주의적 사상성으로 의의깊으며, 강할 때에라야만 완전한 것으로 되며, 내용있는 것으로 되며, 전면적이고 심오한 것으로 되는 것이다. 심오한 사상성이란 예술가가 현실을 참답게 천명할 줄 안다는 것을 의미하며 이것은 예술 작품의 진실성의 조건이다. 이것은 달리는 될 수 없는 것이다. 과거에 있어서는 지어 선진적 예술가들의 정치적 및 철학적 환상이라고 하는 것까지도 가끔 그 어떤 점에 있어서는 그들이 생활속으로 심오하고도 진실하게 파고들어가는 것을 제한하였었다。 오늘날에 있어서 가장 철저한 세계관인 맑스—레닌주의는 예술가가 생활의 진리를 천명하는 것을 도와주는 강력한 무기이다。

이런 의미에 있어서 우리 당 출판물에 게재되었던 파제예브가 『청년 근위대』 초판에 대한 비판은 매우 교훈적이다。파제예브가 『청년 근위대』 초판에서 지하 투쟁을 하는 꽁청에 대한 당의 지도적 역할을 응당하게 묘사하지 않았다는 그 사실은 무엇보다도 먼저 생활을 완전하고 진실하게 묘사하는 데 부족을 초래케 하였던 것이다。이런 사상적 오유로 말미암아 소설은 그 예술성에 있어서 많은 것을 잃었었는바 그것은 파제예브가 묘사한 화폭이 일정한 면에서 현실의 가장 본질적인 측면들을 외곡한 것이기 때문이며 또 작가는 엄중하게 전형성의 요구로부터 러탈하였던 것이다。 바로 이렇기 때문에 당 출판물에서 전개된 『청년 근위대』에 대한 비판은 동시에 소설이 내포하고 있는 엄중한 사상적 결함을 시정하며 그렇게 합으로써 생활의 진실한 화폭을 회복케 하는 데로 돌려졌던 것이다。파제예브는 자기의 훌륭한 소설의 재판에서 바로 이것을 수행하였다。

사실주의 작품에서의 사상성과 진실성의 련계는 무엇보다도 예술가의 『경향』이 생활 현상을 표현하는 방법에 기초를 두고 있는 데 있다。작품의 사상적 내용은 재현되는 현상의 본질을 밝히는 데서 나타나며 이 본질이 보다 심오하고 날카롭게 표현되면 될수록 작품의 사상성은 보다 예리하고 의의깊게 되는 것이다。꾸고믜니꼬씨의 『중말』은 사상성이 심오한 작품이다。선진적 쏘베트 예술가들은 자기의 주제를 취급함에 있어서 당적으로 대하였으며 썩어빠진 히틀러 도배의 온갖 가증스러운 범죄적 본질을 폭로할 줄 알았다。그리고 그들은 이렇게 함으로써 쏘베트 군대가 이미 최후의 결정적 타격을 가한 히틀러 파시즘의 최후의 날의 진상을 옳게 이야기하였던 것이다.

쏘베트 예술가의 당성, 그의 사상성의 심도는 례를 들어 유·네쁘린쩨브의 그림 『전투후의 휴식』에서도 매우 뚜렷하게 간취된다. 쏘베트 전사—애국자들의 군상을 옳게 묘사함으로써 이 화가는 전형적인 형상들을 창조하였는바, 바로 이 전형들 속에서 순박한 쏘베트 인간을 충심으로 열렬하게 찬양하여 마지않는 그림의 고상한 사상적 내용이 밝혀졌다.

우리가 이미 우에서 본 바와 같이 전형적 형상을 창조하는 것, 즉 묘사되는 현상 속에서 그의 심오한 본질을 천명하는 것은 바로 생활에 대하여 판결을 내리는 기본적인 방법이다. 생활을 진실하게 묘사하는 작품이야말로 생활하는 것을 교양하며 가르치며 사람들에게 참으로 고상한 사상을 가져다 주는 것이다.

그러나 타방으로 예술가의 사상적 경향성은 두말할 것도 없이 결코 예술에 무관한 것이 아니다. 도리여 사회주의 레알리즘 예술에 있어서는 예술가들이 맑스—레닌주의 리론으로 무장하는 것은 진정한 창조적 성공의 주요한 담보의 하나인 것이다. 그러나 우리가 보는 바와 같이 예술가의 진실성과 그의 사상성을 별개로 고찰해서는 안된다. 쏘베트 예술가는 『한 편으로는』 생활을 진실하게 반영해야 하며, 『다른 한편으로는』 높은 사상성을 가진 작품을 창작하기 위하여 맑스—레닌주의 리론을 소유해야 한다고 말할 수는 없는 것이다.

맑스—레닌주의는 예술가에게 있어 현실을 심오하게 인식하는 참된 무기이다. 혹 어떤 능수는 생활을 관찰하며 연구함에 많은 로력을 기울이지만 그 결과는 빈약하게 되여 버릴 수 가 있다. 이런 흔히 있는 비참한 상태의 원인은 예술가가 과학적인 맑스—레닌주의적 방법 을 소유하지 않음으로 말미암아 자기가 연구하는 현실을 리해하지 못하는 데 있는 것이다.

생활을 심오하게 인식하기 위하여서는 그것을 연구해야 하며 그것을 연구하기 위하여서는 맑스—레닌주의를 소유해야 한다.

바로 이 점에 맑스—레닌주의 리론을 소유하는 것이 예술에 깊이 침투하기 위한 필수적인 믿음직한 전제로 되는 리유가 있는바 맑스—레닌주의 리론을 소유하지 않고서는 진실하고 전형적인 형상의 창조가 불가능한 것이다. 그리고 이것은 나아가서 사회주의 레알리즘 예술에 있어서는 진보적 공산주의적 사상성이 묘사의 진실성과 불가분적으로 련결되여 있으며 그것들은 호상 분리될 수 없는 것이며 더군다나 그것들을 호상 대립시킬 수 없는 것을 의미하는 것이다.

그런즉 쏘베트 예술의 사상성—이는 그의 예술적 특성인 것이다. 사상성없이는 예술로서의 사회주의 레알리즘 예술은 없다. 왜냐하면 예술가의 사상적 견지는 전형적인 것의 선택과 해석, 생활에 대한 예술가의 판단, 즉 결국에 가서는 그의 작품의 정치적 의의를 규정하기 때문이다.

만일 사상이 형상속에서 완전히 들어맞는 해당한 표현을 보지 못한다면 그 사상은 흔히 전적으로 예술가의 선량한 희망으로만 남게 되며 응당한 사실주의적 솜씨로 작품속에서 『객관화』되지 않는다. 이것은 례컨대 인민 민주주의 제 국가 예술가들의 일부 작품들에서 지금이라도 아주 뚜렷하게 볼 수 있다. 그중 많은 예술가들은 인민의 해방, 로동에서의 영웅주의 등등 새로운 사상을 표현하려고 노력하는 것이나 그러나 아직 사실주의적 방법을 소유하지 못한만큼 당분간은 이것을 충분히 완전하고 명확한 형식으로 표현할 수 없을 것이다.

이와같이 불충분한 사상성과 전형적 형상으로 생활을 재현하는 사실주의적 기교의 불충분한 소유는 현실이 그 온갖 진실성과 명확성속에서 천명되지 못하는 데로 이끌어 간다. 그러나 당성이 사회주의 레알리즘의 불가결의 특성이라고 하여 이로부터 예술과 같은 그런 사회적 활동의 형식을 고유한 의미에서의 정치적인 당적 사업과 동일하다는 결론을 내려서는 옳지않다.

당성이란 말이 갖는 조직—정치적인 의미와 문학—예술 사업을 기계적으로 동일시할 수는 결코 없는 것이다. 이 문제에 있어서 라쁘의 리론가들이 범하였으며 오늘에 와서도 일종의 신 라쁘 형식으로 가끔 재생하는 외곡은 이 가장 초보적인 문제에 혼란을 주군 하였다. 그 결과 당원이 아닌 쏘베트 예술가는 정도에 있어서는 다소의 차이가 있을망정 모두 완전 무결치는 못한 것이므로 그들에 대하여서는 경계할 필요가 있다는 황당 무계한 것이 발생되였었다. 바꾸어 말해서 쏘베트 예술 력량을 사회주의 건설 파업을 위하여 집결시킬 대신에 라쁘파들은 인민파의 련계, 공산당의 선진적 사상과의 련계에서 우리 예술이 장성해 나아가는 것을 저애하는 분렬과 분파를 그 속에다 가져오게 하였었다.

그렇기 때문에 이 점에 대하여 약간의 정확한 해명을 주는 것이 필요하다. 우리가 지적한 바와 같이 계급 사회에서는 초계급적이며, 일정한 사회적 그루빠의 사상을 표현하지 않으며, 일정한 사회적 리해 관계를 표현하지 않는 그러한 사상은 하나도 없으며 또 있을 수도 없다. 이 견지로부터 볼때 계급 사회의 온갖 예술은 당적인 예술로 된다. 이 예술은 항상 현실을 일정한 사회적 견지에서 고찰하며 일정한 리상을 위하여 투쟁하며 일정한 사회적 리해 관계를 옹호하며 일정한 원칙을 선전한다. 예술의 무당성, 실지 생활의 리해 관계로부터의 그의 독립성에 관한 온갖 전설은 한낱 환상에 지나지 않는 것이거나 착취 계급의 옹호자들이 즐겨 전파하는 의식적인 기만에 불과하다。이 견지로부터 우리 쏘베트 예술도 또한 다른 모든 예술과 마찬가지로 당적이며, 그것은 일정한 사회적 리해 관계를 고수하며, 일정한 원칙 즉 공산주의 원칙을 옹호한다。

그러나 쏘베트 예술의 당성은 부르죠아 예술의 당성과 근본적으로 원칙적으로 다르다。혁명적 프로레타리아 예술이 방금 형성되던 시기인 사회주의 혁명전 시기에 벌써 레닌은 이 근본적인 차이를 론문 『당 조직과 당 문학』에서 명확하게 규정하였다。

쏘베트 예술의 당성 원칙은 인민과의 그의 공개적 련계、예술가가 자기의 활동을 『프로레타리아의 전반적 사업의 일부분』으로 직접 명확하게 승인하는 것을 예견한다。이로부터 예술가는 자기의 계급적 립장을 자각해야 하며, 그가 사회주의 사업을 고수하는 것이 맑스—레닌주의 사상에 립각한 의식적이며 자각적인 것으로 돼야 할 필요성이 나온다。그러나 부르죠아 예술은 이와는 반대로 자기의 본질적 립장이라는 것이 자기 계급의 사상의 탐욕적 본질을 은폐하는 데 객관적으로 리해 관계를 가지고 있으니만큼, 의식적이건 무의식적이건 자기의 그 진정한 립장을 백방으로 가장하게 되는 것이다。바로 이렇기 때문에 당성은 레닌이 교시한 바와 같이 프로레타리아 사상이며, 무당성은 부르죠아 사상이다。무당성의 구호、『자유로운』 예술과 『구속된』 생활의 대립의 구호는 온갖 형식주의적 예술의 부르죠아적인 계급적 전면모를 은폐하는 가면이다。

이 계급들 사이의 경제선이 확연하게 그어져 있은 혁명전 시기의 제 조건하에서 당시 예술가들이 사회적 투쟁에 자각적으로 참가하기 위하여서는 자기의 계급적 립장을 자각하여야 한다는 것을 의미한 레닌적 당성의 요구는 특히 중요한 의의를 가졌었다。레닌은 『예술의

자유」와 자기 고유의 무당성을 때로 신성하게 믿는 부르죠아 예술가들에 대하여 그들

이 사실에 있어서는 『돈 주머니』의 노예라는 것을 지적하면서、사회적 제 모순을 밝혔으

며 환상을 폭로하였다。이런 력사적 제 조건하에서 예술가에게는 그가 어느편 바리케트에

서 있으며 자기의 예술을 가지고 무엇을 위해 싸우는가가 명확히 설명될 것이 요구되였다。

이러한 자기의 계급적 면모의 자각은 또한 일정한 당에 대한 자기의 소속 관계를 명확

히 규정할 것을 요구하였다。레닌의 구호는 부르죠아 예술의 허위적 『무당성』을 반대하는

데 돌며진 것이였던바 그것은 여하한 노예화의 형태라도 남김없이 청산할 것을 자기 사

명으로 하는 철저한 혁명적 계급의 예술은 자기의 계급적 립장을 온폐하는 데 리해 관계를

갖지 않으며 또 가질 수도 없기 때문이다。진리는 그에게 속해 있으며 미래는 그의 것이다。

이미 一九〇五년 혁명 시기의 고리끼의 예술이 바로 이러하였으며、쏘베트 예술의 가장 선진

적인 자기의 표현들도 바로 이와같은 것으로 영원히 남아 있다。

그러나 사회주의의 제 조건하에서는 력사적 환경이 바꾸어지고 있는바 여기에서는 예

술은 사회의 사상과 지향을 전일적으로 표현하는 것으로 되면서 사회에 대하여 다론 태도로

대한다。

사회주의 제도는 적대적 계급들을 청산하였다。우리 사회에서는 모든 사회적 력량―로

동 계급、꼴호즈 농민、쏘베트 인테리의 리해 관계가 하나의 조화된 통일을 이루고 있다。

바로 이렇기 때문에 우리 사회에서는 서로 적대되는 각이한 계급들이나 혹은 사회적 그

루빠의 리해 관계를 표현하는 그런 예술적 조류가 존재하지 않으며、계급적 배타성우에 건

립된 예술이 없어졌다。

공산당의 주위에 단결된 쏘련 인민의 정치-도덕적 통일은 쏘베트 사회의 모든 이데올로기야가 의거하고 있는 원천이다.

레닌-쓰딸린의 불멸의 기치 밑에서, 당의 주위에 단결된 인민의 이 불패의 통일이야말로 로동자와 농민, 공산당원과 비당원의 리해 관계와 리상이 아무런 차이도 없게 한다. 쏘베트 인민의 정치-도덕적 통일은 쏘베트적, 사회주의적 민주주의에서 가장 명확하게 표현된다. 이것은 예술에서도 또한 반영되지 않을 수 없다. 아·쁠라스또브가 주로 쏘베트 농촌을 노래하는 가수이라 하더라도 이것은 결코 그의 리상과 열망이 같은 사상-정치적 립장에 서 있는 다른 예술가들의 리상 및 열망과 그 어떤 점에서 구별된다는 것을 의미하는 것은 아닌 것이다.

우리 예술이 **전체·쏘베트·사람들**의 사상, 의지 및 **감정을 결합시키는** 것인 이상 그것은 진정한 의미에서 전 인민적인 것이다. **쏘베트** 예술은 지배적인 사회 제도의 확인, 의래 침략과 사회주의 및 민주주의 세계에 대립하여 나서는 제국주의와 전쟁의 세계로부터의 그의 방위를 위한 사상적 형태의 하나이다.

오늘의 력사적 조건에서 쏘베트 예술의 전투적, 예봉은 무엇보다도 먼저 반동적 부르죠아 지를 반대하는 데로, 전쟁 방화자들을 반대하는 데로, 제국주의 자본의 부패한 사상을 반대하는 데로 돌려져 있다. 그리고 그 예봉은 또한 국내에서의 부르죠아 사상의 보지자를 반대하여, 적대적인 사업을 진행하며 기만 술책을 쓰며 우리의 승리적인 전진 운동을 저해하는 자들을 반대하는 데로 돌려져 있다. 간단히 말해서 사회주의 레알리즘 예술의 당적 리상은 오늘날 모든 면에서 썩어가고 있는 자본주의 진영과의 투쟁에 돌려져 있다. 이것 역시 생기 발발한 쏘베트 애국주의를 그의 기본적이며 주요하고 지도적인 사상적 내용으로 하고 있다.

쏘베트 예술의 가장 고귀한 특징, 즉 그의 쏘베트 애국주의의 근원은 바로 이러하다. 자

기 나라에 대한 긍지감과 그의 성과들에 대한 기쁨으로 충만돼 있지 않으며, 자기의 사회주의

조국에 대한 뜨겁고 열렬한 사랑의 감정이 느껴지지 않는 그러한 예술가와, 또한 참으로 대

작이라고 말할 수 있는 그러한 쏘베트 예술 작품은 없으며 또 있을 수도 없다.

사회주의 레알리즘의 수법을 소유한 우리 예술가들의 동원적이며 개혁적인 사업은 또한

그들이 우리 인민들을 공산주의 정신으로, 당에 대한 충실성의 정신으로, 조국에 대한 사랑의

정신으로 교양하는 데 있는바 바로 여기에, 바로 이 점에 무엇보다도 먼저 인간을 고귀하게 하

는, 고상한 애국주의 사상으로 일관된 쏘베트 예술의 영향력이 있는 것이다.

사회주의 레알리즘 예술의 이러한 특성은 위대한 조국 전쟁 시기의 회화에서 뚜렷하게

나타났다. 주지하는 바와 같이 히틀러 도배가 쏘련으로 침입한 다음날에 사회주의 조국의

방위에로 호소한 첫 전투적 뽈라카드가 나왔었다. 『오크나 따쓰』를 비롯하여 뽈라카트,

신문, 만화들은 원쑤와 투쟁하는 쏘베트 인민의 정신적 힘을 동원함에 있어서 비상한 역할을

놀았었다. 그러나 뽈라카트, 풍자적 그라휘크와 같은, 본질로 보아 선동적인 예술들만이 그

당시 전쟁에서의 쏘베트 인민의 사상적 무기로 된 것은 아니였다. 쏘베트 군중화는 일련의

훌륭한 그림들을 창작하였는바 그것들이 갖는 동원적인 애국주의적 의의는 매우 컸었다.

아·뽈라스또브의 『독일인은 사라졌다』, 뜨·가쁘넨꼬의 『독일인들이 물러간 다음』, 꾸고리

니크식의 『따냐』, 드·듀마리노브의 『해방된 땅에서』 및 기타와 같은 작품들을 회상해 보

라. 이것들은 충심으로부터 울려 나오는 열렬한 감정으로 관통돼여 있으며 준엄한 용감성과

불타는 적개심으로 충만되여 있는 투쟁을 호소하는 작품들이였다. 그리고 이것들은 전체 인민이 가슴 속에 품고 살아온 그 사상、감정、지향을 이야기한 작품들이였다.

전쟁 년간에 쏘베트 예술은 전적으로 조국 방위 사업에 헌신하였는바 바로 이 사실에서 쏘베트 예술의 모든 선진적인 작품들을 쏘련의 수백만 근로 대중의 생활상 리익의 표현으되게 한 예술가와 인민과의 공고한 련계가 뚜렷이 나타났었다. 이러한 것에 대하여서는 부르죠아 사회의 예술가는 상상도 할 수 없는 것이다. 자본주의 사회의 지배층들은 아·므·고리끼의 표현을 빌어 말한다면 예술가가 『인민적 정신을 느끼는 사람으로 되는데 관심을 가지지 않을 뿐더러 더 나아가서 그들은 예술가를 인민으로부터 리탈시키려고 백방으로 발광하는 것이다. 미국 예술가 협회 회장 록크웰 켄트는 一九四二년에 다음과 같이 개탄하였다. 『쏘베트 동맹에서는 당신들 훌륭한 예술가들은 자기들이 낼 수 있는 보다 훌륭한 작품을 낼 것이 호소되여 있으나 미국에서는 훌륭한 예술가들이 무용한 사람으로 될 수 밖에 없이 방임되여 있다.』(주一)

카나다 신문은 다음과 같이 썼다. 『모든 예술 형태들은 인민에게 심각한 영향력을 갖고 있다. 그렇기 때문에 쏘베트는 그 예술들에 인민을 계몽시킬 사명을 부과하고 있다. 쏘베트는 예술이 갖는 거대한 선전적 힘을 리해하였다. 미국은 이 요인을 평가하지 않았다.』(주二)

이 신문은 문제의 본질을 리해하지 못하였거나 혹은 리해하지 못한척 하였다. 사실인즉 월가

(주一) 一九四二년 四월 一九일부、쏘련 대의 문화 협회에 보낸 편지。

(주二) 一九四二년 六월 二五일부、몬리알 가제트。

의 정객들은 『이 요인』을 아주 훌륭히 평가했으며 바로 그렇기 때문에 예술이 제국주의 침략자들과 『미국 정신의』 세계적 『제패』를 선전하는 사업에 복무케 하려고 애썼으며 예술 활동가들 속에서 인민적 지향이 조금이라도 나타나는 것을 교살하려고 날뛰고 있는 것이다. 제二차 세계 대전 시기에조차 미국 예술에서는 애국주의의 면이란 찾아 볼래야 볼 수 없는, 브•이•레닌의 표현대로 말한다면— 『조국을 모르는』 오직 제국주의적 자본의 피스모뻘리찌즘적 선전을 일삼은 그러한 오가잡탕들이 나타난 사실은 바로 이것으로써 설명되는 것이다.

『원자 세기』의 찬양이나 기타의 호전적인 제국주의의 구호를 취급한 쩨마가 구미에 알맞는 쩨마로 돼 버린 전후 시기의 미국 부르죠아적 피스모뻘리찌즘 예술은 보다 더 기형적인 성격을 띠게 되였다. 쌀리바도르 달리의 『우울한 원자 전원시』나 혹은 르•굴리엘림의 『브루크린에서의 공포』와 같은 그림들은 『원자적』 과피의 피이한 기술앞에서 보통 사람들이 무력하다는 사상을 주입시키려는 사명을 가진 것들이다. 이 예술은 그 예봉을 쏘련과 인민 민주의제 국가를 반대하여, 전 세계 인민들을 반대하여 돌려진 것이나, 그것은 또한 자기 인민을 반대하는 데도 돌려진 것인바 여기에 그의 반애국주의적 본질이 있는 것이다.

쏘베트•예술의 애국주의—이는 전 인민적 사상 및 감정의 직접적인 표현이다. 이 애국주의는 독일 파시즘파의 준엄한 투쟁 시기에 아주 명확하게 표현되였으나 그렇다고 이 특성이 그 어떤 일시적인 림시적 정황에 의하여 쏘베트 예술 문화에 나타난 것이라고 생각해서는 엄중한 오유일 것이다. 쏘베트 애국주의는 쏘베트 예술의 기초 자체에 놓여 있으며, 그는 구체적인 력사적 제 조건에 따라 각이한 형태를 취하는 것이나, 그러나 강조해 두어야 할 것은 그 애국주의는 예술에 있어서 사회주의 레알리즘의 불가결의 내적 특성으로 된다는 것이다.

만일 우리가 실례로 三○년대 후반기의 쏘베트 회화를 들어 본다면, 그 속에서는 즐거운 생활의 감각이 특히 선명하게 나타나 있음을 보게 될 것이다. 브·에파노브의 그림 『잊을 수 없는 상봉』에서 나타나는 환희에 찬 기쁨, 아·게라씨모브의 그림 『크레믈리에서의 이·브· 쓰딸린과 고·에·워로씰로브』에서 보게 되는 장엄한 기분, 아·쁠라쓰또브의 그림 『꼴호즈 명절』에서 표현되는 격동적인 생활 감정, 아·부브노브의 그림 『一○월 명명식』에서 흐르는 행복하고도 기꺼운 청춘—이와같은 것들이 이 시기 예술에서 우세하였던 정서적인 색조이 다. 그리고 이것은 마치 一九三五년 제一차 전 련맹 쓰따하노브 운동자 협의회에서 『동무들, 생활이 일층 좋게 되였다. 생활이 일층 줄겁게 되였다. 그런데 살아가기가 줄거우면 일에 능 률이 나는 것이다』(주) 라고 한 쓰딸린 동지의 줄거운 말씀의 구현인 것같이 보인다.

사회주의 사회는 기본적으로 건설되였으며, 예술가들 앞에는 새 생활 형식의 풍부성과 미를 천명할 수 있는 광활한 전망이 열려졌다. 현실은 매일 매시 더욱 새로운 흥미있는 묘사 대상들을 예술가앞에 제공하였다. 승리를 총화하고 금후의 전진 운동의 전망을 열어주 는, 전 인민적 환희속에서 진행된 각종 협의회들은 예과 노브에게 창작 재로를 제공하였으며, 『몽매한 농촌 생활』을 영원히 청산한 세계사적인 농촌 개조는 쁠라스또브, 쓰·게라씨모브, 가쁘넨꼬를 작품 생활로 불러 일으켰으며, 사람들의 정신적 풍모와 그들의 생활 관습을 변화 시킨 사회주의 시기의 새로운 생활 형태들은 부브노브, 루꼼쓰끼, 오진쪼브, 삐메노브들을

(주) 이·브·쓰딸린, 레닌주의 제 문제 제二판, 국립 정치 서적 출판사, 一九五二년 五三七페지.

고무하였다。

三〇년대의 쏘련 회화가 가지는 명절 기분은 공산당의 령도하에 쏘베트 인민이 달성한 승리에 대한 기쁨의 표현이였으며 여기로부터 사회주의 레알리즘 예술의 력사적인 락관주의라고 칭할 수 있는 것이 나왔었다。 승리적인 인민의 감정과 사상을 표현하면서 예술가들은 생활속에서 사회주의가 전취한 장엄한 력사적 업적들을 보았다。 그들의 예술은 론리적으로나 합법칙적으로 이런 업적에 대한 찬양으로 되였으며、 그 예술은 새로운 생활 형태를 확인하는 예술적 형식으로 되였으며、 그리고 이 확인속에서 자기의 사회주의적 조국에 대한 사람들의 열렬한 감정이 장성 강화되였다。

이것은 쏘베트 애국주의의 표현이였다。 이렇듯 쏘베트 예술의 각이한 형식과 각이한 발전 단계에서 그의 애국주의가 천명되였는바、 그 애국주의는 인류의 가장 훌륭하고 아름다운 전취물로서의 사회주의 사회 제도를 확인하려는 지향과、 그 전취물들을 어떠한 침해로부터라도 고수하려는 불굴의 결의를 표현하는 데 귀결된다。

쏘베트 사람들의 리익과 지향의 근본적 공통성은 사회주의 레알리즘 예술에서 쏘베트 애국주의가 발전하는 사회적 기초로 된다。 쏘베트 애국주의는 사회주의 사회의 모든 근로자들의 리해 관계의 공통성의 직접적、 표현이며、 또 이는 예술가들 앞에 자기의 창작속에서 사회주의의 전취물들을 확인하며 찬양할 수 있는 훌륭한 전망을 열어준다。

꼬스모뽈리찌즘적인 평론은 쏘베트 애국주의의 고상한 감정을 반대하며、 쏘베트 예술가들의 훌륭한 작품들 속에 구현된 우리의 사회주의 조국의 복리와 위력을 공고히 하려는 고귀한 사상을 반대하여 나선 것이였다.

이 부르죠아적 꼬스모뽈리찌즘은 쏘베트 인민과 그의 전 세계사적 사업의 극악한 적이

당 세계 문화를 통합시킨다는 문구로 가장하면서 꼬스모뽈리뜨들은 사실에 있어서는 인민들

의 민족적 독립을 반대하여 나서고 있으며, 제국주의 부르죠아지들이 전 세계 수백만 보통 사

람들을 정신적으로 노예화하며 다음에 가서는 물질적으로 노예화하고 있는 것

이다. 전 세계 자유 애호 인민들을 반대하는 미 제국주의의 「랭전」은 자기의 중요한 한

부분으로 하리우드의 썩어빠진 영화, 각종 슈떼인베크파들과 밀러파들의 사이비적 문학, 회

화에서의 슈르레알리즘 및 기타 등등과 같은 미국식 반인민적 『예술』의 『성과』들을 광범히

전파시키고 있다.

형식주의, 뻔뻔스럽고 파렴치한 비속화, 동물적 자연주의, 『미국식 생활 양식』에 관

한 사이비적 사실주의의 데마고기야, 한마디로 반동이 미국 자체에서도 전파시킨 대중을 사

상적으로 중독시키는 이 모든 형태들과 방법들은 때로 큰 예술적 전통을 가지고 있긴 하나 이

추물들에 의하여 그 전통이 모욕당하고 유린당한 나라들인 이태리, 인도, 불란서, 이란 등으

로 대규모적으로 흘러 들어가고 있다.

분쇄된 적대 계급들의 잔재들, 적대 사상을 가진 개별적 집단들과 각종 파괴 분자들은

인민 민주주의 제 국가, 특히는 정치적으로 미숙한 일정한 인테리층 속에다 꼬스모뽈리찌즘의

독소를 온갖 수단으로 전파시키려고 발광하고 있다. 예술에서의 형식주의가 도처에서 적대적

꼬스모뽈리찌즘 사상의 전파를 그게 돕는 배양기로 되여 있다는 것은 교훈적인 것이다.

부르죠아 꼬스모뽈리찌즘은 쏘베트 동맹에서도 그 음흉한 사업을 수행하려고 시도하였으

며 또 시도하고 있다。 수년 전에 공산당은 쏘베트 예술 문화에다 부르죠아적 서방앞에 굴종하는 『사상』파 형식주의를 끌어 들인 피스모빨리찌즘 평론가들의 집단을 폭로하였었다。

그러나 이미 一九四九년에 피스모빨리찌즘이 폭로되었다 하여도 그것과의 투쟁이 이미 현실적이 아닌 것으로 되었다는 것을 의미하는 것은 아니다。 자본주의의 포위가 그대로 존재하며 반동적 제국주의 부르죠아지가 존재하는 한, 적대적 사상의 영향의 위험성, 특히는 예술 분야에서의 그 위험성은 청산되지 않는 것이며 때문에 온갖 종류의 반인민적, 형식주의적 및 기타의 경험들에 대한 가장 엄격한 경각성은 일순간도 약화될 수는 없는 것이다。

생기 발랄한 쏘베트 애국주의를 예술의 수단을 통하여 배양하는 투쟁이 쏘베트 예술가의 가장 주요한 파업으로 되는 리유는 바로 여기에 있다。 각종 피스모빨리뜨들이 자기들 갖는 사상의 정체를 여하한 미사려구로 은폐하려 한다 해도、 그들이 사회주의의 제 성과에 대한 신심을 파괴하며, 쏘베트 국가의 실제적인 성과와 금후 발전 행로에 대한 명확한 인식에 의하여 보장된 그 고귀한 력사적 락관주의를 쏘베트 예술가에게서 빼앗으려는 흉계를 품고 있다는 것이 그들의 배후에서 뚜렷하게 드러나는 것이다。

쏘베트 예술의 력사적 락관주의—이는 사회주의 조국을 위하여 온갖 적들을 반대하는 엄한 투쟁에서 배양된 그의 불가결의 특성이다。 우리 예술가들은 광희에 찬 락관주의를 소유할 당당한 권리가 있는바, 그에게는 절망, 암담, 무의미한 회생의 비판주의적 사상은 인연 없는 것이다。 쏘베트 예술의 락관주의는 공고한 토대우에 자리잡고 있으며 그의 산 정신을 이룬다。 이것은 우리 예술가가 자기 나라의 미래를 확신하며 우리 사회의 힘과 공산주의 상의 위력을 알고 있는 것으로 설명되는바 그것은 예술가가 우리 사회가 나아가는 길이

맑스—엥겔쓰—레닌—쓰딸린의 불멸의 사상으로 무장된 공산당에 의하여 지시되는 것이므로

그 길이 정당함을 확고하게 알고 있기 때문이다。이와같이 우리 예술의 락관주의는 그 력사

적 발전의 합법칙적 경향이다。

쏘베트 예술에 적대되는 피스모뿔리찌즘적 평론은 쏘베트 예술이 갖는 그 원칙적인 락관

주의—우리 쏘베트 생활에 대하여 그가 부단하고도 와강하게 『그렇다』고 말하는 그 락관주의

를 수차에 걸쳐 비난하였었다。이 비평은 마치도 우리 예술의 깊이를 위하여 투쟁하는 체 하면

서도 쏘베트 회화가 갖는 그 공통적인 환희에 찬 승리적 색조를 결코 『인정하지 않았었다』。

그러나 이에 있어서 우리가 예술 창작의 모든 분야에서 비판과 풍자가 필요하다고 말하

는 것을 끄스모뿔리뜨들이 우리 예술에 요구하는 것파 두일시하는 것은 큰 오유일 것이다。이

밖에도 우리가 사회주의 레알리즘의 락관주의에 대하여 이야기한다 해도, 그것은 결코 쏘베트

예술의 매개 작품들이 모두 반드시 락관주의적인 작품으로 되여야 한다는 것을 주장하는 것

이 아님은 두말할 것도 없다。천박한 허장 성세와 우리 예술의 사상적 기초로서의 락관주의와

를 혼동해서는 안되는 것이다。

쏘베트 예술이 사람들의 비애와 고통을 묘사해서는 안된다는 결론은 두말할 것도 없이 심

한 오유이다。그러나 쏘베트 예술이 그러한 것들을 묘사할 때에도 그는 억센 애국주의적 감정

에 렵각한 자기의 락관주의를 상실하지 않는다。문제는 쏘베트 사람들의 고통이 묘사되여 있

는가 아닌가에 있는 것이 아니라, 이로부터 어떠한 결론을 내리는가, 즉 이러저러한 사건이

옳게 묘사되었는가 아닌가에 있는 것이다。똘까쵸브는 『마이다네크에서의 그리스토』라는 그

라 휘크집에서 의심할 바 없이 파시스트 폭군들의 독수에 걸린 사람들의 뼈를 어이는 듯한 고

통을 진실하게 묘사하였다. 이 고통은 그의 가슴을 절망으로 차게 하였고 그 그림들은 모두

가 공포의 아우성, 히스테리적 통곡이다. 사정없는 운명에 대한 맹목적 복종—이것이 몰까쵸

브의 회화집의 쩨마이며 이는 쏘베트 예술에는 인연이 없는 쩨마이다. 빠호모브는 퇴위된 레

닌그라드에 관한 훌륭한 회화집을 만들었다. 여기에도 또한 많은 고통—힘이 없어지고 굶주린

사람들과 참담한 노력이 묘사되어 있으나, 그러나 동시에 초인간적인 영웅주의도 그려져 있

다. 여기에는 절망이란 없다. 반면에 여기에는 고통을 이겨내는 용감성, 여하한 난관이라도

타승할 수 있는 쏘베트 인간의 정신력에 대한 감탄의 격조가 흐르고 있다. 즉 빠호모브는 쏘

베트 애국주의의 감정을 배반하지 않았으나 똘까쵸브는 우에서 인용한 회화집에서 이러한 것

을 표현하지 못하였다.

　또 다른 실례로, 아·빠제예브는 『청년 근위대』에서 크라스노돈 영웅들의 비극적인

죽음에 대하여 묘사하고 있으나 그러나 그 이야기 속에서 흐르는 빠포스는 조국을 위한

불후의 공훈에 대한 찬양이다. 빠제예브는 자기의 사랑하는 주인공들의 고통스러운 운명

을 전연 은폐하지 않았으며 또 그 운명을 경감시킬 수도 없었다. 그러나 그는 무엇 보다도

먼저 그 주인공들 속에서 주되는 것, 즉 조국에 대하여 헌신적으로 복무하는 사람들의 불

굴의 용감성을 증시하고 있다. 또한 브·그로쓰만의 소설 『정당한 사업을 위하여』에서

취급한 『쓰딸린그라드 전투』에서의 대대(大隊)의 사멸도 응당 이렇게 되여야 하였었다. 그런

데 작가는 위대한 애국주의적 공적에 관하여 이야기하면서도 그것이 이야기의 주되는 시적

줄거리로 되게 한 것이 아니라 운명에 대한 희생성과 절망적인 굴종의 쩨마로 되게 하였다.

이러한 사전을 취급한 소설의 폐지들에서는 주인공들의 공훈에 대한 찬양이 아니라 죽음에

대한 음울한 신비가 울리고 있다.

이로부터 하나의 결론이 나오는바, 사회주의 레알리즘 예술에서는 비애와 고통에 대한

묘사를 부정하는 것이 아니라, 사회주의의 불가극복성을 확신하는 애국주의적 감정의 표현인

력사적 락관주의에 대한 일반적 원칙적 태도가 특징적이라는 것이다.

이 일반적 태도는 결코 우리 생활에서의 결함을 아주 전면적으로 또한 철저하게 폭로하

며 갈등을 중시할 데 대한 과제를 배제하는 것이 아니다.

비판과 자기 비판이 쏘베트 예술에서 가능할 뿐만 아니라 극히 필요하다는 것은 자명한

사실이다.

전진에 대한 지향은 낡고 로쇠한 것과 백방으로 투쟁할 필연성을 조건지어주고 있다.

공산당의 혁명적 정신은 자기 비판을 요구한다. 그러나 자기 비판과 비판, 적대적이며

로쇠하고 락후한 것에 대한 폭로를 우리 현실의 선전적 제 현상에 대한 비판과 저속화로 슬

쩍 대체하려는 시도는 바로 그의 본질을 외곡하는 것이다.

끄스모뿔리찌즘화한 평론은 우리 생활을 묘사함에 있어서 온갖 비참하고 비극적이며 절

망적인 것을 과장하여야 한다고 주장하면서 그러나 그 묘사에서 그 어떤 즐거운 것, 락관주

의적인 것은 전혀 허용하지 않고 있다. 이런때 그는 흔히 유산을 인용하고 있다. 하나 렘브

란뜨가 비극적인 인물과 비극적 운명을 묘사함으로써 묘사의 심경에 도달한 것은 바로 그가

살던 사회 제도의 기초에는 그 비극성이 놓여 있었기 때문이며 따라서 이는 힐난의 형식이

였던 것이다. 계급적 적대 사회에 있어서의 예술의 상태와 사회주의 사회에 있어서의 예술의

상태간의 류비(類比)를 그와같은 견지에서 끌어내는 것은 우둔한 것이다. 우리가 우에서 이

미지적한 바와 같이 이 두 경우에 있어서 사회에 대한 예술의 관계는 원칙적으로 판이한 것이다. 따라서 부르죠아 사회의 기초를 반대할 목적을 가진 부르죠아 사회의 예술에서의 현실 비판의 내용과 사회주의 제도의 기초의 공고화를 지향하는 쏘베트 예술에서의 낡아빠진 현실 형태의 비판 내용도 서로 다른 것이다.

사회주의적 사회 제도의 기초를 공고화하기 위한 투쟁은 사회주의 레알리즘 예술의 근본적이며 애국주의적인 파업이다. 이 투쟁은 선진적인 것을 긍정하고 찬미하는 형식으로도, 또 락후하고 적대적인 것을 비판하고 폭로하는 형식으로서도 진행될 수 있으며 또한 그렇게 진행되여야 한다. 그러나 이 투쟁은 그 형식이 어떻든간에 주도적이며 선진적인 생활 제현상을 확인하는 예술적 형식이며, 또 전진 운동을 방해하는 모든 것을 폭로하며 조소하는 기본 원칙인 락관주의를 필연적으로 산생한다. 미래에 대한 확신성과 래일, 앞에서의 대담성은 우리 예술의 생활 긍정적인 성격을 규정한다. 이·브·쓰딸린은 고리끼의 민화 「처녀와 죽음」에 대하여 『이 조고만 단편은 꿰떼의 파우스트보다 더 강력하다. (사랑은 죽음을 타승한다)』라고 말하였다. 이 말 속에는 고리끼의 훌륭한 민화에 대한 심오한 평가뿐만이 아니라 선진적 사회주의 예술의 가장 본질적 가치들 중의 하나에 대한 교시도 포함되여 있다.

인간에게 적대적인 힘은 불가극복적인 것이 아니라는 신념은 사회주의 레알리즘 예술의 철학적 기초의 하나이다.

때때로 애국주의를 다만 예술가—창조자가 자기 작품에서 반드시 표현해야 할 그의 도덕적 품성일 따름이라고 생각들 한다. 물론 고도의 공민적 지향으로 충만되여 있지 않고、그의 정신이 위대한 애국주의적 정열로 불타고 있지 않는 그러한 예술가는 나쁘다.

그러나 문제의 본질은 보다더 심각하다.

우리 사회주의 조국의 위력과 독력을 파괴할 목적으로 제국주의가 새로운 모험을 준비하고 있는 사회주의와 자본주의와의 투쟁 시기에, 바로 『제一선에』서 있는 쏘베트 예술가들의 사명은 특히 중요하고 책임적일 뿐만 아니라 동시에 영예로운 것으로 되고 있다.

사회주의 예술 문화의 불가결의 특성인 그의 애국주의는 사회주의 사회의 본질 자체와 결부되여 있다. 쏘베트 애국주의는 우리 예술의 인민성의 표현이며, 자기 나라와 자기 인민에 대한 예술가의 사랑의 표현이며, 공산당의 위업에 대한 충실성의 표현이다. 타방으로 이것은 자기의 사회주의 조국에 대한 인민의 사랑을 천명하는 우리 예술의 본질과 내용에 관한 문제이다. 때문에 쏘베트 애국주의는 우리 예술 발전의 가장 중요한 기초로 된다. 또한 그것은 우리 예술의 인민성의 주요한 표현의 하나이다.

쏘베트 애국주의는 부르죠아 민족주의, 반혁명적 배타주의, 인종 및 민족들의 불평등에 대한 설교의 모든 또는 온갖 표현들에 대하여 아주 적대된다. 쏘베트 애국주의는 쏘베트 동맹의 제 민족의 친선 관계에서 훌륭히 표현되고 있는 프로레타리아 국제주의와 불가분적으로 련관되여 있다. 우리 문화에는 국제주의적 정신이 철저하고도 명료하게 표현되여 있다. 그것은 우리 나라의 대소를 불문한 매개 민족 예술에 돌려지고 있는 배려에서 특히 철저하고 명료하게 표현되고 있다.

쏘련의 모든 인민들은 로씨야 인민 예술의 위대한 경험에 의하여 자기의 예술을 풍부화하고 있다. 이와같은 풍부화는 민족 문화를 조금도 훼손시키지 않을 뿐더러 도리여 그의 개화를 촉진시킨다. 쏘베트 나라의 모든 공화국 예술가들은 완전히 평등하다. 아·게라씨모브와 엠·아브둘라에브, 쯔·츄이꼬브와 뜨·야블론쓰까야, 우·딴쓰의끄바에브와 르·화따호브, 오·쓰꿀메와 이·낌 같은 쏘련의 모든 인민들의 예술가들은 호상 평등하며 당이 주는 친근한 배려를 동일하게 받고 있다. 또한 쏘베트 예술의 내용에서도 쏘련 인민들의 고귀한 친선의 감정은 항상 발현되고 있다. 아·꼬르네이츄고의 『전선』, 엠·치아우렐리의 『백림 함락』과 기타의 수많은 작품들을 회상해 보자. 민족적 차별과 배타주의는 쏘베트 예술에서 격분에 찬 폭로를 받고 있다. 례컨대 쏘베트 예술의 대가들이 미국에서 흑인들을 차별 대우 하는데 대하여 얼마나 격동에 넘치는 작품을 창조하였는가는 알렉싼드로브의 영화 『곡예단』하나만을 들어도 충분하다.

사회주의 레알리즘 예술에서의 국제주의는 오직 쏘련 인민들의 친선의 사상에서만 천명되는 것은 아니다. 인민들의 상호 존경과 전 세계 보통 사람들의 친선은 많은 작품들에서 구현되고 있다. 브·무히나 브리가다의 조각 그루빠가 조각한 『우리는 평화를 요구한다!』에서는 평화를 고수하며, 범죄적인 전쟁 방화자들에게 반격을 주려는 각이한 인민들시 통일적인 의지가 선명히 표현되고 있다. 전 세계 방방 곡곡에서 모든 나라 말로 불리워지고 있는 노위 피브의 『민주 청년가』는 마치도 사회주의 레알리즘 예술이 가지고 있는 국제주의의 고상한 빠포스를 상징하고 있는듯 하다.

이 고귀한 사상은 쏘베트 예술에만 고유한 것이 아니라 이 사상은 인민 민주주의 나라들의 예술에서도 그 예술이 사회주의 레알리즘의 길로 나아감에 따라 이 사상은 아주 확고하게 침투되고 있다. 국제주의는 부르죠아 나라들에서의 선진적 예술의 기초로 되고 있으며, 폴·로브손의 노래, 푸제론의 그림, 파브로 네루다와 나짐 히크메트의 시가들에는 국제주의가 아주 뚜렷이 표현되고 있다。

외국에 있어서의 청소한 사회주의 레알리즘 예술이 가지는 국제주의의 본질은、 그 예술이 쏘련과、 쏘련 사람들과、 쏘련 문화에 대한 뚜렷한 애착으로 관통되여 있다는 그 점에서 무엇보다도 선명하게 발현되고 있다。 세계의 선진적 예술에는 이•브•쓰딸린이 一九차 당대회의 자기 연설에서 말한 바로 그 전 세계사적 사실이 반영되고 있다。 『지금은 사태가 전연 다르당。—이•브•쓰딸린은 교시하였다。—중국과 조선으로부터 체코슬로바키야와 웽그리야에 이르기까지 인민 민주주의 제 국가들로 되는 새로운 「돌격대」들이 출현한 오늘날 우리 당은 루쟁하기 용이해졌으며 사업은 보다 흥겹게 되고 있다。』(주一) 지금 선진적 쏘베트 예술은 전쟁 방화자들과 제국주의를 반대하는 자기들의 고귀한 투쟁에 있어서 인민 민주주의 제 국가의 예술가들의 창작에 의하여 더욱 광범히 지지되고 있다。 오늘 세계의 선진적 예술의 애국주의적 빠포스는 사회주의의 승리와、 사회주의의 요람인 쏘베트 동맹을 옹호하려는 위대한 국제주의 사상과 불가분적으로 련관되여 있다。 문제는 『……우리 당의 평화 애호적 지향에 대한 그 어느 다른 형제적 당으로부터의 온갖 지지가 동시에 평화 유지를 위한 투쟁에 있어서 자기 자체의 인민들에 대한 지지를 의미한다」(주二)는 데 있다。 만일 문제가 이와 같을진대 평화와 민주주의를 위한 투쟁의 위대한 목적에로 지향하는 예술도 자기의 애국주의적 의무를 수행함으로써 동시에 쏘련에 대하여 광범한 지원을 주고 있는 것이다。

(주一) 이•브•쓰딸린、 一九차 당대회에서의 연설、 一九五三년、 五—六페지。

(주二) 동상서 四페지。

이와같이 진정한 애국주의와 프로레타리아 국제주의는 호상 불가분적으로 련관되여 있다. 그러나 이런 고귀한 사상들을 마치도 외부로부터 사회주의 레알리즘 예술에 부가(附加)된 사상인 것처럼 고찰해서는 안된다. 애국주의와 국제주의는 우리의 력사적 시기에 예술이 수행하고 있는 일정한 역할, 현실에 대한 예술의 새로운 태도에 의하여 조건지어지는 그의 불가결의 내적 특성이다.

여기서 사회주의 레알리즘 예술의 미학적 리상에 관한 문제를 제기하는 것은 적절하다고 본다. 『리상적으로 아름다운 것』을 『평범』하고 『불완전』한 현실 생활에 대립되는 그 어떤 것으로 보는 고전주의적 리태가 우리의 예술 문화에 원칙적으로 적대된다는 것은 자명한 것이다.

우리 시대의 리상적 형상은 직접 생활에서 얻어지는바, 예술가가 생활의 진리, 즉 공산주의의 길로 나아가는 우리의 전 세계사적 운동을 천명하는 그 진리를 보다 깊이 통찰할수록 그 형상은 더욱 아름다운 것으로 된다. 이런 의미에서 심오한 전형적 형상을 창조할 줄 아는 솜씨는 궁정적 주인공이 가지는 고상한 미를 밝히기 위한 조건으로 된다.

따라서 쏘베트 화가—사실주의자들은 모방할 가치있는 모범적인 인물들을 창조함에 있어 그 것들을 생활에 대치시킬 필요가 없는 것이다. 상술한 아·게라씨모브와 브·예파노브의 그림들, 프·슈르삔의 『우리 조국의 아침』, 뜨·야블론쓰까야의 『곡물』 및 아·부브노브의 『꿀리피브 전야의 아침』과 같은 수많은 작품들은 생활에로의 심오한 침투와 형상의 진실한 천명이 현실의 실재적인 내용 자체와 불가분리적인 그 그림들의 고상한 미를 조건지어주고 있다는 바로 그 사실로써 훌륭한 것이다.

이와 관련하여 소위 형상의 리상화에 관한 문제가 제기된다。 쏘베트 예술가가 선진적인 쏘베트 인간의 긍정적 형상의 진정한 본질과 새로운 력사적 의의와 력사적 내용을 리해하지 못하게 되는 경우에 (그런데 이와같은 실제적 경우는 왕왕 있는 것이다) 그는 흔히 형상의 외면적 제 특징만을 고착시킨 다음에 평범하고 무미건조한 형상에다 곁치장을 시킨다。 즉 형상에다 추상적이며 인공적으로 리상화한 어떤 특징들을 『첨가』하게 된다。 브·야쁠례브의 작품 쮸피브원수의 초상화가 그의 뚜렷한 실례로 되는 그와같은 방법은 사회주의 레알리즘이 표방하고 있는 긍정적 주인공의 전형적이며 특징적이고 생생한 제 특징의 보다 명확한 천명을 위한 첨예화에서 실제로 이루어지는 형상의 그러한 『리상화』와는 거리가 먼 것이다。

『리상』의 완전한 발현은 생생한 개성적 특성을 아주 풍부하게 가진 긍정적 주인공의 형상을 통하여 예술가가 오늘에 그 기초를 갖고 있는 그러한 미래의 미적 제 특징을 감촉하고 증시할 수 있는 데서 시작된다。 므·네쓰쩨로브의 인물화들은 그의 아주 훌륭한 실례로 될 수 있는바 이와같은 것들은 확실히 진실한 것이며 동시에 완전히 시적인 것이다。 형상의 미는 순전히 형식적이며 외면적인 수단들이 형상에 밖으로부터 강요되지 않는 바로 그때에야 예술에 있어서 그의 참되고 진정하고 생생한 의미를 발현하게 된다。

미학적 리상 이것은 생활에서의 아름다운 것과 완전한 것에 관한 예술적 개념이다。 가장 일반적으로 말하여 우리 나라에서는 이 개념이 쏘베트 인민의 력사적 창조의 일반적 목적인 공산주의와 일치되는 것이라고 말할 수 있다。 또한 우리에게 있어서는 공산주의가 거리가 멀고 달성될 수 없는 공상이 아니다。 그는 현실적으로 창조되는 쏘베트 나라의 미래로 되고 있으며, 그리고 이 리상은 매일 매시 생활속에서 실천화되고 있으니만치 쏘베트 예술은 공산주의

를 위한 투쟁에서 당을 방조할 것을 자기의 사명으로 하고 있으며, 쏘베트 사람들의 창조적

건설적 활동의 형상들을 재현함으로써 자기의 『리상』을 창조하고 있다. 『인간 정신의 기사』

들은 쏘베트 인간의 새로운 풍모를 능동적으로 창조하면서 생활 자체에서 뽑아낸 아름다운

형상으로 사람들을 교양하며 혹은 온갖 락후하고 사멸하여 가는 것을 풍자의 불길로 태워버

리고 있다.

쏘베트 예술의 비판적 혹은 갈등적 쩨마들에 있어서도 리상에 관한 문제는 아주 중요한

의의를 차지한다는 것을 이 기회에 지적하기로 한다. 미학적 힐난의 형식으로서의 폭로는 추

상적 회의설에 의하여 무원칙하게 수행되는 것이 아니다. 모오르와 제니와 꾸끄리니끄씨의

만화들에 있어서의 비판과 부정의 빠포스는 공산주의에 대한 고상한 리상들을 자기의 생기

발발한 원천으로 한다. 이러한 리상없이는 풍자는 진정한 격정과 혁명적인 힘과 애국주의적

빠포스를 상실하게 될 것이다.

그러나 온갖 경우에 있어서 쏘베트 예술가들은 현실을 격원하거나 현실에서 동떨어져

예술의 『아름다운』 세계를 조작하는 것이 아니라 자기의 예술로서 가장 아름다운 현실의

건설을 방조한다.

지금 우리의 회화는 사회주의 나라의 자유로운 근로자인 인간—창조자의 형상을 진정하

고 집요하게 포착하고 있다. 예술가들이 이러한 형상에서 선진적 쏘베트 인간의 새로운 특징

들을 구현하며고 애쓰고 있다는 사실은 아주 뚜렷하다. 브·예르쇼브는 유명한 고속도—선

반공 그·보르뜨께비츠를 공장을 배경으로 묘사하지는 않았다. 그러나 쓰따하노브 운동자의

심각한 인테리적 형상은 예술가가 묘사되는 인간의 성격 자체속에서 구현한 로동에 의한 창

조적 감동으로 하여 풍부한 정신력을 가지고 있는 것이다. 이·쎼례브랴늬이는 쓰따하노브 운동자 두비닌의 초상화를 더 흥미있게 구상하였는바 그는 이 인물이 대학 강좌에 앉아 있는 것을 그렸다.

예술가들이 이상하고 알 수 없는 『집단』의 이름없고 리해할 수 없는 대표자들인 손에 마치를 든 로동자들을 도식적이며 일률적인 인물로 묘사하던 그러한 시기는 멀리 뒤로 물러갔다. 一九三〇년 경의 생산적 화폭들에서 활동하고 있던 불뚝불뚝한 근육 조직을 가지고 있으며 기계적인 동작을 하는 아주 장대한 인물들도 머리속에서 사라지게 되였다. 그 당시의 로동은 그의 내용과 그의 구체적 사회적 의미에 있어서 기본적으로 아직 많은 예술가들에게 수수께끼였었다. 그들에게는 로동은 그 이상의 아무것도 아니였었다. 승리한 사회주의가 가장 자유로운 로동을 새롭게 평가하게 하였을 때 전환이 일어나게 되였으며 예술가들은 결정적으로 자기 인민과 친근하게 되였다.

인간 로동에 대한 예술가들의 견해도 또한 근본적으로 변화되였다. 과거의 위대한 예술가 —사실주의자들은 로동의 고귀한 가치와 미(美)를 리해하였다. 그러나 그들은 흔히 이 로동을 인간을 중압하는 무거운 짐으로 묘사하지 않으면 안되였는바 그것은 인간을 불구자로 만들며 천대하는 강제 로동이였기 때문이다. 레삔은 자기의 『부를라끼』에서, 야로쉔꼬는 『화부』에서, 까싸뜨낀은 『갱부』에서 이와같이 로동을 묘사하였다. 이 화가들은 로동의 위력을 감축하기는 하였으나 그러나 그들에게 있어서는 로동은 그들이 취급한 장사인 근로자들의 드센 등을 굽게 하는 무거운 짐으로 남아 있었다.

사회주의 레알리즘 예술은 자유롭고 창조적인 로동의 즐거움을 완전하고 자유롭게 감축하고 전달하며, 로동을 력사적 창조의 기초로, 생활에서의 새로운 것의 창조로 증시할 수 있는 가능성을 력사상 처음으로 얻었다. 이전에는 『보잘 것 없던』 근로자들의 수백만 대중이 력사상 처음으로 예술의 주요하고 결정적인 주인공으로 되였다.

태만을 사회주의의 원칙적인 것처럼 생각하는 공상은 반동적이며 무의미한 것이다. 쏘베트 예술은 창작에 있어서와 같이 로동에서 자기의 고상한 뽀에지야를 찾고 있다. 쏘베트 예술은 사업에서, 실천적 건설에서, 구체적으로 공산주의 건설에서 자기의 미적 리상을 찾고 있다. 이·브·쓰딸린은 고리끼에게 보내는 편지에서 인민의 력사적 창조의 이러한 뽀에지야에 대한 저명한 정의를 내렸다. 『…… 심지어는 우리들의 (그들의 사회적 지위로 보아) 청년들을 가지고 본다 하더라도 그들이 모두가 다 한결같이, 낡은 것의 광장한 파괴와 새 것의 열광적인 건설의 광경을, 마땅히 있어야 할 바의, 다시 말하면 바라는 바의 광경으로서, 더우기 「휴식을 주며」「행복을 누릴」가능성을 줄 「전반적인 복지」라는 그 천국적인 목가(牧歌)와는 비슷하지도 않은 것으로서 받아들인만큼 충분한 신경과 성격과 리해력을 가지고 있는 것은 아닙니다.』(주) 사회주의 레알리즘 예술에 있어서는 『천국적인 목가』의 리상이란 없으며 또 있을 수도 없다. 사회주의 레알리즘 예술은 투쟁과 결단적 행동의 정신으로 충만되여 있으며 세계 개조에서 인간의 가장 고귀한 사명을 찾고 있다. 따라서 이 예술은 오로지 이에 적응시켜 인간다운 인간에 대한 자기의 평가를 내린다. 예술은 쏘베트 사회 생활에 마땅히 있어야 할 것과, 바라는 바를 아름다운 것으로 지각하고 있다. 이는 사회주의의 레알

(주) 이·브·쓰딸린 저작집 一三권, 一七四페지.

리즘이 미학적 리상에 대한 자기의 리해를 발전시키면서 그것을 공산주의적 사상성과의 불가

분적 련관에서 본다는 것을 의미한다。물론 그러나 쏘베트 예술가는 오직 마땅히 있어야 할

것과 바라는 바를 묘사할 뿐만이 아니라, 이것들을 생활속에서 선별함으로써 그는 이것들을

사회주의 시기에 있어서의 생활 자체의 아름다운 내용으로서 표시한다。우리의 예술은 선진

적인 인간, 즉 창조자—인간의 아름다운 형상을 창조하고, 생활을 그의 무한한 전진 운동에

서 즉 새 것의 창조와 낡은 것의 소멸에서 묘사하며, 이 낡은 것을 공산주의 건설의 립장에서

무자비하게 폭로함으로써 인민들을 공산주의 정신으로 교양 하는 자기의 력사적 사명을 실현

하고 있다。

현 력사적 단계에 있어서 쏘베트 예술앞에 나서는 아주 중요한 파업의 하나는 사람들의

의식속에 있는 자본주의 잔재들을 종국적으로 청산하기 위한 투쟁이다。우리 나라에는 공산

주의 건설의 성과에 현연적인 리해 관계를 가지지 않는 그런 사회적 그루빠는 없으며 또 있

을 수도 없다。그러나 아직 일부 쏘베트 사람들의 의식속에서는 부르죠아 사회의 기미가 지워

지지 않고 있으며, 이 기미의 상대적인 생활력은 자본주의적 포위—그의 제 조건하에서 젊

은 사회주의 문화가 발전하여 온—에 의하여 조건지어지고 있다。바로 그렇기 때문에 쏘베

트 예술의 가장 중요한 과업은 생활상 제 갈등을 대담하게 중시하며, 비판과 풍자를 발전시키

는데 있다。『우리에게는 고골리들과 쒜드린들이 필요하다』라고 당은 쏘베트 예술가들에게

교시하고 있다。

예술은 공산주의 의식을 교양하기 위한 투쟁에 있어서 강력한 무기의 하나로 된다。따라

서 그는 사람들의 의식속에 남아 있는 자본주의 잔재들을 반대하여 적극적으로 투쟁할 수 있

으며 또 그러하여야 한다。이것은 아주 중요한 파업이다。

쏘베트 예술의 공산주의적 사상성은 자본주의의 반동적 『사상』을 반대하는, 제국주의적

침략을 반대하며, 제국주의의 부르죠아지들이 진행하고 있는 인간 증오와 제 인민의 노예화 및

전쟁 모험에 대한 설교를 반대하는 철저하고 결정적인 투쟁에서 표현된다。

현 시기에 있어서 세계는 두 진영으로 분렬되였다。진보와 평화의 력량, 즉 쏘베트 동

맹을 선두로 하는 민주와 사회주의의 력량을 일방으로 하고, 타방으로는 제국주의와 파시즘

의 진영, 즉 미합중국의 반동적 집단을 선두로 하는 『모든 나라 자본가들의 련합』으로 분렬

되였다。

우리 시대에 있어서는 인류―국제 제국주의가 새 세계 전쟁의 함정에로 그들을 끌어 넣으

려고 발악하고 있는―의 운명이 해결되고 있다。자본주의적 탐욕은 원자 폭탄으로 사람들을

위협하며, 은행과 회사의 돈으로 매수된 예술도 포함한 온갖 이데올로기적 반작용 수단을 리

용하여 인간들의 의식을 타락시키면서 아주 기형적인 형식을 취하고 있다。

쏘베트 예술은 이 비굴하고 추악한 제국주의 세계를 폭로하며, 제 인민을 위하여, 수백

만 보통 사람들을 위하여 평화와 독립과 자유를 고수할 데 대한 방조를 자기의 사명으로 하

고 있다。

우리들은 인류의 보다 좋은 희망, 진정한 진보와 인도주의의 고상한 제 원칙의 기치를 높

이 든 우리 나라의 예술을 침략적 제국주의의 이데올로기에 대치시키고 있다。선진적이며 진

보적인 온갖 평화 력량과 진보와 인간성과 인민들간의 평화를 소중히 여기는 온갖 성실한 예

술가들이 이 기치하에 집결되는 것은 우연한 일이 아니다。인민 민주주의 국가들의 예술가들

도, 부르죠아 국가의 선진적 예술가들도, 그렇게 신중하게 사회주의 레알리즘 예술의 경험을 연구하는 것은 바로 이러한 까닭이다. 사회주의 레알리즘의 깃발은 인류가 예술의 력사에서 알고 있는 것보다 더욱 더 위력있는 새로운 예술의 개화를 볼 것을 원하는 모든 예술가들의 회망으로 되고 있다. 또한 더우기나 예술에서의 반동적—부르죠아 이데올로기, 세계 예술의 전 력사에 있어 이 가장 심각하고 전체 포괄적인 위기의 온갖 표현들과의 결정적이며 준엄한 투쟁은 불가피적이다.

여기에서는 여하한 용허도 표현될 수 없으며, 오늘날 예술이 인류앞에 지니고 있는 거대한 책임에 관하여 망각해서는 안된다.

조국에 대한 쏘베트 예술가의 의무는 국내에서 자본주의의 각종 잔재들을 반대하며, 밖으로부터의 자본주의의 사상적 및 정치적 공제를 반대하여 완강히 투쟁함에 있다.

현 시기에 있어서 아주 심각한 붕괴 상태에 처하고 있는 반동적 부르죠아 예술은 파거 문화의 온갖 전취물을 거부하며, 인간 정신을 타락시키며, 인간속에 야수(野獸)를 기르기 위한 야만적이며 방자한 『사업』을 진행함으로써 인류앞에 가장 커다란 하나의 범죄를 짓고 있다.

현대 반동적 부르죠아 예술에서 일어나고 있는 것을 깊이 생각해 보자. 온갖 이 부르죠아 예술은 인간속에서 아주 저속한 동물적 본능을 불러일으키며, 인간에게서 가장 고귀하고 숭고한 모든 것, 즉 자유와 자존심과 리성에 대한 지향을 말살해 버려려는 하나의 추악한 원칙에 기초하고 있다.

이 흉악한 사업은 가장 간교한 방법으로 진행되고 있다. 문명의 경험은 추악한 파렴치와 더불어、 인간 정신속에서 아주 적은 드마리를 찾고、 다음에는 이것을 자극하고 팽창시켜 중병의 정도에까지 이끌어가기 위하여 리용되고 있다。 예리한 심리학적 분석은 림상 병리학에로까지 이르게 되었으며、 인간 본성의 암둔한 측면에 대한 혐오스러운 편애와 패덕적인 본능 및 지향의 조장은 인간속에서 루쟁에 대한 의지를 말살하며、 그에게 『인간은 인간에 대하여 승냥이다』라는 자본주의의 범죄적 도덕을 고취하기 위한 사명을 가지게 되었다。

부르죠아 예술은 사람들을 야수로 만들며고 시도하면서 주인—제국주의자들이 증오하는 모든 것을 집어던지며 유린할 용의를 가진 맹목적인 무리로 인민을 전락시킬 것을 기대한다。 그러나 이것은 절망적인 기도이다。 이러저러한 사람들을 타락시킬 수는 있으나 인민들은 타락시키지 못한다。

전 세계의 진보적 예술의 파업은 (그의 력량은 더욱 강해지고 있다) 용감하게 이 병접을 반대하는 것이다。 인류를 정신적으로 타락시키려는 시도들을 반대하는 투쟁에서 쏘베트 동맹의 예술、 즉 사회주의 예술은 선도적 역할을 놀고 있다。 오늘 새로운 젊은 력량인、 인민 민주주의 나라의 예술과、 부르죠아 국가의 진보적인 예술가들의 력량이 이 뒤를 따라가고 있다。 예술 분야에 있어서 세계의 모든 훌륭한 것들은、 더욱 힘차게 사회주의 베알리즘에로 끌리여 가고 있다。 생활의 법칙은 이와 같은 것이다。 새 것은 불가극복적이다。 그리고 예술에 있어서 이 새로운 것은 사회주의 베알리즘이다。

쏘베트 예술과 세계의 온갖 선진적 사실주의 예술의 투쟁— 이는 인류의 행복을 위한 투쟁이며、 전 세계의 보통 사람들이 생활하고 로동하며、 또 새 전쟁、 즉 피묻은 제국주의가 인민들에게 가져오는 새로운 비인간적인 범죄의 위협에 의하여 역압되지 않는 것을 창조할 수 있게 하기 위한 투쟁이다.

인간을 짐승으로, 즉 제국주의적 모험에 순종하는 종으로 만들려는 목적을 가지고 인간 의식을 몽매케 하려는 부르죠아 예술의 지향에 대하여 온 세계 선진적 예술의 선두에 선 쏘베트 예술은 인간성과 고귀한 인도주의의 원칙을 위한, 인간속에서 온갖 가장 고귀한 것과 가장 아름다운 것을 발전시키기 위한 투쟁을 대치시키고 있다. 이것은 인간중에서도 인간을 위한 투쟁이다.

사회주의 레알리즘 예술의 종국적 목적과 그의 세계사적 파업은 이와 같은바, 예술은 선량한 념원의 선경(仙境)에 머물러 있지 않고, 실재적 현실과 공산당에 의하여 전체 쏘베트 인민들 앞에 제기된 현실적 파업에 근거하면서 이것의 해결에 종사하고 있다.

사회주의 레알리즘 예술은 이 고상하고 숭고한 목적을 오직 일상적인 투쟁에서만, 즉 쏘베트 인민의 생활과 로동과 창조와 공산당의 정책과의 불가분적 련계하에서만 달성할 수 있다.

인류의 위대한 목적인 공산주의 사회가 선진적인 사람들의 달성할 수 없는 념원이라고는 할 수 없게 되었으며 이 목적은 맑스―엥겔쓰―레닌―쓰딸린의 불멸의 사상에 의하여 향도되는 대중의 력사적 창조에 있어서 피와 살로 되고 있다. 세계에서 이 가장 아름답고 고귀한 사업에 복무한다는 것은 현대 예술가의 위대한 행복이다.

부 록

드·브·사라비야노브
ㄱ·브·마뜨비예쯔

ㄱ·네도쉬윈 저
《예술론 개요》에 대한 서평

(一九五四년 《철학 제 문제》 제六호 一八二—一八六페지에 게재)

맑스—레닌주의 미학에 관한 완전한 가치있는 로작들을 창작할 필요성은 이미 오래전에 성숙되여 있었다。쏘베트 예술 문화 발전의 전후 시기는 예술 리론가들 앞에 새로운 과업들 과 새로운 문제들을 제기하였다。그러나 오늘날에 이르기까지 최근의 미학적 사상 발전을 총 화지을 수 있고 예술론에 관한 가장 중요하고 근본적인 문제들에 대하여 주의를 집중시킬만 한 개괄적인 로작은 아직도 창작되지 못하였었다。

그·네도쉐린의 저작 ≪예술론 개요≫는 비록 저자 자신이 그 서문에서 자기의 로작은 맑스—레닌주의 미학 교정(敎程)의 완전하고 체계적인 서술을 참망하고 있지는 않다고 예고 하고 있으나 일정한 정도로 이 과업을 수행하고 있다。실로 네도쉐린의 이 ≪개요≫는 미학상 의 전체 문제들을 포괄하고 있지는 않으며 이 책에서 약간의 명제들은 가일층의 연구와 론증 을 요구하는 가설로서 제기되고 있다。그리고 저자가 서술하고 있는 그 모든 것은 끝까지 고 수되고 완결적으로 표현되지는 못하였다。그러나 반드시 강조해야 할 것은 그·네도쉐린이 자 거의 저서에서 예술론의 가장 중요한 일련의 문제들을 설정하고 어 문제들을 창조적으로 해결하는 데 접근하고 있다는 점이다。그는 자기의 로작을 기계적으로 선택한 일련의 인용문 으로써 슬쩍 바꾸어 놓지 않았으며 권위있는 발언뒤에 자기의 정체를 숨겨 놓지도 않았다。이와 동시에 지적하게 되는 것은 그·네도쉐린은 자기의 로작에서 맑스—레닌주의 끄라씨끄들의 로작들에 의거하고 있으며 쏘베트 미학 사상이 거둔 성과들을 리용하고 있다는 그것이다。

이 저서의 구성 자체는 저자가 미학의 기본 문제들을 하나의 문제에서 다른 문제가 저절로 훌러나 오듯이 호상 련관된 네개의 큰 문제들 주위에 집결시키면서 이 문제들을 고찰하며 고 노력하였다는 것을 증명하고 있다. 바로 이려한 엄격한 내적 론리 가운데 이 저서가 가지는 론의할 여지없는 우점의 하나가 있다.

제一장— 『현실의 반영 형식으로서의 예술』—의 기본 부분은 예술의 특성을 해명하는 데 돌려져 있다. 저자는 예술이 과학, 도덕 등등과 구별되는 차이점을 중시함으로써 독자로 하여금 세계를 파악하는 예술적 방법의 특성을 인식케 한다. 이와 동시에 그·네도 쉬운은 현실 인식의 예술적 형태가 가지는 독특한 특징들을 단순히 렬거만 하고 있는 것이 아니려 예술의 기본 특질인 그의 형상성이 예술의 다른 특수성들을 어떻게 규정하고 있는가도 증시하고 있다. 이 장에서는 현실의 이려저려한 측면들에 대한 인식과 평가가 예술적 형상속에 통일되여 있기때문에 예술의 두개 기능인 교양적 기능과 인식적 기능을 분리시키거나 대립시킬 수 없다는 것이 증시되였다. 이 때문에 우리는 예술의 사상성과 당성의 문제를 예술의 특수성에 관한 문제와 분리시켜 고찰할 수 없다. 즉— 『예술의 사상성은 예술적 창조의 본질과 불가분이다.』 (본 저서 참조) 예술 작품에서는 현상을 선택하고 묘사하는 그 수법 자체내에 결론이 포함되여 있다.

여기서 특히 중요한 것은 진실로 사실주의적인 예술 작품에서는 경향파 예술적 진실이 통일되여 있다는 데 관한 사상이다. 최근에 창작된 수많은 문예 작품들, 조형 예술 작품들, 연구들 및 영화들이 가지는 큰 결점으로 되는 것은 도식주의와 사상의 추상성인바, 예술가 이 사상을 그가 《구성한》 형상들에 따라 례중하고 있을 따름이다. 찌나리오 또는 희곡 작가와 예술가 또는 작가는 혼히 크고 중요한 쩨마를 《붙들고 있으나》 그 작품의 주인공의 형상

은 산 인간의 생기없는 그림자로서 등장하고 있을 따름이다。 예술의 사상성과 당성 문제에

대한 그 • 메도쉬원의 해명은 그와 같은 도식주의를 반대하며 예술 창작의 파업에 대한 속류

학자적 태도를 반대하는 것을 목적하고 있다。

이 《개요》에서는 예술의 특성에 관한 문제가 비록 내가 보기에는 결함이 없는 것은 아

니나 (이 점에 대해서는 밑에서 언급하겠다) 역시 철저하게 서술되였다。 그러나 역시 지적하

게 되는 것은 저자가 유감스럽게도 이 문제를 예술의 내용과 형식에 관한 문제와 련결시키지

않았으며 따라서 예술의 내용과 형식에 관한 문제는 이 로작에서 상세히 고찰되지 못했다는

것이다。 그 밖에도 이 책에서는 한편으로는 예술에 의하여 또 다른 편으로는 과학에 의하여

반영되는 현실의 그 측면들이 가지는 일정한 차이를 지적하지 않았다。

이 책의 제二장—『예술과 사회 생활』—은 미학의 가장 흥미있고 가장 중요한 일련의

문제들인 예술의 상부구조적 성격과 인민성, 예술의 력사적 발전의 일정한 합법칙성들을 취

급하고 있다。

얼마전까지도 예술의 상부구조적 성격에 관한 문제는 가장 격렬한 론쟁의 대상이였었다。

그 • 네도쉬원은 사회의 경제적 토대에 대한 예술의 의존성, 사회 생활에 대한 예술의 영향 및

예술의 계급적 성격—이 모든 것은 예술로 하여금 무조건적으로 상부구조적 현상에 속하게 한

다는 것을 중시하였다。 예술적 견해들이 상부구조에 속하는 것이니만치 온갖 예술의 근본

내용도 상부구조적 성격을 가지는 것이다。

지난 시기 고전 예술의 《불멸성》의 원인에 관한 문제를 명확히 해명한 것도 이 책의 저

자의 공적에 속한다。 주지하는 바와 같이 이 문제는 가장 심한 론쟁꺼리로 되였었다。 예술의

비상부구조적 성격의 옹호자들은 주장하기를 만약에 예술을 상부구조에 속하는 것이라고 간주할진대 예술은 자기의 토대의 소멸과 함께 반드시 소멸되여야 할 것이라고 하였다. 그러나 예술이 자기의 토대가 소멸한 후에도 계속 소살고 있으니》만치 그것을 상부구조적 범주에 귀속시킬 근거는 없다고 그들은 선언하였다. 문제를 그와 같이 취급함이 아주 형이상학적이였다는 것은 명백하다. 토대의 교체는 철학、예술、도덕 등등의 분야에서 선행한 세대들이 축적한 그 모든 가치물들을 기계적으로 숙청함을 의미하는 것이 아니다. 선행한 시기에 창조된 궁정적인 가치물들은 보존되며 발전되며 파악된다. 그러한 가치물들은 새로운 조건하에서도 소살고 있으며》 자기의 인식적 기능과 교양적···기능을 상실하지 않는다.

제二장에서 중요한 자리를 차지하는 것은 예술의 인민성에 관한 문제、특히 인민성과 계급성과의 호상 관계의 문제이다. 이 《개요》에서는 아주 정확하게、인민성은 기본적으로 계급의 진보성의 정도에 의하여 규정되며 예술가는 계급의 리해 관계를 표현한다고 서술되여 있다.

그러나 지적해야 할 것은 그·네도쉬원이 예술의 인민성과 진보성간에 거의 아무런 차이점을 두지 않고 있다는 것이다. 저자는 그와 같이 서로 다른 두개의 개념들을 아주 부당하게 동일시함으로써 예술의 력사적 발전의 개별적 단계에서 진보적 예술이 가지는 인민성의 정도와 그의 특질에 관한 문제를 제외하게 되였다. 고대 희랍의 조각、이태리 루넷쌍스 시기의 회화 및 뻬레드위쥬니끄들의 회화들이 각각 자기 시기에 있어서 진보적이였다는 것은 론박할 여지가 없다고 하더라도 이것들이 모두 동일한 정도에서 인민적이였다고는 좀처럼 말할 수 없을 것이다. 반드시 고려해야 할 것은 예술 작품의 인민성을 결정하는 규범은 예술가가 인민

의 리해 관계를 표현하는 그 정도와 성격이라는 그것이다. 이와 동시에 인민성은 예술 작품

의 예술적 결을 결정하는 유일한 규범이 아니라는 것을 반드시 고려하여야 한다. 이

제三장 《예술에서의 사실주의의 제 문제》는 이 책에서도 가장 흥미있고 잘된 부분이다. 이

장은 그 내용으로 보아 선행한 두개의 장들과 긴밀히 련결되였으며 그것들과 직접 계속되여

있다. 이 《개요》의 저자는 사실주의를 현실을 객관적으로 반영하는 예술적 방법으로서, 사

회 생활의 본질을 예술적으로 인식하는 방법으로서 고찰하고 있다. 사실주의는 각이한 력사

적 형태들을 취하면서 반사실주의적 경향들과의 투쟁을 통하여 발전한다. 사실주의의 력사

적 형태들이 교체되고 발전하는 이러한 과정은 합법칙적이며 사회의 발전에 의존한다. 저자

는 형식주의적 예술론의 파산을 중시하고 있는바 이러한 형식주의적 예술론에 의하면 세계

예술 문화의 발전은 호상 련관이 없고 사실주의도 그 중의 한개 스타일에 불과한 그러한 스

타일들의 기계적인 교체로 귀착되여버린다.

사실주의에 관한 문제는 이 책에서 현실의 현상들의 본질을 예술적으로 인식하는 수단이

며 생활상 사실들을 일반화하는 예술에게 특유한 수단인 전형적인 것에 대한 문제와 련관되

여 있다.

제三장에서 ㄱ·네도쉬원은 예술론의 가장 중요한 문제의 하나인 예술가의 세계관과 방

법간의 호상 관계에 관한 문제를 취급하고 있다. 저자는 세계관과 방법 사이에 모순이 있을

수 있다는 데 대하여 정당하게 지적하였다. 그러나 또 다른 면을 강조하는 것이 중요하다. 실

로 대다수 경우들에 있어서 예술가의 세계관 (그것이 전반적으로 보수적일 수도 있다)의 이

러저러한 진보적 측면들은 창작 방법의 진보적 특징들의 발전을 촉진시킨다. 례컨대 전

제―농노 제도를 폭로하며 그의 병집과 모순을 드러냄에 있어 거대한 역할을 노는 똘쓰또이의 사실주의가 단지 재능의 결과가 아니였었다는 것은 주지의 사실이다。즉 이 위대한 작가의 세계판 자체내에는 그의 창작의 비판적 경향의 발전을 촉진시킨 특징들이 포함되여 있었다。이 책의 마지막 제四장은 사회주의 레알리즘의 문제들을 취급하고 있다。

이 문제들을 고찰하면서 저자는 파거의 사실주의를 분석함에 있어서도 적용하였던 그 동일한 력사주의의 원칙으로부터 출발하고 있다。저자는 생각하기를, 사회주의 레알리즘의 문제는 이러저러한 시기의 어떤 한개 그루빠의 작품들에 고유한 그 어떤 일정한 특징들을 렬거함으로써 천명할 것이 아니라 우리 쏘베트 예술의 근본적 파업의 견지에서 천명해야 한다고 하였다。≪사회주의 레알리즘≫의 개념이 가지는 구체적 내용은 발전된다。쏘베트 예술가들의 전체 작품들에 공통적인 것은 우리 생활의 사회주의적 내용과 그의 정당한 반영이다。저자는 지적하기를 사회주의 건설과 공산주의를 위한 인민과 당의 투쟁 및 우리 문화의 발전을 위하여 예술 작품이 가지는 의의와、작품 내용의 생생한 진실성과 작품의 사상적 경향을 사회주의 레알리즘 작품 평가의 기준으로 삼아야 한다고 하였다。

그 파업들인―공산주의 건설의 과업들과 예술의 공산주의적 사상성이 예술의 진실성과 결합된 그것이다。

저자는 사회주의 레알리즘이 우리의 사상적 적들이 주장하고 있는 것처럼 당에 의하여 제기한 선포된 쏘베트 예술 발전의 법령이거나 ≪우로부터 내려온 지령≫이 아니라는 것을 정당하게 증시하고 있다。쏘베트 예술의 발전은 우리 사회, 사회주의적 토대에 의하여 규정된다。

때문에 예술 분야에서의 당의 정책은 사회주의 사회 발전의 수요와 객관적 합법칙성을 그려

하여 수립된다. 《예술에서의 사회주의 레알리즘은 사회주의의 공고화를

위한, 사회주의로부터 공산주의에로의 이행을 위한 투쟁에서 광범한 근로 대중을 령도하는

로동 계급의 생활과 사상적 지향을 반영하는 것이다.》(본 저서 참조)

저자는 사회주의 레알리즘의 발생을 二〇세기 초엽에 로씨야에서 전제 정치와 자본주의

를 반대하여 일어난 혁명 운동의 발전과 결부시키고 있다. 저자는 사회주의 레알리즘 예술이

인류의 전체 예술 문화의 대로와 떨어져서 발생하지 않았다는 것을 증시하였다. 사회주의 레

알리즘은 과거의 예술, 특히 로씨야 고전 예술에 의하여 창조된 그 모든 훌륭한 것의 합법칙

적 발전이다. 그와 동시에 사회주의 레알리즘은 우리 예술의 사회주의적 현실을 정당히 반영

함으로써 사회주의 사업에 복무하고 있다는 그 점에서 과거의 사실주의와 구별된다. 과거의

레알리즘이 이런 저런 경도로 자기 시대의 제도를 파괴하였었다면 우리의 예술은 우리의 제

도를 강화한다.

저자는 혁명적 랑만주의를 사회주의 레알리즘 방법의 구성, 부분으로서 고찰하고 있다.

만약 예술 발전의 선행 시기에서는 랑만주의가 현실과 타협하지 못하고 현실을 떠나 파거에

로 또는 멀리 미래에로 도피하였다면 사회주의 레알리즘의 혁명적 랑만성은 오늘날의 현실속

에서 래일을 발견하며 그 래일을 위하여 싸운다. 이것은 오늘날 인민의 가장 일상적인 사업

에 공산주의 건설의 장엄한 영웅적 빠포스가 있다는. 그것으로써 설명된다.

이 《개요》의 제四장에서는 기타 문제들, 특히 예술가의 기교에 관한 문제가 취급되고 있

당. 저자는 지적하기를 기술없이는 진정한 예술도 있을 수 없다는 것은 물론이지만 그러나

예술적 기교를 체득하는 문제를 오로지 한개의 기술을 소유하는 것에로만 귀착시킬 수는 없다

고 하였다. 예술가의 기교는 그의 생활 반영의 기교이며 이 기교는 현실의 현상들을 심오하

게 《보며》 그것을 리해할 줄 아는 솜씨와 불가분적이다. 예술가의 기교라는 개념속에는 작품

의 창작 과정과 관련된 그 모든 것이 포함된다. 예술적 기교를 그와 같이 해명한다는 것은 대

단히 중요하다. 왜냐하면 예술가들 사이에는 아직도 예술에서 주요한 것은 기술이며 사상과

《모든 다른 것》들은 값싼 것이라고 보는 견해가 남아 있기 때문이다. 저자는 쓰기를 진정으

로 사실주의적인 예술가는 모름지기 사상에 대한 례증이 아니라 형상에서 사상이 우러나올

수 있는 그러한 예술적 작품을 창작할 줄 알아야 한다고 하였다.

이 《개요》 이 저자는 기교 문제의 해결을 정당하게 지적하면서도 이 문제의 상세한 고찰

을 거부하고 있다. 그런데 이 문제의 긴절성을 의심할 것인가?

그•네도쉬윈은 사회주의 레알리즘의 방법의 특징들을 대체로 정당하게 해명하고 있다.

그러나 말해 두어야 할 것은 제四장을 통독해 보면 쏘베트 예술이 가지는 약점에 대한 비판이

만족할 수 없을만치 부족하며 쏘베트 예술 발전을 가로막는 곤난을 극복하기 위하여 반드시

해결해야 할 쏘베트 예술가들의 창작에 대한 기본적이며 결정적인 문제들에 주의를 집중시킴

이 부족하다는 것이다.

이 책이 가지는 부족점의 하나는 이 책에서는 어떤 문제를 해명함으로써 예술의 본질에

꽌하여 독자가 가지고 있는 견해를 더욱 명확하게 해 줄 수 있는 그러한 몇몇 문제들이 설정

되지 않았다는 것이다. 례컨대 그•네도쉬윈은 예술 작품이 객관적 현실에 대한 주관적 형상

이라고 지적하면서도 예술적 창작의 주관적 측면을 적게 고찰하고 있다. 이 《개요》 에서는

우선 세계를 인식하는 형태이며, 사회적 의식의 형태인 예술의 객관적 의의에 관하여 언급되여 있다. 이 문제가 맑스―레닌주의 미학에 있어 기본적 위치를 차지하여야 한다는 것은 물론이다. 그러나 역시 예술적 창작의 주관과 련결된 문제들, 창작 과정에 대한 문제들, 생활을 예술적으로 파악하는 과정에서 예술가 (예술 전체가 아니라)가 생활에 대하여 취하는 태도, 그리고 오늘날 예술가―실천가들의 큰 관심사로 되여 있는 일련의 기타 문제들을 취급하지 않고 남겨 두어서는 안된다.

이 《개요》의 저자는 그 어디선가 예술적 창작의 이러한 측면에 관하여 무섭코 언급한 적이 있다. 그러나 저자의 이러한 개별적인 정당한 지적들은 다른 장들에서는 자취를 감추어버리며 그 장들에서는 예술가의 개성과 결부된 주관적 사실들이 노는 역할에 관한 문제가 거의 취급되지 않고 있다. 그런데 쏘베트 예술 생활 자체는 사회주의 레알리즘의 원칙들이 예술가들의 창작상 특질을 평균화할 것이 아니라 그 특질을 백방으로 발전시킬 것을 요구하고 있다는데 관한 문제를 긴절하게 제기하고 있다. 그러나 이러한 테제는 아직도 다만 쏘베트 예술 리론가들에 의하여 선포되였을 뿐이며 구체적으로 천명되지 않고 있다. 그러나 아무튼 생활 현상들에 대한 자체의 개별적 태도, 흔히 다른 사람들의 눈으로부터 숨어있는 그러한 측면들과 특수성들을 생활 현상들 가운데서 찾아불 줄 아는 솜씨, 생활 현상들을 자기대로 감득하며 그것을 선명하고도 풍부하게 재현시킬 줄 아는 솜씨들이 예술가에게 얼마나 필요한가를 반드시 증시하여야 한다. 예술 작품은 그것이 진실하며 그 자체속에 진보적인 사상을 내포하고 있으며 현실에 대한 새롭고 보다 심오한 지식을 주며 인간을 파악하고 인간의 사상과 감정을 포착하였을 때 그 작품은 관중과 독자에게 영향을 주며 사회를 교양하는 자기의 목적을 달성하

게 된다. 물론 예술가의 창조적 개성의 온갖 표현이 모두 사실주의를 심오화하며 현실을 다각

적이고도 풍부하게 반영케 하는 것은 아니라는 것을 고려하여야 한다. 그러나 만약에 예술가

가 자기의 창작을 인민의 리익에 복종시킬 때는 현실에 대한 그의 저각의 깊이와 예리성, 생

활 현상에 대한 묘사의 선명성은 예술 작품의 진실성과 교양적 힘의 담보로 된다.

우리는 자기들의 순간적 인상을 자의적으로 표현함을 주요 목적으로 하는 주관주의자들

의 예술지상주의를 부정하면서도 쏘베트 예술가들의 작품들이 가지는 선명한 예술적 표현력

을 위하여 투쟁하여야 한다. 그리고 주관주의적으로 해석된 예술지상주의가 문학, 음악, 회

화 등에서 데까단트들의 기치로 되였고 또 형식주의적 경향을 가진 화가들 — ≪오스또웨쯔

들≫ 이 생활 감득의 예리성을 고집하고 이 예리성을 목적 자체로 삼았다고 하더라도 이것은

우리가 예술적 창작의 과업에 대한 옳지못한 리해와 투쟁함에 있어서 사실주의 예술의 적

들이 외곡한 그 문제들을 간과하여야 한다는 것을 의미하는 것은 아니다. 뿐만 아니라 바로

이 때문에 우리는 반드시 이러한 문제들 특히 예술가의 창작상 특질의 의의에 대한 문제를

과학적이며, 객관적이고도 정확하게 해명하여야 한다.

우리 시대의 많은 예술가들은 아직도 자기앞에 신중한 창작상 과업을 내세우

지도 않고 ≪쩨마의 긴절성≫이 자기들의 피상성을 변호해 줄 것과 때로는 현실 천명에 대한

졸렬한 태도까지도 정당화해 줄 것을 기대하면서 안일한 길을 걸어가고 있다. 자기 과업에

대한 작가 및 예술가들의 이와 류사한 태도를 반대하여 말렌꼬브 동지는 제一九차 당대회에

서 진술한 자기 보고에서 그것에 대하여 경고하였다.

천편일률주의와 도식주의의 극복을 위하여, 현실에 대한 예술가의 창조적 태도를 위하여,

예술 작품의 선명성과 독창성을 위하여 투쟁함으로써 쏘베트 평론가 및 예술 리론가들은 사회주의 레알리즘의 쏘베트 예술, 문화를 가일층 발전시키는 사업에 기여하였다.

예술적 가치물을 생산함에 있어 창작가의 개성상 특질이 노는 중요한 역할은 예술의 특성에 의하여 규정된다. 실로 예술 작품과 예술적 형상 자체내에는 이미 반영된 생활 현상에 대한 평가가 포함되여 있다. 그리고 이러한 평가가 일반적으로 또는 전적으로 이러저러한 계급적 집단 (예술가는 이 계급적 집단의 리해 관계를 표현한다)에 대한 평가와 일치함에도 불구하고 묘사 대상에 대한 예술가의 개인적 관계, 째마에 침투하고 그에 의하여 고무되며 자기의 사상을 예술적 수단으로 둘도 없이 선명하게 표현할 줄 아는 그의 재간과 기교와 솜씨는 작품의 예술적 표현력과 질과 진실성을 규정함에 있어 거대한 역할을 논다.

이와 관련하여 예술의 특수성의 문제에 관하여 또 하나 지적해야 하겠다. 이 《개요》에서는 예술 작품에 내포되여 있는 현실에 대한 인식과 평가의 통일에 관한 가차있고 정당한 사상이 수많이 진술되였다. 사실주의적 예술가는 생활 현상을 기계적으로 반영하지 않는다. 즉 그는 생활 현상들을 아름다운 것으로 강조함으로써 그것들을 선전하고 모방의 실례로서 제시하기도 하고 또 관중에게 항의의 감정을 고취함으로써 그것들을 거부하기도 한다. 여기서 우리는 예술의 감동성의 문제에 접근하게 되는바 이 문제는 예술의 질과 유기적으로 관련되여 있으며 우리가 바로 지금 언급하려는 문제이다. 예술가는 감명깊은 생활 장면에 대한 자기의 태도를 표현함으로써 관중의 감정에 호소하며 관중의 마음속에 형상들, 재현된 생활 장면에 대한 일정한 정서적 태도를 불러일으킨다. 예술의 감동성이 없이는 예술도 없으며 이 점에 관해서는 이 책의 저자가 정당하게 언급하고 있는 동시에 또 예술이 마치도 인간의 감정에만 호소하는듯이 생각함으로써 그것을 리성에 호소하는 과학에 대립시키는 잘못을 지적하고 있다. 그러나 예술의 특성은 어려저려하게 그의 감동성과 불가분적이다. 그·네도쉬원은 예술의" 이 특수성을 예술적 사유의 구체적― 형상적 형식과 결부시키고 있다. 이것은 두말할 여지없이 정당하다. 그러나 우리의 생각에 의하면, 생활 현상들에 대한 태도를 예술 작품을 통하여 직접 표현할 수 있는 가능성과 관련시켜 예술의 감동성을 설정하는 그때에만 생활을 예술적으로 반영하는 이 특수성이 완전히 천명될 것이라고 생각된다. 실로 예술가는 인간의 감정과 리성에 호소함으로써 묘사된 것에 대한 작가로서의 자기의 평가 즉 자기의 감탄 또는 증오, 환희 또는 비애, 그가 목격한 생활 현상들에서 받은 자기의 감정을 전달한다. 예술의 정서적 본성은 예술적 사유의 구체적 ― 형상적 형식과 결부되여 있으며 또 하나의 예술적 형상속에 현실의 현상에 대한 인식과 평가가 유기적으로 결합되여 있다는 예술 작품의 그 특수성과도 결부되여 있다. 이와같이 예술적 창작의 감동성에 관한 문제는 예술의 당성의 문제와 불가분적이다.

오늘날 특히 중요한 것은 예술의 본성에 관하여 언급하면서 예술가가 묘사하는 것에 대하여 자기의 태도를 반드시 뚜렷하게 표현할 필요가 있음을 강조하는 것이다. 문학, 회화 및 영화의 많은 작품들이 가지고 있는 진부성은 그 작품의 저자들이 현실에 대한 시적 지각을 상실하고 목격한 것에서 받은 자기의 감정을 선명하고도 결정적으로 표현할 것을 거절함으로써 오로지 사건의 기록자로 되여버린다는 그 점에 의해서 많이 규정된다. 생활의 또에지야를 보며 그 또에지야를 선명한 정서적 형태로 묘출할 줄 아는 것 ― 바로 이러한 것이 많은 쏘베트 예술가들에게 부족한 점이며 또 예술 평론이 흔히 선언만 하고 이러한 질들이 작품의 예술적 가치를 평가하는 가장 중요한 규범의 하나로 되여야 한다는 것을 지적하지도 않고 있는 점이다. 이와 관련하여 전후 시기의 회화 중에서 가장 시취가 풍부한 작품의 하나인 아•뿔라스또브의 그림 《뜨락또르 운전수들의 저녁상》에 대한 비평이 얼마나 부당하였던가를 회상하여 보기로 하자. 평론가들은 뿔라스또브가 오늘날의 농촌 생활의 단편만을 보여주고 서사시적인 화폭을 창조하려고 하지 않았다고 그를 비난하였다. 그러나 아무튼 묘사된 것에 대한 자기 자신의 태도를 관중에게 감염시킬 수 있는 예술가의 능력과 재현된 예술적 형상의 선명성으로 말미암아 뿔라스또브의 그림은 그의 외견상의 일면성과 단편성에도 불구하고 보편적이며 의의깊은 화폭으로 되였다. 이 모든 것을 뿔라스또브를 비평한 평론가들은 보지 못했다.

예술가의 당성은 비단 정당하게 사색할 줄 알고 사회 생활의 전망을 볼 줄 알며 정당하게 인민의 립장에서 생활 중에서 직행되는 과정들을 평가할 줄 아는 그 능력에만 있는 것이 아니라 또한 사건에 대한 이러한 평가를 형상적이고도 예술적이며 또 예술적으로 첨예화된 형식을 통하여 표현할 줄 아는 그 솜씨에도 있는 것이다.

세계를 파악하는 예술적 형식의 이러한 특수성을 더욱 충분히 천명하기 위해서는 이 《개요》의 저자에게는 반드시 예술적 창작의 주관적 측면과 관련된 문제들을 더욱 심오하게 고찰하고 또한 사회주의 레알리즘 예술의 문제들을 보다 구체적으로 해결할 필요가 있었을 것이다.

상술한 우리의 비판적 지적에도 불구하고 이 《예술론 개요》는 역시 일반적으로 긍정적인 평가를 받게 된다. 그•네도쉬윈의 저작의 출현은 맑스―레닌주의 미학 문제를 가일층 연구 분석함에 도움을 주고 있다. 이와같은 서적은 쏘베트 예술 리론가들, 예술학자들, 예술가들 및 광범한 독자층에게 필요하다.

이 《예술론 개요》는 무조건적으로 예술적 창작의 특성에 관한 문제들, 기교에 관한 문제들 및 오늘날의 예술적 실천의 파업들과 긴밀히 련관된 기타 긴박한 문제들을 가일층 연구하는 사업에 방조를 주고 있다.

아·브·사라비야노브 (모쓰크바)
그·브·마뜨비예쯔 (끼 예 브)

一九五四년 《철학 제 문제》제六호 一八二—一八六페지에 게재된 서평

예 술 론 개 요

1956년 2월 26일 인쇄 · 1956년 2월 29일 발행

저　자	그 · 비 도 쉬 원
역　자	최　철　준
발행인	평　양　시 국 립 출 판 사
	주필 리　상　호
인쇄소	국 립 종 합 인 쇄 소

7—30575　　（값 191 원） 발행부수　5,000부

예술론 개요

1999년 10월 30일 인쇄
1999년 11월 10일 발행

역 자 최 철 준
발 행 국립출판사
영 인 한국문화사
133-112 서울시 성동구 성수1가 2동 13-156
전화 464-7708, 3409-4488
팩스 499-0846
등록 제2-1276호

정가 20,000원

ISBN 89-7735-677-6 93100